TEORIA GERAL DOS
DIREITOS
HUMANOS
NA ORDEM INTERNACIONAL

ANDRÉ DE CARVALHO RAMOS

TEORIA GERAL DOS DIREITOS HUMANOS
NA ORDEM INTERNACIONAL

8ª EDIÇÃO
EDIÇÃO REVISTA E AMPLIADA
2024

DADOS INTERNACIONAIS DE CATALOGAÇÃO NA PUBLICAÇÃO (CIP)
VAGNER RODOLFO DA SILVA – CRB-8/9410

R175t   Ramos, André de Carvalho
         Teoria Geral dos Direitos Humanos na Ordem Internacional / André de Carvalho Ramos. – 8. ed. – São Paulo : Saraiva Jur, 2024.
         416 p.

         ISBN: 978-65-5362-875-5 (Impresso)

         1. Direito. 2. Direitos Humanos. 3. Direitos Internacionais. 4. Nações Unidas. 5. Declaração Universal dos Direitos Humanos. 6. Refugiados. 7. Tratados internacionais. I. Título.

         CDD 341.4
2024-457   CDU 341.4

Índices para catálogo sistemático:

1. Direitos Humanos   341.4
2. Direitos Humanos   341.4

Av. Paulista, 901, Edifício CYK, 4º andar
Bela Vista – São Paulo – SP – CEP 01310-100

SAC   sac.sets@saraivaeducacao.com.br

Diretoria executiva	Flávia Alves Bravin
Diretoria editorial	Ana Paula Santos Matos
Gerência de produção e projetos	Fernando Penteado
Gerência de conteúdo e aquisições	Thais Cassoli Reato Cézar
Gerência editorial	Livia Céspedes
Novos projetos	Aline Darcy Flôr de Souza
	Dalila Costa de Oliveira
Edição	Daniel Pavani Naveira
Design e produção	Jeferson Costa da Silva (coord.)
	Rosana Peroni Fazolari
	Alanne Maria
	Lais Soriano
	Tiago Dela Rosa
	Verônica Pivisan Reis
Planejamento e projetos	Cintia Aparecida dos Santos
	Daniela Maria Chaves Carvalho
	Emily Larissa Ferreira da Silva
	Kelli Priscila Pinto
Diagramação	Claudirene de Moura S. Silva
Revisão	Amélia Ward
Capa	Lais Soriano
Produção gráfica	Marli Rampim
	Sergio Luiz Pereira Lopes
Impressão e acabamento	Gráfica Paym

Data de fechamento da edição: 20-3-2024

Dúvidas? Acesse www.saraivaeducacao.com.br

Nenhuma parte desta publicação poderá ser reproduzida por qualquer meio ou forma sem a prévia autorização da Saraiva Educação. A violação dos direitos autorais é crime estabelecido na Lei n. 9.610/98 e punido pelo art. 184 do Código Penal.

CÓD. OBRA	4820	CL	611514	CAE	862958

OP 234692

Caminante son tus huellas
el camino y nada más,
caminante, no hay camino,
se hace camino al andar.

Antonio Machado

SUMÁRIO

Prefácio à 1ª edição	XIII
Apresentação à 8ª edição	XVII
Introdução	XIX

PARTE I   ELEMENTOS DE UMA TEORIA GERAL DOS DIREITOS HUMANOS INTERNACIONAIS

1	Uma teoria geral dos direitos humanos fundada na prática	3
2	Conceito de direitos humanos	7
3	Terminologia	10
4	A estrutura das normas de direitos humanos: entre os princípios e as regras	17
5	A fundamentação dos direitos humanos	19
	5.1 Os negacionistas	19
	5.2 Os jusnaturalistas	21
	5.3 Os positivistas	23
	5.4 A fundamentação moral	25
6	A internacionalização dos direitos humanos	28
	6.1 A internacionalização em sentido amplo	28
	6.2 A internacionalização em sentido estrito: a Carta da Organização das Nações Unidas e a Declaração Universal dos Direitos Humanos	30
	6.3 A reconstrução dos direitos humanos no século XX	35
	6.4 Os três eixos da proteção internacional de direitos humanos	36
7	O Direito Internacional Humanitário	41
	7.1 *Jus in bello, jus post bello, jus ad bellum* e o novo *jus contra bellum*	41
	7.2 A classificação das normas do Direito Internacional Humanitário	43
	7.3 Os princípios do Direito Internacional Humanitário	48
	7.4 Cláusula Martens e o costume internacional	51
	7.5 A Cruz Vermelha Internacional	53

7.6 A natureza jurídica do Comitê Internacional da Cruz Vermelha   54

8 Direito Internacional dos Refugiados   57

  8.1 Origens do Direito Internacional dos Refugiados e suas fases   57

  8.2 A Lei n. 9.474/97: o modelo brasileiro de proteção aos refugiados   62

    8.2.1 A aceitação, pelo Brasil, da definição ampla de refugiado   62

    8.2.2 A definição de perseguição por motivo de raça, religião, opinião política ou pertença a grupo social   63

    8.2.3 Perseguição por parte de agentes privados   69

    8.2.4 A criação do CONARE e o procedimento administrativo de análise do refúgio: as regras de inclusão, cessação e exclusão   71

    8.2.5 O princípio do *non refoulement*   73

      8.2.5.1 O princípio do *non refoulement* mitigado   73

      8.2.5.2 O princípio do *non refoulement* absoluto: o modelo do acolhimento   74

      8.2.5.3 O princípio do *non refoulement* absoluto na jurisprudência internacional   76

      8.2.5.4 A repulsão do solicitante de refúgio e o Brasil   77

    8.2.6 O controle judicial do reconhecimento do estatuto de refugiado: *in dubio pro fugitivo*   78

  8.3 As características do refúgio   81

9 Do que falamos quando falamos de normas internacionais de direitos humanos?   83

  9.1 Os tratados   83

  9.2 O costume e os princípios gerais do Direito Internacional   86

  9.3 O enigma da internacionalização dos direitos humanos   89

  9.4 O regime objetivo dos tratados de direitos humanos   96

  9.5 As obrigações *erga omnes*   97

  9.6 A soberania nacional e o Direito Internacional dos direitos humanos   104

10 A classificação do rol de direitos humanos   106

  10.1 As gerações de direitos humanos   106

10.2 A classificação dos direitos humanos no Direito Internacional: os direitos civis e políticos e os direitos econômicos, culturais e sociais — 111

11 A interpretação dos tratados de direitos humanos — 115

11.1 Noções gerais — 115

11.2 O princípio da interpretação *pro persona* — 117

11.3 O princípio da máxima efetividade — 119

11.4 O princípio da interpretação autônoma — 122

11.5 A interpretação evolutiva dos tratados de direitos humanos — 123

11.6 O princípio da primazia da norma mais favorável ao indivíduo — 124

11.7 A teoria da margem de apreciação — 127

12 Os principais intérpretes — 141

12.1 As Cortes Internacionais — 141

12.2 Os comitês de monitoramento e as observações gerais — 152

12.3 A revisão periódica universal, os relatores e órgãos assemelhados da ONU — 158

13 A subsidiariedade da jurisdição internacional de direitos humanos — 166

14 Direitos humanos internacionais e a essência contramajoritária — 168

15 O dilema de Hamilton e a vigilância internacional dos direitos humanos — 170

PARTE **II** CARACTERÍSTICAS DOS DIREITOS HUMANOS NO DIREITO INTERNACIONAL

1 Considerações iniciais — 175

2 Superioridade normativa — 176

2.1 O conceito de *jus cogens* e sua evolução no Direito Internacional — 176

2.2 O rol das normas imperativas — 184

2.3 A proibição do uso ilegítimo da força, agressão e da guerra de conquista — 185

2.4 O princípio da autodeterminação dos povos — 189

2.5 As normas cogentes de direitos humanos — 191

2.6 O que se espera dos Estados — 194

3 Universalidade — 196

3.1 O debate ainda em aberto: ser universal na diversidade — 196

3.2 Conceito e consagração — 199

IX

3.3 As objeções à universalidade dos direitos humanos 203

    3.3.1 O argumento filosófico 203

    3.3.2 O argumento da falta de adesão dos Estados 204

    3.3.3 O argumento geopolítico 205

    3.3.4 O argumento cultural 206

    3.3.5 O argumento desenvolvimentista 208

3.4 A reafirmação da universalidade dos direitos humanos 209

3.5 Perspectivas interculturais no século XXI 213

4 Indivisibilidade 217

5 Interdependência 219

6 Autonomia e indisponibilidade 221

7 Limitabilidade 225

    7.1 Noções gerais 225

    7.2 O princípio da proporcionalidade 225

        7.2.1 Conceito e origem 225

        7.2.2 O uso da proporcionalidade na jurisprudência internacional 231

    7.3 O abuso de direito 236

    7.4 Estado de emergência 244

8 Caráter *erga omnes* 249

9 Exigibilidade 250

10 Abertura 253

11 Aplicabilidade imediata 255

    11.1 Noções gerais 255

    11.2 Os direitos sociais são autoaplicáveis? 257

12 Dimensão objetiva 266

13 A proteção penal dos direitos humanos 270

    13.1 Origem e fundamentos 270

    13.2 Os mandados internacionais expressos de criminalização 274

    13.3 Os mandados internacionais implícitos de criminalização 278

14 Proibição do retrocesso 282

15 Eficácia horizontal e eficácia diagonal 284

16 Interseccionalidade na temática dos direitos humanos 290

17. A abordagem ecológica dos direitos humanos e sua natureza não antropocêntrica 292

PARTE III — O BRASIL E O DIREITO INTERNACIONAL DOS DIREITOS HUMANOS

1 A importância dos direitos humanos internacionais no Brasil — 299

2 Como o Direito Interno vê o Direito Internacional e como o Direito Internacional vê o Direito Interno: uma relação conturbada — 300

   2.1 Como o Direito Internacional vê o Direito Interno: o unilateralismo internacionalista — 300

   2.2 Como o Direito brasileiro vê o Direito Internacional: os processos de formação, incorporação e impregnação das normas internacionais — 302

3 Os tratados de direitos humanos antes da EC n. 45/2004 — 304

   3.1 A formação e incorporação dos tratados de direitos humanos antes da EC n. 45/2004 — 304

   3.2 A hierarquia normativa dos tratados de direitos humanos antes da EC n. 45/2004 — 309

4 Os tratados internacionais de direitos humanos após a EC n. 45/2004 — 313

   4.1 O novo § 3º do artigo 5º: muito foi feito por nada? — 313

   4.2 A teoria do duplo estatuto dos tratados de direitos humanos — 316

   4.3 A denúncia dos tratados de direitos humanos após a ADI n. 1.625 — 317

   4.4 As outras consequências: a fase de formação e incorporação dos tratados de direitos humanos após a EC n. 45/2004 — 321

5 As fontes extraconvencionais de direitos humanos e o Brasil — 323

6 O bloco de constitucionalidade — 327

   6.1 O bloco de constitucionalidade amplo — 327

   6.2 O bloco de constitucionalidade restrito — 328

7 O controle de convencionalidade — 332

8 O Brasil e os mecanismos de controle pertencentes ao Direito Internacional dos direitos humanos — 336

   8.1 Os mecanismos aceitos pelo Brasil — 336

   8.2 A implementação das obrigações internacionais: a federalização das graves violações de direitos humanos — 338

9 Pluralidade das ordens jurídicas e a defesa universal dos direitos humanos — 346

   9.1 A nova fase do Direito Internacional — 346

9.2 O conceito de pluralidade das ordens jurídicas   347

9.3 A constitucionalização do Direito Internacional como impulsionador do fenômeno da "pluralidade das ordens jurídicas"   349

10 A visão estática e a visão dinâmica da relação entre o direito interno e o direito internacional: a interpretação internacionalista dos direitos no Brasil   355

11 Pelo diálogo das Cortes e a superação da era da ambiguidade   360

12 A superação dos "tratados internacionais nacionais" e a teoria do duplo controle   365

Considerações finais: os desafios do século XXI   369

Referências   373

PREFÁCIO À 1ª EDIÇÃO

O reconhecimento de que existem direitos universais, comuns ao gênero humano, despontou pela primeira vez no Ocidente com o esplendor da filosofia grega. Aristóteles, na *Retórica* (1368 *b*, 8 – 10), distinguiu as leis particulares das comuns, observando que as primeiras são aquelas que cada *pólis* adota para si, ao passo que as segundas, embora não escritas, são admitidas em todas as partes do orbe terrestre.

Em Roma, sob a influência do pensamento estoico, Cícero sustentou que havia um direito natural, que regia não apenas a vida familiar e a vida pública, mas também as relações entre cidadãos e estrangeiros, ou as destes e dos diversos povos entre si. "Dizer que se deve respeitar os concidadãos, mas não os estrangeiros", afirmou ele no *De officiis* (III, 28) em fórmula admirável, "é destruir a sociedade comum do gênero humano (*communis humani generis societas*)". Aliás, em 242 a.C., pouco depois da primeira guerra púnica, foi instituído em Roma o cargo de *praetor peregrinus*, magistrado incumbido de dirigir os processos judiciais em que uma das partes, ou todas elas, eram pessoas estrangeiras. No período imperial, os *iurisprudentes* admitiram a existência de um direito natural, a par do direito próprio de cada povo (direito civil). Para Gaio, esse direito natural, comum a todos os homens, deveria chamar-se *ius gentium*, "o direito de que todas as gentes se servem" (*Institutas*, I, 1).

Tal não impediu, porém, que, tanto na Grécia, quanto em Roma, se admitisse a escravidão como instituição legal. Ou seja, o direito comum a todos os seres humanos não se estendia àqueles que haviam decaído da condição humana por força da servidão.

Com a fundação da Cristandade ocidental na Idade Média, a partir do século XI, a cidadania passou a ser um vínculo político de base religiosa e não nacional. Estrangeiros, doravante, eram todos os infiéis. Santo Tomás, na *Suma Teológica*, estabeleceu uma distinção entre esses não cidadãos. Ao discutir a questão de saber se se podia ter comunhão com os infiéis (2ª parte da 2ª parte, questão X, artigo IX), opinou que "a Igreja não proíbe aos fiéis a comunhão com os infiéis, pagãos ou judeus, que nunca receberam a fé cristã, porque não deve proferir, sobre eles, nenhum juízo espiritual, mas temporal, em determinado caso, quando, vivendo entre Cristãos, cometam algum delito e sejam punidos pelos fiéis temporalmente. Mas deste modo, ou seja, como pena, a Igreja proíbe aos fiéis ter comunhão com os infiéis, que se desviaram da fé recebida, quer corrompendo-a, como os heréticos, quer totalmente abandonando--a, como os apóstatas. Em ambos estes casos a Igreja profere contra eles a sentença de excomunhão". Como se percebe, para o Doutor Angélico nem se cogita de convivência dos cristãos com os islamitas, pois estes eram considerados inimigos natos do gênero humano. A primeira Cruzada, aliás, já havia sido lançada dois séculos antes, em 1096.

Ora, a divisão política de base religiosa recrudesceu e não amainou no início da Idade Moderna, com a Reforma protestante e as constantes guerras civis que ensanguentaram a Europa até fins do século XVII. Verificou-se que, ao contrário do que sugere a etimologia, a religião não ligava, mas dissociava o gênero humano.

Daí por que Hugo Grócio, um dos primeiros a reconhecer essa evidência, porfiou em ressuscitar o velho direito natural, agora totalmente laicizado, e a sustentar que a segurança, e não a fé religiosa, é o verdadeiro fundamento da paz entre as nações. Os tratados de Vestefália de 1648, que puseram fim à Guerra dos Trinta Anos, preferiram seguir outra orientação. A religião continuava a ser uma questão de ordem pública, mas ficaria, desde então, ligada à profissão de fé pessoal do monarca: *cujus regio ejus religio*. Os súditos que insistissem em professar outra religião poderiam permanecer no território do Estado, mas ficariam proibidos de celebrar publicamente o seu culto, podendo, se assim o preferissem, retirar-se do país com todos os seus haveres. No plano das relações internacionais, a paz e a guerra passaram, desta forma, a ser reguladas por um direito puramente convencional: os tratados celebrados entre os monarcas.

O preço da paz assim alcançada foi o abandono da antiga noção de um direito natural, comum a todos os homens, e a sua substituição por um mosaico de direitos positivos estatais. Doravante, quem não fosse nacional de um Estado reconhecido pelos demais não seria titular de direito algum, e a defesa de sua dignidade de pessoa dependeria do poder de fogo de seu Estado nacional.

Tudo isto, sem falar nas formidáveis consequências ético-teológicas do ciclo de descobrimentos marítimos, iniciado pelos portugueses já em meados do século XV. As populações nativas nas novas terras descobertas pertenceriam realmente ao gênero humano? Durante o concílio de Valladolid, em 1550, Juan Ginés Sepúlveda sustentou contra Bartolomeu de Las Casas, na presença do imperador Carlos V, que os índios americanos eram "inferiores aos espanhóis, assim como as crianças em relação aos adultos, as mulheres em relação aos homens, e até mesmo, pode-se dizer, como os macacos em relação aos seres humanos".

O panorama começa a mudar em fins do século XVIII, com as Revoluções Americana e Francesa, cujos fundamentos foram os direitos de cada indivíduo sobre aquilo que John Locke denominou *property*, ou seja, os bens que lhe são próprios, porque conaturais à sua condição humana: a vida, a liberdade e a busca da felicidade, como se proclamou na Declaração de Independência dos Estados Unidos.

Paralelamente a esse reconhecimento de que o indivíduo tem direitos de cidadania anteriores e superiores ao poder estatal, outra mudança radical de perspectiva foi operada pelo movimento revolucionário dos dois lados do Atlântico. Redescobriu-se a antiga concepção ciceroniana de que as comunidades políticas locais não impedem a existência de uma sociedade comum do gênero humano. Os insurgentes das 13 colônias britânicas na América julgaram-se obrigados a justificar publicamente a sua decisão de independência, pelo "respeito adequado às opiniões da humanidade" (*"a decent respect to the opinions of mankind"*). Estimaram, portanto, que juízes supremos da vida política internacional já não eram os monarcas, ou os chefes religiosos, mas sim todos os homens, em qualquer país em que se encontrassem. Na França revolucionária, durante os debates da Assembleia Nacional sobre a redação de uma declaração de direitos, multiplicaram-se as afirmações de deputados sobre o caráter universal do movimento iniciado em 4 de julho de 1789. Démeunier declarou, na sessão de 3 de agosto, que "esses direitos são de todos os tempos e de todas as nações", fórmula repetida por Mathieu de Montmorency na sessão de 8 de agosto: "os direitos do homem em sociedade são de todos os tempos e todos os países". Pétion, que foi *maire* de Paris, considerou normal que a Assembleia se dirigisse a toda a humanidade: "Não se trata aqui de fazer uma declaração de direitos unicamente para a França, mas para o homem em geral".

Essa proposta de uma declaração universal dos direitos humanos, como sabido, só vingou um século e meio depois. O documento aprovado pela Assembleia Geral das Nações Unidas, em 10 dezembro de 1948, inicia-se pela afirmação de que "o reconhecimento da dignidade inerente a todos os membros da família humana e de seus direitos iguais e inalienáveis é o fundamento da liberdade, da justiça e da paz no mundo". Doravante, acima do *status* de cidadão de um Estado em particular está a condição de ser humano, a qual dispensa qualquer outra qualificação de raça, gênero, nacionalidade ou religião: "Todo

XV

homem tem direito de ser, em todos os lugares, reconhecido como pessoa perante a lei" (artigo VI).

Resta, agora, uma última etapa a percorrer: admitir que a humanidade enquanto tal é, sim – e por que não? –, titular de direitos humanos. Os marcos iniciais da construção desse novo mundo já começam a ser lançados em alguns dos últimos grandes tratados internacionais: a Convenção relativa à Proteção do Patrimônio Mundial, Cultural e Natural, de 1972; a Convenção sobre o Direito do Mar, de 1982; a Convenção sobre a Diversidade Biológica, de 1992; e o Estatuto do Tribunal Penal Internacional, de 1998. Trata-se, doravante, de submeter o direito internacional em seu conjunto – e não apenas em matéria de direitos humanos – ao princípio estatutário e não mais convencional. Ou, em outras palavras, substituir a tradicional soberania dos Estados pela soberania da humanidade.

Este livro do Dr. André de Carvalho Ramos, que tenho a honra de prefaciar, mostra como o sistema mundial de direitos humanos transformou inteiramente o panorama do direito internacional, fazendo com que este se volte, doravante, mais para o homem do que para as organizações estatais, e apontando para a necessidade de se instaurar uma ordem jurídica mundial em que a humanidade assuma, enfim, ao cabo de tantas guerras, explorações e genocídios, a posição soberana que lhe cabe por direito.

O prestígio do Dr. André de Carvalho Ramos já se havia consagrado, entre nós, pela sua atuação sempre firme e competente em defesa dos direitos humanos, na sua qualidade de membro do Ministério Público Federal. O jovem Procurador da República acrescenta, agora, com a publicação deste livro, mais uma obra importante à sua já apreciável bibliografia.

Fábio Konder Comparato

Doutor *Honoris Causa* da Universidade de Coimbra.
Doutor em Direito da Universidade de Paris.
Professor Titular da Faculdade de Direito da
Universidade de São Paulo.

APRESENTAÇÃO À 8ª EDIÇÃO

Completo, em 2024, 29 anos de docência universitária (parte desses anos na Faculdade de Direito da Universidade de São Paulo, na qual leciono atualmente) e sempre desenvolvi minha pesquisa na área dos direitos humanos convencido da necessária perspectiva internacionalista (que concretiza o universalismo) que deve imperar na matéria. Também na minha atuação como Procurador Regional da República, busquei, em 28 anos de atuação profissional, agir em linha com a jurisprudência internacional de direitos humanos, levando a interpretação internacionalista a sério.

Entre meus livros, este possui um destaque especial, pois visa formar os alicerces para o estudo de todo o Direito Internacional dos Direitos Humanos a partir da elaboração de uma *teoria geral* fundada na prática dos casos internacionais de direitos humanos.

Apresento, aqui, as normas (princípios e regras) de direitos humanos na ordem internacional, suas características, a começar pelo conceito de direitos humanos, os diversos termos utilizados, os fundamentos da existência da proteção de direitos humanos, bem como os critérios hermenêuticos e os efeitos dessas normas, tudo sob a ótica dos órgãos internacionais de direitos humanos.

Aproveitei também para detalhar os aspectos essenciais do *Direito Internacional Humanitário*, que compõe vertente importante da proteção internacional dos direitos humanos, bem como o delineamento do *Direito Internacional dos Refugiados*, tema que – como se vê nas novas ondas de migrantes acolhidos no Brasil – é de crucial importância na atualidade.

Veremos, ainda, como o Direito Interno vê o Direito Internacional e como o Direito Internacional vê o Direito Interno, ao mesmo tempo que discutiremos a "fertilização cruzada" entre os Tribunais (Internos e Internacionais) e o "Diálogo das Cortes", como forma de superação de conflitos aparentes em um mundo de ordens jurídicas justapostas.

Será abordado também aqui o controle de convencionalidade, com atenção ao controle construtivo e destrutivo de convencionalidade.

Conhecer essa teoria geral é agora dever dos agentes do Direito no Brasil, uma vez que os tratados internacionais e as deliberações internacionais de direitos humanos compõem parte do cotidiano jurídico

XVII

brasileiro e acarretam diversas dúvidas quanto ao "como cumprir" tais decisões no ordenamento brasileiro, como demonstram as diversas sentenças da Corte Interamericana de Direitos Humanos contra o Brasil.

Esta 8ª edição traz novidades da proteção internacional dos direitos humanos, como, por exemplo, o resultado da participação brasileira no 4º Ciclo da Revisão Periódica Universal em 2022, entre outras atualidades. Também nesta nova edição, foram agregados temas como "dignidade ecológica", "abordagem ecológica dos direitos humanos e o modelo não antropocêntrico", "pluralidade das ordens jurídicas" ("constitucionalismo global"), "visão estática e visão dinâmica da relação entre o Direito Internacional dos Direitos Humanos e o Direito Interno", entre outros.

Busquei manter o formato original, com uso de casos internacionais e análise das posições brasileiras, oferecendo ao leitor o primeiro contato com a teoria geral dos direitos humanos fundada na prática internacional, sem abrir mão da reflexão crítica imprescindível ao tema.

Dedico esta edição aos meus alunos, que me deram, em aulas e palestras pelo Brasil, a oportunidade de consolidar a minha visão sobre a *interpretação internacionalista* e a *essência contramajoritária dos direitos humanos no plano internacional*, alicerces desta obra.

XVIII

INTRODUÇÃO

A proposta deste livro é fornecer um primeiro contato com a teoria geral dos direitos humanos focada no contemporâneo *direito internacional*.

O que significa estudar a teoria dos direitos humanos na ordem internacional?

Em primeiro lugar, significa analisar a emergência de normas (princípios e regras) de direitos humanos na ordem internacional e suas características, a começar pelo conceito de direitos humanos, os diversos termos utilizados e os fundamentos da existência da proteção de direitos humanos.

Significa também expor o desenvolvimento e explicar os motivos da internacionalização dos direitos humanos, bem como as características próprias do atual direito internacional dos direitos humanos.

Significa classificar os direitos humanos protegidos na esfera internacional e analisar os critérios interpretativos consolidados na práxis internacional, além de lançar luzes sobre os próprios intérpretes (tribunais internacionais, comitês, entre outros).

Significa, por fim, analisar os principais delineamentos de seu regime jurídico, a começar pela sua superioridade normativa, universalidade, indisponibilidade, indivisibilidade, limitabilidade, abertura e eficácia irradiante, aplicabilidade imediata, exigibilidade, entre outros.

Assim, uma teoria geral consiste em uma *sistematização* crítica das principais características do conjunto de princípios e regras informadores de um determinado segmento do Direito, no caso os direitos humanos na ordem internacional[1].

Seguindo essa lógica, esta obra estrutura seus alicerces na *prática internacional*. Na linha de ARENDT, os direitos humanos representam uma das mais belas páginas da construção humana, reflexo evidente das conquistas de uma sociedade[2]. Na esfera internacional, a construção dos direitos humanos se faz em dois planos: no plano dito legislativo, por meio das normas internacionais, e no plano dito judicial ou quase judi-

---

1 ATIENZA, Manuel. *El sentido del derecho*. Barcelona: Ariel, 2003.

2 ARENDT, Hannah. *As origens do totalitarismo*. Trad. Roberto Raposo. São Paulo: Cia. das Letras, 1997.

cial, no qual tais normas são aplicadas, por órgãos internacionais, a casos concretos de violação de direitos humanos.

Na realidade, as normas de direitos humanos, vagas ou repletas de conceitos indeterminados, necessitam incessantemente da concretização judicial de seu alcance e sentido.

Por isso, buscou-se evitar a mera repetição de artigos e parágrafos de textos normativos internacionais, muitos deles já conhecidos.

Em vez disso, são identificados, no cipoal de decisões internacionais (da Corte Europeia de Direitos Humanos e da Corte Interamericana de Direitos Humanos, principalmente), os componentes concretos de uma teoria geral de direitos humanos na ordem internacional.

Diga-se, de início, que os temas da teoria geral dos direitos humanos são também estudados por doutrinadores especializados no Direito Interno, em geral constitucionalistas. Esses doutrinadores analisam não somente os textos normativos internos, mas também a jurisprudência dos tribunais inferiores e as decisões das Cortes Supremas e Cortes Constitucionais sobre o tema.

O material pesquisado no Direito interno é rico de contribuições *judiciais* à teoria geral dos direitos humanos, pois boa parte dessas decisões pressupõe a fixação do regime jurídico dos direitos humanos.

Hoje, com o pleno funcionamento de órgãos judiciais e quase judiciais *internacionais* vocacionados à *interpretação* e *aplicação* dos direitos humanos protegidos pelo Direito Internacional, há a emergência de uma contemporânea teoria geral dos direitos humanos na ordem internacional.

As especificidades do Direito Internacional dos Direitos Humanos, então, ficam claras. O conceito, a terminologia, os fundamentos, os critérios hermenêuticos, os efeitos das normas de direitos humanos, tudo será visto neste livro sob a ótica do Direito Internacional dos Direitos Humanos, interpretado pelos seus sujeitos de Direito Internacional e pela jurisprudência dos órgãos internacionais de proteção de direitos humanos[3].

Por outro lado, creio ser evidente a importância dessa teoria geral dos direitos humanos baseada no Direito Internacional para o agente de Direito Interno, pois analisaremos aqui um manancial de decisões e

---

3 Deve-se evitar, por outro lado, qualquer segregacionismo entre o plano interno e o plano internacional, pois na proteção internacional de direitos humanos tais planos interagem, existindo *mútua* influência dos agentes do Direito interno e internacional, como veremos na Parte Terceira desta obra.

XX

textos *especializados* e *focados* nos direitos humanos, em especial em "situações-limite" (pois alcançaram as instâncias internacionais, sem que fossem solucionadas internamente) que afligem todas as sociedades.

Ou seja, casos e casos que retratam problemas na interpretação e concretização de direitos humanos semelhantes aos mais *diversos* problemas brasileiros, como, por exemplo, a obrigação de implementar os direitos sociais; a interpretação evolutiva dos direitos humanos e os direitos dos transexuais; o respeito à vida familiar e os direitos dos não nacionais (em especial no momento da saída compulsória, como a expulsão); o pluralismo político e os partidos radicais e antidemocráticos ou ainda a eficácia dos direitos humanos nos conflitos entre particulares, entre outros.

Além disso, a internacionalização dos direitos humanos consolidou a *interpretação universal* desses direitos, não mais aplicados ao sabor das idiossincrasias *nacionais*.

Por isso, essa obra desnuda um velho e equivocado hábito de estudar o Direito *Internacional* dos Direitos Humanos a partir de interpretações *nacionais*. Salta aos olhos a incoerência: a aceitação da internacionalização dos direitos humanos obriga o Estado a aplicá-los também de acordo com os parâmetros internacionais. De que adiantaria um Estado acatar o "devido processo legal", a proteção da intimidade, da integridade física, entre outros direitos, se pudesse aplicar tais comandos ao sabor de uma teoria geral *nacional*? Teríamos, indiretamente, o retrocesso e a implantação de "direitos internacionais *nacionais*", o que seria evidentemente uma contradição. Devemos, então, interpretá-los de acordo com uma teoria geral *internacional*.

Essa teoria geral internacional dos direitos humanos não somente *pode* como *deve* ser utilizada pelo julgador nacional, pois o Brasil é obrigado a respeitar o Direito Internacional dos Direitos Humanos, como provam as dezenas de tratados já ratificados e o reconhecimento da jurisdição contenciosa obrigatória da Corte Interamericana de Direitos Humanos. Logo, analisamos, na presente obra, a relação entre os direitos humanos internacionais e o ordenamento jurídico brasileiro, em especial após a Emenda Constitucional n. 45, de 2004.

Para tanto, dividiu-se a abordagem da teoria geral dos direitos humanos na ordem internacional em **três partes**.

A **primeira parte** estuda a *gramática elementar*[4] dos direitos humanos na ordem internacional, abordando seus conceitos, origens e mecânica interpretativa em *quinze capítulos*.

O primeiro capítulo discute a importância da elaboração de uma teoria geral dos direitos humanos baseada na prática e no estudo da jurisprudência internacional.

O segundo capítulo trata da conceituação do termo "direitos humanos", para explicar as diversas definições do tema em estudo.

O terceiro capítulo analisa a terminologia utilizada e os diferentes termos que marcam a evolução histórica dos direitos humanos.

O quarto capítulo estuda a divisão das normas de direitos humanos em princípios e regras, de fundamental importância para a fixação dos parâmetros interpretativos nos casos concretos.

O quinto capítulo aborda a problemática da fundamentação dos direitos humanos, analisando-se as diversas teorias em relação ao tema.

O sexto, sétimo, oitavo e nono capítulos buscam delimitar o próprio Direito Internacional dos Direitos Humanos, estudando suas fontes, quer convencionais quanto não convencionais, bem como os motivos da internacionalização dos direitos humanos (o "enigma da internacionalização dos direitos humanos"), tema considerado anteriormente parte integrante do "domínio reservado" do Estado.

O décimo capítulo refere-se ao rol dos direitos humanos, analisando-se as gerações de direitos, suas críticas e também a classificação dos direitos humanos no Direito Internacional.

O décimo primeiro capítulo analisa os princípios interpretativos do Direito Internacional dos Direitos Humanos e os principais sujeitos concretizadores da interpretação.

O décimo segundo capítulo estuda a ação dos órgãos internacionais que interpretam as normas internacionais de direitos humanos, abordando sua composição, suas funções e seus poderes, com ênfase nos mecanismos existentes nos planos onusiano e regionais (europeu, interamericano e africano).

Os últimos capítulos dessa Primeira Parte abordam a faceta contramajoritária dos direitos humanos internacionais e sua importância não

---

4 Utilizando o conceito de "gramática de direitos humanos" de Oscar Vilhena Vieira (VIEIRA, Oscar Vilhena. "A gramática dos direitos humanos", *Boletim Científico da Escola Superior do Ministério Público da União*, ano I, n. 4, jul./set. 2002, p. 13-33).

para proteger as maiorias – que, em geral, controlam o Estado e obtêm a proteção nacional adequada –, mas sim os grupos vulneráveis, justamente na falha do Estado.

A **segunda parte** da obra estuda a *gramática avançada* dos direitos humanos na esfera internacional, que vem a ser a análise das principais características que compõem o regime jurídico diferenciado dos direitos humanos.

Em *dezesseis capítulos*, delineia-se o conteúdo da universalidade, da superioridade normativa, da indivisibilidade, da interdependência, da indisponibilidade, da limitabilidade, da eficácia irradiante, dos efeitos horizontais, da exigibilidade imediata, dos efeitos *erga omnes,* da dimensão objetiva, proteção penal dos direitos humanos, proibição do retrocesso e interseccionalidade.

A **terceira parte** consiste na análise da complexa relação entre esse Direito Internacional dos Direitos Humanos e o Brasil, com foco não só na relação entre o ordenamento nacional e os direitos humanos internacionais, mas especialmente sobre a relação entre os Tribunais brasileiros e os *intérpretes internacionais* de direitos humanos.

Por fim, na conclusão, defendo o papel da teoria geral dos direitos humanos na ordem internacional no combate às desigualdades e na afirmação de um direito não dos Estados, mas dos povos[5].

---

5 Ver o conceito de direito dos povos em RAWLS, John. *O direito dos povos.* Trad. Luís Carlos Borges. São Paulo: Martins Fontes, 2001.

PARTE **I**

ELEMENTOS DE UMA TEORIA GERAL DOS
DIREITOS HUMANOS INTERNACIONAIS

1 Uma teoria geral dos direitos humanos fundada na prática

Como nascem os direitos humanos no plano internacional?

Nascem, inicialmente, de "parto natural"[1] e após uma gestação de anos que inclui exaustivas conferências internacionais e inúmeras modificações de textos de projetos de tratados internacionais, até que finalmente o consenso é alcançado e um novo tratado internacional de direitos humanos é posto à disposição dos Estados[2].

Mas nascem também de *cesariana*, por meio de construções jurisprudenciais dos tribunais internacionais de direitos humanos que, graças a uma interpretação evolutiva dos tratados de direitos humanos, ampliam o alcance de velhos direitos[3] e criam novas esferas sociais protegidas[4].

Assim, os direitos humanos constituem-se em uma parte do ordenamento que possui duas formas de elaboração jurídica: a legislativa e a jurisprudencial.

Em síntese e sem maior aprofundamento neste ponto do estudo, os direitos humanos, via de regra, apresentam-se como princípios jurídicos, que são normas caracterizadas pela vagueza, abstração e abertura. Para que sejam aplicados a um caso qualquer, é necessária uma imprescindível

---

1 Adaptando ao Direito Internacional a feliz analogia de Fernando Rey Martinez (REY MARTINEZ, Fernando. "Como nacen los derechos fundamentales", *Annali del Seminário Giuridico, v. I (1999-2000),* Milano: Giuffrè, 2001, p. 371-379).

2 Considerando o tratado internacional a principal fonte do Direito Internacional dos Direitos Humanos, sem levarmos em consideração, neste momento, os costumes e os princípios gerais de direito, que veremos com detalhes no capítulo sobre as fontes do Direito Internacional dos Direitos Humanos.

3 *Vide* o caso *Matthews,* da Corte Europeia de Direitos Humanos, no qual foi estendido o direito de voto nas eleições legislativas locais às eleições do Parlamento Europeu, órgão da União Europeia (organização internacional que nem é parte da Convenção Europeia de Direitos Humanos) e que nem existia na época da redação da Convenção Europeia de Direitos Humanos e de seu Protocolo n.1 (1952, que estabeleceu o direito ao voto) (Corte Europeia de Direitos Humanos, *Caso Matthews v. United Kingdom,* julgamento de 18 de fevereiro de 1999, Reports of Judgments and Decisions 1999-I).

4 *Vide* o Caso *Goodwin,* no qual a Corte Europeia de Direitos Humanos reconheceu a existência de um direito à modificação de identidade dos transexuais (Corte Europeia de Direitos Humanos, *Case of Christine Goodwin v. the United Kingdom,* julgamento de 11 de julho de 2002).

atividade judicial que concretiza o conteúdo das normas de direitos humanos.

Por exemplo, a mera menção ao direito à intimidade não esclarece como resolver os inumeráveis conflitos com a liberdade de expressão e de informação. Nem a explicitação da liberdade de expressão e informação, como a colocada no artigo 13 da Convenção Americana de Direitos Humanos, menciona, com todas as minúcias, a proibição de exigência de diploma específico para o exercício do jornalismo tal qual extraiu a Corte Interamericana de Direitos Humanos[5].

Ou ainda, o reconhecimento do direito à vida familiar não explicitou o direito de um não nacional, depois de condenado por diversos crimes, a permanecer em um Estado a salvo do tradicional instituto da expulsão[6]. Não está clara também a aplicação do direito a ser ouvido perante um tribunal ao controle abstrato e concentrado de constitucionalidade, que, tradicionalmente, não possui partes materiais[7]. Por sua vez, também foi fruto de decisão judicial a inclusão, no direito à vida privada, da proteção ao meio ambiente, como se viu no sistema europeu de direitos humanos[8].

---

5 *Vide* o Parecer Consultivo n. 5 da Corte Interamericana de Direitos Humanos.

6 Corte Europeia de Direitos Humanos, *Caso Moustaquin vs. Bélgica,* julgamento de 18 de fevereiro de 1991, Série A, n. 1991. O Sr. Moustaquin, nacional marroquino, após cometer uma série de crimes na Bélgica, local de sua residência por quase vinte anos, foi expulso. No momento de sua expulsão, todos seus parentes viviam em Liège (Bélgica). A Corte considerou, então, que o direito à vida familiar do Sr. Moustaquin seria violado, caso fosse expulso da Bélgica.

7 Corte Europeia de Direitos Humanos. *Caso Ruiz-Mateos vs. Espanha,* julgamento de 23 de junho de 1993, Série A, n. 262. Nesse polêmico caso, o Sr. Ruiz-Mateos questionou, entre outros pontos, o fato de não ter sido ouvido no controle concentrado de constitucionalidade perante o Tribunal Constitucional espanhol em questão prejudicial decisiva para o deslinde de sua ação civil (o juízo requerente da questão prejudicial é obrigado a cumprir a declaração de constitucionalidade ou de inconstitucionalidade vinda do Tribunal Constitucional). Os votos majoritários da Corte Europeia consideraram aplicável a esse tipo de controle concentrado de constitucionalidade o *artigo 6.1* da Convenção (direito de ser ouvido por juízo imparcial), quiçá influenciados pela importância da decisão do Tribunal Constitucional no deslinde daquela ação civil específica. Porém, os votos minoritários (juízes *Bernhardt, Lopes Rocha, Matscher, Pettiti, Ruiz-Jarabo Colomer e Thor Vilhjalmsson*) pugnaram pela inaplicabilidade do citado artigo 6.1, tendo em vista o caráter abstrato e especial do processo objetivo de controle de constitucionalidade. A decisão da Corte Europeia causou furor na Espanha, em especial entre os constitucionalistas.

8 No clássico caso da Corte Europeia de Direitos Humanos *López Ostra v. Spain,* julgamento de 9 de dezembro de 1994.

Nesses casos, e em tantos outros, houve a necessidade da *decidida* intervenção interpretativa dos tribunais, fazendo frente a decisões nacionais de todo tipo (ato administrativo, leis, decisões judiciais internas).

Assim, assistiu-se, nesses anos de afirmação dos direitos humanos, a criações e também a restrições de direitos geradas por juízos de *prudência*, capazes de adaptar textos redigidos há dezenas de anos (casos dos tratados internacionais)[9] a novas necessidades humanas.

Por isso, as normas de direitos humanos previstas em leis internas, Constituições e tratados internacionais são apenas um ponto de partida e nunca um ponto de chegada para o intérprete, pois cabe sempre averiguar a real interpretação e configuração normativa dada pelos tribunais[10]. A proteção de direitos humanos é antes um exercício de *prudência* judicial do que *labor* legislativo[11].

Na esfera internacional, o impacto da concretização jurisprudencial dos direitos humanos é imenso.

O princípio da soberania dos Estados sofre cada vez mais com a internacionalização dos direitos humanos, uma vez que os compromissos internacionais são genéricos e vagos, como normas de direitos humanos que são. As centenas de condenações de vários Estados tidos como democráticos e respeitadores de direitos humanos pela Corte Europeia de Direitos Humanos, por exemplo, por certo não foram previstas por seus líderes. Além disso, a temática dos direitos humanos, por sua indeterminação, é apreciada em foros não tradicionais, como se vê nas dezenas de casos de direitos humanos do Tribunal de Justiça

---

9 Essa criação de direitos pela via judicial não é fato novo no Direito Comparado. Cite-se o *right to privacy* extraído pela Suprema Corte americana da cláusula do *devido processo legal*. Ver mais em REY MARTINEZ, Fernando. "Como nacen los derechos fundamentales", *Annali del Seminário Giuridico, v. I (1999-2000)*, Milano: Giuffrè, 2001, p. 373. Sobre as origens do direito à intimidade, ver SAMPAIO, José Adércio Leite. *Direito à intimidade e à vida privada*. Belo Horizonte: Del Rey, 1998.

10 Zagrebelsky ensina que o legislador deve resignar-se a ver suas leis tratadas como "parte" do Direito e não como "todo" o Direito. Ver a fundamental obra de ZAGREBELSKY, Gustavo. *El derecho dúctil*. Trad. Marina Gascón. 3. ed. Madrid: Trotta, 1999, em especial p. 153.

11 Contrariando aqueles que, ao melhor estilo napoleônico, ainda consideram o juiz uma mera *bouche de la loi*, ou seja, um mero aplicador acorrentado ao silogismo fato-subsunção-Direito.

da União Europeia, vocacionado para a implementação do Direito da Integração, entre outros[12].

Por outro lado, é também possível encontrar insatisfação e irresignação da parte dos demandantes perante as instâncias internacionais quando a decisão internacional não reconhece a violação de direitos humanos ou fixa reparação insuficiente[13].

Há o evidente risco de incerteza jurídica, quer para os Estados, quer para os indivíduos. Nesse momento, salta aos olhos a importância da estruturação de uma teoria geral de direitos humanos na ordem internacional para evitar que a proteção de direitos humanos na ordem internacional converta-se em um conjunto de decisões *inorgânicas, desconectadas*, fruto do *decisionismo* judicial e reveladora de perigosa *insegurança* jurídica.

Sem uma teoria sistematizada de direitos humanos repleta de marcos de orientação para decisões futuras, deslegitima-se o próprio intérprete internacional, que muitas vezes terá que avaliar atos estatais aprovados por *maiorias* democráticas, mas violadores de direitos humanos de *minorias*.

É também importante a sistematização de uma teoria geral de direitos humanos baseada na *iuris prudentia* para que possamos expor as insuficiências e tibiezas das decisões dos intérpretes internacionais, que não podem nunca ser invocadas com temor reverencial ou como definitivo argumento de autoridade.

Além dessa evidente importância, o estudo de uma teoria geral de direitos humanos na área internacional implica um duplo desafio: conhecer ao mesmo tempo os textos normativos, mas sem se olvidar do cipoal de decisões que determinam o alcance e o sentido das normas. Esses desafios devem ser vencidos de uma maneira *sistematizada* e *ordenada*, para que não sejamos tragados em um turbilhão de pequenos detalhes de casos concretos de difícil repetição.

---

12 CARVALHO RAMOS, André de. *Direitos humanos na integração econômica*. Rio de Janeiro: Renovar, 2008. *Vide* abaixo o capítulo específico sobre a força expansiva dos direitos humanos e o Dilema de Hamilton.

13 *Vide* a análise crítica da chamada "teoria da margem de apreciação" em capítulo próprio, fonte constante de descontentamento de demandantes no sistema europeu de direitos humanos.

2 Conceito de direitos humanos

Já foi dito que, ao se perguntar a várias pessoas o que se entende por direitos humanos, obtêm-se diversas respostas, sem contar aqueles que simplesmente entendem que a própria questão é supérflua, pois é óbvio que cada ser humano possui direitos[1].

Em relação à doutrina especializada, ocorre o mesmo, pois basta um singelo exame das diversas definições sobre os direitos humanos para comprovar a dificuldade em sua conceituação.

Para PERES LUÑO, há três tipos de definições sobre o que são os *direitos humanos*[2]. O primeiro tipo seria a definição dita *tautológica*, ou seja, a que não aporta nenhum elemento novo que permite caracterizar tais direitos. Assim, seria um exemplo desse tipo de definição a conceituação dos direitos humanos como sendo aqueles que correspondem ao homem pelo fato de ser homem[3]. Todavia, em geral, todos os direitos são titularizados pelo homem ou por suas emanações (as pessoas jurídicas), de modo que a definição acima citada encerra certa petição de princípio.

Um segundo tipo de definição seria aquela dita *formal*, que, ao não especificar o conteúdo dos direitos humanos, limita-se a alguma indicação sobre o seu regime jurídico especial. Esse tipo de definição consiste em estabelecer que os direitos humanos são aqueles que pertencem ou devem pertencer a todos os homens e que não podem ser deles privados, em virtude de seu regime indisponível e *sui generis*.

JORGE MIRANDA denomina tal definição de conceito formal de direitos humanos, que seriam "toda posição jurídica subjectiva das pessoas enquanto consagrada na Lei Fundamental"[4].

---

1 PERES LUÑO, Antônio. *Derechos humanos, estado de derecho y Constitución*. 5. ed. Madrid: Tecnos, 1995, p. 22.

2 PERES LUÑO, Antônio. *Derechos humanos, estado de derecho y Constitución*. 5. ed. Madrid: Tecnos, 1995, p. 48. No mesmo sentido, ver BOBBIO, Norberto. *A era dos direitos*. Trad. Carlos Nelson Coutinho. São Paulo: Ed. Campus, 1992, p. 17.

3 Para TRUYOL Y SERRA, "decir que hay 'derechos humanos' o 'derechos del hombre' en le contexto histórico-espiritual que es el nuestro, equivale a afirmar que existen derechos fundamentaes que el hombre posue por el hecho de ser hombre, por su propia naturaleza y dignidad" (TRUYOL Y SERRA, Antônio. *Los derechos humanos*. Madrid: Tecnos, 1994, p. 11).

4 MIRANDA, Jorge. *Manual de direito constitucional*. 2. ed. Coimbra: Coimbra Editora, 1993, v. IV, p. 9.

Por fim, há ainda a definição *finalística ou teleológica*, na qual se utiliza objetivo ou fim para definir o conjunto de direitos humanos, como, por exemplo, na definição que estabelece que os direitos humanos são aqueles essenciais para o desenvolvimento *digno* da pessoa humana.

Nesse diapasão, DALLARI pugna que os direitos humanos representam "uma forma abreviada de mencionar os direitos fundamentais da pessoa humana. Esses direitos são considerados fundamentais porque sem eles a pessoa humana não consegue existir ou não é capaz de se desenvolver e de participar plenamente da vida"[5].

Ou, no mesmo sentido, é relevante a definição já tradicional de PECES-BARBA, para quem os direitos humanos são "faculdades que o Direito atribui a pessoas e aos grupos sociais, expressão de suas necessidades relativas à vida, liberdade, igualdade, participação política, ou social ou a qualquer outro aspecto fundamental que afete o desenvolvimento integral das pessoas em uma comunidade de homens livres, exigindo o respeito ou a atuação dos demais homens, dos grupos sociais e do Estado, e com garantia dos poderes públicos para restabelecer seu exercício em caso de violação ou para realizar sua prestação"[6].

Digna de nota é a precisa definição de PERES LUÑO que, compatibilizando a evolução histórica dos direitos humanos com a necessidade de definição de seu conteúdo, considera direitos humanos o "conjunto de faculdades e instituições que, em cada momento histórico, concretizam as exigências de dignidade, liberdade e igualdade humanas, as quais devem ser reconhecidas positivamente pelos ordenamentos jurídicos em nível nacional e internacional"[7].

Na necessidade de se adotar uma definição concisa, entendo por direitos humanos um "conjunto mínimo de direitos necessário para assegurar uma vida do ser humano baseada na liberdade, igualdade e na dignidade"[8].

---

5 DALLARI, Dalmo de Abreu. *Direitos humanos e cidadania*. São Paulo: Moderna, 1998, p. 7.

6 PECES-BARBA MARTÍNEZ, Gregorio et al. *Derecho positivo de los derechos humanos.* Madrid: Debate, 1987, p. 14-15.

7 PERES LUÑO, Antônio. *Derechos humanos, Estado de derecho y Constitución.* 5. ed. Madrid: Tecnos, 1995, p. 48.

8 HESSE, Konrad. "Grundrechte", in *Staatslexikon, Heraugegeben von Goeresgesellschaft,* Bd 2.7, Auflage, 1986, apud BONAVIDES, Paulo. *Curso de direito constitucional.* 4. ed. São Paulo: Malheiros, 1993, p. 472.

Tal dignidade, como sustenta SARLET, é "a qualidade intrínseca e distintiva de cada ser humano que o faz merecedor de respeito e consideração por parte do Estado e da comunidade, implicando, neste sentido, um complexo de direitos e deveres fundamentais que assegurem a pessoa tanto contra todo e qualquer ato de cunho degradante e desumano, como venham a lhe garantir as condições existenciais mínimas para uma vida saudável, além de propiciar e promover sua participação ativa e corresponsável nos destinos da própria existência e da vida em comunhão com os demais seres humanos"[9].

Assim, os direitos humanos asseguram uma vida *digna*, na qual o indivíduo possui condições adequadas de existência, participando ativamente da vida de sua comunidade.

---

9 SARLET, Ingo Wolfgang. *Dignidade da pessoa humana e direitos fundamentais.* Porto Alegre: Livraria do Advogado, 2001, p. 60.

3 Terminologia

Na doutrina e no direito positivo (interno e internacional) há ampla utilização de diversos termos e expressões para traduzir o conceito dos chamados "direitos humanos", tais como, para citar os mais utilizados: "direitos fundamentais", "liberdades públicas", "direitos da pessoa humana", "direitos do homem", "direitos da pessoa", "direitos individuais", "direitos fundamentais da pessoa humana", "direitos públicos subjetivos" e, por fim, a expressão já mencionada "direitos humanos".

A nossa Constituição é um retrato acabado de tal situação. De fato, o artigo 4º, inciso II, faz referência a "direitos humanos". Por outro lado, o Título II intitula-se "direitos e garantias fundamentais". Já o artigo 5º, inciso XLI, menciona os "direitos e liberdades fundamentais" e o seu inciso LXXI adota o termo "direitos e liberdades constitucionais". Ora, o artigo 5º, § 1º, também desse título, utiliza a expressão "direitos e garantias fundamentais". Já o artigo 17 adota a expressão "direitos fundamentais da pessoa humana". O artigo 34, ao disciplinar a intervenção federal, faz referência aos "direitos da pessoa humana" (artigo 34, inciso VII, alínea *b*). Quando trata das cláusulas pétreas, a Constituição ainda faz menção à expressão "direitos e garantias individuais" (artigo 60, § 4º). No artigo 7º do Ato das Disposições Constitucionais Transitórias, há o uso, novamente, do termo "direitos humanos".

No Direito Internacional, há também essa utilização variada e intercambiante de expressões.

A Declaração Americana dos Direitos e Deveres do Homem de 1948 utiliza, já no preâmbulo, os termos "direitos do homem" e "direitos essenciais do homem".

A Declaração Universal dos Direitos Humanos, por seu turno, estabelece em seu preâmbulo a necessidade de respeito aos "direitos do homem" e logo após a "fé nos direitos fundamentais do homem" e ainda o respeito "aos direitos e liberdades fundamentais do homem".

A Carta da Organização das Nações Unidas emprega a expressão "direitos humanos" (preâmbulo e artigo 56), bem como "liberdades fundamentais" (artigo 55, alínea *c*). A Carta dos Direitos Fundamentais da União Europeia de 2000 (revisada em 2007) utiliza o termo "direitos fundamentais" e a Convenção Europeia de Direitos do Homem e Liberdades Fundamentais usa, como visto, o termo "liberdade fundamental".

Essa ausência de precisão terminológica pode acarretar discussão sobre o objeto de nosso estudo e sua delimitação.

Afinal, de qual objeto de estudo estamos nos referindo ao se utilizar tantas expressões ambivalentes e conceitualmente vagas?

PERES LUÑO, ao abordar essa inflação de termos, sustenta estarmos diante de um "paradigma de equivocidade" moderno, gerando dificuldade na definição do que vem a ser esses direitos humanos, nas suas diferentes acepções e expressões[1].

O termo "direitos humanos", então, é utilizado com frequência nos mais variados contextos, o que prejudica sua precisão e claridade conceitual. Para PRIETO SANCHIS, hoje, os "direitos humanos" são um conceito *tão difundido quanto difuso*[2].

A questão é de ordem teórica, mas há reflexo prático. Afinal, um texto legal que trate de "direitos humanos *básicos*" deve ter o mesmo regime jurídico de outro, que afirme reger os "direitos humanos" ou não? A Corte Interamericana de Direitos Humanos, em seu Parecer Consultivo n. 16, foi obrigada a esclarecer que o artigo 36 da Convenção de Viena sobre Relações Consulares de 1961 é um artigo definidor de *direito fundamental da pessoa humana*, para, então, considerar que a violação deste artigo ofende o devido processo legal estabelecido na Convenção Americana de Direitos Humanos[3].

Assim, podemos ver que no decorrer da evolução do conceito de proteção de certos *direitos essenciais* do indivíduo, a denominação de tais direitos foi sendo alterada, a partir de sua delimitação e fundamento.

Em primeiro lugar, há aqueles que utilizam o termo "direito natural", que foi a denominação encontrada pelos jusnaturalistas, que os consideravam direitos inerentes à natureza do homem. Esse conceito e terminologia foram ultrapassados[4] ao se constatar a *historicidade* de

---

1 PERES LUÑO, Antônio. *Derechos humanos, Estado de derecho y Constitución.* 5. ed. Madrid: Tecnos, 1995, p. 25.

2 PRIETO SANCHIS, L. *Estudios sobre derechos fundamentales.* Madrid: Debate, 1990, p. 19.

3 CARVALHO RAMOS, André de. *Direitos humanos em juízo. Comentários aos casos contenciosos e consultivos da Corte Interamericana de Direitos Humanos.* São Paulo: Max Limonad, 2001, p. 476-480.

4 Ensina Peces-Barba que o termo "direitos naturais" tem importância na história dos direitos humanos, mas seu uso perdeu o sentido na atualidade. Nas palavras do jurista espanhol "no parece que sea la expresión adecuada para abarcar hoy el fenómeno de los derechos humanos" (PECES-BARBA MARTÍNEZ, Gregório et al. *Curso*

cada um destes direitos, sendo os direitos humanos verdadeiros direitos "conquistados"[5].

A expressão "direitos do homem", por outro lado, retrata a mesma origem jusnaturalista da proteção de determinados direitos do indivíduo, no momento histórico de sua afirmação perante o Estado autocrático europeu no seio das chamadas revoluções liberais. Além disso, há quem questione o caráter sexista da expressão[6], que pretere os direitos da mulher[7].

Outros utilizam o termo "direitos individuais", que sofre a crítica de incluir apenas o grupo de direitos denominados primeira geração ou dimensão (por exemplo, os direitos à vida, à igualdade, à liberdade e à propriedade). Como veremos a seguir, são reconhecidos hoje os direitos de terceira geração, tais como os direitos a um ambiente ecologicamente equilibrado e outros, o que parece não se amoldar neste termo "direitos individuais".

O termo "liberdades públicas", de uso frequente na doutrina francesa[8], é criticado, como assinala JORGE MIRANDA, pois não englobaria

---

de derechos fundamentales. Teoría general. Madrid Universidad Carlos III e Boletín Oficial del Estado, 1999, p. 27).

5 Sustenta Bobbio que "direitos que foram declarados absolutos no final do século XVIII, como a propriedade 'sacré et inviolable', foram submetidos a radicais limitações nas declarações contemporâneas; direitos que as declarações do século XVIII nem sequer mencionavam, como os direitos sociais, são agora proclamados com grande ostentação nas recentes declarações. Não é difícil prever que, no futuro, poderão emergir novas pretensões que no momento nem sequer podemos imaginar... que prova que não existem direitos fundamentais por natureza" (BOBBIO, Norberto. *A era dos direitos.* Trad. Carlos Nelson Coutinho. São Paulo: Campus, 1992, p. 18-19).

6 Cabe salientar que Olympe de Gouges, revolucionária francesa, foi precursora dessa crítica, ao defender direitos da *mulher* e da *cidadã* em 1791, em contrapartida à Declaração Francesa dos Direitos do Homem e do Cidadão (OLYMPE DE GOUGES. "Declaration of the Rights of Woman and Female Citizen", in Darline Levy, H. Applewhite, and M. Johnson, eds. *Women in Revolutionary Paris, 1789-1795.* Urbana: University of Illinois Press, 1980, p. 92-96).

7 A doutrina franco-canadense, em clara alusão a tal caráter sexista, utiliza o termo "direitos da pessoa humana" (*droit de la personne*), em vez do termo "direitos do homem" (*droit de l'homme*).

8 Manoel Gonçalves Ferreira Filho afirma que a citada expressão "é pouco adequada num mundo que reconhece entre as referidas 'prerrogativas' direitos no plano econômico e social que vão bem mais longe do que meras liberdades". Por outro lado, reconhece o autor que "Por força da inércia, todavia, ainda modernamente ela é empregada no sentido de direitos fundamentais" (FERREIRA FILHO, Manoel G.

os direitos econômicos e sociais[9]. Já o termo "direitos públicos subjetivos", cunhado pela escola alemã de Direito Público do século XIX, tem um nítido caráter de direito contra o Estado[10]. Seria um direito que limita a ação estatal em benefício do indivíduo. A evolução do papel do Estado, saindo do Estado-Gendarme para o Estado Social de Direito, além da atual expansão da aplicação dos direitos humanos nas relações entre particulares, torna essa expressão de menor utilização[11].

Por outro lado, parte da doutrina comumente considera que o termo "direitos humanos" serve para definir os direitos estabelecidos em *tratados internacionais* sobre a matéria, enquanto a expressão "direitos fundamentais" delimitaria aqueles direitos do ser humano reconhecidos e *positivados* pelo Direito Constitucional de um Estado específico[12].

No Brasil, SARLET adota a separação terminológica entre "direitos humanos" (matriz internacional) e "direitos fundamentais" (baseados nas Constituições)[13]. Por outro lado, sustenta COMPARATO que os direitos fundamentais (*Grundrechte*) incluiriam todos os *direitos humanos* positivados, ou seja, já reconhecidos nos textos nacionais ou internacionais[14].

Os direitos humanos fundamentais, 2. ed. São Paulo: Saraiva, 1998, p. 15, nota de rodapé n. 15).

9 MIRANDA, Jorge. *Manual de direito constitucional.* 2. ed. Coimbra: Coimbra Editora, 1993, v. IV, p. 50. Madiot, por seu turno, prefere o termo "direitos humanos", por considerar o termo "liberdade pública" restritivo e excludente dos direitos sociais, afirmando ainda que há de se abandonar o conceito de "liberdade pública", porque toda liberdade necessita da intervenção do Estado para sua garantia (MADIOT, Yves. *Droits de l'homme et libertés publiques.* Paris, Masson: 1976, p. 14).

10 VILLEY, M. *Leçons d'histoire de la Philosophie du Droit.* Paris: Dalloz, 1962, em especial *"Les origines de la notion de droit subjectif",* p. 221 e s.

11 Como ensina Peres Luño, se trata de uma "categoria histórica adaptada al funcionamiento de un determinado tipo de Estado, el liberal, y a unas condiciones materiales que han sido superadas por el desarrollo económico-social de nuestro tiempo" (PERES LUÑO, Antônio. *Derechos humanos, Estado de derecho y Constitución.* 5. ed. Madrid: Tecnos, 1995, p. 34).

12 MIRANDA, Jorge. *Manual de direito constitucional.* 2. ed. Coimbra: Coimbra Editora, 1993, v. IV, p. 51-52. Ver também CANOTILHO, J. J. Gomes. *Direito constitucional.* Coimbra: Almedina, 1995, p. 528.

13 Ver a minuciosa obra de SARLET, Ingo Wolfgang. *A eficácia dos direitos fundamentais.* 10. ed. Porto Alegre: Livraria do Advogado, 2010, p. 30.

14 Nas palavras de Comparato, os direitos fundamentais são "os direitos humanos reconhecidos como tal pelas autoridades às quais se atribui o poder político de editar

Para JORGE MIRANDA, o Direito Internacional utiliza o termo "direitos humanos" para ficar mais transparente a atinência destes direitos aos indivíduos e não aos Estados ou a outras entidades internacionais[15].

Por outro lado, podemos observar que o termo *direitos humanos* deve ser empregado com a máxima cautela em textos jurídicos. Isso porque representa um *bis in idem*, já que, em última análise, somente o homem pode ser titular de direitos. Logo, a expressão "direitos humanos" é redundante, uma vez que não há direito que não seja titularizado pelo ser humano.

Apesar de tal redundância, cabe lembrar que essa expressão é esclarecedora, pois acentua a essencialidade de tais direitos para o exercício de uma vida digna, sendo, por isso, adjetivados como "humanos", como bem assinala CARLOS WEIS[16].

Nas palavras de COMPARATO, "o pleonasmo da expressão direitos humanos, ou direitos do homem, é assim justificado, porque se trata de exigências de comportamento fundadas essencialmente na participação de todos os indivíduos do gênero humano, sem atenção às diferenças concretas de ordem individual ou social, inerentes a cada homem"[17].

Assim, o adjetivo "humanos" significa que tais direitos são atribuídos a qualquer indivíduo, sendo assim considerados "direitos de todos". Ou, conforme ensina NINO, a expressão "direitos humanos" demonstra que tais direitos têm como único requisito de aplicabilidade a *condição humana*[18].

---

normas, tanto no interior dos Estados, quanto no plano internacional; são os direitos humanos positivados nas Constituições, nas leis, nos tratados internacionais" (COMPARATO, Fábio Konder. *A afirmação histórica dos direitos humanos*. São Paulo: Saraiva, 2000, p. 46).

15 MIRANDA, Jorge. *Manual de direito constitucional*. 2. ed. Coimbra: Coimbra Editora, 1993, v. IV, p. 51.

16 WEIS, Carlos. *Os direitos humanos contemporâneos*. São Paulo: Malheiros, 1999, p. 20.

17 COMPARATO, Fábio Konder. "Fundamentos dos direitos humanos". *Revista Consulex*, v. 48, dez. 2000, p. 52-61. Em outra obra, Comparato ensina que "trata-se, afinal, de algo que é inerente à própria condição humana, sem ligação com particularidades determinadas de indivíduos ou grupos" (COMPARATO, Fábio Konder. *A afirmação histórica dos direitos humanos*. São Paulo: Saraiva, 2000, p. 45-46).

18 NINO, Carlos Santiago. *Ética y derechos humanos:* un ensayo de fundamentación. Barcelona: Ariel, 1989, p. 41.

Há ainda aqueles que utilizam uma união entre os dois termos vistos acima, "direitos humanos" e "direitos fundamentais", criando-se a terminologia "direitos humanos fundamentais"[19] ou ainda "direitos fundamentais do homem"[20].

Essa "união de termos" mostra que a diferenciação entre "direitos humanos", representando os direitos reconhecidos pelo Direito Internacional dos Direitos Humanos, e os "direitos fundamentais", representando os direitos positivados nas Constituições e leis internas, perde a importância, ainda mais na ocorrência, como veremos no decorrer desta obra, de um processo de *aproximação e mútua relação* entre o Direito Internacional e o Direito interno na temática dos direitos humanos[21].

Em 2000, foi editada a Carta dos Direitos Fundamentais da União Europeia, que é uma declaração internacional de direitos dos países integrantes da União Europeia, atualizada em 2007, no seio da aprovação do Tratado de Lisboa. Mesmo assim, utilizou-se o termo "direitos fundamentais", em vez de "direitos humanos".

Nesta obra, utilizarei, de modo indistinto, os termos direitos humanos e direitos fundamentais, reforçando, assim, que os direitos são *de todos* e que não há distinção de origem (norma internacional ou interna).

---

19 Citem-se Alexandre de Moraes e também Manoel Gonçalves Ferreira Filho (MORAES, Alexandre de. *Direitos humanos fundamentais*. São Paulo: Saraiva, 1997; FERREIRA FILHO, Manoel G. *Os direitos humanos fundamentais*, 2. ed. São Paulo: Saraiva, 1998).

20 Para José Afonso da Silva, "direitos fundamentais do homem constitui a expressão mais adequada a este estudo, porque, além de referir-se a princípios que resumem a concepção de mundo e informam a ideologia política do ordenamento jurídico, é reservada, para designar, no nível do direito positivo, aquelas prerrogativas e instituições que ele concretiza em garantia de uma convivência digna, livre e igual de todas as pessoas" (SILVA, José Afonso da. *Curso de direito constitucional positivo*. 13. ed. São Paulo: Malheiros, 1997, p. 174 e 177).

21 Em defesa da utilização de todos os termos em sentidos *específicos*, podemos citar Vieira de Andrade que sustenta que "poderíamos convencionar que, da pluralidade de designações que nos oferece a matéria, a expressão 'direitos fundamentais', sem deixar de ser um superconceito, designaria em sentido estrito os direitos constitucionalmente protegidos; à perspectiva internacionalista atribuir-se-iam os termos 'direitos do homem', ou, melhor ainda, 'direitos humanos', guardar-se-iam as fórmulas 'direitos naturais', 'direitos originários', e, em geral, as que transportam uma carga afectiva (direitos 'imprescritíveis', 'inalienáveis', 'invioláveis') para a dimensão filosófica" (VIEIRA DE ANDRADE, José Carlos. *Os direitos fundamentais na Constituição portuguesa de 1976*. Coimbra: Livr. Almedina, 1983, p. 32).

Por outro lado, se a distinção entre "direitos humanos" e "direitos fundamentais" pela origem (ou matriz) perde importância, ganha interesse o estudo das diferenças de *interpretação* de determinado direito, podendo existir *conflito* na determinação do conteúdo de um direito entre o juiz nacional e um órgão internacional.

Assim, a dicotomia entre os termos "direitos fundamentais" (direitos essenciais de origem ou matriz constitucional) e "direitos humanos" (direitos essenciais de origem ou matriz internacional) ganha importância, do nosso ponto de vista, tão somente para realçar diferenças de interpretação: os direitos humanos, pela carga universalista, devem ser aplicados internamente de acordo com a *interpretação internacionalista*. Já os direitos fundamentais serão interpretados nacionalmente. O julgador nacional, por exemplo, não pode interpretar os direitos humanos *de acordo com a interpretação nacional*, pois isso desvirtuaria a própria essência universal desses direitos, transformando-os em direitos locais. Veremos como solucionar esse conflito de interpretação na **Parte III** deste livro.

4 A estrutura das normas de direitos humanos: entre os princípios e as regras

Os direitos humanos apresentam uma característica peculiar: têm, frequentemente, uma formulação normativa aberta. De fato, as normas com textura aberta de direitos humanos são comuns, sendo raras as formulações estritas[1].

Segundo ALEXY, em construção já muito conhecida, a estrutura do ordenamento jurídico é dividida entre regras e princípios[2]. As regras correspondem a enunciados jurídicos tradicionais, nos quais consta um pressuposto de fato e uma consequência jurídica. "Aquele que matar outrem deve ser preso" é um exemplo básico de regra. Os princípios são, por seu turno, *mandamentos de otimização* de um determinado valor ou bem jurídico, ordenando que esse valor ou bem jurídico seja realizado na maior medida do possível.

Assim, a norma "todos têm direito a processo com duração razoável e a um juízo imparcial, sujeito ao duplo grau de jurisdição" possui uma *estrutura de princípio*. Não há aqui um pressuposto de fato, pois não há uma definição suficientemente precisa de um tipo de situação na qual podem se achar pessoas ou coisas e tampouco há uma consequência jurídica clara.

Além das diferenças de enunciados, as regras distinguem-se dos princípios também no momento da aplicação. Com efeito, as *regras* são aplicadas a partir da técnica da subsunção, que consiste em determinar se o caso concreto ajusta-se ou não ao pressuposto fático do enunciado jurídico. Caso a resposta seja positiva (não que tal operação seja simples, podem existir dúvidas quanto à autoria do homicídio do exemplo visto acima etc.), aplica-se à consequência jurídica[3].

---

1 DIEZ-PICAZO, Luis Maria. *Sistema de derechos fundamentales*. Madrid: Thomson-Civitas, 2003, p. 39.

2 ALEXY, Robert. *Teoría de los derechos fundamentales*. Centro de Estudios Constitucionales, Madrid, 1997, e também, em especial, a análise complementar do próprio Alexy à sua teoria em ALEXY, Robert. "Epílogo a la Teoría de los Derechos Fundamentales", 66 *Revista Española de Derecho Constitucional* (2002), p. 43-64. Em português, deve ser consultada a imprescindível tradução de Virgílio Afonso da Silva. ALEXY, Robert. *Teoria geral dos direitos fundamentais*. São Paulo: Malheiros, 2008.

3 DIEZ-PICAZO, Luis Maria. *Sistema de derechos fundamentales*. Madrid: Thomson-Civitas, 2003, p. 40.

Por outro lado, os *princípios* são aplicados mediante a técnica da *ponderação*, que não acata a lógica do "tudo ou nada" das regras (ou o caso concreto se subsume ou não), mas sim responde à lógica do "mais ou menos", que consiste na busca da maior otimização do valor ou bem jurídico nele contido, na medida das possibilidades do caso concreto. As vaguezas e a indeterminabilidade dos enunciados contidos nos princípios também excluem a possibilidade de uso da técnica de subsunção[4].

Também cabe lembrar que a estrutura dos direitos humanos é majoritariamente formada por princípios, mas há regras de direitos humanos, como, por exemplo, a regra de exigência de ordem judicial ou flagrante delito para que alguém seja preso[5].

A diferenciação das normas de direitos humanos em princípios e regras, como ensina ALEXY, é essencial para a compreensão do papel dos direitos humanos em um ordenamento, bem como é peça chave na análise da limitação e na colisão dos direitos humanos. A estrutura *principiológica* das normas de direitos humanos exige o estudo da concretização judicial e de seus instrumentos (como a proporcionalidade e a ponderação de interesses[6]), para auxiliar o intérprete na solução dos casos concretos.

---

4 Estudaremos a técnica da ponderação a seguir.

5 Deve ter ficado claro que o uso do termo "princípios" nesta obra afasta-se de seu sentido de "norma mandamental e superior", muitas vezes utilizado. As normas de direitos humanos quer sejam formuladas como princípios ou regras, ao estarem mencionadas nas Constituições e em tratados, possuem ordem hierárquica superior no ordenamento, como veremos.

6 Como veremos no capítulo específico.

5 A fundamentação dos direitos humanos

5.1 Os negacionistas

Em primeiro lugar, pretendo trazer ao leitor breve síntese das tentativas de fundamentação dos direitos humanos. Por fundamentação, entendo "as razões que legitimam e motivam o reconhecimento dos direitos humanos"[1].

Antes, entretanto, há de ser mencionado que, para alguns, a fundamentação dos direitos humanos é *impossível* ou até *perigosa*.

De fato, BOBBIO sustenta ser impossível a fundamentação (justificativa[2]) *absoluta* dos direitos humanos por diversas razões[3]. Para o autor, em primeiro lugar, há divergência até na definição do que seria o conjunto de "direitos humanos", como já visto. Assim, como fundamentar aquilo cuja determinação já é duvidosa?

Em segundo lugar, afirma BOBBIO que os direitos humanos constituem uma classe de direitos variável, conforme nos mostra a evolução de seu rol[4]. O rol de direitos humanos modificou-se e é lícito afirmar que alguns direitos que sequer são defendidos hoje podem, amanhã, ser considerados como integrantes da categoria de "direitos humanos", ou mesmo que haja exclusões dessa categoria[5]. Logo, seria impossível fun-

---

1 SILVA, Fernanda Duarte Lopes Lucas da. "Fundamentando os direitos humanos: um breve inventário", in TORRES, Roberto Lobo (org.). *A legitimação dos direitos humanos*. Rio de Janeiro: Renovar, 2002, p. 99-138, em especial p. 110. Sobre o tema, ver ainda COMPARATO, Fábio Konder. "Fundamentos dos direitos humanos". *Revista Consulex*, v. 48, dez. 2000, p. 52-61.

2 Roberto Lobo Torres nos lembra que a justificação (*Rechtfertigung*) do Direito germânico aproxima-se da legitimação, ou seja, da análise de sua validade ética. Para os ibéricos, ainda na lição de Torres, o termo utilizado é o da fundamentação dos direitos humanos (TORRES, Roberto Lobo. "A legitimação dos direitos humanos e os princípios da ponderação e da razoabilidade", in TORRES, Roberto Lobo (org.). *A legitimação dos direitos humanos*. Rio de Janeiro: Renovar, 2002, p. 397-449).

3 Isso sem contar que, para o citado jurista italiano, o problema básico em relação aos direitos do homem não é sua fundamentação, mas sim sua efetivação. Nos dizeres de Bobbio: "O problema fundamental em relação aos direitos do homem, hoje, não é tanto o de justificá-los, mas o de protegê-los. Trata-se de um problema não filosófico, mas político" (BOBBIO, Norberto. *A era dos direitos*. Trad. Carlos Nelson Coutinho. São Paulo: Campus, 1992, p. 24).

4 Ver em capítulo específico *infra*.

5 Ensina Bobbio, então que "não existem direitos fundamentais por natureza. O que parece fundamental numa época histórica e numa determinada civilização não

damentar de modo unívoco os direitos humanos, pois cada contexto histórico possuiria sua própria "fundamentação".

Por fim, os direitos humanos constituem-se também em uma categoria heterogênea, contendo pretensões muitas vezes conflitantes, a exigir a ponderação de interesses no caso concreto. Diante de tais conflitos, identificar um fundamento único, absoluto, poderia, na visão de BOBBIO, até servir de *pretexto* para impedir a evolução do rol dos direitos humanos[6].

Por outro lado, há ainda aqueles que negam a existência de fundamentação racional dos direitos humanos baseados na assertiva que tais direitos são consagrados a partir de juízos de valor, ou seja, de opções morais as quais, por definição, não podem ser comprovadas ou justificadas, mas aceitas por convicção pessoal[7].

Devemos ainda citar, como mais um exemplo de corrente "negacionista", aqueles que defendem a ideia de que os direitos humanos são apreendidos pelos sentimentos morais. Assim, o juízo valorativo da superioridade dos direitos humanos sobre todo ordenamento jurídico não pode ser justificado ou fundamentado, pois é juízo de persuasão, tradução de emoção daquele que defende tal posição[8].

Contudo, a busca do fundamento para o reconhecimento dos direitos humanos é de importância capital quando é motivada pela existência de dúvidas ou contestações[9].

é fundamental em outras épocas e em outras culturas" (BOBBIO, Norberto. *A era dos direitos*. Trad. Carlos Nelson Coutinho. São Paulo: Campus, 1992, p. 19).

6 Para Bobbio, os "empecilhos colocados ao progresso da legislação social pela teoria jusnaturalista do fundamento absoluto da propriedade: a oposição quase secular contra a introdução dos direitos sociais foi feita em nome do fundamento absoluto dos direitos de liberdade. O fundamento absoluto não é apenas uma ilusão: em alguns casos, é também um pretexto para defender posições conservadoras" (BOBBIO, Norberto. *A era dos direitos*. Trad. Carlos Nelson Coutinho. São Paulo: Campus, 1992, p. 22).

7 Peres Luño denomina tal corrente de pensamento jurídico de *"não cognitivista"*. Entre eles, Felix Oppenheim (OPPENHEIM, F. *Ética y filosofia política*. Cidade do México: Fondo de Cultura Economica, 1976; e em PERES LUÑO, Antônio. *Derechos humanos, estado de derecho y Constitución*. 5. ed. Madrid: Tecnos, 1995).

8 Entre eles, Alf Ross (ROSS, Alf. *On law and justice*. London: Stevens & Sons, 1976).

9 Para Perelman, em texto específico sobre a fundamentação dos direitos humanos, "A busca de um fundamento (ou de uma prova que o garantiria) supõe uma dúvida, um desacordo, uma contestação, ora quanto à existência, à verdade ou ao caráter obrigatório de uma realidade, de uma proposição ou de uma norma, ora quanto à

É o que ocorre com os direitos humanos. De fato, a proteção dos direitos humanos foi conquista histórica, que, como tal, necessitou de *fundamentação* teórica para sua afirmação diante do absolutismo e outras formas de governo autoritárias.

Mas a necessidade de fundamentação não perdeu a razão de ser nos dias atuais, em especial quando a violação de direitos humanos é patrocinada pelo Estado, por seus agentes ou por suas leis. Como expõe JORGE MIRANDA, renunciar à fundamentação dos direitos humanos pode consistir, para muitos, na *resignação* perante as leis positivas vigentes ou perante as contingências de sua *aplicação*[10]. Os exemplos históricos mostram os riscos desse positivismo exacerbado.

Assim, a fundamentação dos direitos humanos é importante na chamada relação "direitos humanos – direito posto". Se os direitos humanos são aqueles declarados e reconhecidos pelo Estado, o que fazer quando não existe esse prévio reconhecimento pelo Estado? Como protegê-los com efetividade, então?

A resposta está no referencial ético que justifica terem os direitos humanos posição superior no ordenamento jurídico, capaz inclusive de se sobrepor a eventual ausência de reconhecimento explícito por parte do Estado. Assim, urge o estudo da fundamentação dos direitos humanos.

5.2   Os jusnaturalistas

Reconhecida a importância do debate da fundamentação dos direitos humanos, observo que há de ser citada, em primeiro lugar, a corrente jusnaturalista que sustenta que há normas anteriores e superiores ao direito estatal posto. SÃO TOMÁS DE AQUINO pode ser considerado um dos próceres da chamada corrente de Direito natural de inspiração divina. Para o teólogo, a *lex humana* deve obedecer à *lex naturalis*, que era fruto da razão divina, mas perceptível aos homens.

---

natureza daquilo que existe, ao sentido da proposição, ao alcance da norma" (PEREL-MAN, Chaïm. "É possível fundamentar os direitos do homem", in *Ética e o direito*. Trad. Maria Ermentina G. Pereira. São Paulo: Martins Fontes, 1996, p. 392-400, em especial p. 393).

10   MIRANDA, Jorge. *Manual de direito constitucional*. 2. ed. Coimbra: Coimbra Editora, 1993, v. IV, p. 43.

Já HUGO GROTIUS, considerado um dos fundadores do Direito Internacional[11] e iniciador da teoria do direito natural moderno[12], sustentava, já no século XVI, a existência de um conjunto de normas ideais, fruto da razão humana. GROTIUS, é, então, um dos seguidores da Escola de Direito Natural revelada pela razão, que adota a tese de que o direito dos legisladores humanos só seria válido quando compatível com os mandamentos daquela lei imutável e eterna[13].

O traço marcante dessa corrente é o seu cunho teológico e metafísico, pois se funda na existência de um direito preexistente ao direito produzido pelo homem, oriundo de Deus (escola de direito natural de razão divina) ou da natureza imanente do ser humano (escola de direito natural moderno)[14]. Os direitos humanos seriam, então, os equivalentes contemporâneos dos direitos naturais. Para MARITAIN e outros, os direitos humanos são consequência da afirmação dos ideais jusnaturalistas[15].

Os iluministas, em especial LOCKE e ROUSSEAU, retomam o racionalismo e o individualismo, tornando a razão fonte de direitos inerentes ao ser humano. Afirma-se, então, a supremacia do indivíduo em face do Estado, que é fundado em um contrato social focado na realização dos direitos do homem. A Declaração de Direitos do Homem e do Cidadão, de 1789, documento marcante dessa visão dos direitos humanos, estabelece que *"o fim de toda a associação política é a conservação dos direitos naturais e imprescritíveis"* de todo ser humano.

Como sustenta VIEIRA DE ANDRADE, nessa visão de direito natural, os direitos humanos são direitos atemporais, inerentes à qualidade de homem de seus titulares[16]. Para mencionar um exemplo desse legado teórico,

---

11 Por todos, ver CASELLA, Paulo Borba. *Direito internacional no tempo moderno*: de Suarez a Grócio. São Paulo: Atlas, 2014, em especial p. 309 e s.

12 A expressão é de Haarscher (HAARSCHER, Guy. *Philosophie des droits de l'homme*. 4. ed. Bruxelas: Editions de l'Université de Bruxelles, 1993, em especial p. 78).

13 LUCAS, Javier de. "Algunos equívocos sobre el concepto y fundamentación de los derechos humanos", in BALLESTEROS, Jesús. *Derechos humanos*. Madrid: Tecnos, 1992, p. 13-22.

14 A crítica a tal corrente é ampla e variada. Desde a constatação de Marx do caráter histórico das lutas liberais burguesas até a crítica de Bobbio de sua incapacidade de resolver os problema relativos a conflitos de direitos humanos.

15 Nesse sentido, MARITAIN, Jacques. *Les Droits de L'Homme et la Loi Naturel*. Paris: Paul Hartmann Éditeur, 1947; FINNIS, John. *Natural Law and Natural Rights*. Oxford: Clarendon Press, 1989.

16 VIEIRA DE ANDRADE, José Carlos. *Os direitos fundamentais na Constituição portuguesa de 1976*. Coimbra: Livr. Almedina, 1983, p. 14.

cite-se a primeira afirmação da longeva Declaração Universal dos Direitos Humanos (1948), pela qual todos os homens nascem livres e iguais em dignidade e direitos, o que é assemelhado à frase inicial de Rousseau no clássico *Do contrato social*, na qual afirmou que o homem nasceu livre[17].

Apesar da sua influência sentida até hoje nos contemporâneos diplomas normativos internacionais de direitos humanos, o jusnaturalismo sofre da falta de comprovação de direitos inerentes à natureza do homem.

Pelo contrário, em relação à própria revelação, pela razão humana, do conteúdo dos direitos humanos, há de se recordar a existência de variados conteúdos de tais direitos, a depender dos valores de cada contexto histórico. Como exemplo, há três soluções possíveis para a *sucessão* de bens: retorno à comunidade, transmissão familiar de pai para filho e finalmente a livre disposição pelo proprietário. Todas as três possibilidades são compatíveis com a suposta natureza humana: membro da comunidade e solidário com seu destino, ou integrante de uma família, voltado por instinto à defesa da prole e, finalmente, ser humano livre e autônomo, capaz de dispor de seus bens[18].

A história mostra que os direitos humanos são direitos conquistados, sendo até possível que um direito consagrado seja, depois, retirado do catálogo de direitos protegidos.

Por exemplo, o direito de propriedade, mencionado na Declaração Universal dos Direitos Humanos, não foi reconhecido anos após no Pacto Internacional de Direitos Econômicos, Sociais e Culturais da própria Organização das Nações Unidas (ONU).

5.3 Os positivistas

A própria estruturação do Estado constitucional, fruto das revoluções liberais oitocentistas, gerou a inserção dos direitos humanos nas Constituições e leis, sendo agora considerados direitos *positivados*.

A Escola positivista, que se desenvolveu ao longo dos séculos XIX e XX, traduziu a ideia de um ordenamento jurídico produzido pelo homem, de modo coerente, por meio do conceito da pirâmide da hierarquia das

---

17 ROUSSEAU, Jean Jacques. *Do contrato social* (original de 1762). Trad. Mário Pugliesi e Norberto de Paula Lima. São Paulo: Ed. Hemus, 1996.

18 BOBBIO, Norberto. *A era dos direitos*. Trad. Carlos Nelson Coutinho. São Paulo: Campus, 1992, p. 17.

leis. No topo da pirâmide, existiria a Constituição, pressuposto de validade de todas as demais normas do ordenamento jurídico. Os direitos humanos foram inseridos na Constituição, obtendo um estatuto normativo superior.

Para a Escola positivista, o fundamento dos direitos humanos consiste na *existência* da lei positiva, cujo pressuposto de validade está em sua edição conforme as regras estabelecidas na Constituição. Assim, os direitos humanos justificam-se graças a sua validade formal. Ora, a justificação dos direitos humanos está na vontade da lei e a vontade da lei é que fundamenta a preservação dos direitos humanos. Tal evidente tautologia enfraquece a proteção dos direitos humanos, quando a lei for *omissa* ou mesmo *contrária* à dignidade da pessoa humana[19].

Com efeito, no caso dos direitos humanos, a fragilidade do positivismo é dramática, caso as leis locais não protejam ou reconheçam determinado direito ou categoria de direitos humanos. O exemplo nazista mostra a insuficiência da fundamentação de direito posto dos direitos humanos[20]. FÁBIO KONDER COMPARATO, no mesmo sentido, ensina que "é justamente aí que se põe, de forma aguda, a questão do fundamento dos direitos humanos, pois a sua validade deve assentar-se em algo mais profundo e permanente que a ordenação estatal, ainda que esta se baseie numa Constituição. A importância dos direitos humanos é tanto maior quanto mais louco ou celerado for o Estado"[21].

A história da positivação dos direitos humanos é, então, um processo inacabado, no qual a imperfeição das regras legais ou constitucionais de respeito aos direitos humanos revela a manutenção de injustiças ou a criação de novas[22].

---

19 Como explica FÁBIO KONDER COMPARATO, "a grande falha teórica do positivismo, porém, como as experiências totalitárias do século XX cruamente demonstraram, é a sua incapacidade (ou formal recusa) em encontrar um fundamento ou razão justificativa para o direito, sem recair em mera tautologia" (COMPARATO, Fábio Konder. "Fundamentos dos direitos humanos". *Revista Consulex*, v. 48, dez. 2000, p. 42-43).

20 Nas palavras de Perelman, "essa concepção do positivismo jurídico soçobra ante os abusos do hitlerismo, como toda teoria científica inconciliável com os fatos" (PERELMAN, Chaïm. "É possível fundamentar os direitos do homem", in *Ética e o Direito*. Trad. Maria Ermentina G. Pereira. São Paulo: Martins Fontes, 1996, p. 395).

21 COMPARATO, Fábio Konder. "Fundamentos dos direitos humanos". *Revista Consulex*, v. 48, dez. 2000, p. 43.

22 De fato, um dos maiores escândalos que macularam a proteção de direitos humanos entronizada nas Revoluções burguesas foi a manutenção da escravidão do homem

HART, com concisão, assinala que a divergência entre os jusnaturalistas e os positivistas não reside no reconhecimento ou não da existência de certos princípios de moral e justiça passíveis de revelação pela razão humana (mesmo que tenham origem divina).

A divergência entre as duas Escolas jurídicas reside, sim, na defesa, pela Escola jusnaturalista, da superioridade dos princípios de moral e justiça em face de leis incompatíveis.

Para os positivistas, esses princípios de justiça não pertencem ao ordenamento jurídico, inexistindo qualquer choque ou antagonismo entre a lei posta e a Moral. Para HART, a Moral pode sim influenciar a formação do Direito no momento da produção legislativa e também no momento do desempenho da atividade judicial[23].

5.4 A fundamentação moral

O conceito de *direitos morais*, aprofundado por DWORKIN, consiste no conjunto de direitos subjetivos originados diretamente de valores (contidos em princípios), independentemente da existência de prévias regras postas.

Utilizando tal conceito, os direitos humanos podem ser considerados direitos morais que, por definição, não aferem sua validade por normas positivadas, mas diretamente de valores morais da coletividade humana. Para o citado autor, a moralidade integra o ordenamento jurídico por meio de *princípios*[24], mesmo que não positivados. Princípios são, segundo

---

negro. Muitos dos pais fundadores da democracia americana foram também proprietários de escravizados (Jefferson, Madison e George Washington). Outro ponto falho no contexto dos primeiros documentos consagradores de direitos humanos é o seu enfoque censitário e sexista no caso do exercício dos direitos políticos (estavam desprovidos do direito a voto, nos primórdios do Estado Constitucional, as mulheres e os despossuídos).

23 Hart denomina essas regras de determinação do direito de regras de reconhecimento, de acordo com as quais o ordenamento jurídico é formado por normas primárias e por normas secundárias, sendo as primeiras as que contêm direitos e obrigações, e as segundas aquelas que contêm os procedimentos para produzir ou concretizar as normas primárias, o que inclui as normas procedimentais pelas quais os julgadores determinam o direito aplicável ao caso concreto (HART, Herbert L. A. *O conceito de direito*. 2. ed. Trad. A. Ribeiro Mendes. Lisboa: Fundação C. Gulbenkian, 1994, p. 104 e 142).

24 Sobre os princípios no Direito, ver a obra de ROTHENBURG, Walter Claudius. *Princípios constitucionais*. Porto Alegre: Sérgio Antônio Fabris Editor, 1999.

esse autor, exigências de justiça, de equidade ou de qualquer outra dimensão da moral[25].

DWORKIN demonstra que, nos chamados *casos-limite* ou *hard cases*, quando os intérpretes debatem e decidem em termos de direitos e obrigações jurídicas, são utilizados padrões que não funcionam como regras, mas trabalham com princípios[26].

Quando se afirma que os intérpretes empregam princípios e não regras, está a se admitir que são duas as espécies de normas, cuja diferença é de caráter lógico. Um princípio não determina as condições que tornam sua aplicação necessária. Ao revés, estabelece uma razão (fundamento) que impele o intérprete numa direção, mas que não reclama uma decisão específica, única. Daí acontecer que um princípio, numa determinada situação, e em face de outro princípio, pode não prevalecer – o que não quer significar que ele perca a sua condição de princípio.

Assim, as normas de condutas são originadas de reflexões morais contidas nos princípios de qualquer ordenamento jurídico. Os direitos morais são mais do que exigências éticas oriundas do jusnaturalismo. São títulos, na acepção de pretensão, que permitem exercer direitos[27].

NINO, por sua vez, sustenta que é na aplicação do direito que os princípios de justiça e moralidade são invocados pelo julgador. A diferença entre o jusnaturalismo clássico e esse novo positivismo é que se determina o Direito não somente pelas fontes formais, mas também em sua aplicação[28]. Com isso, os direitos humanos definem-se como direitos morais, ou seja, como exigências éticas, que compõem os princípios do ordenamento[29].

---

25 DWORKIN, Ronald. *Uma questão de princípio*. São Paulo: Martins Fontes, 2000, p. 90.

26 DWORKIN, Ronald. *Taking rights seriously*. Londres: Duckworth Press, 1978. Sobre o tema, conferir ainda a obra do mesmo autor, *Uma questão de princípio*. São Paulo: Martins Fontes, 2000, p. 41 a 152.

27 VIDAL GIL. "Los derechos humanos como derechos subjetivos", in BALLESTEROS, Jesús. *Derechos humanos*. Madrid: Tecnos, 1992, p. 28.

28 NINO, Carlos Santiago. *Ética y derechos humanos:* un ensayo de fundamentación. Barcelona: Ariel, 1989, p. 16-21.

29 Lição dada por Eusebio Fernandez (FERNANDEZ, Eusebio. *Teoria de la justicia y derechos humanos*. Madrid: Debate, 1984, p. 109). Para Nino, os direitos humanos podem ser considerados direitos morais que os homens têm pelo fato de serem homens. O fato de que os direitos individuais são direitos morais não exclui que seu reconhecimento efetivo necessite de direitos jurídicos paralelos, mas a existência dos direitos

Há, portanto, uma fundamentação ética dos direitos humanos, que consiste no reconhecimento de condições imprescindíveis para uma vida digna e que se entroniza como princípio vetor do ordenamento jurídico.

Assim, as necessidades humanas são razões justificatórias e argumentativas para que se possa incidir o regramento jurídico especial do conjunto de direitos humanos. Ou, no dizer de AÑON ROIG, são argumentos que apoiam uma resposta jurídico-normativa às demandas que exigem algo, que pode ser tanto o estabelecimento de um direito positivado ou uma nova técnica positiva de proteção[30].

Desse modo, a fundamentação dos direitos humanos como direitos morais busca a conciliação entre os direitos humanos entendidos como exigências éticas ou valores e os direitos humanos entendidos como direitos positivados[31].

---

individuais como direitos morais não está condicionada a seu reconhecimento através de certas normas jurídicas, já que incluem precisamente pretensões de estabelecimento de normas prescrevendo meio de proteção de direitos em questão (NINO, Carlos Santiago. *Ética y derechos humanos:* un ensayo de fundamentación. Barcelona: Ariel, 1989, em especial p. 43).

30 AÑON ROIG, Maria José. "Fundamentación de los Derechos Humanos y Necesidades Básicas", in BALLESTEROS, Jesús. *Derechos humanos.* Madrid: Tecnos, 1992, p. 100-115, em especial p. 113.

31 FERNANDEZ, Eusebio. *Teoría de la justicia y derechos humanos.* Madrid: Debate, 1984, p. 103.

6 A internacionalização dos direitos humanos

6.1 A internacionalização em sentido amplo

A internacionalização em sentido amplo de determinada temática consiste na existência de normas do Direito Internacional (tratados, costumes internacionais e princípios de Direito Internacional, atos unilaterais, resoluções de organizações internacionais) regulando a matéria. Como são os próprios Estados, em geral, que criam as normas internacionais, a internacionalização de uma temática deveria passar por intensa reflexão de cada sociedade nacional, uma vez que os Estados abrem mão de uma regulação estritamente local, devendo cumprir as normas internacionais ou serem sancionados (muitas vezes duramente) pelo descumprimento.

No caso dos direitos humanos, a internacionalização em sentido amplo dessa temática apresenta-se incipiente, embora fragmentada e com motivação diversa, desde o século XIX e início do século XX.

São várias as espécies de normas internacionais que se preocuparam com direitos essenciais dos indivíduos nessa época, podendo ser listadas as seguintes:

1) combate à escravidão, motivada pelo desejo de Estados industrializados – em especial a Inglaterra – de aumentar os mercados para seus produtos manufaturados;

2) a busca da proteção dos direitos dos estrangeiros, o que consolidou o costume internacional da proteção diplomática, pelo qual um estrangeiro cujos direitos tenham sido lesados solicitava endosso ao seu Estado patrial, que, se concedido, iniciava um litígio internacional com o Estado infrator, que poderia – no século XIX – ser inclusive resolvido pela força[1];

3) a proteção dos feridos e enfermos nos conflitos armados, motivada pela crescente mortandade na guerra e que geraria o Direito Internacional Humanitário;

4) a proteção das minorias, logo após a 1ª Guerra Mundial, sob os auspícios da Liga das Nações (criada pelo Tratado de Versalhes, 1919), na qual os grupos de identidade cultural distinta e numericamente in-

---

[1] CARVALHO RAMOS, André de. *Responsabilidade internacional por violação de direitos humanos*. Rio de Janeiro: Renovar, 2004.

feriorizados (por exemplo, alemães na Polônia) teriam direitos assegurados pelo próprio Direito Internacional;

5) a proteção de direitos sociais pela Organização Internacional do Trabalho (OIT, também criada pelo Tratado de Versalhes, 1919), em clara reação dos Estados ocidentais capitalistas à Revolução Comunista na Rússia, em 1917. A OIT é o antecedente que mais se aproxima do atual Direito Internacional dos Direitos Humanos, pois o objetivo primário dessa organização é a defesa de direitos básicos de *todo* trabalhador, com vista a uma vida digna e estruturada por um sistema internacional de controle fundado na experiência tripartite (verdadeira inovação), na qual os trabalhadores, patrões e representantes dos governos participam das discussões na organização. Em 1946, a OIT se transformou em agência especializada da ONU, sendo, até hoje, um dos mais importantes polos de produção de normas internacionais de direitos humanos voltados ao direito do trabalho.

Essas normas esparsas, entretanto, são meros antecedentes da internacionalização em sentido estrito dos direitos humanos, que consiste, como veremos abaixo, na criação de um corpo sistematizado e coerente de normas, com princípios, objeto e metodologia próprios, o que inexistia na época de tais antecedentes.

Além disso, há os seguintes traços das normas internacionais vistas acima que diferem da atual proteção internacional dos direitos humanos:

1) não são todos os direitos essenciais que são protegidos;

2) a preocupação internacional depende de determinadas situações peculiares, como, por exemplo, ser estrangeiro, ser considerado trabalhador ou pertencer a uma minoria;

3) não há o acesso direto a instituições internacionais de supervisão e controle das obrigações assumidas pelos Estados;

4) há ainda, em certos antecedentes, a confusão entre direitos dos indivíduos e direito dos Estados, como se vê na proteção diplomática: o direito violado é o direito do Estado patrial, que nem sequer é obrigado a conceder o endosso e proteger seu nacional no estrangeiro.

De qualquer modo, a internacionalização em sentido amplo foi importante por constituir em precedentes que auxiliaram, após a 2ª Guerra Mundial, a constituição de uma proteção internacional dos direitos humanos, estruturada e coerente, como veremos a seguir.

6.2 A internacionalização em sentido estrito: a Carta da Organização das Nações Unidas e a Declaração Universal dos Direitos Humanos

Se a existência de normas internacionais esparsas referentes a certos direitos auxiliou a sensibilizar os Estados sobre essa temática, constituindo-se em causa remota para a contemporânea proteção internacional dos direitos humanos, as causas próximas estão relacionadas à nova organização da sociedade internacional no pós-2ª Guerra Mundial.

O regime totalitário do nazifascismo produziu gigantescas violações de direitos humanos, desnudando a fragilidade de uma proteção meramente local. Como proteger os direitos dos indivíduos se as leis e Constituições locais falhassem? Além disso, esses regimes totalitários, além de violar os direitos dos seus próprios nacionais, também praticaram políticas internacionais de agressão. Reconheceu-se, então, uma vinculação entre a defesa da democracia e dos direitos humanos e os interesses dos Estados em manter um relacionamento pacífico na comunidade internacional.

Os Estados que já adotavam a proteção de direitos humanos no plano interno não viram dificuldade em aceitar a internacionalização da temática. Pelo contrário, estimularam essa internacionalização, uma vez que poderiam influenciar a organização interna de outras sociedades. Nessa linha, vários Estados ocidentais – em especial os Estados Unidos – aceitaram a internacionalização definitiva dos direitos humanos no plano internacional por entender que poderiam influenciar outros países a adotar formas de organização próximas às suas. Como exemplo, cite--se o discurso do Presidente Franklin Delano Roosevelt (EUA), no qual foram enunciadas as "quatro liberdades" (*Four Freedoms Speech*, 1941 – liberdade de expressão e opinião; liberdade de religião; estar livre do medo; e, finalmente, estar livre da necessidade), que claramente expunha a visão dos Estados Unidos de como deveria ser organizada a sociedade internacional.

Por sua vez, vários Estados – inclusive sem tradição democrática, como o Brasil, ainda em pleno Estado Novo do ditador Getúlio Vargas (cuja deposição ocorreu somente no final de outubro de 1945) –, *apoiaram* a consagração dos direitos humanos internacionais no pós-2ª Guerra Mundial, acreditando que tal internacionalização seria meramente *programática* e *sem efeitos práticos* nas sociedades locais.

A inserção da temática de direitos humanos na Carta da ONU foi sugerida na Conferência Intergovernamental entre países aliados na

Mansão de *Dumbarton Oaks* (21 de agosto a 7 de outubro de 1944), nos arredores de Washington (D.C.), que discutiu o formato de uma nova organização internacional apta a assegurar a paz e a segurança internacionais. As diretrizes aprovadas (*Dumbarton Oaks Proposals*) continham menção ao Conselho Econômico e Social, futuro órgão interno da ONU incumbido de, entre outras tarefas, promover o respeito aos direitos humanos e liberdades fundamentais[2]. No mesmo sentido, em fevereiro de 1945, os países latino-americanos reuniram-se na Conferência Interamericana sobre Problemas da Guerra e da Paz, em Chapultepec (México), para manifestar seu desejo de incluir a temática dos direitos humanos no processo de criação da ONU.

As discussões sobre a nova organização continuaram na Conferência de São Francisco (abril a junho de 1945), contendo no texto final da Carta da ONU sete passagens que usam expressamente o termo "direitos humanos".

A começar pelo preâmbulo, há a menção à *fé nos direitos humanos fundamentais, na dignidade e no valor do ser humano, na igualdade de direito dos homens e das mulheres.*

O artigo 1º, parágrafo 3º, estabelece, como um dos objetivos da Organização, a necessidade de "obter a cooperação internacional para... promover e estimular o respeito aos direitos humanos e às liberdades fundamentais para todos, sem distinção de raça, sexo, língua ou religião". Por sua vez, cabe à Assembleia Geral, órgão da ONU, iniciar estudos e fazer recomendações para "favorecer o pleno gozo dos direitos humanos e das liberdades fundamentais, por parte de todos os povos, sem distinção de raça, sexo, língua ou religião" (artigo 13, parágrafo 1º, alínea *b*).

No Capítulo IX, estipula o artigo 55, alínea *c*, que a Organização deve favorecer "o respeito universal e efetivo dos direitos humanos e das liberdades fundamentais para todos, sem distinção de raça, sexo, língua ou religião". Já o artigo seguinte, o artigo 56, estabelece o compromisso de todos os Estados-membros de agir em cooperação com a Organização para a consecução dos propósitos enumerados no artigo anterior.

---

2 ARAGÃO, Eugênio José Guilherme de. "*A Declaração Universal dos Direitos Humanos*: mera declaração de propósitos ou norma vinculante de direito internacional?", in *Custos Legis – Revista Eletrônica da Procuradoria da República do Estado do Rio de Janeiro*, v. I, 2009. Disponível em: <http://www.prrj.mpf.mp.br/custoslegis/revista_2009/2009/aprovados/2009a_Dir_Pub_Aragao%2001.pdf>. Acesso em: 13 jan. 2024.

A responsabilidade por essa proteção de direitos humanos estipulada no Capítulo IX está a cargo da Assembleia Geral, por meio do Conselho Econômico e Social, que, de acordo com o artigo 62, parágrafo 2º, deverá "promover o respeito e a observância dos direitos humanos e das liberdades fundamentais para todos".

Finalmente, o artigo 68 dispõe que o Conselho Econômico e Social criará comissões para a proteção dos "direitos humanos". Ficou aberto o caminho para a criação da Comissão de Direitos Humanos, que fez sua primeira reunião em 1947 e foi extinta em 2006 (substituída pelo Conselho de Direitos Humanos, como veremos).

As menções esparsas a direitos humanos na Carta de São Francisco revelam (i) a ausência de consenso sobre o rol desses direitos e (ii) a timidez redacional, pois são utilizadas expressões como "favorecer", "promover" o respeito aos direitos humanos, evitando-se, então, a utilização de expressões mais incisivas.

Para explicitar quais seriam esses "direitos humanos" previstos genericamente na Carta de São Francisco foi aprovada, sob a forma de Resolução da Assembleia Geral da ONU, em 10 de dezembro de 1948, em Paris, a Declaração Universal dos Direitos Humanos (também chamada de "Declaração de Paris").

Como vários Estados já adotavam a proteção de direitos essenciais no plano interno, a produção da primeira lista universal de direitos humanos contava já com um acervo doutrinário e normativo para ser utilizado como exemplo. Não é coincidência que vários direitos inseridos na Declaração Universal dos Direitos Humanos foram retirados da Declaração Francesa de Direitos do Homem e do Cidadão, bem como dos textos constitucionais nacionais.

Para que se chegasse ao seu texto, a Assembleia Geral, por meio de sua Terceira Comissão, votou cada um de seus dispositivos, totalizando aproximadamente 1.400 sessões. Recorda LAFER que a Declaração Universal dos Direitos Humanos deve sua existência a seis "padrinhos" da Comissão de Direitos Humanos (criada em 1947 e encarregada de elaborar o projeto), que são Eleanor Roosevelt (Presidente da Comissão de Direitos Humanos, EUA), René Cassin[3] (França), Charles Malik (Líbano), Peng-Chan Chung (China), John P. Humphrey (Canadá) e Hernán Santa Cruz (Chile). Esses "padrinhos" empenharam-se, utilizando seus

---

3 Prêmio Nobel da Paz (1968).

atributos políticos e intelectuais, para compor um texto de conciliação em plena época de início da guerra fria[4].

Na sessão de aprovação de seu texto, em 10 de dezembro de 1948, o delegado brasileiro que discursou foi AUSTREGÉSILO DE ATHAYDE, que sustentou que a força da nova Declaração advinha da "diversidade de pensamento, de cultura e de concepção de vida de cada representante"[5].

Embora a Declaração Universal dos Direitos Humanos tenha sido aprovada por 48 votos a favor e sem voto em sentido contrário, houve oito abstenções (Bielo-Rússia, Checoslováquia, Polônia, União Soviética, Ucrânia, Iugoslávia, Arábia Saudita e África do Sul). Honduras e Iêmen não participaram da votação.

No preâmbulo da Declaração é mencionada a necessidade de respeito aos "direitos do homem" e logo após a "fé nos direitos fundamentais do homem" e ainda o respeito "aos direitos e liberdades fundamentais do homem". Nos seus trinta artigos, são enumerados os chamados direitos políticos e liberdades civis (artigos I a XXI), assim como os direitos econômicos, sociais e culturais (artigos XXII a XXVII).

Entre os direitos civis e políticos constam o direito à vida e à integridade física, o direito à igualdade, o direito de propriedade, o direito à liberdade de pensamento, consciência e religião, o direito à liberdade de opinião e de expressão e à liberdade de reunião.

Entre os direitos sociais em sentido amplo constam os direitos à segurança social, ao trabalho, à livre escolha da profissão e à educação, bem como o "direito a um padrão de vida capaz de assegurar a si e a sua família saúde e bem-estar, inclusive alimentação, vestuário, habitação, cuidados médicos e os serviços sociais indispensáveis" (direito ao mínimo existencial – artigo XXV).

Quanto à ponderação e conflito dos direitos, a Declaração Universal dos Direitos Humanos (DUDH) prevê, em seu artigo XXIX, que toda pessoa têm deveres para com a comunidade e estará sujeita às limitações de direitos, para assegurar os direitos dos outros e satisfazer às justas exigências da moral, da ordem pública e do bem-estar de uma sociedade

---

4 LAFER, Celso. "Declaração Universal dos Direitos Humanos", in MAGNOLI, Demétrio. *A história da paz*. São Paulo: Contexto, 2008, p. 297-329, em especial p. 307.

5 Conferir em LAFER, Celso. "Declaração Universal dos Direitos Humanos", in MAGNOLI, Demétrio. *A história da paz*. São Paulo: Contexto, 2008, p. 297-329, em especial p. 308.

democrática. O artigo XXX determina que nenhuma disposição da Declaração pode ser interpretada para justificar ato destinado à destruição de quaisquer dos direitos e liberdades estabelecidos, o que demonstra que os direitos não são absolutos.

Na linguagem figurada de LAFER, a Declaração é um *templo*, em cujo pórtico foi fixada a dignidade inerente a todos os seres humanos. O universalismo, então, firma lá sua bandeira. Sobre esse pórtico há quatro colunas, todas de igual importância. A primeira coluna representa os direitos e liberdades de ordem pessoal (artigos III a XI); a segunda engloba os direitos do indivíduo no seu relacionamento com os grupos a que pertence (artigos XII a XVII); a terceira coluna é a das liberdades pessoais e dos direitos políticos (artigos XVIII a XXI); e a última coluna é a dos direitos econômicos, sociais e culturais (artigos XXII a XXVII). O topo das colunas é fechado por um frontão que cimenta os laços do indivíduo com a sociedade, nos quais há menção à necessidade de uma ordem social e internacional no qual os direitos possam vicejar, sendo ainda dever de todos não praticar atos contrários à Declaração[6].

Em que pesem a abrangência (rol amplo de direitos, direitos de todos sem qualquer diferenciação), o consenso (aprovação sem vetos ou votos contrários) e ainda a amplitude (menção à ordem internacional justa), a Declaração Universal foi aprovada sob a forma de *resolução* da Assembleia Geral da ONU, que, nessa matéria não possui força vinculante.

Em virtude de ser a DUDH uma declaração e não um tratado, há discussões na doutrina e na prática dos Estados sobre sua força vinculante. Em resumo, podemos identificar três vertentes possíveis: (i) a DUDH possui força vinculante por se constituir em interpretação autêntica do termo "direitos humanos", previsto na Carta das Nações Unidas (tratado, ou seja, tem força vinculante); (ii) a DUDH possui força vinculante por representar o costume internacional sobre a matéria; (iii) a DUDH representa tão somente a *soft law* na matéria, que consiste em um conjunto de normas ainda não vinculantes, mas que buscam orientar a ação futura dos Estados para que, então, venham a ter força vinculante.

De acordo com a jurisprudência internacional, *parte* da DUDH é entendida como espelho do costume internacional de proteção de direitos

---

6 LAFER, Celso. "Declaração Universal dos Direitos Humanos", in MAGNOLI, Demétrio. *A história da paz*. São Paulo: Contexto, 2008, p. 297-329, em especial p. 316-317.

humanos, em especial quanto aos direitos à integridade física, igualdade e devido processo legal.

6.3 A reconstrução dos direitos humanos no século XX

O século XX assistiu à afirmação da "era dos direitos humanos", parafraseando o livro de NORBERTO BOBBIO[7].

A predominância positivista *nacionalista* dos direitos humanos do século XIX e início do século XX ficou desmoralizada após a barbárie nazista no seio da Europa (1933-1945), berço das revoluções inglesa e francesa. O desenvolvimento do Direito Internacional dos Direitos Humanos gerou uma positivação *internacionalista*, com normas e tribunais internacionais aceitos pelos Estados e com impacto direto na vida das sociedades locais. Essa *positivação internacionalista* foi identificada por BOBBIO, que, em passagem memorável, detectou que "os direitos humanos nascem como direitos naturais universais, desenvolvem-se como direitos positivos particulares (quando cada Constituição incorpora Declaração de Direitos) para finalmente encontrar a plena realização como direitos positivos universais"[8].

Até a consolidação da internacionalização em sentido estrito dos direitos humanos, com a formação do Direito Internacional dos Direitos Humanos, os direitos dependiam da positivação e proteção do Estado Nacional.

Por isso, eram direitos *locais*.

A barbárie do totalitarismo nazista gerou a ruptura do paradigma da proteção nacional dos direitos humanos, cuja insuficiência levou à negação do valor do ser humano como fonte essencial do Direito. Para o nazismo, a titularidade de direitos dependia da origem racial ariana. Os demais indivíduos não mereciam a proteção do Estado. Os direitos humanos, então, *não* eram *universais* nem ofertados a todos. Os números dessa ruptura dos direitos humanos são significativos: foram enviados aproximadamente 18 milhões de indivíduos a campos de concentração, gerando a morte de 11 milhões deles, sendo 6 milhões de judeus, além de inimigos políticos do regime, comunistas, homossexuais, pessoas com deficiência, ciganos e outros considerados descartáveis pela máquina de

---

7 BOBBIO, Norberto. *A era dos direitos*. Rio de Janeiro: Campus, 2004.

8 BOBBIO, Norberto. *A era dos direitos*. Rio de Janeiro: Campus, 2004, p. 30.

ódio nazista. Como sustenta LAFER, a ruptura trazida pela experiência totalitária do nazismo levou à inauguração do *tudo é possível*. Esse "tudo é possível" levou pessoas a serem tratadas, *de jure* e *de facto*, como supérfluas e descartáveis[9].

Esse legado nazista de exclusão exigiu a *reconstrução* dos direitos humanos após a 2ª Guerra Mundial[10], sob uma ótica diferenciada: a da proteção *universal*, garantida, subsidiariamente e na falha do Estado, pelo próprio Direito Internacional dos Direitos Humanos. Ficou evidente para os Estados que organizaram uma nova sociedade internacional ao redor da ONU – Organização das Nações Unidas – que a proteção dos direitos humanos *não* pode ser tida como parte do *domínio reservado* de um Estado, pois as falhas na proteção local tinham possibilitado o terror nazista. A soberania dos Estados foi, lentamente, sendo reconfigurada, aceitando-se que a proteção de direitos humanos era um *tema internacional* e não meramente um tema da jurisdição *local*.

O marco da *universalidade e inerência dos direitos humanos* foi a edição da Declaração Universal dos Direitos Humanos de 1948, que dispõe que basta a condição humana para a titularidade de direitos essenciais. O artigo 1º da Declaração de 1948 (também chamada de "Declaração de Paris") é claro: "todos os seres humanos nascem livres e iguais em dignidade e direitos". Para a Declaração de Paris, o ser humano tem dignidade única e direitos *inerentes* à condição humana. Consequentemente, são os direitos humanos *universais*. Fica registrada a inerência dos direitos humanos[11], que consiste na qualidade de pertencimento desses direitos a todos os membros da espécie humana, sem qualquer distinção.

6.4 Os três eixos da proteção internacional de direitos humanos

A proteção dos direitos essenciais do ser humano no plano internacional recai em três sub-ramos específicos do Direito Internacional Público: o Direito Internacional dos Direitos Humanos (DIDH), o Direito

---

9 LAFER, Celso. "A reconstrução dos direitos humanos: a contribuição de Hannah Arendt", in *Estudos avançados* 11 (30), 1997, p. 55-65, em especial p. 55.

10 Utilizando aqui a feliz expressão de Celso Lafer. LAFER, Celso. *A reconstrução dos direitos humanos, um diálogo com o pensamento de Hannah Arendt*. São Paulo: Companhia das Letras, 1988.

11 WEIS, Carlos. *Direitos humanos contemporâneos*. 2. ed. 2. tir. São Paulo: Malheiros, 2011, p. 162.

Internacional Humanitário (DIH) e o Direito Internacional dos Refugiados (DIR).

Inicialmente, deve-se evitar a segregação entre esses três sub-ramos, pois o objetivo é comum: a proteção do ser humano. Com base nesse vetor de interação e não segregação, o Direito Internacional dos Direitos Humanos (DIDH) é, sem dúvida, o mais abrangente, atuando o Direito Internacional Humanitário (DIH) e o Direito Internacional dos Refugiados (DIR) em áreas específicas.

A inter-relação entre esses ramos é a seguinte: ao DIDH incumbe a proteção do ser humano em todos os aspectos, englobando direitos civis e políticos e também direitos sociais, econômicos, culturais e ambientais; já o DIH foca na proteção do ser humano na situação específica dos conflitos armados (internacionais e não internacionais); finalmente, o DIR age na proteção do refugiado, desde a saída do seu local de residência, trânsito de um país a outro, concessão do refúgio no país de acolhimento e seu eventual término.

Os dois últimos ramos são *lex specialis* em relação ao DIDH, que é *lex generalis*, e aplicável subsidiariamente a todas as situações, na ausência de previsão específica.

Há particularidades que distinguem o Direito Internacional Humanitário do Direito Internacional dos Direitos Humanos, a saber: (i) a proteção do ser humano nos conflitos armados visa sua sobrevivência, restringindo a letalidade e o sofrimento em tais contextos; já o DIDH possui objetivos amplos, voltados também para a promoção da vida digna; (ii) o DIH reconhece a personalidade jurídica de Direito Internacional somente aos Estados, aos grupos armados organizados (os insurretos) e ao Comitê Internacional da Cruz Vermelha; já o DIDH reconhece a personalidade jurídica internacional aos indivíduos; (iii) a implementação das normas de DIH é incumbência dos Estados, tal qual no DIDH, mas não há um processo internacional específico voltado a responsabilizar os Estados infratores. O estabelecimento dos tribunais penais internacionais aptos a julgar os crimes de guerra (ver a seguir) cometidos por indivíduos minimizaram essa particularidade; já o DIDH possui mecanismos internacionais de diversas espécies, aptos a responsabilizar o Estado e exigir reparação.

No que tange ao Direito Internacional dos Refugiados, há as seguintes particularidades em relação ao DIDH: (i) o DIR explora e detalha o *direito ao acolhimento* de determinados indivíduos, que, por perseguição odiosa ou grave e generalizada violação de direitos humanos, não podem retornar ao Estado de origem ou nacionalidade; já o DIDH protege variado rol de direitos e, no que tange ao direito ao acolhimento, pode ser interpretado no sentido de abarcar também os demais migrantes (e não somente os refugiados em sentido estrito); (ii) o DIR não possui mecanismos próprios de interpretação e implementação, pois o Alto Comissariado das Nações Unidas para os Refugiados (ACNUR) apenas orienta os Estados, não podendo sancioná-los ou obrigá-los a adotar uma interpretação internacionalista sobre os aspectos básicos do refúgio; no DIDH, os processos internacionais de direitos humanos geram a interpretação internacionalista desses direitos, o que impede que os Estados deixem de cumprir suas obrigações internacionais por intermédio de uma interpretação *nacional* peculiar e divergente.

Além da relação de especialidade, há também uma relação de *identidade e convergência*. Por exemplo, o artigo 3º, comum às quatro Convenções de Genebra sobre Direito Internacional Humanitário, converge com a proteção de direitos humanos básicos, como o direito à vida e integridade física em tempo de paz. No mesmo sentido, há garantias fundamentais que foram adotadas nos dois Protocolos Adicionais de 1977 às Convenções de Genebra (Protocolo I, artigo 75, e Protocolo II, artigos 4º a 6º, ver abaixo). Por sua vez, o Direito dos Refugiados possui diversos pontos convergentes aos do Direito Internacional dos Direitos Humanos, como é o caso do *princípio da proibição da devolução (ou proibição do rechaço – non refoulement)*, que consta da Convenção sobre o Estatuto dos Refugiados de 1951 (artigo 33) e simultaneamente da Convenção das Nações Unidas contra a Tortura (artigo 3) e da Convenção Americana de Direitos Humanos (artigos 22.8 e 22.9), sem contar o dever dos Estados de tratar com dignidade o solicitante do refúgio, o que é espelho do dever internacional de proteger os direitos humanos (previsto na Carta da ONU).

Também é constatada uma relação de *complementaridade*. Tanto o DIH quanto o DIR não excluem a aplicação geral das normas protetivas do Direito Internacional dos Direitos Humanos. Por exemplo, a Declaração e Programa de Ação da Conferência Mundial de Direitos Humanos de Viena (1993) defendeu a adoção de medidas internacionais efetivas para garantir e fiscalizar o cumprimento das normas de direitos humanos relativamente a povos sujeitos à ocupação estrangeira, devendo ser garantida uma proteção jurídica efetiva contra a violação dos Direitos Humanos destes povos, em conformidade com as normas de Direitos

Humanos e com a Convenção de Genebra relativa à proteção de Civis em Tempo de Guerra (Convenção IV), de 12 de agosto de 1949, e com outras normas aplicáveis de direito humanitário.

A Corte Internacional de Justiça (CIJ) reconheceu, no Parecer Consultivo sobre o uso de armas nucleares, que a aplicação das normas do Direito Internacional dos Direitos Humanos *não* fica paralisada durante os conflitos armados[12]. Já no parecer consultivo sobre a construção do Muro nos Territórios Palestinos Ocupados, a CIJ concluiu que Israel violou – além do Direito Internacional Humanitário – normas do Direito Internacional dos Direitos Humanos, por exemplo, a liberdade de movimento dos palestinos (art. 12 do Pacto Internacional de Direitos Civis e Políticos), ou ainda os direitos a trabalho, saúde, educação e adequado nível de vida, previstos no Pacto Internacional de Direitos Sociais, Econômicos e Culturais (ambos os tratados foram ratificados por Israel)[13]. Já no caso referente às atividades armadas no território do Congo (Congo *vs.* Uganda), a CIJ decidiu que Uganda era responsável pelas violações ao Direito Internacional Humanitário e também ao Direito Internacional dos Direitos Humanos cometidas no território do Congo[14].

Por sua vez, a Corte Europeia de Direitos Humanos, nos casos contra a Rússia envolvendo o conflito armado na Chechênia, decidiu que o direito de não ser privado, arbitrariamente, de sua vida (previsto no art. 2º da Convenção Europeia de Direitos Humanos) deve ser aplicado aos conflitos armados reconhecido pelo Direito Internacional Humanitário. Assim, caso haja motivo para o uso da força (e consequente perda de vidas) previsto no DIH (por exemplo, ataque a alvos militares), consequentemente não há privação arbitrária da vida[15].

---

12 Corte Internacional de Justiça, *Legality of the Threat or Use of Nuclear Weapons*, Parecer Consultivo de 8 de julho de 1996, em especial parágrafo 25.

13 Corte Internacional de Justiça, *Legal Consequences of the Construction of a Wall in the Occupied Palestinian Territory*, Parecer Consultivo de 9 de julho de 2004, em especial parágrafos 132-135.

14 Corte Internacional de Justiça, *Case Concerning the Armed Activities on the Territory of the Congo (Democratic Republic of the Congo v. Uganda)*, julgamento de 19 de dezembro de 2005, em especial parágrafo 216.

15 Entre os diversos precedentes envolvendo a luta pela independência da Chechênia, ver, em especial os dois casos "Isayeva". Corte Europeia de Direitos Humanos, *Isayeva vs. Russia*, julgamento de 24 de fevereiro de 2005, n. 57.950/00 e, ainda, *Isayeva, Yusupova, e Bazayeva vs. Russia*, julgamento de 24 de fevereiro de 2005, n.

Esses precedentes mostram a complementaridade e a ausência de exclusão entre o DIH e o DIDH. Também a relação de *complementaridade* se dá no uso do DIDH para suprir eventuais insuficiências dos demais, uma vez que *somente* no DIDH é que existem sistemas de acesso das vítimas a órgãos judiciais e quase judiciais internacionais (o que não ocorre no DIR ou no DIH).

Há ainda uma relação de *influência recíproca*. De início, o Direito dos Refugiados está ancorado no direito de todos, previsto na Declaração Universal dos Direitos Humanos de 1948, de procurar e obter, noutros países, asilo contra as perseguições de que sejam alvo, bem como o direito de regressar ao seu próprio país. Além disso, as violações graves dos direitos humanos, nomeadamente em casos de conflito armado, é um dos fatores que conduzem à criação de refugiados.

Finalmente, as origens históricas também possuem raízes comuns. O mais antigo desses ramos é o DIH, voltado inicialmente à disciplina dos meios e métodos utilizados na guerra, mas que logo foi influenciado pela emergência do DIDH, após a edição da Carta da Organização das Nações Unidas e da Declaração Universal dos Direitos Humanos. O Direito Internacional dos Refugiados também possui diplomas e órgãos anteriores à Carta da ONU, mas seu crescimento foi sistematizado após a Declaração Universal consagrar o direito ao asilo em seu artigo XIV.

Veremos, a seguir, os aspectos gerais do Direito Internacional Humanitário.

57.947/00, 57.948/00 e 57.949/00. Em ambos os julgamentos, a Rússia foi condenada por não ter investigado e, eventualmente, processado os responsáveis pelo uso arbitrário da força contra civis em conflitos armados. O Estado não recorreu ao Tribunal Pleno (*Grand Chamber*), tornando a decisão da Seção (*Chamber*) definitiva.

7 O Direito Internacional Humanitário

7.1 Jus in bello, jus post bello, jus ad bellum e o novo jus contra bellum

O Direito Internacional Humanitário (DIH) consiste no conjunto de normas jurídicas internacionais de origem convencional ou consuetudinária, que disciplina os conflitos armados, internacionais ou não internacionais, restringindo os meios e os métodos utilizados na guerra, assegurando direitos aos não combatentes (feridos, prisioneiros de guerra e população civil) e também punindo aqueles que cometem violações a suas regras.

Desde a Antiguidade e a Idade Média europeia, há regras esparsas sobre limitações aos meios e aos métodos de guerra, porém eram fragmentadas e assistemáticas. Seu cumprimento dependia da vontade do soberano, sem maior supervisão ou acompanhamento por terceiros.

Por isso, o nascimento do DIH é mais recente, tendo como marco a Guerra de Unificação da Itália (e, em especial, a Batalha de Solferino, em 1859) e a Guerra de Secessão dos Estados Unidos (com a edição do Código Lieber, em 1863).

Na Batalha de Solferino, em 1859, houve uma intensa luta entre as tropas da França de Napoleão III, aliadas do Piemonte-Sardenha, e as do Império Austro-Húngaro do Imperador Francisco José I, na qual cerca de quarenta mil pessoas morreram. Jean Henri Dunant, comerciante suíço, que lá estava para obter uma concessão do governo francês, ficou horrorizado com a falta de tratamento aos feridos e com a mortandade subsequente. Em 1862, Dunant escreveu o livro que é considerado a obra fundante do DIH, denominado *Un souvenir de Solferino* (*Lembranças de Solferino*), no qual retrata os horrores daquela batalha. Em 1863, com a repercussão gerada pelo livro, Dunant fundou o Comitê Internacional de Socorro aos Militares Feridos, que se transformou, em 1867, no Comitê Internacional da Cruz Vermelha. Em 1864, o Conselho Federal Suíço sediou uma Conferência Diplomática em Genebra, com participação de dezesseis Estados. Nesse encontro, adotou-se o texto da Primeira Convenção de Genebra para Melhoria das Condições dos Feridos e Enfermos das Forças Armadas em Campanha.

Na mesma linha, nos Estados Unidos em plena Guerra de Secessão, Francis Lieber concebeu, a pedido do Presidente Lincoln, um corpo de regras de condutas dos militares da União, denominado *Instruções de atuação das Forças Armadas da União em combate*, publicado em 1863 e voltado a limitar os danos às pessoas e aos bens durante a luta contra os separatistas confederados. A influência do Código Lieber na prática internacional é fruto da própria magnitude da Guerra de Secessão e da destruição gerada pelo emprego de armas modernas que tanto o Norte (pelas suas indústrias) quanto o Sul possuíam (em menor escala, pela importação, em especial da Inglaterra).

Assim, a segunda metade do século XIX sinalizava a intensa destruição que a luta envolvendo *Estados na Era Industrial* geraria. Por isso, essa mesma época assistiu ao nascimento do esforço internacional para limitar os efeitos destrutivos das guerras, o que alavancou o DIH contemporâneo.

O objetivo central do DIH, também chamado de *jus in bello*, é limitar os efeitos negativos da guerra, evitando danos desproporcionais ou inúteis e, com isso, protegendo pessoas e bens. Recentemente, o DIH passou também a se preocupar com a punição aos autores de violação de suas regras (os chamados criminosos de guerra), constituindo o chamado *jus post bello*. Em resumo, o DIH da atualidade busca limitar os meios e os métodos de luta, proteger os direitos humanos dos não combatentes e das vítimas da guerra, bem como seus bens, e, ainda, julgar os violadores de suas normas.

O DIH deve ser respeitado, não importando se o conflito armado é lícito ou ilícito perante o Direito Internacional. Para o DIH, então, não importa a fase antecedente da guerra (se é legítima ou não), mas sim o seu desenvolvimento. Também não importa a formalidade de uma declaração de guerra, ou mesmo se os Estados combatentes usam o termo "guerra": o DIH será aplicado em qualquer conflito armado que possa surgir entre dois ou mais Estados (e mesmo em conflitos armados não internacionais, como veremos), mesmo que o estado de guerra não seja reconhecido por um ou nenhum deles.

Por sua vez, o direito de travar a guerra (direito à guerra, ou *jus ad bellum*) é extremamente reduzido nos dias de hoje, somente sendo invocável em caso de legítima defesa, de autorização dada pelo Conselho de Segurança da ONU (as chamadas "operações de imposição da paz") e, por fim, de guerra de libertação nacional.

O *jus ad bellum* foi transformado em um *jus contra bellum*, que consiste no direito de prevenção à guerra. Esta é, agora, em geral, condenada e só excepcionalmente aceita.

7.2 A classificação das normas do Direito Internacional Humanitário

É possível dividir o DIH em quatro categorias de normas, que são denominadas a partir do local da redação da maior parte de seus tratados: o *Direito da Haia*, que congrega os principais tratados e os costumes referentes à limitação dos meios e dos métodos de guerra; o *Direito de Genebra*, que diz respeito ao tratamento a pessoas e a bens nos conflitos armados; o *Direito de Nova York*, voltado aos direitos humanos em situações de conflitos armados e, ainda, ao desarmamento e à limitação de proliferação de certas armas; e, finalmente, o *Direito de Roma*, marcado pela criação do Estatuto do Tribunal Penal Internacional e sua busca pela punição aos que violam o DIH (criminosos de guerra). Anoto que essas subespécies são meramente doutrinárias, e o corpo normativo do DIH é uno e interage na busca de sua finalidade, que é a limitação dos efeitos perversos dos conflitos armados até seu completo banimento.

O *Direito da Haia* consiste no conjunto de normas jurídicas que regula os meios e a condução das hostilidades armadas. O nome é homenagem ao trabalho das duas Conferências Internacionais da Paz, realizadas na Haia, em 1899 e 1907, durante as quais foram editados, respectivamente, 3 e 13 tratados, tanto sobre o *jus in bello*, como também sobre o *jus ad bellum*, em especial no que tange à prevenção da guerra e ao estímulo à arbitragem internacional. A importância dessas convenções não elimina o pioneirismo da Declaração de São Petersburgo de 1868, que foi o primeiro instrumento *internacional* a regular os métodos e os meios de combate. A Declaração vedou o ataque a não combatentes, bem como o uso de armas que agravam o sofrimento dos feridos ou que tornam a sua morte inevitável. Se, quanto ao *jus ad bellum*, as Conferências da Haia foram ultrapassadas pelo banimento geral da guerra em momento posterior (com a Carta da ONU), quanto ao *jus in bello*, o Direito da Haia continua a ser atual na regulamentação da condução das hostilidades, em especial nos tipos de guerras então existentes, a guerra terrestre e a guerra marítima, bem como o regime da neutralidade. Até hoje se utiliza a expressão Direito da Haia para definir uma norma voltada à disciplina dos meios e dos métodos de combate.

Já o *Direito de Genebra* consiste no conjunto de normas do DIH voltado à proteção dos que nunca participam do conflito (a população civil e o pessoal médico e de assistência social) e dos que não participam *mais* das hostilidades (feridos e prisioneiros de guerra). Seu foco está no não combatente: o ferido, o prisioneiro de guerra e a população civil.

As principais fontes do Direito de Genebra são as chamadas "quatro Convenções de 1949", todas adotadas em Conferência realizada em Genebra de abril a agosto de 1949, sob claro impacto dos mais variados abusos contra o não combatente na Segunda Guerra Mundial. São as seguintes: a) Convenção para a Melhoria da Sorte dos Feridos e Enfermos das Forças Armadas em Campanha; b) Convenção para a Melhoria da Sorte dos Feridos, Enfermos e Náufragos das Forças Armadas no Mar; c) Convenção Relativa à Proteção dos Prisioneiros de Guerra; d) Convenção Relativa à Proteção dos Civis em Tempo de Guerra (também chamadas de "Convenção I", "Convenção II", "Convenção III" e "Convenção IV", respectivamente). Todas as Convenções de Genebra de 1949 foram ratificadas e incorporadas internamente no Brasil em 1957[1].

Nas décadas seguintes, após a adoção das Convenções de Genebra em 1949, a Guerra Fria (que opôs o bloco capitalista, capitaneado pelos Estados Unidos, ao bloco comunista, capitaneado pela União Soviética) e a luta contra os impérios coloniais europeus fizeram nascer uma série de conflitos armados não internacionais (batalhas regionais da Guerra Fria) e de guerras de libertação nacional (a independência das ex-colônias do Império Francês e Português é repleta de sangue).

Porém, somente em 1977, aproveitando o degelo e as melhores relações entre as superpotências dos Estados Unidos e da União Soviética, foram aprovados dois Protocolos Adicionais às Convenções de Genebra de 1949: o Protocolo I, Relativo à Proteção das Vítimas dos Conflitos Armados Internacionais (com 102 artigos), e o Protocolo II, Relativo à Proteção das Vítimas dos Conflitos Armados Não Internacionais, que foram, ambos, promulgados no Brasil em 1993.

O Protocolo II foi o primeiro tratado internacional dedicado exclusivamente aos conflitos armados não internacionais. Na realidade, as "Convenções de 1949" regraram os conflitos armados *não internacionais* no "artigo 3º comum" às quatro Convenções[2].

---

1 Por meio do Decreto n. 42.121, de 21 de agosto de 1957, que promulgou "as Convenções concluídas em Genebra, a 12 de agôsto de 1949, destinadas a proteger as vitimas da guerra".

2 Como exemplo, o art. 3º da Convenção para a Melhoria da Sorte dos Feridos e Enfermos das Forças Armadas em Campanha ("Convenção I") traz o seguinte teor: "No caso de conflito armado sem caráter internacional e que surja no território de uma das Altas Partes Contratantes, cada uma das Partes em luta será obrigada a aplicar pelo menos, as seguintes disposições:

Esse artigo 3º marcou uma inovação do DIH na época, que, pela primeira vez, buscou regrar minimamente os conflitos armados internos ("sem caráter internacional", conforme a redação do artigo). Como era uma "exceção" ao escopo internacional do restante de cada Convenção, o artigo 3º comum tratou de sintetizar as regras fundamentais de tratamento ao não combatente em *conflitos internos*, funcionando como uma "Miniconvenção" dentro das Convenções de Genebra de 1949. Assim, tal artigo exige tratamento digno e sem discriminação (por raça, cor, religião ou crença, sexo, nascimento ou fortuna, ou qualquer critério similar) aos feridos e aos rendidos, proibindo homicídios, torturas, julgamentos sumários e ofensas à dignidade humana. Também prevê que o Comitê Internacional da Cruz Vermelha poderá oferecer seus préstimos, da mesma maneira que ocorre nos conflitos internacionais.

Ocorre que o crescente número de guerras civis e de guerrilhas duradouras contra o regime instituído, ou, ainda, insurgências diversas dentro de determinado Estado, tornou o sintético "artigo 3º comum" insuficiente para abarcar toda a sorte de eventos associados a tais conflitos internos.

Os Estados, então, redigiram o Protocolo II de 1977 que, em 28 artigos, tratou de regrar o tratamento dado aos combatentes e aos não combatentes. Inicialmente, o Protocolo busca conceituar o "conflito

---

1) As pessoas que não participem diretamente das hostilidades, inclusive os membros de fôrças armadas que tiverem deposto as armas e as pessoas que tiverem ficado fora de combate por enfermidade, ferimento, detenção, ou por qualquer outra causa, serão, em qualquer circunstância, tratadas com humanidade sem distinção alguma de caráter desfavorável baseada em raça, côr, religião ou crença, sexo, nascimento, ou fortuna, ou qualquer outro critério análogo. Para esse fim estão e ficam proibidos, em qualquer momento e lugar, com respeito às pessoas mencionadas acima: a) os atentados à vida e à integridade corporal, notadamente o homicídio sob qualquer de suas formas, as mutilações, os tratamentos cruéis, as torturas e suplícios; b) a detenção de reféns; c) os atentados à dignidade das pessoas, especialmente os tratamentos humilhantes e degradantes; d) as condenações pronunciadas e as execuções efetuadas e sem julgamento prévio proferido por tribunal regularmente constituído, que conceda garantias judiciárias reconhecidas como indispensáveis pelos povos civilizados. 2) Os feridos e enfermos serão recolhidos e tratados. Um organismo humanitário imparcial, tal como o Comitê Internacional da Cruz Vermelha, poderá oferecer os seus serviços às Partes em luta. As partes em luta esforçar-se-ão, por outro lado, para pôr em vigor, por meio de acordos especiais, o todo ou partes das demais disposições da presente Convenção. A aplicação das disposições precedentes não terá efeito sôbre o estatuto jurídico das Partes em luta".

armado não internacional", diferenciando-o do banditismo comum (ainda que organizado e de monta) ou dos atos descoordenados de violência armada. Para o DIH, o conflito armado não internacional é toda luta que se desenrola em território de Estado, entre as suas forças armadas e as forças armadas dissidentes ou os grupos armados organizados, os quais, sob a chefia de um comando responsável, exercem sobre uma parte do seu território controle tal que lhes permite levar a cabo operações militares contínuas e organizadas.

Em 2005, foi aprovado o terceiro Protocolo Adicional às Convenções de 1949, no qual foi criado um emblema adicional para o Comitê Internacional da Cruz Vermelha, denominado Cristal Vermelho (ver abaixo os motivos para a criação desse novo distintivo).

Já o *Direito de Nova York* consiste no conjunto de normas originadas no seio da Organização das Nações Unidas (cuja sede principal fica em Nova York), que objetiva a ampliação da proteção de direitos humanos no Direito Internacional Humanitário. O marco inicial do Direito de Nova York foi a Conferência Mundial de direitos humanos de Teerã, em 1968, na qual se discutiu uma maior proteção de direitos humanos nos conflitos armados. Ainda em 1968, a Assembleia Geral da ONU adotou a Resolução n. 2.444 sobre o respeito aos Direitos Humanos em período de conflito armado, na qual os Estados são exortados a respeitar os direitos humanos dos não combatentes, e se pedem novos tratados internacionais humanitários (artigo 2º, *b*). Após várias convenções elaboradas sob o patrocínio da ONU, e, ainda, resoluções da Assembleia Geral sobre DIH, por exemplo, a Convenção sobre a Proibição das Armas Biológicas de 1972, a Declaração sobre a Proteção das Mulheres e Crianças em Período de Urgência e Conflito Armado de 1974, a Convenção sobre a Proibição do Uso de Técnicas de Modificação Ambiental para Fins Militares ou Quaisquer Outros Fins Hostis de 1977. Em 1980, foi aprovada a Convenção sobre Proibições ou Restrições ao Uso de Certas Armas Convencionais (com quatro protocolos) e, em 1993, foi adotada a Convenção sobre a Proibição das Armas Químicas e Biológicas; em 1997, a Convenção sobre a Proibição das Minas Antipessoal e, em 2008, a Convenção sobre Munições Cluster.

Esses últimos tratados visam estabelecer maior rigor ao uso de determinados tipos de armamento, podendo ser considerados parte do *Direito da Haia*. Mesmo os Protocolos Adicionais às Convenções de Genebra de 1949 (mencionados acima no chamado *Direito de Genebra*) podem também ser considerados resultado do *Direito de Nova York*, pois estão no bojo desse esforço onusiano de fazer avançar o DIH. O *Direito de Nova York*, em síntese, contribuiu para aumentar a proteção já dada pelo Direito de Genebra e da Haia. Logo, essa diferença doutrinária entre *Direito da Haia*, *Direito de Genebra* e *Direito de Nova York* é difícil de ser verificada na prática, pois há confluência entre as subespécies.

O *Direito de Roma* é a quarta espécie doutrinária de normas do DIH, consistindo no conjunto de regras de implementação da responsabilidade internacional penal do indivíduo pelas violações graves do direito humanitário. Essa denominação é em homenagem à Conferência de Roma de 1998, que aprovou o Estatuto do Tribunal Penal Internacional (TPI), cuja sede é na cidade da Haia (Países Baixos). O *Direito de Roma* representa uma evolução, pois, além de reafirmar que toda infração grave ao DIH é crime de guerra, determinou o dever primário do Estado de punir os violadores e, complementarmente, caso o Estado não tenha vontade ou capacidade para tanto, estipulou o dever do TPI de assim o fazer. O Estatuto de Roma criou, além do Tribunal *permanente*, uma Promotoria Internacional, com regras processuais e direito à ampla defesa e ao contraditório. As penas são severas: pode o criminoso de guerra ser condenado a penas de até 30 anos, ou, ainda, de caráter perpétuo (artigo 77). Em 2012, houve a primeira condenação no Tribunal Penal Internacional, do nacional do Congo Thomas Lubanga Dyilo, considerado culpado por crime de guerra (recrutar crianças para lutar em conflitos internos no Congo) e sentenciado a catorze anos de prisão. Em 2014, houve a segunda condenação, a de Germain Katanga, por cumplicidade na prática de crimes de guerra e crimes contra a humanidade no massacre da vila de Bogoro, na República Democrática do Congo, sentenciado a doze anos de prisão.

A jurisdição do TPI de acordo com a matéria (*ratione materiae)* restringe-se aos crimes de *jus cogens*, os quais consistem em *crimes que ofendem valores da comunidade internacional*. Os crimes que compete ao TPI julgar são: o genocídio; os crimes contra a humanidade; os crimes de guerra; e o crime de agressão, cujo tipo penal só foi acordado em 2010, na Conferência de Kampala, Uganda.

Porém, há a possibilidade de os Estados emendarem o Estatuto e ampliarem o rol desses crimes (hoje restritos às quatro espécies), permitindo que o TPI seja instrumento do incremento do número de crimes internacionais em sentido estrito.

No *âmbito espacial*, a jurisdição do TPI só pode ser exercida em quatro hipóteses, ou seja, quando o crime de *jus cogens* sujeito à jurisdição do

Tribunal for: i) cometido no *território* de um *Estado Parte*; o TPI estabelece sua jurisdição em casos em que apenas *parte da conduta é realizada no território de um Estado contratante*, quando o crime em questão possui necessariamente um *caráter transfronteriço*. Assim, no caso de Myanmar/ Bangladesh, o TPI entendeu ser competente para apurar a conduta de *deportação forçada* e perseguição de *rohingyas por Myanmar* (Estado não parte), uma vez que o crime apenas se concretiza com a transposição da fronteira com *Bangladesh* (Estado parte).

Fundamento similar justificou a expedição de *mandados de prisão* (inclusive contra o atual Presidente da Federação Russa Vladimir Putin) pela deportação ilegal de crianças ucranianas (Estado que reconhece a jurisdição do TPI) para a Rússia; ii) ou por um *nacional* do Estado Parte; iii) ou por meio de *declaração específica* do Estado não contratante (caso o crime tiver ocorrido em seu território ou for cometido por seu nacional); iv) ou, na ausência de quaisquer hipóteses anteriores, ter o Conselho de Segurança adotado resolução vinculante *adjudicando o caso ao Tribunal Penal Internacional*. Foi o Caso de Darfur (Sudão), o primeiro no qual o Conselho de Segurança determinou o início das investigações, mesmo sem a ratificação, pelo Sudão, do Estatuto do TPI. Em 2011, houve mais uma resolução vinculante do CS, agora em relação aos crimes contra a humanidade realizados pelo ditador Kadafi para abafar revolta popular contra sua longeva tirania na Líbia (1969-2011).

No *âmbito temporal*, a jurisdição do TPI só pode ser invocada para os crimes cometidos após a entrada em vigor do Estatuto para cada Estado parte e, de forma absoluta, para crimes cometidos após 1º-7-2002.

Finalmente, no *âmbito pessoal*, a jurisdição do TPI só pode ser exercida sobre pessoas físicas e maiores de 18 anos. Diferentemente da Corte Internacional de Justiça ou das Cortes Regionais de Direitos Humanos (como a Corte Interamericana de Direitos Humanos), o TPI não busca a condenação de Estados, mas, sim, dos perpetradores de graves violações de direitos humanos, ainda que estes atuem em conformidade com uma política nacional odiosa.

7.3 Os princípios do Direito Internacional Humanitário

As normas convencionais e consuetudinárias do DIH são regidas pelos seguintes princípios:

a) *Humanidade.* A defesa do ser humano é cerne *do Direito Humanitário.* As Convenções de Genebra e seus Protocolos Adicionais sempre enfatizam o dever *de tratamento com humanidade e respeito a direitos básicos dos indivíduos protegidos* para evitar e aliviar o sofrimento e os efeitos nocivos causados pelos conflitos armados.

b) *Necessidade.* O princípio da necessidade consiste no dever dos combatentes de *dirigir* seus ataques aos *objetivos militares,* que são aqueles que, pela sua natureza, localização, destino ou utilização, contribuem *efetivamente* para a ação militar do adversário. Além disso, não podem ser utilizados meios e métodos que causem lesões *supérfluas* ou sofrimento *desnecessário* a combatentes, bem como atinjam indiscriminadamente combatentes ou população civil. O artigo 35 do Protocolo I de 1977 determina que é proibido utilizar armas, projéteis e materiais, assim como métodos de guerra de natureza a causar danos *desnecessários.* A razão subjacente é que o Estado que adota esse tipo de técnica não ganha nenhuma vantagem militar, mas apenas gera dano irracional. Como exemplo recente, há a Convenção de Genebra sobre proibições e restrições ao emprego de certas armas convencionais que podem ser consideradas *excessivamente lesivas ou geradoras de efeitos indiscriminados,* de 10 de outubro de 1980, que possui ainda quatro Protocolos Adicionais (vedando o uso indiscriminado de minas terrestres ou armadilhas equiparadas, armas incendiárias, utilização de munições que soltem fragmentos não detectáveis ao exame de raios X e armas que causem cegueira), e ainda os tratados que proíbem o uso de armas químicas e biológicas (Convenção de Paris de 1993), minas antipessoais (Convenção de Ottawa de 1997) e as chamadas *munições cluster* (Convenção de Dublin, 2008, referente a armamento lançado sobre determinado local e que contém subexplosivos que serão espalhados difusamente). Além disso, o Protocolo I de 1977 proíbe a utilização de métodos ou meios de guerra concebidos para causar, ou que se presume que irão causar, danos extensos, duráveis e graves ao *meio ambiente.* Claro que, em sua literalidade, esse dispositivo baniria o uso de *armas nucleares,* que geram danos indiscriminados a combatentes e não combatentes, bem como danos duradouros a todo o meio ambiente (por meio da radiação) que podem atingir todo o planeta. Contudo, em 1996, a Corte Internacional de Justiça (CIJ), em controvertido Parecer Consultivo (decidido por voto do Presidente – por 8 a 7) sobre a legalidade do uso de armas nucleares, afirmou que nada, no atual DIH, impede o uso de armas nucleares pelos Estados em *ultima ratio* e *se* sua própria sobrevivência estiver ameaçada, uma vez que a CIJ entendeu que o DIH não veda que um Estado defenda a própria existência (o que atenderia o princípio da *necessidade*). Ao menos ficou clara a posição da CIJ de que o uso das armas nucleares seria *excepcional*, ou seja, em geral elas seriam armas proibidas, autorizadas somente em caso derradeiro.

c) *Proporcionalidade*. A proporcionalidade age em duas frentes. Em primeiro lugar, deve ser utilizada na escolha dos alvos militares, pois, como dispõe o artigo 57, III, do Protocolo I de 1977, deve-se escolher, entre vários alvos militares aptos a produzir a mesma vantagem, aquele que leve a dano e perigo menores para a população civil. Em segundo lugar, a proporcionalidade exige que a intensidade do uso da força e suas consequências previsíveis (danos a civis) sejam ponderadas com os ganhos a serem objetivados. Essa segunda faceta da proporcionalidade exige que os combatentes meçam o uso da força em face não só do ganho militar, mas também em face da destruição a ser causada, o que é especialmente importante na medida em que existem alvos militares que são utilizados pela população civil (os chamados *alvos mistos*, como, por exemplo, uma ponte, uma autoestrada etc.).

d) *Inviolabilidade, não discriminação e segurança das pessoas afetadas pelas hostilidades*. Os não combatentes têm direitos que podem ser resumidos no tripé: inviolabilidade (respeito à vida, integridade física e psíquica, liberdade e, especialmente, condições materiais mínimas de sobrevivência), não discriminação (o tratamento dado ao prisioneiro de guerra, aos feridos, à população civil do Estado inimigo não pode se basear em discriminação odiosa) e segurança jurídica (não pode ser determinado indivíduo punido sem o devido processo legal e ainda sem o respeito a garantias básicas, como a tipificação prévia da conduta e previsão das penas).

e) *Distinção e limitação*. A partir do princípio da necessidade, o DIH desenvolveu o princípio da *distinção*, pelo qual as hostilidades devem ser conduzidas de modo a distinguir, permanentemente, os combatentes da população civil. Há também *a limitação* da ação militar sobre determinados lugares e bens, para proteger o patrimônio natural, histórico e cultural. Consequentemente, esses lugares e bens não podem ser ardilosamente usados para fins militares, e a população civil não servir de escudo para evitar que alvos militares sejam atacados (o chamado "escudo humano"). Porém, há casos em que a própria dinâmica do conflito armado leva à dificuldade de se implementar esses princípios. É o caso das guerras de libertação nacional, nas quais os insurgentes *somente* podem sobreviver caso se *misturem* à população civil. Por isso, o Protocolo I de 1977 reconhece que existem situações de conflitos armados nas quais, pelo próprio tipo de hostilidade, um combatente armado não pode se distinguir da população civil, mas exige que, ao menos, esse combatente use as suas armas abertamente (distinguindo-se da população civil, portanto) durante cada envolvimento militar (artigo 44, § 3º).

f) *Não afetação do estatuto do conflito*. De acordo com esse princípio, o uso das normas humanitárias não afeta o estatuto jurídico do conflito, nem mesmo impacta sobre a licitude ou não da guerra perante o Direito Internacional (*jus ad bellum*). Assim, busca-se superar preocupações dos Estados de que, se assumissem publicamente estar aplicando o DIH, estariam reconhecendo uma situação de conflito armado.

7.4 Cláusula Martens e o costume internacional

Fiódor Fiódorovich Martens atuou como representante da Rússia nas Conferências de Paz da Haia de 1899 e 1907. Em virtude de seu esforço no desenvolvimento do Direito Internacional Humanitário é, junto com Dunant, considerado um dos pais fundadores desse ramo do Direito Internacional.

Entre suas contribuições, encontra-se a chamada "Cláusula Martens", que foi engendrada durante as negociações da Conferência Internacional da Paz da Haia de 1899. Martens propôs que os Estados adotassem uma regra geral de "respeito a princípios da humanidade" nos conflitos armados, que acabou sendo inserida no Preâmbulo da II Convenção relativa às Leis e Costumes da Guerra Terrestre daquela Conferência, nos seguintes termos: "Até que surja um código mais completo das leis da guerra, as Altas Partes Contratantes julgam oportuno reconhecer que, nos casos não previstos pelas disposições regulamentárias adotadas, as populações e os beligerantes permanecerão sob a salvaguarda e alçada dos princípios do direito das gentes, oriundos dos usos estabelecidos entre as nações civilizadas, das leis da humanidade e das necessidades da consciência pública".

O motivo inicial da elaboração da "Cláusula Martens" foi uma divergência na Conferência de 1899 sobre o tratamento dado a civis que empunhassem armas contra os combatentes. Alguns Estados defenderam a tese de que deveriam ser considerados "franco-atiradores" e executados. Outros defenderam que fossem considerados também combatentes. Para superar o impasse, Martens, diplomaticamente, sugeriu essa menção aberta aos "princípios do direito das gentes", aos "usos das nações civilizadas", às "leis da humanidade" e às "necessidades da consciência pública", evitando definir exatamente o estatuto desses indivíduos, sem que eles ficassem desprotegidos.

Porém, ficou claro o real alcance da "Cláusula Martens": ela cria uma regra de *supressão de lacunas* ao considerar que *todo tipo de conduta* dos Estados combatentes deve respeitar os "princípios de humanidade". Isso impede que os Estados, com novas técnicas e métodos de guerra, venham a contornar o DIH sob a alegação de que a nova conduta não estava expressamente proibida.

Em momentos posteriores, a Cláusula Martens foi inserida em diversos textos normativos do DIH, a saber: Preâmbulo da IV Convenção da Conferência da Haia de 1907; nas Convenções de Genebra de 1949, respectivamente nos artigos 63 (Convenção I), 62 (Convenção II), 142 (Convenção III) e 158 (Convenção IV); no artigo 1º, n. 2, do Protocolo I de 1977 e no Preâmbulo do Protocolo II de 1977. Para exemplificar a redação contemporânea da "Cláusula Martens" dispõe o Protocolo I de 1977 que "nos casos não previstos no presente Protocolo ou em outros acordos internacionais, as pessoas civis e os combatentes permanecem sob a proteção e o domínio dos princípios do Direito Internacional derivado dos costumes estabelecidos, dos *princípios de humanidade* e dos ditames da consciência pública" (artigo 1º, n. 2).

Assim, a Cláusula Martens consiste em norma prevista em tratados internacionais e que espelha um costume internacional humanitário, pela qual, nos casos não previstos expressamente pelo Direito Internacional Humanitário, o indivíduo fica sob a proteção dos princípios gerais de respeito ao ser humano e seus direitos. Evita-se, então, que o avanço técnico e a falta de norma específica sirvam como desculpa para os Estados descumprirem as normas humanitárias nos conflitos armados[3].

---

3 TICEHURS, Rupert. "The Martens Clause and the Laws of Armed Conflict", in *International Review of the Red Cross*, n. 317, 1997, p. 125-134; PUSTOGAROV, Vladimir. "Fyodor Fyodorovich Martens (1845-1909) – a humanist of modern times", in *International Review of the Red Cross*, n. 312, 1996, p. 322-338.

7.5 A Cruz Vermelha Internacional

Em 1863, a atuação de Jean Henri Dunant levou à formação de uma associação civil de direito suíço denominada inicialmente Comitê Internacional de Socorro aos Militares Feridos. Em 1867, esse Comitê adotou a denominação Comitê Internacional da Cruz Vermelha (CICV). Na época, foram identificadas duas grandes causas do aumento do número de vítimas entre os beligerantes: o aumento da capacidade letal dos instrumentos bélicos e a falta de estrutura de atendimento aos feridos e aos rendidos. Essa falta de estrutura de atendimento era causada tanto pela má articulação dos serviços médicos quanto pela vulnerabilidade desses profissionais, muitas vezes atingidos no campo de batalha. Na Guerra da Crimeia (1854-1856), houve relatos da dificuldade do corpo médico de socorrer os feridos, dado o fogo cruzado entre os beligerantes[4]. O então recém-criado Comitê Internacional da Cruz Vermelha dispunha-se a atuar na estruturação do apoio aos feridos e aos enfermos em tempo de guerra.

A Cruz Vermelha é uma expressão abreviada que pode servir para denominar três entes independentes, mas inter-relacionados, voltados à assistência humanitária em tempos de conflitos armados (e, mais recentemente, em momentos de catástrofes e de emergências diversas), que, em seu conjunto, recebem a denominação *Movimento da Cruz Vermelha*, composto: a) pelo Comitê Internacional da Cruz Vermelha (CICV), que é uma associação civil de Direito suíço, sediada em Genebra, e que conta com funções estabelecidas pelo Direito Internacional; b) pelas Sociedades Nacionais da Cruz Vermelha, ou do Crescente Vermelho (países islâmicos) ou do Magen David Adom (Israel), que são pessoas jurídicas de Direito Privado nacionais, constituídas de acordo com as leis dos locais em que estão sediadas sem vínculo formal com o CICV; c) pela Federação das Sociedades da Cruz Vermelha e do Crescente Vermelho, ente criado em 1919 e que reúne as associações nacionais, sediada em Genebra.

Entre esses entes, o de maior inserção no DIH é o CICV, que atua em duas frentes: estimulando os Estados a desenvolver e a cumprir o DIH, e, ainda, agindo durante as hostilidades para socorrer os feridos e os demais necessitados, fiscalizando o cumprimento *in loco* das normas humanitárias.

---

4 GUILLERMAND, Jean. "La vision de la guerre de Crimée du médecin inspecteur Lucien Baudens". In: DURAND, Roger; MEURANT, Jacques (orgs.). *Préludes et pionniers, les précurseurs de la Croix-Rouge*. Geneve: Henry Dunant Society, 1991, p. 159-176.

Por isso, a discussão sobre os emblemas é extremamente importante para que o pessoal da Cruz Vermelha seja rapidamente identificado pelas forças em combate. Inicialmente, o emblema escolhido foi uma cruz vermelha sobre fundo branco (as cores e a insígnia da bandeira da Suíça "invertidas"), tendo como divisa o lema: "Inter Armas Caritas" (Humanidade em Tempo de Guerra). O uso do emblema com forte inspiração na bandeira da Suíça foi homenagem ao estatuto de neutralidade daquele Estado, de tradição secular e previsto no século XIX pelos Tratados de Paris e Viena de 1815.

Durante a guerra entre o Império Otomano e a Rússia (1876-1878), os turcos adotaram, unilateralmente, o emblema do "Crescente Vermelho" sob o fundo branco, fundado na justificativa de ser um constrangimento ao islamismo o uso de um emblema contendo uma cruz católica. Na Conferência de Genebra de 1949, a Delegação de Israel sugeriu a adoção de mais um símbolo, o Magen David Adom (Estrela ou Escudo Vermelho de Davi), que não foi aceito no texto da Convenção I de 1949, cujo artigo 38 previu que, em homenagem à Suíça, o sinal heráldico da cruz vermelha em fundo branco formado pela inversão das cores da bandeira suíça seria mantido como emblema e sinal distintivo do serviço de saúde das Forças Armadas. Foram reconhecidos nos termos da Convenção de 1949 o "crescente vermelho" e o "leão e o sol vermelhos" (símbolo requisitado pela Pérsia e depois abandonado pelo Irã em 1980), para os países que já o empregavam como sinais distintivos. O "Magen David Adom" foi reconhecido desde 2006 pelo CICV, como o emblema nacional da Sociedade Israelense da Cruz Vermelha.

Para resolver de vez a questão do símbolo distintivo (que possui conotações práticas, em especial em zonas conflagradas), os Estados-partes das Convenções de Genebra elaboraram um *Terceiro Protocolo Adicional às Convenções na Conferência Intergovernamental de 2005*, estabelecendo o cristal vermelho como mais um símbolo internacional reconhecido. O Brasil ratificou e incorporou internamente o III Protocolo em 2010 (Decreto n. 7.196/2010).

7.6 A natureza jurídica do Comitê Internacional da Cruz Vermelha

A partir do forte apoio da Suíça e dos demais Estados, interessados em fazer cumprir na prática o *jus in bello*, o Comitê Internacional da Cruz Vermelha (CICV) passou a ser regulado também pelo Direito Internacional, adquirindo uma natureza jurídica *sui generis*, com normas reguladoras do Direito Privado suíço (é uma associação suíça, cujos membros diretores têm nacionalidade suíça) e também do Direito Internacional.

No artigo 3º comum às Convenções de Genebra, o CICV foi denominado "organismo humanitário imparcial", que, ao longo do texto das Convenções, vai desempenhar as funções análogas às das Potências Protetoras. De fato, as "Potências Protetoras" são Estados neutros que, em situação de conflito armado entre dois outros Estados, são indicados como representantes de um beligerante perante o outro, devendo zelar pelo respeito ao DIH. É dever das Partes desde o início do conflito assegurar a supervisão e a execução do DIH mediante o sistema de Potência Protetora, que exige a designação e a aceitação dessas Potências, que serão encarregadas de salvaguardar os interesses das Partes em conflito.

As Convenções de Genebra de 1949 e seus dois Protocolos de 1977 estipulam que tais atribuições podem ser também exercidas pelo CICV, o que se tornou importante em casos de conflitos não internacionais (porque, em geral, os Estados terceiros não se sentem impelidos em adotar posição de proteção a *movimento interno* de outro país). Por isso o pessoal do CICV tem imunidades e privilégios garantidos, equiparados aos que contam as organizações internacionais (inviolabilidade dos locais do CICV, imunidade de jurisdição dos membros).

Já a Federação Internacional das Sociedades da Cruz Vermelha e do Crescente Vermelho foi criada em 1919 sob a denominação de "Liga das Sociedades da Cruz Vermelha e do Crescente Vermelho", e buscava unir as sociedades nacionais criadas a partir do estímulo do exemplo do CICV (a do Brasil foi criada em 1908, como veremos abaixo). Em 1991 adotou a denominação de "Federação Internacional", possuindo sede em Genebra e congregando as 186 associações civis nacionais, que são organizadas segundo as leis locais. Sua função principal consiste em coordenar a atuação das Sociedades Nacionais, tanto nas situações de emergência médica e sanitária em tempos de paz, na assistência humanitária a refugiados, quanto nos locais de conflitos armados.

Lentamente, o movimento da Cruz Vermelha tem atuado em área diferente da originalmente prevista no socorro humanitário às vítimas de catástrofes e outras emergências, compondo um costume internacional de ação humanitária em tempo de paz.

A cada quatro anos, é realizada uma Conferência Internacional com delegados de cada Sociedade Nacional, possuindo um Comitê Permanente, com sede em Genebra. Essa Conferência Internacional é hoje a mais alta instância do Movimento da Cruz Vermelha e do Crescente

Vermelho, reunindo delegações das Sociedades Nacionais, do CICV, da Federação e dos Estados Partes das Convenções de Genebra. Como prova do estatuto *sui generis* do CICV, seus funcionários e bens afetados a sua atuação internacional ou no interior dos países gozam de privilégios e imunidades, outorgados pelas Convenções de 1949, indispensáveis para assegurar suas funções.

Demonstrando a importância do movimento da Cruz Vermelha para a paz mundial, foram concedidos Prêmios Nobel da Paz a Henri Dunant (1901), ao CICV (duas vezes, em 1917 e 1944) e, em 1963, ao CICV e à Federação Internacional das Sociedades da Cruz Vermelha e do Crescente Vermelho.

No Brasil, o movimento da Cruz Vermelha levou à criação da Sociedade Brasileira da Cruz Vermelha em 1908, tendo sido seu primeiro Presidente o médico sanitarista Oswaldo Cruz. Em 1910, a Lei federal n. 2.380 regeu o uso dos símbolos e as atividades da Cruz Vermelha durante os tempos de guerra e durante a paz no Brasil. Posteriormente, o Decreto n. 9.620, de 13 de junho de 1912, declarou a Sociedade Brasileira da Cruz Vermelha uma entidade de utilidade internacional, cuja organização encontra-se disciplinada no Decreto n. 23.482, de 21 de novembro de 1933.

Em 1991, o Brasil ratificou e incorporou internamente o *Acordo de Sede*, entre o Brasil e o Comitê Internacional da Cruz Vermelha (Decreto n. 360, de 10-12-1991), pelo qual o CICV, seu pessoal e bens, são dotados das mesmas prerrogativas e imunidades das Organizações Internacionais e seus agentes (artigos V e VI do Acordo de Sede).

8 Direito Internacional dos Refugiados

8.1 Origens do Direito Internacional dos Refugiados e suas fases

Até o século XX, o Direito Internacional não possuía instituições ou regras voltadas especificamente aos que, após fugir de seu Estado de origem ou residência, buscavam abrigo em outro país. O tratamento dado a esses indivíduos dependia, então, da generosidade das leis nacionais[1], em especial aquelas relativas à concessão de asilo[2]. Essa *fase exclusivamente nacional*, anterior à internacionalização, não foi uniforme: houve momentos nos quais o asilo era regulado pelos cultos religiosos, como se viu na proteção dada pelos diversos templos egípcios, gregos e romanos aos escravizados fugitivos, soldados derrotados e criminosos diversos. Já no século XVII, na Europa, o asilo foi laicizado, sendo transferido o poder de dar acolhida aos Estados Nacionais. No século XVIII, o asilo foi inserido, pela primeira vez, em uma Constituição: o art. 120 da Constituição francesa de 1793 previa o asilo aos estrangeiros exilados em virtude da luta pela liberdade[3]. No final do século XIX, surgiu a primeira tentativa de internacionalização do refúgio no plano regional sul-americano: o Tratado de Direito Penal Internacional de 1889 (não ratificado pelo Brasil), adotado no Congresso de Montevidéu de Direito Internacional Privado, previa, nos seus artigos 15 a 19, o instituto do asilo político. Como aponta FISCHEL DE ANDRADE, a influência dessa previsão regional sul-americana para a gênese do instituto do refúgio no plano global é limitada[4].

---

1 Conforme TURK, Volker e NICHOLSON, Frances. "Refugee protection in international law: an overall perspective". In: FELLER, Erika, TURK, Volker e NICHOLSON, Frances (eds.). *Refugee Protection in International Law*. Cambridge: Cambridge University Press, 2003, p. 3-45, em especial p. 3.

2 Filio-me ao pensamento daqueles que diferenciam, no Brasil, os institutos do asilo (art. 4º, X, da CF e Lei n. 6.815/80) e do refúgio, estabelecido pela Lei n. 9.474/97 e fundado no Direito Internacional dos Refugiados. Ver mais em CARVALHO RAMOS, André de. "Asilo e Refúgio: semelhanças, diferenças e perspectivas". In: CARVALHO RAMOS, André de; ALMEIDA, Guilherme Assis de; RODRIGUES, Gilberto (orgs.). *60 anos de ACNUR*: perspectivas de futuro. São Paulo: CL-A Editora, 2011, p. 15-44.

3 ANDRADE, José Henrique Fischel de. *Direito Internacional dos Refugiados. Evolução histórica (1931-1952)*. Rio de Janeiro: Renovar, 1996, em especial p. 14-16.

4 ANDRADE, José Henrique Fischel de. *Direito Internacional dos Refugiados. Evolução histórica (1931-1952)*. Rio de Janeiro: Renovar, 1996, em especial p. 19.

Somente após o estabelecimento da Sociedade das Nações, em 1919, é que houve uma intensa discussão sobre o papel da comunidade internacional no adequado tratamento a ser dado aos refugiados, em especial depois da Revolução Comunista na Rússia e das crises no antigo Império Otomano. Assim, em 1921, o Conselho da Sociedade das Nações autorizou a criação de um Alto Comissariado para Refugiados. A intenção inicial era que fosse criado um órgão voltado especificamente para tratar de refugiados russos, porém, após a constatação da existência de refugiados armênios na Grécia, optou-se por uma definição abrangente e geral do mandato do Comissariado, voltado para toda e qualquer questão relativa aos refugiados. Foi escolhido o norueguês Fridtjof Nansen, que o presidiu até sua morte em 1930. Em 1931, foi criado o Escritório Internacional Nansen para Refugiados, atuando sob os auspícios da Sociedade das Nações e com a missão de dar apoio humanitário aos refugiados.

Essa *primeira fase* da internacionalização da proteção dos refugiados é caracterizada (i) pela abordagem coletiva e geral dos refugiados, bem como pela (ii) ênfase no repatriamento ou ainda inserção coletiva em um Estado de acolhida. A abordagem coletiva consistia em qualificar o refugiado em função de sua pertença a determinado grupo que, por definição, seria composto por refugiados. A busca de refúgio, na época, era gerada por eventos objetivos (Revolução Russa, fragmentação territorial dos derrotados da 1ª Grande Guerra), que atingiram russos, alemães, armênios, entre outros, sem relação com a conduta de um determinado indivíduo. A partir de 1938, às vésperas da 2ª Guerra Mundial, foram dados os primeiros passos para a *segunda fase da internacionalização do refúgio*, com a qualificação individual pautando a declaração do estatuto de refugiado de determinada pessoa. A estrutura institucional era precária: em um curto período (1938-1945) existiram três órgãos internacionais que se sucederam na temática: o Alto Comissariado da Liga das Nações para os Refugiados (criado em 1938), o Comitê Intergovernamental para os Refugiados (criado, sob os auspícios dos Estados Unidos em face da fragilidade da Liga das Nações, em 1938, após a Conferência de Evian/França, com sede em Londres e voltado à proteção das vítimas do nazismo) e, finalmente, a Administração das Nações Unidas para o socorro e a reconstrução, criado em Washington em 1943 (primeiro órgão a usar o termo "Nações Unidas").

A fase da qualificação individual dos refugiados recebeu seu grande impulso com a Declaração Universal dos Direitos Humanos, que estabeleceu, em seu artigo 14, que "cada pessoa tem o direito a buscar e gozar de asilo em outros países sem sofrer perseguição". Logo, todos os indivíduos possuem o *direito ao acolhimento*, devendo ser verificada sua situação específica.

Em 1950, foi criado o Alto Comissariado das Nações Unidas para Refugiados (ACNUR), que hoje é órgão subsidiário permanente da Assembleia Geral das Nações Unidas e possui sede em Genebra. Em 1951, foi aprovada a "Carta Magna" dos refugiados, que é a Convenção de Genebra sobre o Estatuto dos Refugiados. A importância desse tratado é imensa: é o primeiro tratado internacional que trata da condição genérica do refugiado, seus direitos e deveres. Os tratados anteriores eram aplicáveis a grupos específicos, como os refugiados russos, armênios e alemães[5].

A Convenção de 1951 estabeleceu a definição de refugiado, os seus direitos e deveres básicos (em especial, o direito de receber documento de viagem, sucedâneo do antigo Passaporte Nansen), bem como os motivos para a cessação da condição de refugiado.

O artigo 1º da Convenção relativa ao Estatuto dos Refugiados, de 28 de julho de 1951, considerava "refugiado" somente aquele que, em consequência de acontecimentos ocorridos antes de 1º de janeiro de 1951, e, em virtude de perseguição ou fundado temor de perseguição[6] baseada em sua raça, religião, nacionalidade, opiniões políticas ou pertença a certo grupo social, não pudesse retornar ao país de sua residência.

Sendo assim, o *refugiado é aquele que é perseguido ou tem fundados temores de perseguição por motivos odiosos*. Tal expressão (fundado temor) demonstra um temor baseado em *razoável expectativa de perseguição*. Essa expectativa de perseguição não pode estar apenas na mente do solicitante de refúgio, mas deve ser comprovada por um critério objetivo, baseado na situação do Estado de origem. Entra em cena um juízo de possibilidade, sendo desnecessário que se prove a inevitabilidade da perseguição, mas somente que ela é possível. Assim, o "fundado temor de perseguição" é critério objetivo que deve ser comprovado por fatos[7].

---

5 Acordo sobre os Refugiados Russos, de 5-7-1922; Acordo sobre Refugiados Armênios, de 31-5-1924, ou diversos acordos sobre refugiados alemães, como o de 4-7-1936.

6 Não se exige a concretização da perseguição, bastando o fundado temor.

7 GRAHL-MADSEN, A.*The Status of Refugees in International Law*. Leyden, 1966, v. 1, p. 173. Ver também GOODWIN-GILL, Guy S. "Entry and Exclusion of Refugees: The Obligations of States and the Protection Function of the Office of the United Nations High Commissioner for Refugees", *in* 3 *Michigan Yearbook of International Legal Studies* (1982), p. 291 e s.

A Convenção, contudo, possuía uma "limitação temporal": era aplicável aos fluxos de refugiados ocorridos antes de 1951. Além disso, os Estados, querendo, poderiam estabelecer uma "limitação geográfica" e só aceitar aplicar o Estatuto dos Refugiados a acontecimentos ocorridos na Europa. Essa restrição temporal provou que a Convenção de 1951 era destinada aos casos de refugiados gerados no período anterior à 2ª Guerra Mundial, no seu decurso e no imediato pós-guerra. Além disso, o artigo 1º-B da Convenção estabelecia que cada Estado poderia entender que a expressão "acontecimentos ocorridos antes de 1º de janeiro de 1951" inserida no artigo 1º-A poderia ser lida como "acontecimentos ocorridos antes de 1º de janeiro de 1951 na Europa". Ou seja, além desta "cláusula temporal", os Estados poderiam ainda limitar a concessão do estatuto de refugiado aos acontecimentos ocorridos na Europa tão somente.

A Guerra Fria foi crucial para essa redação "eurocêntrica" da Convenção. Nesse sentido, HATHAWAY recorda que os Estados ocidentais desenvolvidos preocuparam-se muito em expor a situação dos dissidentes políticos dos países comunistas, para facilitar a condenação geral ao bloco soviético. Assim, a definição de "refugiado" foi especialmente focada em reconhecidas áreas de desrespeito de direitos humanos dos países comunistas, tendo sido evitada qualquer menção à violação de direitos sociais[8]. Com isso, a vulnerabilidade ocidental no tocante aos direitos sociais e econômicos foi esquecida no momento da redação da Convenção e do Protocolo de 1967. As vítimas de violação de direitos civis e políticos poderiam, sob certas circunstâncias, ser abrigadas sob o estatuto do refugiado, mas as vítimas de violação de direitos básicos, como direito à saúde, moradia, educação e até alimentação, *não*. Ou seja, seriam migrantes econômicos, sujeitos à deportação[9].

Quanto à restrição geográfica, ao menos, vê-se que a visão "eurocêntrica" logo foi superada. De fato, surgiram mais e mais casos de

---

8 A visão crítica de Hathaway, não muito comum em autores de países desenvolvidos de língua inglesa, é demolidora. Nas palavras do autor: "By mandating protection for those whose (Western inspired) socio-economic rights are at risk, the Convention adopted an incomplete and politically partisan human rights rationale". Ver HATHAWAY, James. *The Law of Refugee Status*. Vancouver: Butterworths, 1991, p. 7-8.

9 Para Dimopoulos, "the history of the Convention shows that to a significant extent, it was entered into to serve Western political and economic needs". Ver em DIMOPOULOS, Penny. "Membership of a particular group: an appropriate basis for eligilibity for refugee status?", in 7 *Deakin Law Review* (2002), p. 367-385, em especial p. 370.

perseguição e fluxo de refugiados em vários continentes (África e América Latina, inclusive), o que tornou obsoleta e anacrônica a restrição *temporal* e *geográfica* da Convenção de 1951. Em 1967, o Protocolo Adicional à Convenção suprimiu, da definição de refugiado, a limitação aos acontecimentos ocorridos antes de 1951.

Já em 1969, foi aprovada a Convenção da Organização da Unidade Africana (hoje União Africana) sobre refugiados. Tal Convenção, que entrou em vigor em 1974, estabeleceu, pela primeira vez, a chamada "definição ampla de refugiado", que consiste em considerar refugiado aquele que, em virtude de um cenário de graves violações de direitos humanos, foi obrigado a deixar sua residência habitual para buscar refúgio em outro Estado.

Em 1984, a definição ampliada de refugiado foi acolhida pela Declaração de Cartagena (Colômbia), fruto de reunião de especialistas na matéria, que, comtudo, não representavam seus respectivos Estados. De acordo com seu item terceiro, a Declaração estabeleceu que a definição de refugiado deveria, além de conter os elementos da Convenção de 1951 e do Protocolo de 1967, contemplar também como refugiados as pessoas que tenham fugido dos seus países porque a sua vida, segurança ou liberdade tivessem sido ameaçadas pela violência generalizada, a agressão estrangeira, os conflitos internos, a violação maciça dos direitos humanos ou outras circunstâncias que tenham perturbado gravemente a ordem pública. A Declaração de Cartagena, que completa *quarenta anos* em 2024, tem a natureza jurídica original de *soft law imprópria* (não vinculante[10]), podendo ser considerada posteriormente – pela adesão dos Estados latino-americanos – como parte do *costume regional latino- americano de proteção de refugiados*[11].

---

10 A *soft law* imprópria consiste em norma não vinculante oriunda de manifestações de entidades ou especialistas que agem em nome próprio, não se constituindo em manifestações não vinculantes de Estados ou organizações internacionais.

11 Adotada pelo "Colóquio sobre Proteção Internacional dos Refugiados na América Central, México e Panamá: Problemas Jurídicos e Humanitários", realizado em Cartagena, Colômbia, entre 19 e 22-11-1984. Participaram do Colóquio especialistas e representantes dos governos de Belize, Colômbia, Costa Rica, El Salvador, Guatemala, Honduras, México, Nicarágua, Panamá e Venezuela, bem como especialistas e representantes do ACNUR. Quanto ao caráter costumeiro da Declaração de Cartagena, ver ANDRADE, José Henrique Fischel de. "Regional policy approaches and harmonization: a latin american perspective", in *International Journal of Refugee Law*, Oxford, v. 10, p. 389-409, 1998, em especial p. 402.

O Brasil ratificou a Convenção de 1951 e a promulgou internamente por meio do Decreto n. 50.215, de 28 de janeiro de 1961. Porém, foi estabelecida pelo Estado brasileiro a chamada "limitação geográfica" vista acima: só aceitou receber refugiados vindos do continente europeu. Em 7 de agosto de 1972, foi promulgado internamente o Protocolo de 1967, mas manteve a limitação geográfica anterior. Em 19 de dezembro de 1989, foi abandonada a "limitação geográfica" da Convenção de 1951, por meio do Decreto n. 98.602.

Já o ACNUR instalou-se no Brasil com missão permanente em 1977 e possuiu importante e essencial papel tanto na implementação das convenções internacionais sobre refugiados celebradas pelo país quanto no incentivo e apoio técnico à elaboração de uma lei brasileira específica para os refugiados. Em 1997, finalmente é aprovada a Lei n. 9.474, que analisarei abaixo.

8.2 A Lei n. 9.474/97: o modelo brasileiro de proteção aos refugiados

8.2.1 A aceitação, pelo Brasil, da definição ampla de refugiado

Em 1997, foi editada a Lei brasileira n. 9.474, disciplinando o estatuto do refugiado no Brasil. De acordo com o artigo 1º da lei, é considerado refugiado todo indivíduo que, devido a fundados temores de perseguição por motivos de raça, religião, nacionalidade, pertença a grupo social ou opiniões políticas, encontre-se fora de seu país de nacionalidade e não possa ou não queira acolher-se à proteção de tal país, ou aquele que, não tendo nacionalidade e estando fora do país onde antes teve sua residência habitual, não possa ou não queira regressar a ele, em função da perseguição odiosa já mencionada. Esse dispositivo da lei está em sintonia com a definição restrita de refugiado prevista na Convenção de 1951.

Todavia, a Lei n. 9.474/97 ainda adotou a *definição ampla de refugiado*, defendida na Declaração de Cartagena vista acima: o artigo 1º, III, dispõe que será considerado refugiado pelo Brasil todo aquele que, devido à grave e generalizada violação de direitos humanos, é obrigado a deixar seu país de nacionalidade para buscar refúgio em outro país. Desde então, o Brasil já recebeu refugiados de Angola, Serra Leoa, Afeganistão e outros países sob o abrigo desse dispositivo legal.

8.2.2 A definição de perseguição por motivo de raça, religião, opinião política ou pertença a grupo social

O Direito dos Refugiados é voltado para a proteção do ser humano em uma situação específica, que é sua saída do país de sua nacionalidade ou residência habitual por perseguição ou fundado temor de perseguição por motivo odioso[12]. Por perseguição, entenda-se toda forma de discriminação injustificada e ilegítima que gera consequências negativas ao desenvolvimento livre e digno de determinada pessoa. Resta saber como definir as razões da perseguição, que no caso dos refugiados são aquelas baseadas em raça, religião, opinião política e pertença a um grupo social.

Para tanto, devemos recordar que o Direito dos Refugiados é parte integrante do Direito Internacional dos Direitos Humanos, pois visa também proteger o ser humano, só que em uma situação específica. Assim, é no Direito Internacional dos Direitos Humanos que devemos buscar as definições sobre o que vem a ser uma perseguição por "motivo de raça, religião, opinião política ou pertença a grupo social".

Em primeiro lugar, a Convenção para a Eliminação de Todas as Formas de Discriminação Racial define, já no seu artigo 1º, o que vem a ser discriminação racial, que é "qualquer distinção, exclusão, restrição ou preferência baseada em raça, cor, descendência ou origem nacional ou étnica que tem por objetivo ou efeito anular ou restringir o reconhecimento, gozo ou exercício num mesmo plano (em igualdade de condição), de direitos humanos e liberdades fundamentais no domínio político econômico, social, cultural ou em qualquer outro domínio de sua vida".

Assim, cabe o refúgio a todo aquele que for discriminado em função de sua raça, cor, descendência ou origem étnica ou nacional ou possuir fundado temor de sê-lo, sem que possa obter reparação ou proteção contra tal discriminação em seu Estado de origem ou residência habitual. Ou seja, não há mecanismos internos para combater tal perseguição, tornando a vida do solicitante de refúgio impossível naquele Estado.

Quanto à perseguição por motivo religioso, a Declaração Universal dos Direitos Humanos (artigo 18) e o Pacto Internacional de Direitos

---

12 Cabe lembrar que há ainda a hipótese de caracterização da situação jurídica de refúgio, que vem a ser a saída de um país gerada por um quadro de violação grave e generalizada de direitos humanos.

Civis e Políticos (artigo 2º, parágrafo primeiro) estabelecem que todos têm direito a não ser discriminados em função da religião.

Já a Declaração sobre a eliminação de todas as formas de intolerância e discriminação fundadas na religião ou nas convicções religiosas[13], prevê, em seu artigo 2º, parágrafo 2º, que "entende-se por 'intolerância e discriminação baseadas na religião ou nas convicções' toda a distinção, exclusão, restrição ou preferência fundada na religião ou nas convicções e cujo fim ou efeito seja a abolição ou o fim do reconhecimento, o gozo e o exercício em igualdade dos direitos humanos e das liberdades fundamentais".

Logo, na medida em que o gozo e o exercício de direitos fundamentais seja obstaculizado (sem meios internos de prevenção ou reparação dos danos causados) a determinada pessoa ou haja o fundado temor de que isso ocorra, por motivo religioso, é caracterizada a condição jurídica de refugiado.

Quanto à perseguição por opinião política, vê-se que é causada por convicção ideológica, que deveria ser normalmente aceita por um regime democrático, ofendendo-se à liberdade de expressão e associação e gerando, então, requisito objetivo para concessão do refúgio.

É claro que há limites à liberdade de expressão ideológica, em especial quando servir para a agressão a outros valores democráticos e aos direitos humanos. Nesse sentido, o Direito Internacional dos Direitos Humanos possui uma série de exemplos da legitimidade da restrição a convicções ideológicas discriminadoras, racistas ou antidemocráticas. Com efeito, o artigo 30 da Declaração Universal dos Direitos Humanos estabelece que nenhum dispositivo da Declaração poderá ser interpretado no sentido de conferir direito a outrem de realizar atividades tendentes a supressão de qualquer outro direito ou liberdade. Nesse caso, obviamente não há que se falar em perseguição, pois a conduta do Estado da nacionalidade ou da residência habitual é justificável e legítima perante o Direito Internacional.

No tocante à nacionalidade, visou-se proteger as minorias nacionais vivendo em país estrangeiro, comuns na Europa após as Guerras Mundiais, que redefiniram os territórios. Aqueles que não optaram pela nacionalidade do Estado vitorioso, poderiam ser perseguidos por ter a nacionalidade do Estado vencido, sendo, então, um dos motivos do fluxo maciço de refugiados. Mesmo em outras regiões do mundo, a nacionalidade perma-

---

13 Proclamada pela Assembleia Geral das Nações Unidas em 25-11-1981 – Resolução n. 36/55.

nece um fator importante de refúgio. No caso *Bafoe vs. MCI*[14], uma Corte canadense reconheceu a condição de refugiado à solicitante cuja família havia sido perseguida em Gana por não ter a nacionalidade do país[15].

Quanto à pertença a determinado "grupo social", vê-se, de início, que não há possibilidade de recurso a uma Convenção internacional, como no caso da perseguição por motivo racial. Os trabalhos preparatórios da Convenção de 1951 mostram a preocupação da Delegação da Suécia em incluir a menção à perseguição por pertença a grupo social, que seria aquele no qual um indivíduo comparte hábitos, valores e *status* social[16].

De início, alguns autores, como HELTON[17], defenderam a tese de que o termo "grupo social" deveria abarcar os demais casos de indivíduos perseguidos por motivo odioso, em uma espécie de "cláusula de abertura" do Direito Internacional dos Refugiados. Contudo, a prática dos Estados, em especial dos países desenvolvidos, nunca aceitou essa visão ampliativa e liberal, que poderia até abarcar violações de direitos sociais, o que nunca foi pretendido por tais Estados.

Nesse sentido, um dos mais importantes casos é o caso canadense *Ward*. Ward, solicitante de refúgio, alegou que, por ser antigo membro de organização paramilitar na Irlanda do Norte, possuía justo temor de ser perseguido, caso voltasse para seu lugar de origem, pois havia auxiliado a fuga de reféns. O argumento de que Ward estaria sendo perseguido por "razão de pertença a grupo social" não foi acolhido[18].

---

14 Federal Court Trial Division, IMM-3216-93, julgamento de 28-9-1994.

15 Ver mais em STERNBERG, Mark. R. Von. *The grounds of refugee protection in the context of International Human Rights and Humanitarian Law*. The Hague, London, New York: Martinus Nijhoff Publishers, 2002, p. 27-28.

16 Ver no documento das Nações Unidas A/Conf.2/SR.3, de 19-11-1951, p. 14. Ver WEIS, Paul. *The Refugees Convention, 1951*: the travaux préparatoires analysed, with a commentary. Cambridge: Cambridge University Press, 1995.

17 Ver HELTON, Arthur C. "Persecution on account of membership in a Social Group as a Basis for Refugee Status", in 15 *Colombia Human Rights Law Review* (1983), p. 39. Fica aqui minha pequena homenagem ao especialista em imigração e direito dos refugiados Arthur Helton, que morreu no ataque ao Quartel-Geral da Organização das Nações Unidas em Badgá, no dia 19 de agosto de 2003, no qual também faleceu o Alto Comissário de Direitos Humanos das Nações Unidas, o brasileiro Sérgio Vieira de Mello.

18 Foi aceita, entretanto, a alegação que Ward possuía o justo temor de perseguição por sua opinião política, contrária ao grupo radical ao qual pertencera, e que o Estado não poderia protegê-lo de modo eficiente. Ver adiante a possibilidade de con-

Considerou-se que o termo "grupo social" não pode servir para "remediar" eventual não aplicação das demais categorias (raça, opinião política, religião e nacionalidade). Por grupo social, entendeu a Corte que seriam: 1) os grupos definidos por características imutáveis e inatas, como gênero, idioma ou orientação sexual; 2) grupos cujos membros se associam por motivos relacionados à proteção de direitos fundamentais e, que, portanto, não podem ser obrigados a renunciar a tal atividade; 3) grupos relacionados a um *status* passado, inalterável devido a sua permanência histórica[19].

Para orientar a prática estatal, então, o Alto Comissariado das Nações Unidas para os Refugiados (ACNUR) sustentou que um "grupo social particular" significa um grupo de pessoas que compartilha características que o distingue da sociedade em geral. Essas características devem ser inatas, impossíveis de serem modificadas ou ainda ser inaceitável requerer que alguém assim o proceda[20].

Para exemplificar o alcance de tal conceito, o ACNUR reconheceu, no conceito de perseguição por pertença a grupo social, casos de discriminação por razão de *gênero* e por *orientação sexual*[21]. Com efeito, chama a atenção a falta, entre os motivos justificadores da concessão do refúgio, da menção explícita à perseguição contra as *mulheres* e *homossexuais*. Práticas de violência sexual e opressão contra mulheres quando toleradas ou até admitidas legalmente pelo Estado de origem não podem ser ignoradas pelo Direito dos Refugiados, o mesmo se passando em relação aos homossexuais, que podem ser discriminados e perseguidos sem qualquer proteção do Estado ou mesmo com seu beneplácito. Louvável, então, esse entendimento do ACNUR.

---

cessão de refúgio por perseguição odiosa realizada por agentes privados, na omissão ou incapacidade de proteção do Estado.

19 Sobre o caso Ward, ver BAGAMBIIRE, Davies B. N. "Terrorism and Convention Refugee Status in Canadian Immigration Law: the social group category according to Ward v. Canada", in 5 *International Journal of Refugee Law* (1993), p. 183-204.

20 Ver posição do ACNUR manifestada no caso *Islam v. Secretary of State for the Home Department*, United Kingdom House of Lords. Ver em 11 *International Journal of Refugee Law* (1999), p. 496.

21 Ver em ACNUR, *Manual de procedimientos para determinar la condición de refugiado en virtud de la Convención de 1951 y el Protocolo de 1967 sobre el estatuto de los refugiados*, Genebra, 1992, p. 20.

Já nos Estados Unidos há ainda controvérsias quanto a determinação do grupo social. No caso *Acosta*, enfatizou-se a necessidade de uma "característica particular e imutável" para se provar o pertencimento a um "grupo social" em contraponto ao resto da sociedade. No caso em questão, um motorista de táxi salvadorenho solicitou refúgio, alegando ter participado de uma cooperativa que não obedeceu à ordem de greve decretada por grupo guerrilheiro e, por isso, sofreu ameaças de morte. Para o *Board of Immigration Appeals* (BIA) dos Estados Unidos, participar de uma cooperativa de táxi não é pertencer a um grupo social, uma vez que se pode mudar de emprego e os tratados internacionais não garantem o direito a um emprego específico. A visão elitista do BIA ignorou a dificuldade de se obter emprego em um país destruído pela guerra civil e ainda ser inaceitável que alguém deixe de exercer um direito fundamental (direito ao trabalho, no caso como motorista de táxi em uma cooperativa) por não se sujeitar a uma greve imposta por um grupo armado[22]. Assim, desconsiderou-se um fator importante quanto à determinação da imutabilidade do grupo social: a averiguação se é compatível com a dignidade humana forçar determinado solicitante de refúgio a não mais pertencer a um grupo social específico[23].

Esse critério de "imutabilidade" da característica que distingue o grupo social particular do restante da sociedade originou-se do cânone de interpretação *ejusdem generis*, que estipula que uma cláusula final em um conjunto de hipóteses deve ser interpretada de acordo com as anteriores. Assim, como as outras quatro hipóteses de perseguição (raça, opinião política, nacionalidade e religião) são baseadas em característica imutável ou tão fundamental para a identidade ou consciência do indivíduo, que não pode ser modificada, adotou-se a exigência de "imutabilidade" também para os grupos sociais.

Mesmo com essa exigência, considerou-se já "grupos sociais" aqueles baseados em critérios de gênero, pertença a grupos tribais ou clãs, orientação sexual, familiar ou ainda unidos por experiência singular passada[24].

---

22   Sem contar a eventual perseguição por opinião política.

23   Ver FULLERTON, Maryellen. "A comparative look at Refugee Status based on persecution due to membership in a particular social group", in 26 *Cornell International Law Review* (1993), p. 505-564, em especial p. 541 e s.

24   Respectivamente, reconheceu-se a condição de refugiado nos casos de mulheres sofrendo abusos, membros de tribos perseguidas, pais de estudantes dissidentes e ainda a antigo membro de força policial nacional. ALEINIKOFF, T. Alexander. "Pro-

Por outro lado, os recentes casos de famílias chinesas com mais de um filho e que alegam perseguição por pertença a grupo social (em virtude da política chinesa de planejamento familiar) não foram aceitos[25].

Há, por outro lado, divergência nos Estados Unidos. Nos casos *Sanchez-Trujillo, DeValle* e *Gomez*[26], elaboraram-se novos critérios para a definição de um "particular grupo social". Nesses casos, estabeleceu-se que um grupo social exige características comuns, que pode ser por adesão voluntária, sendo percebido como grupo distinto por parte do restante da sociedade. O traço característico de imutabilidade foi afastado.

Os últimos casos de refúgio na Austrália são de interesse, porque analisaram também a solicitação de refúgio por parte de casal de chineses alegando perseguição imposta pela política de planejamento familiar daquele país. Decidiu-se que é necessário que o grupo compartilhe uma característica e seja visto como grupo pela sociedade. Como afirma ALEINIKOFF, após citar casos no Canadá, Austrália e Estados Unidos, todos desfavoráveis aos solicitantes de refúgio chineses: "Applicants claiming refugee status based on a fear of coercive family practices have generally been unsuccessful"[27]. Para o autor, os órgãos administrativos para a proteção dos refugiados e os tribunais tendem a considerar as políticas de planejamento familiar, mesmo as mais agressivas como a chinesa, como permitidas, ou seja, não persecutórias.

---

tected characteristics and social perceptions: analysis of the meaning of 'membership of a particular group'". In: FELLER, Erika, TURK, Volker; NICHOLSON, Frances (eds.). *Refugee Protection in International Law*. Cambridge: Cambridge University Press, 2003, p. 264-311, especialmente p. 276.

25 O ACNUR adotou o seguinte posicionamento sobre esses casos: o planejamento familiar não é uma perseguição *per se*, mas pode ser implementado de modo a perseguir determinadas pessoas. Assim, é necessário que, no caso concreto, haja fatos que evidenciem a perseguição pelas autoridades locais chinesas a determinada família, não bastando seu desejo de não se submeter às políticas gerais de desestímulo e perda de benefícios aos casais com mais de um filho.

26 Os dois primeiros são casos do Ninth Circuit Court of Appeals e o último do Second Circuit Court of Appeals. Ver em FULLERTON, Maryellen. "A comparative look at Refugee Status based on persecution due to membership in a particular social group", in 26 *Cornell International Law Review* (1993), p. 505-564, em especial p. 561-562.

27 ALEINIKOFF, T. Alexander. "Protected characteristics and social perceptions: analysis of the meaning of 'membership of a particular group'". In: FELLER, Erika; TURK, Volker; NICHOLSON, Frances (eds.). *Refugee Protection in International Law*. Cambridge: Cambridge University Press, 2003, p. 264-311, p. 306.

Sendo assim, exige-se não só que as pessoas exibam algum elemento comum, mas que tal elemento as una, de modo a ser um grupo reconhecível como tal pela sociedade. Portanto, não basta a perseguição ou medo de perseguição para definir um grupo social: é necessário que o grupo exista independentemente da perseguição eventualmente imposta[28].

A perseguição deve, consequentemente, ser relacionada com a característica compartilhada pelo grupo social que o diferencia do restante da sociedade. No caso *Kasinga,* foi reconhecida a condição de refugiada, pelos Estados Unidos, de uma mulher da tribo Tchamba-Kusuntu, que não queria se submeter à prática da clitoridectomia (mutilação da genitália feminina). Aceitou-se que houve perseguição por pertencimento a grupo social (*mulher* em uma sociedade – tribo – que pratica a clitoridectomia)[29].

Assim, vê-se que o conceito de "grupo social" para fins de determinação da condição de refugiado está em desenvolvimento. Atualmente, a definição de grupo social pode ser resumida como aquela baseada em (i) características inatas, (ii) imutáveis ou que (iii) não se pode exigir que alguém as renuncie porque ofensivo à dignidade humana, bem como que (iv) tais agrupamentos sejam assim percebidos pelo resto da sociedade. Logo, perseguição a mulheres, crianças, homossexuais são reconhecidas como perseguições pelo pertencimento a grupo social.

8.2.3 Perseguição por parte de agentes privados

Outro ponto que merece destaque é a possibilidade do reconhecimento do estatuto de refugiado aos perseguidos por agentes privados. Inicialmente, resta claro que a Convenção sobre Refugiados e o Protocolo de 1967 objetivavam, basicamente, a proteção dos indivíduos contra a

---

28 Ver GOODWIN-GILL, Guy S. "Cases and comments. Judicial reasoning and 'social group' after *Islam* and *Shah*", 11 *International Journal of Refugee Law* (1999), p. 537-543; VIDAL, M. "Cases and comments. 'Membership of a particular social group' and the effect of *Islam* and *Shah*", 11 *International Journal of Refugee Law* (1999), p. 528-536.

29 Para Aleinikoff, "in sum, the definition of the class must describe a group that stands apart in society where the shared characteristic of the group reflects the reason for the persecution". Ver em ALEINIKOFF, T. Alexander. "Protected characteristics and social perceptions: analysis of the meaning of 'membership of a particular group'". In: FELLER, Erika; TURK, Volker; NICHOLSON, Frances (eds.). *Refugee Protection in International Law.* Cambridge: Cambridge University Press, 2003, p. 264-311, p. 289.

perseguição ou temor de perseguição por parte do Estado de origem ou de residência. Entretanto, não há nesses diplomas normativos internacionais uma expressa vedação à caracterização do estatuto de refugiado caso o autor da perseguição seja *agente privado*.

Os casos envolvendo mulheres e crianças acarretaram a reflexão sobre a necessidade de estender a proteção aos refugiados perseguidos por agentes privados. De fato, na perspectiva de gênero e de idade, as mulheres e crianças são mais sujeitas a perseguições de agentes privados, incluindo pais, maridos, parentes, exploradores do trabalho infantil ou da prostituição feminina.

Há vários casos de reconhecimento do estatuto de refugiado a mulheres e crianças fugindo da perseguição ou com temor de perseguição por parte de agentes privados. No caso *Lyudmyla Dzhugun*, o Reino Unido considerou que uma mulher forçada a se prostituir pelo crime organizado, sem recurso à efetiva proteção de seu Estado (Ucrânia), deveria ser vista como refugiada, pois estava sendo perseguida por motivo de pertencimento a grupo social (mulher)[30]. Há vários casos já reconhecidos pelos Estados de acolhida, no qual mulheres e crianças foram perseguidas por familiares, traficantes e outros agentes privados.

É claro que há Estados de acolhida que rejeitam tal extensão do conceito de agente ativo da perseguição, afirmando que cabe ao Estado de origem proteger seus cidadãos. Somente na existência de uma total anarquia e ruptura do poder do Estado, haveria a possibilidade de concessão do refúgio. O Canadá, por exemplo, negou (após ter inicialmente concedido) o refúgio a um menino de 12 anos, que possuía a nacionalidade estadunidense e também britânica, desconsiderando a alegação de perseguição realizada por seus familiares pela prática de abuso sexual (incesto). Na decisão final, foi considerado que os Estados Unidos e o Reino Unido eram Estados que protegiam seus cidadãos[31].

No caso brasileiro, em face da notória crise de segurança pública e também do sistema de justiça e penitenciário, é clara a possibilidade de brasileiros obterem refúgio em outros países, alegando perseguição por particulares (crime organizado, esquadrões da morte, traficantes etc.) e falta de estrutura

---

30 United Kingdom Immigration Appeal Tribunal, Caso n. CC-50627-99.

31 Decisão polêmica, pois cabe ao Estado de acolhida analisar o caso concreto e não a situação geral. Mesmo Estados democráticos e com sistemas de justiça e segurança não deteriorados podem, em situações específicas, não proteger de maneira eficiente seus nacionais de perseguições por parte de agentes privados.

do Estado para protegê-los. Portanto, caso seja demonstrado o justo temor do solicitante de ser perseguido, por exemplo, por sua orientação sexual, e que as autoridades públicas não conseguem punir os agressores ou impedir novas perseguições, é evidente que fica demonstrada a impossibilidade de retorno ao Estado de origem, base da concessão do refúgio.

Essa possibilidade não deve espantar, pois cabe ao Estado de acolhida averiguar se, no caso particular, o solicitante de refúgio foi alvo de perseguição ou tem o temor de ser perseguido por agentes privados, que contam com a omissão do Poder Público e impunidade assegurada no atual contexto brasileiro.

8.2.4 A criação do CONARE e o procedimento administrativo de análise do refúgio: as regras de inclusão, cessação e exclusão

A Lei n. 9.474/97 preencheu o vazio administrativo existente no trato dos refugiados ao criar, na letra do artigo 11, o Comitê Nacional para os Refugiados – CONARE, órgão de deliberação coletiva composto de sete membros e de composição majoritariamente governamental, pertencente ao Ministério da Justiça. São membros natos do CONARE: um representante do Ministério da Justiça, que o presidirá; um representante do Ministério das Relações Exteriores; um representante do Ministério do Trabalho; um representante do Ministério da Saúde; um representante do Ministério da Educação e do Desporto; um representante do Departamento de Polícia Federal; um representante de organização não governamental, que se dedique a atividades de assistência e proteção de refugiados no País. Nada impede o convite a representantes de outros entes para que participem da reunião, com direito a voz. Esse caráter governamental do Comitê é ainda acentuado com a possibilidade de recurso de revisão ao Ministro da Justiça, no caso de indeferimento do refúgio.

O CONARE representou a plena assunção, pelo Estado brasileiro, de todo o procedimento de análise da solicitação de refúgio, bem como da política de proteção e apoio aos que forem considerados refugiados. Assim, o papel do ACNUR no Brasil, essencial na fase pré-Lei n. 9.474/97, diminuiu sensivelmente, restando importante, contudo, no que tange ao fornecimento de recursos materiais aos refugiados.

Compete ao CONARE analisar o pedido e declarar o reconhecimento, em primeira instância, da condição de refugiado, bem como decidir pela cessação e perda, em primeira instância, *ex officio* ou mediante requerimento das autoridades competentes, da condição de refugiado. Essa decisão tem conteúdo *declaratório*, não sendo constitutiva. No caso de decisão negativa, esta deverá ser fundamentada na notificação ao solicitante, cabendo direito de recurso ao Ministro de Estado da Justiça, no prazo de quinze dias, contados do recebimento da notificação.

No caso de decisão positiva do CONARE, entendo que não cabe recurso administrativo ao Ministro de Estado, pela expressa falta de previsão legal, que obviamente privilegiou a concessão de refúgio. Além da função julgadora, há uma importante função de orientação e coordenação de todas as ações necessárias à eficácia da proteção, assistência e apoio jurídico aos refugiados.

O CONARE deliberará com base na Constituição, na Lei n. 9.474/97, na Convenção relativa ao Estatuto dos Refugiados de 1951, no Protocolo sobre o Estatuto dos Refugiados de 1967 e ainda fundado nas demais fontes de Direito Internacional dos Direitos Humanos. De fato, há um dado interessante: a própria lei, em seu artigo 48, prevê que seus dispositivos deverão ser interpretados em harmonia com a *Declaração Universal dos Direitos Humanos* de 1948 e com todo dispositivo pertinente de instrumento internacional de proteção de direitos humanos com o qual o Governo brasileiro estiver comprometido. O Alto Comissariado das Nações Unidas para os Refugiados – ACNUR será sempre membro convidado para as reuniões do CONARE, com direito a voz, sem voto.

A decisão do CONARE levará em conta o cumprimento das chamadas regras de inclusão, bem como da inexistência de causas de cessação e de exclusão.

As *regras ou cláusulas de inclusão* consistem em requisitos *positivos* para a declaração da situação jurídica de refugiado, como, por exemplo, o reconhecimento do fundado temor de perseguição odiosa.

Por sua vez, as *regras de cessação* têm conteúdo negativo, ou seja, implicam condutas que levam à perda do estatuto de refugiado, em geral pelo desaparecimento dos motivos geradores do refúgio. Já as regras de exclusão consistem em circunstâncias pelas quais determinada pessoa não é aceita como refugiado, mesmo que preencha os critérios positivos e não haja nenhuma causa de cessação. Não cabe o reconhecimento do refúgio aos indivíduos que cometeram crime contra a paz, crime de guerra, crime contra a humanidade, crime grave de direito comum e que praticaram atos contrários aos objetivos e princípios das Nações Unidas.

8.2.5 O princípio do *non refoulement*

8.2.5.1 O princípio do *non refoulement* mitigado

O Direito Internacional dos Refugiados (DIR) protege especialmente o direito ao acolhimento. Além de estipular deveres relacionados ao acolhimento do solicitante de refúgio, o DIR fixa um segundo dever, não menos importante, relacionado ao "não acolhimento", que vem a ser o dever de, ao não conceder o estatuto de refugiado, não entregar ou devolver tal indivíduo a Estado no qual haverá risco à vida ou integridade pessoal do devolvido.

Esse dever de proibição da devolução ou rechaço, denominado também de "princípio do *non refoulement*", assegura uma proteção *mínima* aos indivíduos não acolhidos.

A Convenção sobre o Estatuto do Refugiado de 1951 consagrou o princípio do *non refoulement* no seu art. 33 (intitulado "Proibição de expulsão ou de rechaço", na tradução oficial para o português), ao dispor que "1. Nenhum dos Estados Contratantes expulsará ou rechaçará, de forma alguma, um refugiado para as fronteiras dos territórios em que sua vida ou liberdade seja ameaçada em decorrência da sua raça, religião, nacionalidade, grupo social a que pertença ou opiniões políticas".

Tal princípio consiste na vedação da devolução do refugiado ou solicitante de refúgio (*refugee seeker*) para o Estado do qual tenha o fundado temor de ser alvo de perseguição odiosa. Assim, a *proteção da vida ou da liberdade* são prioritárias (ameaçadas de modo odioso), mesmo que o indivíduo *não* tenha obtido o reconhecimento da condição de refugiado.

Porém, há duas importantes exceções prevista no numeral 2 do mesmo art. 33: "[o] benefício da presente disposição não poderá, todavia, ser invocado por um refugiado que por motivos sérios seja considerado um perigo à segurança do país no qual ele se encontre ou que, tendo sido condenado definitivamente por um crime ou delito particularmente grave, constitua ameaça para a comunidade do referido país".

Essas exceções são, então, pela natureza: (i) *geral*, referente a um certo "perigo à segurança nacional" e (ii) *específica*, referente à condenação em definitivo por crime "particularmente grave" e que constitua ameaça à comunidade do Estado de acolhida.

Além disso, o refugiado que estiver regularmente em um território não poderá ser expulso, salvo por motivos de (i) segurança nacional ou

(ii) ordem pública, mediante decisão judicial proferida em atendimento ao devido processo legal, o que assegura a devida fundamentação jurídica (art. 32 da Convenção de 1951).

Por sua vez, o art. 7º da Lei n. 9.474 prevê que o estrangeiro ao chegar ao território nacional poderá expressar sua vontade de solicitar reconhecimento de sua situação jurídica de refugiado a qualquer autoridade migratória e, "em *hipótese alguma*", será efetuada sua deportação para fronteira de território em que sua vida ou liberdade esteja ameaçada, em virtude de raça, religião, nacionalidade, grupo social ou opinião política (art. 7º § 1º).

Porém, apesar do termo peremptório da Lei ("em hipótese alguma"), o art. 7º, § 2º estipula que tal proibição do rechaço "não poderá ser invocado por refugiado considerado perigoso para a segurança do Brasil".

Consagrou-se, agora na Lei brasileira do Refúgio, o princípio da proibição da devolução (ou rechaço) ou *non refoulement,* mas com exceção (caso do indivíduo "considerado perigoso" para a segurança do Brasil).

Adotou-se, tal qual na Convenção de 1951, o princípio do *non refoulement* mitigado.

8.2.5.2 O princípio do *non refoulement* absoluto: o modelo do acolhimento

O princípio do *non refoulement* sem exceções (por mim denominado de "princípio do *non refoulement* absoluto) encontra-se inserido em outros diplomas internacionais, já ratificados pelo Brasil, como a Convenção das Nações Unidas contra a Tortura (art. 3º) e da Convenção Americana de Direitos Humanos (arts. 22.8 e 9), sem contar o dever dos Estados de tratar com dignidade o solicitante do refúgio, o que é espelho do dever internacional de proteger os direitos humanos (previsto na Carta da ONU).

O art. 3º da Convenção das Nações Unidas contra a Tortura veda a expulsão, devolução ou extradição de uma pessoa para outro Estado quando houver razões substanciais para crer que ela corre perigo de ali ser submetida a tortura (princípio do *non refoulement* em caso de tortura). Para a determinação da existência dessas razões, as autoridades competentes devem levar em conta todas as considerações pertinentes, inclusive, quando for o caso, a existência de um quadro de violações sistemáticas e graves de direitos humanos no Estado em questão.

Já o art. 22.8 da Convenção Americana de Direitos Humanos dispõe que "em nenhum caso o estrangeiro pode ser expulso ou entregue a outro país, seja ou não de origem, onde seu direito à vida ou à liberdade pessoal esteja em risco de violação em virtude de sua raça, nacionalidade, religião, condição social ou de suas opiniões políticas".

Ainda no plano interamericano, a Convenção Interamericana para Prevenir e Punir a Tortura estabelece, nos seus arts. 11, 13 e 14, a disciplina da extradição de torturadores. Os Estados Partes da Convenção devem tomar as medidas necessárias para conceder a extradição de toda pessoa acusada de delito de tortura ou condenada por esse delito, em conformidade com suas legislações nacionais sobre extradição e suas obrigações internacionais na matéria. Tal Convenção determina ainda que *não* se concederá a extradição nem se procederá à devolução da pessoa requerida quando houver suspeita fundada de que sua vida corre perigo, de que será submetida à *tortura*, tratamento cruel, desumano ou degradante, ou de que será julgada por tribunais de exceção ou *ad hoc* no Estado requerente. Isso consagra o *princípio do non refoulement*, ou proibição do rechaço, em caso de tortura ou violação do devido processo legal.

Assim, o Brasil encontra-se vinculado ao princípio do *non refoulement* absoluto, na leitura da Convenção Americana de Direitos Humanos e dos dois tratados contra a tortura acima citados.

Por isso, não foi surpresa que a Lei de Migração (Lei n. 13.445/17), em seu art. 49, § 4º, tenha estabelecido que "*não* será aplicada medida de repatriação à pessoa em situação de refúgio ou de apatridia, de fato ou de direito, ao menor de 18 (dezoito) anos desacompanhado ou separado de sua família, exceto nos casos em que se demonstrar favorável para a garantia de seus direitos ou para a reintegração a sua família de origem, ou a quem necessite de acolhimento humanitário (...)".

Com base nesse artigo e em face do *princípio pro persona,* está revogado implicitamente o art. 7º, § 2º, da Lei n. 9.474/97, o qual dispõe que o refugiado considerado perigoso para a segurança do Brasil poderá não ser aceito no território nacional.

Ao adotar o princípio do *non refoulement* absoluto, o Brasil adere ao modelo do acolhimento, pelo qual se incrementa a proteção ao solicitante de refúgio, que, mesmo que não seja aceito como refugiado, nunca poderá ser devolvido a um território no qual sua vida, segurança ou integridade pessoal podem estar em risco por motivo odioso.

8.2.5.3 O princípio do *non refoulement* absoluto na jurisprudência internacional

A jurisprudência internacional de direitos humanos caminha no sentido de exigir dos Estados o cumprimento das normas convencionais relativas ao *non refoulement* absoluto, sem exceções que levem em consideração a "segurança nacional".

A Corte Interamericana de Direitos Humanos explicitou que, em qualquer hipótese (mesmo no asilo diplomático), o Estado de acolhida está obrigado a não devolver o solicitante a um território no qual este possa sofrer o risco de perseguição odiosa. Assim, o princípio da proibição do rechaço ("proibição do *refoulement*") é exigível para a proteção de *qualquer* estrangeiro. Esse dever de proteção ao solicitante de asilo ou refúgio, para a Corte, é obrigação *erga omnes* e vincula internacionalmente os Estados[32].

Ou seja, há a proibição de os Estados transferirem (qualquer que seja a nomenclatura – repatriamento, rechaço, expulsão, deportação etc.) um indivíduo a um outro Estado quando sua 1) vida, 2) segurança ou 3) liberdade estejam em risco de violação por causa de (i) perseguição ou ameaça de perseguição odiosa, (ii) violência generalizada ou (iii) violações massivas aos direitos humanos, entre outros, assim como para um Estado onde (iv) corra o risco de ser submetida a tortura ou outros tratamentos cruéis, desumanos ou degradantes[33].

No caso *Família Pacheco Tineo,* a Corte Interamericana de Direitos Humanos condenou a Bolívia por violações de direitos humanos ocorridas no marco de um procedimento de solicitação de reconhecimento do estatuto de *refugiado*. Para a Corte, procedimentos migratórios vinculados à solicitação de refúgio ou que podem levar à deportação ou à expulsão de alguém devem contemplar as garantias mínimas do devido processo legal. Além disso, o sistema interamericano de direitos humanos reconhece que qualquer pessoa estrangeira não deve ser devolvida quando sua vida, integridade pessoal ou liberdade estejam sob risco de serem violadas. No caso, a expulsão da família Pacheco Tineo para o Peru, inclusive de seus filhos, violou o direito a buscar e receber asilo e o princípio do *non refoulement*[34].

---

32   Corte Interamericana de Direitos Humanos. Opinião Consultiva n. 25, de 2018, sobre o instituto do asilo e seu reconhecimento como direito humano.

33   Corte Interamericana de Direitos Humanos. Opinião Consultiva n. 21, de 2014, sobre os direitos e garantias das crianças migrantes.

34   Família Pacheco Tineo *vs.* Bolívia (sentença de 25-11-2013).

Na área dos direitos humanos, a Corte Interamericana de Direitos Humanos reconheceu[35] a natureza de *jus cogens* do princípio da não devolução (proibição do rechaço; *non refoulement*), incluindo a não repulsão direta na fronteira e a repulsão indireta[36] (ver abaixo os conceitos de repulsão direta e indireta).

8.2.5.4 A repulsão do solicitante de refúgio e o Brasil

No Brasil, cabe aos agentes estatais e seus delegatários nas zonas de fronteira impedir o *refoulement* do estrangeiro solicitante de refúgio. Mesmo que o solicitante ingresse no país ilegalmente, não cabe a deportação, pois o art. 31 da Convenção impede a aplicação de qualquer penalidade derivada da entrada irregular. O art. 8º da Lei n. 9.474/97 também é expresso em estabelecer que o ingresso irregular no território nacional não constitui impedimento para o estrangeiro solicitar refúgio às autoridades competentes.

Consequentemente, o cumprimento integral do princípio do *non refoulement* exige uma completa apuração do pedido do solicitante de refúgio, para que seja confirmado ou não o seu estatuto de refugiado. Tal análise se faz no Brasil por meio de processo administrativo submetido ao Comitê Nacional para os Refugiados (CONARE). Ademais, a decisão administrativa final sobre a concessão de refúgio (pelo CONARE ou, na via recursal, pelo Ministro da Justiça e Segurança Pública, no Brasil) é meramente declaratória.

Por outro lado, o princípio do *non refoulement* tem sofrido desgaste em face das migrações em massa ou das alegações inexistentes *prima facie* de perseguição. Como reação, vários países do mundo criaram campos de internamento do solicitante de refúgio até que seja proferida a decisão final, sintoma claro da desconfiança do real motivo da solicitação de refúgio.

Surgem os fenômenos da repulsão direta e da repulsão indireta.

A repulsão direta consiste no estabelecimento, pelo Estado, de mecanismos que impedem ou dificultem a chegada, em seu território, dos solicitantes de refúgio. Por exemplo, o Estado edifica muros ou barreiras

---

35 Rol mencionado na Opinião Consultiva n. 26/2020 da Corte IDH.

36 Corte Interamericana de Direitos Humanos, Opinião Consultiva n. 21/14, § 225 e Opinião Consultiva n. 25/18, § 181.

de diversos tipos para impedir ou dificultar ao máximo que o solicitante de refúgio chegue ao seu território (na zona primária de fronteira).

Já a repulsão indireta consiste na prática de determinado Estado de obter o apoio do Estado de trânsito do solicitante de refúgio para impedir que o solicitante chegue ao território do Estado tido como destino final.

No Brasil, o maior exemplo de repulsão direta foi a adoção de diversas Portarias Interministeriais de "fechamento de fronteira" na época da COVID-19, sem que o CONARE fosse consultado[37].

Não há exemplo de repulsão indireta na prática brasileira.

8.2.6 O controle judicial do reconhecimento do estatuto de refugiado: *in dubio pro fugitivo*

A revisão judicial das decisões administrativas do CONARE deve levar em consideração o princípio da universalidade de jurisdição, previsto no artigo 5º, XXXV. Além disso, não há discricionariedade ou espaço político para a tomada de decisão do CONARE: diferentemente do asilo político, o refúgio é direito do estrangeiro perseguido. Ou seja, caso o CONARE entenda pela inexistência dos pressupostos necessários, pode o estrangeiro, associação de defesa dos direitos humanos, Ministério Público Federal ou Defensoria Pública da União questionar tal posição judicialmente[38].

Por outro lado, o reverso da moeda merece análise mais detida. De fato, o princípio da proteção e da proibição do *non refoulement* exige do órgão judicial um escrutínio estrito de eventual falta de pressuposto (perseguição odiosa ou violação maciça e grave de direitos humanos) do reconhecimento do estatuto de refugiado. Apenas e tão somente na inexistência de fundamento algum é que poderia o Judiciário apreciar o ato e, com isso, preservar o próprio instituto do refúgio, que se desvalorizaria em face do uso abusivo. De fato, chamo a atenção a tal ponto, que pode parecer paradoxal: a ausência de controle judicial de ato concessivo de refúgio pode redundar na erosão da credibilidade do refúgio,

---

37 Sobre os direitos humanos na pandemia da COVID-19, ver CARVALHO RAMOS, André de. *Direitos Humanos na Pandemia: Desafios e proteção efetiva*. São Paulo: Expressa (e-book), 2022.

38 Cabe lembrar que o CONARE é um órgão despersonalizado da União. Ou seja, em face do artigo 109 da CF, o questionamento de suas decisões será feito perante a Justiça Federal.

graças a concessões ilegítimas, eivadas de considerações de conveniência dos poderosos de plantão.

No que tange ao relacionamento do Supremo Tribunal Federal (órgão máximo do Poder Judiciário nacional) e à matéria em tela, cabe observar que o artigo 33 da Lei n. 9.474/97 assegura que o reconhecimento da condição de refugiado obstará o seguimento de qualquer pedido de extradição baseado nos mesmos fatos. Cabe, então, ao STF verificar se o pedido extradicional refere-se a fatos que, na avaliação do CONARE, demonstram a existência de perseguição ou fundado temor de perseguição odiosa.

Se a resposta for positiva (os fatos apresentados pelo Estado requerente são justamente aqueles que, na visão do CONARE, provam perseguição odiosa), resta ainda saber se o STF pode reavaliar o *mérito* da decisão do CONARE, ou seja, considerar que não era caso de refúgio por inexistirem os pressupostos previstos na lei e nas convenções internacionais celebradas pelo Brasil e, consequentemente, *autorizar* a extradição do refugiado.

Há precedentes na jurisprudência do STF no que tange ao asilo político. De fato, já nos anos 60, houve posicionamento do STF no sentido de que "a concessão do asilo diplomático ou territorial não impede, só por si, a extradição, cuja procedência é apreciada pelo Supremo Tribunal e não pelo governo"[39]. Na década de 1990, houve outro precedente importante, no qual o Ministro Relator Celso de Mello ressaltou que "não há incompatibilidade absoluta entre o instituto do asilo político e o da extradição passiva, na exata medida em que o Supremo Tribunal Federal não está vinculado ao juízo formulado pelo Poder Executivo na concessão administrativa daquele benefício regido pelo Direito das Gentes"[40].

Há, porém, o precedente de não apreciação do mérito do reconhecimento do estatuto de refugiado, que ficaria na alçada do Poder Executivo (CONARE ou, na fase recursal, do Ministro da Justiça) da Extradição 1.008, cuja ementa não deixa dúvidas de que se trata de matéria

---

39 BRASIL. Supremo Tribunal Federal. Segunda Extradição 232/CA. Requerente: Governo de Cuba. Extraditando: Arsenio Pelayo Hernandez Bravo. Relator: Min. Victor Nunes. Brasília, julgamento em 14-12-1962. Publicado em 17-12-1962, p. 70.

40 BRASIL. Supremo Tribunal Federal. Extradição 524/PG. Requerente: Governo do Paraguai. Extraditando: Gustavo Adolfo Stroessner Mora. Relator: Min. Celso de Mello. Brasília, julgamento em 31-10-1990. Publicado em 8-3-1991, p. 2200.

de atribuição do Poder Executivo, fruto de sua gestão das relações internacionais ("É válida a lei que reserva ao Poder Executivo – a quem incumbe, por atribuição constitucional, a competência para tomar decisões que tenham reflexos no plano das relações internacionais do Estado – o poder privativo de conceder asilo ou refúgio"[41]).

Na Extradição 1.085 (Caso Battisti) e no conexo Mandado de Segurança 27.875 proposto pela Itália (atacando o ato do Ministro de Estado concessivo do refúgio), o STF decidiu que a validade de ato administrativo que reconhece o estatuto de refugiado ao extraditando é matéria preliminar inerente à cognição do mérito do processo de extradição e, como tal, deve ser conhecida (i) de ofício ou (ii) mediante provocação de interessado jurídico na causa. Para o STF, no caso Battisti, "não caracteriza a hipótese legal de concessão de refúgio, consistente em fundado receio de perseguição política, o pedido de extradição para regular execução de sentenças definitivas de condenação por crimes comuns, proferidas com observância do devido processo legal, quando não há prova de nenhum fato capaz de justificar receio atual de desrespeito às garantias constitucionais do condenado"[42].

É possível, assim, a revisão judicial (*judicial review*) do reconhecimento do estatuto do refúgio, fundado no princípio da universalidade da jurisdição, bem como na possibilidade de revisão das decisões administrativas pelo Poder Judiciário – mesmo aquelas com impacto nas relações internacionais – e ainda em ser a extradição um instituto de cooperação jurídica internacional que leva em consideração os direitos do extraditando e também o direito das vítimas[43].

Contudo, a revisão deve ser absolutamente regrada e estrita, em respeito ao princípio do *non refoulement*. De fato, no tocante ao refúgio, essa revisão deve ser feita sempre sob o paradigma da interpretação *pro*

---

41 BRASIL. Supremo Tribunal Federal. Extradição 1.008/CB. Requerente: Governo da Colômbia. Extraditando: Francisco Antonio Cadena Collazos ou Oliverio Medina ou Camilo Lopez ou Cura Camilo. Relator Orig. Min. Gilmar Mendes. Relator para o Acórdão Min. Sepúlveda Pertence. Brasília, julgamento em 21-3-2007. Publicado em 17-8-2007, p. 24.

42 Extr 1.085, Rel. Min. Cezar Peluso, julgamento em 16-12-2009, Plenário, *DJE* de 16-4-2010.

43 ABADE, Denise Neves. *Direitos fundamentais na cooperação jurídica internacional*. São Paulo: Saraiva, 2013.

persona. Por isso, defendo que a concessão de refúgio no CONARE ou na via recursal ao Ministro da Justiça faz nascer um ônus argumentativo ao Supremo Tribunal, que deverá expor, sem sombra de dúvida, que não havia sequer fundado temor de perseguição odiosa ou situação grave de violações maciças de direitos humanos no caso em análise. Assim, a dúvida milita a favor da concessão do refúgio (princípio do *in dubio pro fugitivo*) e ainda só pode ser questionada a decisão do CONARE se houver evidente prova de abuso ou desvio de finalidade, como reza a doutrina do controle judicial dos atos administrativos.

A revisão pelo Judiciário (pelo STF, nos processos extradicionais, ou em outros tipos de ações, como, por exemplo, uma ação civil pública interposta pelo *Parquet* federal) deve ser feita de modo fundamentado e levar em consideração a meta final do Direito Internacional dos Refugiados, que é a preservação da dignidade humana, sob pena de expor o Brasil a sua responsabilização internacional por violação de direitos humanos, uma vez que o direito ao acolhimento é previsto também no artigo 22 da Convenção Americana de Direitos Humanos, cuja Corte (Corte Interamericana de Direitos Humanos) o Brasil já reconheceu a jurisdição.

8.3 As características do refúgio

Em resumo, o refúgio possui as seguintes características:

1) é baseado em tratados de âmbito universal e ainda possui regulamentação legal específica no Brasil, com tramite e órgão colegiado específico;

2) busca proteger um estrangeiro perseguido ou com fundado temor de perseguição (não exige a atualidade da perseguição);

3) a perseguição odiosa é de várias matrizes: religião, raça, nacionalidade, pertença a grupo social e opinião política, ou seja, a perseguição política é apenas uma das causas possíveis do refúgio;

4) pode ser invocado também no caso de indivíduo que não possa retornar ao Estado de sua nacionalidade ou residência em virtude da existência de violações graves e sistemáticas de direitos humanos naquela região – não é necessário uma perseguição propriamente dita;

5) o solicitante de refúgio tem o direito subjetivo de ingressar no território brasileiro, até que sua situação de refúgio seja decidida pelo CONARE (ou, em recurso, pelo Ministro da Justiça);

6) o refúgio é territorial;

7) a decisão de reconhecimento do estatuto do refúgio é declaratória, com efeito *ex tunc,* o que implica reconhecer o direito do solicitante, caso preencha as condições, de obter o refúgio;

8) cabe revisão judicial interna das razões de concessão ou denegação, uma vez que o CONARE tem o dever de fundamentação adequada;

9) existe a vigilância internacional dos motivos do *refoulement* (rechaço).

9 Do que falamos quando falamos de normas internacionais de direitos humanos[1]?

9.1 Os tratados

O Direito Internacional dos Direitos Humanos consiste no conjunto de direitos e faculdades que garante a dignidade do ser humano e se beneficia de garantias internacionais institucionalizadas.

No mesmo sentido, para VILLÁN DURÁN, o Direito Internacional dos Direitos Humanos é um sistema de princípios e normas que regula a cooperação internacional dos Estados e cujo objeto é a promoção do respeito aos direitos humanos e liberdades fundamentais universalmente reconhecidas, assim como o estabelecimento de mecanismos de garantia e proteção de tais direitos[2].

Como vimos acima, seu marco histórico inicial é a Carta de São Francisco, tratado internacional que criou a Organização das Nações Unidas em 1945, que, em seu preâmbulo e nos objetivos da Organização, consagrou a vontade da comunidade internacional em reconhecer e fazer respeitar os direitos humanos no mundo.

Assim, é a Carta de São Francisco, sem dúvida, o primeiro tratado de alcance universal que reconhece os direitos fundamentais de *todos* os seres humanos, impondo o dever dos Estados de assegurar a dignidade e o valor do ser humano. Pela primeira vez, o Estado era obrigado a garantir direitos básicos a todos sob sua jurisdição, quer nacional ou estrangeiro.

Em 1966, aproveitando-se de certo degelo das relações internacionais entre os blocos capitalista e comunista, foram adotados dois Pactos Internacionais pela Assembleia Geral da ONU e postos à disposição dos Estados para ratificação. Foram o Pacto Internacional de Direitos Civis e Políticos[3] e o Pacto Internacional de Direitos Econômicos, Sociais e Culturais[4].

---

1 Parafraseando Pedro Cruz Villalón, ao se referir às normas de direitos fundamentais (¿De qué estamos hablando cuando hablamos de derechos fundamentales?) (VILLALÓN, Pedro Cruz. "Formación y evolución de los derechos fundamentales", 25 *Revista Española de Derecho Constitucional* (1989), p. 35 e s.).

2 VILLÁN DURÁN, Carlos. *Curso de Derecho Internacional de los Derechos Humanos.* Madrid: Trotta, 2002, p. 85.

3 Texto aprovado em 1966 e entrada em vigor em 23 de março, possuindo até 2024 (janeiro), 173 Estados-partes, incluindo o Brasil. O Pacto Internacional sobre Direitos Civis e Políticos foi completado por dois protocolos facultativos. O primeiro instituiu o direito de petição individual e o segundo vedou a pena de morte.

4 Texto aprovado em 1966 e entrada em vigor em 3 de janeiro de 1976, possuindo,

Esses dois Pactos e ainda a Declaração Universal dos Direitos Humanos (todos oriundos do trabalho da ONU) são considerados a *Carta Internacional dos Direitos Humanos*, uma vez que possuem alcance universal e abrangem várias espécies de direitos[5].

A partir da década de 1960, o desenvolvimento dito legislativo do Direito Internacional dos Direitos Humanos foi intenso.

Apenas para quantificarmos o arsenal de tratados internacionais de direitos humanos, há mais de 200 tratados e protocolos adicionais que impõem obrigações jurídicas aos Estados[6]. A classificação desse impressionante rol de tratados é muito diversa na doutrina.

No âmbito das Nações Unidas, propõe VILLÁN DURÁN a classificação em quatro rubricas. Em primeiro lugar, os tratados *gerais*, que tem alcance universal e abordam vários direitos humanos, como os Pactos Internacionais acima mencionados.

Posteriormente, surgem os tratados sobre *temas específicos*, destacando-se a Convenção sobre a Prevenção e Repressão do Crime de Genocídio, a Convenção sobre a Imprescritibilidade dos Crimes de Guerra e dos Crimes contra a Humanidade, a Convenção sobre a Proteção de Todas as Pessoas contra a Tortura e outras Penas e Tratamentos Cruéis, entre outras.

Em terceiro lugar, há os tratados que protegem certas *categorias de pessoas*, como, por exemplo, a Convenção e o Protocolo sobre o Estatuto dos Refugiados, as duas Convenções sobre a Apatridia, a Convenção sobre a Nacionalidade da Mulher Casada, a Convenção dos Direitos da Criança[7], entre outros.

Finalmente, em quarto lugar, surgem os tratados *contra a discriminação* como a Convenção para a Eliminação de Todas as Formas de Discriminação Racial, a Convenção para a Eliminação de Todas as Formas de

---

até 2024 (janeiro), 171 Estados-partes, incluindo o Brasil. Em 2008 foi adotado o Protocolo facultativo ao Pacto, que institui o direito de petição individual, que entrou em vigor em 2013 (ainda não ratificado pelo Brasil).

5 Ver abaixo a classificação dos direitos humanos em direitos civis, políticos, econômicos, sociais e culturais.

6 Um dos melhores repertórios de tratados internacionais de direitos humanos do âmbito da ONU é a página da Internet do Alto Comissariado de Direitos Humanos: www.unhchr.ch.

7 É aquela que congrega o maior número de partes, até 2024: 195 Estados-partes e ainda a Santa Sé (196 celebrantes).

Discriminação contra a Mulher, a Convenção sobre a Repressão ao Crime de Apartheid, entre outras.

Em paralelo com os textos oriundos da atividade da ONU, surgiram textos de proteção aos direitos humanos de alcance regional. Assim, foram proclamadas Cartas de Direitos Humanos em diversas regiões do globo. A proteção seria ampla em termos de rol de direitos protegidos, mas restrita no tocante ao alcance geográfico. O primeiro texto foi a Declaração Americana de Direitos e Deveres do Homem, elaborada em maio de 1948, meses antes da Declaração Universal dos Direitos Humanos. A partir desta data, constata-se a elaboração de diversos tratados regionais de direitos humanos, tais quais a Convenção Europeia de Direitos Humanos (Convenção de Roma, 1950), a Convenção Americana de Direitos Humanos (Pacto de São José, 1969), a Carta Africana de Direitos do Homem e dos Povos (entrada em vigor em 1986) e a Carta Árabe de Direitos Humanos (ainda não entrou em vigor, adotada pela Liga Árabe em 1994). Ainda no contexto regional, foram elaborados alguns textos de proteção setorial de direitos humanos.

Além disso, outras organizações internacionais do sistema da ONU (as chamadas agências especializadas) também elaboram, em seu seio, tratados internacionais de direitos humanos. Digna de menção é a atividade da Organização Internacional do Trabalho (OIT), que já elaborou dezenas de Convenções Internacionais do Trabalho, vinculadas diretamente à proteção de direitos sociais do trabalho, tais como a liberdade sindical, trabalho forçado, direito de negociação coletiva, fixação de salário mínimo, seguridade social, entre outros[8].

Assim sendo, a estratégia internacional perseguida foi a de ampliar, sem qualquer preocupação com redundâncias (vários direitos são mencionados repetidamente nos diversos tratados vistos acima), a proteção internacional ao ser humano. Cada texto novo relativo à proteção internacional dos direitos humanos aumentava a garantia do indivíduo.

O Direito Internacional dos Direitos Humanos engloba, hoje, dezenas de convenções universais e regionais, sendo que algumas delas contam ainda com órgãos próprios de supervisão e controle (os chamados *treaties*

---

8 A Organização das Nações Unidas para a Educação, Ciência e Cultura (UNESCO) também tem contribuído para a produção legislativa de direitos humanos. Citem-se a Convenção Internacional sobre Discriminação no Ensino, a Convenção sobre a Proteção de Bens Culturais em Caso de Conflito Armado, entre outras.

bodies), além de outras normas protetoras de direitos humanos oriundas do costume internacional e dos chamados princípios gerais de direito, como veremos a seguir.

9.2 O costume e os princípios gerais do Direito Internacional

O costume internacional e os princípios gerais do Direito Internacional são fontes do Direito Internacional dos Direitos Humanos[9]. Muitos desses costumes originam-se das resoluções da Assembleia Geral da ONU, bem como das deliberações do Conselho Econômico e Social.

Como exemplo, cite-se a Declaração Universal dos Direitos Humanos, que foi, como visto acima, originalmente adotada pela Resolução 217 A (III) da Assembleia Geral da ONU, não possuindo força vinculante de acordo com a Carta da ONU. Porém, atualmente, devem os Estados observar os ditames da Declaração Universal dos Direitos Humanos (inclusive o Brasil), pois, ao menos para parte do rol de direitos, esta é reconhecida como espelho de *norma costumeira de proteção de direitos humanos*. Nesse sentido, a Corte Internacional de Justiça decidiu expressamente pelo caráter de norma costumeira do *direito à liberdade* previsto na Declaração Universal dos Direitos Humanos, que pode ainda ser considerada como elemento de interpretação do conceito de direitos humanos insculpido na Carta da ONU[10].

Reconheça-se, assim, que parte da doutrina sustenta que a Corte Internacional de Justiça ainda deve clarificar se todos ou somente parcela dos direitos humanos estabelecidos na Declaração Universal são vinculantes. Para CARRILO SALCEDO, por exemplo, apenas os chamados

---

9   Conferir sobre o tema SIMMA, Bruno; ALSTON, P. "The sources of Human Rights Law: customs, jus cogens and general principles". In 12 *Australian Yearbook of International Law* (1992), p. 82-08. Ver também MERON, T. *Human Rights and Humanitarian Norms as Customary Law*. Oxford: Clarendon Press, 1989.

10   No caso envolvendo o *Pessoal Diplomático e Consular norte-americano em Teerã*, decidiu a Corte que a detenção dos reféns americanos era "manifestly incompatible with the principles of the Charter of the United Nations, as well as with the fundamental principles enunciated in the Universal Declaration of Human Rights" (Corte Internacional de Justiça, *United States Diplomatic and Consular Staff in Tehran, ICJ Reports* 1980, p. 42).

direitos de defesa (direito à vida, integridade física e alguns outros) vinculariam todos os Estados[11].

Dessa forma, as resoluções da Assembleia Geral da ONU são consideradas hoje uma importante etapa na consolidação de costumes de Direito Internacional dos Direitos Humanos existentes, tendo contribuído também na formação de novas regras internacionais, como demonstram as diversas convenções internacionais de direitos humanos, originariamente resoluções da Assembleia Geral[12].

Por outro lado, reconhece-se hoje que a proteção de direitos humanos é *um princípio geral do Direito Internacional*. Com efeito, a Corte Internacional de Justiça reconheceu, no Parecer Consultivo relativo à Convenção de Prevenção e Repressão ao Crime de Genocídio, que os *princípios protetores de direitos humanos daquela Convenção devem ser considerados princípios gerais de direito* e vinculam mesmo Estados não contratantes[13].

Em 1996, também em uma opinião consultiva, a Corte Internacional de Justiça voltou a enfatizar que os princípios de direito humanitário são princípios elementares de humanidade, pelo que *todos os Estados devem cumprir essas normas fundamentais, tenham ou não ratificado todos os tratados que as estabelecem, porque constituem princípios invioláveis do Direito Internacional Consuetudinário*[14].

Dois pontos importantes devem ser enfatizados. Em primeiro lugar, é notório que as normas não convencionais servem para preencher os

---

11   CARRILLO SALCEDO, Juan Antonio. *Soberania de los Estados y Derechos Humanos en Derecho Internacional Contemporáneo.* Madrid: Tecnos, 1995, p. 105.

12   TAMMES, A. J. P. "Decisions of international organs as a source of international law" in 94 *Recueil des Cours de l'Académie de Droit International de La Haye* (1968), p. 261-364; CASTANEDA, Jorge. "Valeur juridique des résolutions des Nations Unies", 129 *Recueil des Cours de l'Académie de La Haye* (1970), p. 205-332.

13   A Corte Internacional de Justiça, no seu Parecer Consultivo sobre as reservas à Convenção de Prevenção e Repressão ao Crime de Genocídio, estabeleceu que "the principles underlying the Convention are principles which are recognized by civilized nations as binding on States even without any conventional obligation" (Corte Internacional de Justiça, *Reservations to the convention on the prevention and punishment of the crime of genocide.* Parecer Consultivo de 28 de maio de 1951, *ICJ Report* 1951, p. 22).

14   Corte Internacional de Justiça, *Advisory Opinion on the Legality of the Threat or Use of Nuclear Weapons,* parecer consultivo de 8 de julho de 1996, *ICJ Reports* 1996, parágrafo 79.

vazios normativos gerados pela ausência de adesão por parte de vários Estados aos tratados. Em segundo lugar, a insegurança jurídica gerada por tal situação também é evidente.

Em face da inflação de direitos humanos e de sua indivisibilidade (característica que estudaremos abaixo), todos os direitos humanos são normas consuetudinárias ou princípios gerais de Direito Internacional? Os Estados por certo não aceitam tal argumentação e parte da doutrina tampouco. O consenso internacional em torno do respeito ao direito à vida difere do consenso em torno do direito à nacionalidade, do direito ao trabalho ou do direito à intimidade e vida privada, por exemplo[15].

Assim, não há como negar as limitações do uso de fontes não convencionais para obrigar Estados a respeitar *todos* os direitos humanos, em especial os direitos sociais em um mundo ainda marcado pela fome e miséria de centenas de milhões de pessoas. Em especial, devemos lembrar que os tratados ainda possuem a vantagem de contar com mecanismos neles previstos de aferição da responsabilidade do Estado pelo cumprimento das obrigações pactuadas (como um tribunal ou um comitê internacional).

Portanto, a codificação dos direitos humanos, com a ratificação dos tratados pelos Estados é ainda *condição essencial* para o respeito da dignidade humana no globo[16].

---

15 Simma é franco quanto à insistência de parte da doutrina a favor da aceitação de normas não convencionais em direitos humanos, o que, para o autor, é fruto da impaciência do movimento de direitos humanos dos Estados Unidos com a delonga do citado país em ratificar as principais convenções internacionais sobre o tema. Como aponta Simma, "the principal reason for this is easy to guess: it lies in the impatience of the activist human rights movement in the US with the notorious abstinence of the American Government vis-à-vis the major international human rights treaties" (SIMMA, Bruno. "International Human Rights and General International Law: a comparative analysis", in *Collected Courses of the Academy of European Law*, v. IV, Book 2, Netherlands: Kluwer Law International, 1995, p. 221).

16 Apesar de intensas críticas na doutrina, que fogem ao escopo deste trabalho. De fato, para Simma, grande opositor do alargamento do Direito Internacional dos Direitos Humanos através da base não convencional, o maior argumento contra a extensão do direito costumeiro de direitos humanos é a inconsistência da prática dos Estados, havendo clara divergência entre o proclamado em discursos diplomáticos e os atos estatais. Afirma o autor que "why not withdraw from the morass of actual State behaviour into a more comfortable environment – a jurisprudential VIP lounge, so to speak – in which we international lawyers and diplomats, entre nous, take for granted what States officially say they are doing or rather, not doing, and skip all the

9.3 O enigma da internacionalização dos direitos humanos

O desenvolvimento acelerado nas últimas dezenas de anos do Direito Internacional é notório: não há hoje ramo do Direito imune a normas internacionais sobre a matéria. Em geral, os Estados aceitam a imposição de limites à própria ação porque necessitam da cooperação internacional para fazer frente a problemas transfronteiriços. O Direito Internacional do Meio Ambiente, o Direito Internacional Econômico, o Direito Internacional Penal, o Direito da Cooperação Jurídica Internacional, entre outros, são, *grosso modo*, reflexos da necessidade de solução de problemas globais, que transcendem a fronteira de um único Estado.

Contudo, a internacionalização do tema dos direitos humanos[17] possui motivos distintos daqueles que acarretaram a internacionalização de outros temas, como, por exemplo, o meio ambiente. De fato, percebe-se facilmente que a matéria *ambiental* é preocupação internacional *per se*, já que degradações ocorridas do meio ambiente dentro do território de um Estado podem afetar todo o planeta.

Tal situação não ocorre no tocante aos direitos humanos, uma vez que a proteção local de direitos humanos *não* afeta *per se* os interesses de um cidadão de outro Estado[18].

---

nasty details?" Finaliza Simma, com a habitual firmeza, afirmando que pertence ao grupo daqueles que hesitam em sacrificar o conceito bem estabelecido do costume internacional no altar de moralmente desejáveis objetivos políticos (SIMMA, Bruno. "International Human Rights and General International Law: a comparative analysis", in *Collected Courses of the Academy of European Law*, v. IV, Book 2, Netherlands: Kluwer Law International, 1995, p. 221).

17 Sobre o processo de internacionalização do tema de direitos humanos, ver, entre outros, CASSESE, Antonio. *Los derechos humanos en el mundo contemporáneo* (trad. Atilio Melacrino e Bianca Madariaga). Barcelona: Ariel, 1993; TRUYOL Y SERRA, Antonio. *Los derechos humanos*. Madrid: Tecnos, 1994; VASAK, K. (ed.). *The international dimension of human rights*. v. I e II, Paris: Unesco, 1982; VASAK, K. "Le droit international des droits de l'homme", 140 *Recueil des Cours de l'Académie de La Haye* (1974), p. 333-415; URIBE VARGAS, Diego, "La troisième genération des droits de l'homme", 184 *Recueil des Cours de l'Academie de La Haye* (1984), p. 355-376; OESTREICH, Gerhard e SOMMERMANN, Karl-Peter. *Pasado y presente de los derechos humanos* (trad. de Emilio Mikunda). Madrid: Tecnos, 1990.

18 Nesse sentido, sustenta CELSO LAFER que "os direitos humanos também não são, como o meio ambiente, um tema global evidente em função da hoje inequívoca percepção de que os danos ecológicos ou a inadequada gestão interna do meio ambiente têm repercussão transfronteiras e, por isso, são do explícito interesse dos esta-

Por outro lado, um tratado internacional de direitos humanos é distinto de outros tratados, porque só contém *deveres* aos Estados contratantes, pois os direitos neles previstos são de indivíduos ou grupos de indivíduos.

Surge, então, o enigma: por que os Estados aceitam limitar a própria ação, criando obrigações jurídicas e muitas vezes tribunais internacionais que apreciarão se leis internas e decisões de todo tipo (incluindo-se decisões dos Tribunais Supremos domésticos) violam direitos humanos, sem qualquer contrapartida mais evidente?

O que motivou e continua a motivar os Estados, que em geral atuam na esfera internacional movidos pela ânsia do ganho econômico ou de contrapartidas equânimes e da supremacia política?

Na análise doutrinária sobre o tema, sobressaem-se seis grandes motivos, a seguir analisados. Antes, cabe aqui um alerta ao leitor. É impossível obter uma *única* e singela motivação capaz de explicar o comportamento de *todos* os Estados da comunidade internacional, que é essencialmente assimétrica e desigual. As diferenças entre os Estados, que possuem estágios de desenvolvimento e histórias distintas, fazem que os motivos pelos quais os Estados ratificam os tratados de direitos humanos sejam também diferentes. Por isso, abordamos a seguir os principais motivos, que, é claro, não influenciaram da *mesma* maneira *todos* os Estados.

A começar pelo próprio nascimento do Direito Internacional dos Direitos Humanos, é certo que vários Estados foram motivados pelo repúdio às barbáries da 2ª Grande Guerra, o que gerou a necessidade de se evitar repetições do ocorrido. Para SUDRE, a proteção internacional dos direitos humanos consolida-se na reação, no pós-Segunda Guerra Mundial, aos horrores gerados pela *omissão injustificada da comunidade internacional em não intervir* nos assuntos domésticos de um Estado[19].

A perseguição nazista aos seus próprios *nacionais* no período anterior à guerra e também no seu curso mostrou a necessidade de um arcabouço normativo *internacional* na defesa de direitos humanos, que impediria

---

dos e da comunidade mundial" (LAFER, Celso "Prefácio", in LINDGREN ALVES, J. A. *Os direitos humanos como tema global*. São Paulo: Perspectiva, 1994, p. XXIV).

19 Sustenta o jurista francês que "ce n'est qu'après la seconde guerre mondiale et ses atrocités qu'émerge le droit international des droits de l'homme avec la multiplication d'instruments internationaux énonçant les droits garantis" (SUDRE, Fréderic. *Droit International et européen des droits de l'homme*. 2. ed. Paris: Presses Universitaires de France, 1995, p. 13).

violações de direitos humanos avalizadas pelo próprio ordenamento doméstico[20].

Assim, pelo menos para os Estados europeus a herança histórica da Segunda Grande Guerra tem um peso relevante na ratificação constante dos tratados internacionais de direitos humanos[21].

Entretanto, a comunidade internacional naquela época era pequena (51 Estados são membros originários da Organização das Nações Unidas, em face dos 193 membros da ONU na atualidade[22]) e o passado nazista é longínquo para muitos outros países, o que nos faz inquirir sobre os demais motivos da internacionalização dos direitos humanos.

Um segundo motivo muito lembrado pela doutrina é o anseio de vários governos em adquirir legitimidade política na arena internacional e distanciar-se de passados ditatoriais e de constante violação de direitos humanos. Logo, vários Estados aderem a instrumentos jurídicos internacionais de proteção de direitos humanos e participam de organizações com competência de averiguação de suas próprias políticas internas na *busca da legitimidade*[23] trazida por esses órgãos[24].

---

20 No mesmo sentido, afirma Flávia Piovesan que "em face das atrocidades cometidas durante a Segunda Guerra Mundial, a comunidade internacional passa a reconhecer que a proteção dos direitos humanos constitui questão de legítimo interesse internacional. Ao constituir tema de legítimo interesse internacional, os direitos humanos transcendem e extrapolam o domínio reservado do Estado ou a competência nacional exclusiva" (PIOVESAN, Flávia. *Direitos humanos e o direito constitucional internacional*. São Paulo: Max Limonad, 1996, p. 31).

21 A posição dos Estados Unidos é peculiar. Importante incentivador da proteção internacional de direitos humanos desde os seus primórdios (sediou a Conferência de São Franscico – que criou a ONU – e a atuação de Eleanor Roosevelt na redação da Declaração Universal dos Direitos Humanos foi valiosa) é um Estado que pouco ratifica tratados de direitos humanos. Não é objeto de nosso estudo avaliar a possível incongruência de tal comportamento, que chama a atenção de todos os especialistas da área.

22 Em 2011, foi admitido o Sudão do Sul, passando a ONU a contar com 193 Estados, número mantido em 2024 (janeiro).

23 Para Lafer, então, "os direitos humanos, como tema global, significam, ao internacionalmente deles se tratar, no âmbito da jurisdição de cada Estado, em tempos de paz, que somente a garantia efetiva dos direitos humanos da população confere legitimidade plena aos governantes no plano mundial" (LAFER, Celso. "Prefácio", in LINDGREN ALVES, J. A. *Os direitos humanos como tema global*. São Paulo: Perspectiva, 1994, p. XXVI).

24 CARVALHO RAMOS, André de. *Direitos humanos em juízo. Comentários aos casos contenciosos e consultivos da Corte Interamericana de Direitos Humanos*. São Paulo: Max Limonad, 2001, p. 38.

Possivelmente essa é a situação do Brasil, que, após a redemocratização nos anos 80, vem sistematicamente aderindo a tratados internacionais de direitos humanos e reconheceu, inclusive, a jurisdição da Corte Interamericana de Direitos Humanos.

Não só o repúdio ao passado ditatorial impulsiona os sucessivos governos brasileiros desde então (governos de diferentes matizes ideológicas, diga-se) a ratificar tratados de direitos humanos. As lutas no campo, a violência policial e a impunidade, a crise do desemprego, as crianças e adolescentes em situação de risco nas ruas, a fome e miséria que assolam milhões, enfim, o atual cenário de desrespeito a direitos humanos faz com que os governos brasileiros queiram ansiosamente mostrar que não compactuam (ao menos na retórica) com tal situação e que estão comprometidos com a mudança.

Com isso, o governo brasileiro (e outros na mesma situação) busca alterar a percepção atual do Brasil no exterior, que é muitas vezes relacionada com a maciça violação de direitos humanos, e, com isso, estabelecer um diálogo de iguais em outros campos de interesse para o Estado.

Em sintonia com essa busca de legitimidade, surge outra motivação, relativa à política internacional. A internacionalização intensiva da proteção dos direitos humanos explica-se também por servir para o estabelecimento de diálogo entre os povos, diálogo revestido de legitimidade pelo seu conteúdo ético. De fato, a proteção de direitos humanos torna-se fator-chave para a convivência dos povos na comunidade internacional. Essa convivência é passível de ser alcançada graças à afirmação dos direitos humanos como agenda comum mundial, levando os Estados a estabelecerem projetos comuns, superando as animosidades geradas pelas crises políticas e econômicas[25].

A internacionalização do tema dos direitos humanos permite a manutenção de um diálogo comum entre Estados em busca de um novo equilíbrio pós-comunismo e em plena era da globalização e seus novos desafios[26].

---

25 Ver CARVALHO RAMOS, André de. *Direitos humanos em juízo. Comentários aos casos contenciosos e consultivos da Corte Interamericana de Direitos Humanos.* São Paulo: Max Limonad, 2001, p. 37-38.

26 Como visto no dia 11 de setembro de 2001, com os atentados em Nova York, bem como após a invasão anglo-americana do Iraque em 2003.

Nesse ponto, ingressamos em uma quarta e recente motivação da internacionalização dos direitos humanos: a motivação econômica.

Para vários doutrinadores, os países desenvolvidos, exportadores de capital, defendem a internacionalização dos direitos humanos para exigir o respeito a um *standard mínimo* de direitos dos investidores (direito de propriedade, direito ao devido processo legal, vedação do confisco, entre outros direitos)[27].

Já os países subdesenvolvidos estão, cada vez mais, utilizando a proteção internacional dos direitos humanos como forma de exigir *mudanças drásticas* em outros setores do Direito Internacional, como o Direito do Comércio Internacional ou o Direito Internacional Econômico.

No caso dos remédios contra a Aids, foi vigorosa a atuação do Brasil na Conferência de Doha da Organização Mundial do Comércio (OMC) em defesa do direito à saúde, em contraponto aos acordos comerciais de proteção à propriedade imaterial[28]. A proteção de direitos humanos (direito à saúde e, no caso, direito à vida) foi usada, então, para convencer os parceiros internacionais sobre a necessidade de intepretação *pro persona* de normas comerciais desfavoráveis da OMC[29].

---

27 Sustenta o jurista americano D'Amato que "the second reason for the human rights revolution has to do with interest. It is economic interest – the growth and spread of free markets... As I argue in an article written in 1979 when the Cold War was still very much with us 'there is a fundamental affinity between the goals of multinational business enterprise and the goals of human rights" (D'AMATO, Antony. "Human rights as part of customary international law: a plea for change of paradigm", 25 *Georgia Journal of International and Comparative Law* (1995/1996), p. 77-78).

28 Um *panel* de solução de controvérsia foi instalado contra o Brasil na OMC em janeiro de 2001 a pedido dos Estados Unidos, que questionaram a possibilidade legal de quebra de patentes de produtos farmacêuticos importados (não produzidos localmente no Brasil). O governo brasileiro buscava pressionar as empresas multinacionais a reduzirem os preços de medicamentos do Programa de Combate à AIDS sob a ameaça de licenciamento compulsório de suas patentes. Ver mais *Brazil – measures affecting patent protection. Request for the establishment of a panel by the United States*, WT/DS199/3, de 9 de janeiro de 2001. No mesmo ano – julho – os Estados Unidos retiraram o pedido.

29 Sobre a difícil relação entre os tratados de direitos humanos e Organização Mundial do Comércio, ver DOMMEN, Caroline. "Rasing Human Rights concerns in the WTO – actors, processes and possible strategies" 24(1) *Human Rights Quarterly* (2002). Ver também sobre o tema MARCEAU, Gabrielle, "WTO dispute settlement and Human Rights", 13 (4) *European Journal of International Law* (2002), p. 753-814; ALSTON, Philip, "Resisting the merger and acquisition of Human Rights by trade Law: a reply to Petersmann", 13 (4) *European Journal of International Law* (2002), p. 815-844; PE-

Mais recente ainda é a posição da Argentina, que, em repetidas ocasiões, clamou pela proteção de direitos humanos para justificar seus pedidos de mudança nas políticas econômicas determinadas pelo Fundo Monetário Internacional.

Outro importante fator que impulsiona a internacionalização dos direitos humanos é a atuação da sociedade civil organizada. As organizações não governamentais nacionais perceberam, há muito, que os tratados internacionais de direitos humanos são alternativas para a consecução de objetivos muitas vezes inalcançáveis no plano legislativo interno.

Assim, em face de uma correlação política interna desfavorável, as organizações não governamentais buscam obter no plano internacional a elaboração de um tratado internacional de direitos humanos, que será oferecido aos Estados para ratificação. Contam, é claro, que as ratificações por parte dos demais Estados da comunidade internacional sirvam como elemento de convencimento para que aquele determinado Estado venha a ratificar o tratado.

Outras vezes o direito em questão já está previsto nas leis domésticas e até na Constituição, mas não é implementado. Assim, a elaboração de um tratado internacional dá visibilidade e maior peso político ao tema, o que também já foi percebido. Além disso, as organizações não governamentais contam com o acesso às instâncias internacionais de supervisão e controle das obrigações internacionais de direitos humanos para obter a tão esperada implementação do direito almejado.

Assim, no intrincado jogo de pressões e interesses da esfera internacional, as organizações não governamentais ocupam espaço importante em várias organizações internacionais (como observadoras, como é o caso da ONU) e em todas as conferências internacionais de direitos humanos[30]. Na Conferência de Durban, por exemplo, foi reconhecida, por pressão das organizações não governamentais de pessoas com deficiência, a necessidade de elaboração de um tratado internacional no âmbito da ONU

TERSMANN, Ernst-Ulrich, "Taking Human Rights, poverty and empowerment of individuals more seriously: rejoinder to Alston", 13 (4) *European Journal of International Law* (2002), p. 845-852.

30 Ver mais sobre a impressionante participação das organizações não governamentais nos processos de negociação do Direito Internacional nos relatos do Embaixador brasileiro Lindgren Alves, participante ativo das mais importantes conferências internacionais de direitos humanos nos anos 90 (LINDGREN ALVES, José Augusto. *Relações internacionais e temas sociais*: a década das conferências. Brasília: IBRI, 2001).

sobre os *direitos das pessoas com deficiência*[31], que, gerou, por sua vez, a Convenção das Nações Unidas sobre Direito das Pessoas com Deficiência (2006), ratificada e incorporada internamente no Brasil em 2009, inclusive com estatuto constitucional[32].

Por fim, como importante motivo no mundo globalizado, há a já conhecida indignação das comunidades nacionais com o desrespeito a direitos básicos do ser humano, mesmo que venham a ocorrer em lugares distantes do mundo.

Consolidam-se a chamada "mobilização da vergonha" e o exercício do "poder do embaraço", em que organizações não governamentais, notadamente de países desenvolvidos, buscam inserir na agenda política local temas relativos à proteção de direitos humanos em outros Estados, o que contribui para internacionalizar de vez tal temática.

Por fim, observo que a confluência desses fatores no mundo atual implanta, em definitivo, os direitos humanos como tema internacional. Em síntese, consagra-se, então, a existência de uma normatividade internacional sobre os direitos humanos através de uma dupla lógica: a *lógica da supremacia do indivíduo*, como ideal do Direito Internacional e a *lógica realista*, da busca da convivência e cooperação pacífica entre os povos, capaz de ser encontrada através do diálogo na proteção de direitos humanos[33].

---

31 No original em inglês da Declaração de Durban: "180. Invites the United Nations General Assembly to consider elaborating an integral and comprehensive international convention to protect and promote the rights and dignity of disabled people, including, especially, provisions that address the discriminatory practices and treatment affecting them" (Declaração da Conferência contra o racismo, discriminação racial, xenofobia e outras formas de intolerância, África do Sul, 31 de agosto a 8 de setembro de 2001). Dando cumprimento a essa recomendação, a ONU e o Governo do México convidaram especialistas e professores, entre eles o Autor, para reunião preparatória de elaboração de projeto de convenção internacional voltada aos direitos das pessoas portadoras de deficiência (Cidade do México, junho de 2002).

32 Ver o capítulo sobre bloco de constitucionalidade abaixo.

33 Para Lafer, "esta convergência da Ética e da Política, hoje, tem a sustentá-la a lógica da vida mundial e regional, pois a legitimidade dos estados e das sociedades, o seu *locus standi* no plano diplomático, a sua credibilidade e seu acesso à cooperação internacional, se veem reforçados com a promoção dos direitos humanos e a sua proteção democrática" (LAFER, Celso. "Prefácio", in LINDGREN ALVES, J. A. *Os direitos humanos como tema global*. São Paulo: Perspectiva, 1994, p. XXXVII).

9.4 O regime objetivo dos tratados de direitos humanos

A lógica que move a ratificação pelos Estados de um tratado internacional é a lógica das *vantagens recíprocas*. *Grosso modo*, em semelhança com a maioria dos contratos de Direito Privado, os tratados têm, em geral, natureza sinalagmática. Tal característica é estranha aos tratados de direitos humanos, pois neles há o objetivo de proteger os direitos dos indivíduos e estabelecer deveres aos Estados contratantes.

Criou-se no contemporâneo Direito Internacional dos Direitos Humanos o chamado regime objetivo (não sinalagmático) dos tratados multilaterais de direitos humanos, pelo qual um Estado assume obrigações internacionais para com os indivíduos sob sua jurisdição e não para os demais Estados[34].

Esse regime objetivo consiste no conjunto de normas protetoras de um interesse coletivo dos Estados, em contraposição aos regimes de reciprocidade, nos quais impera o caráter *quid pro quo* nas relações entre os Estados. Por isso, os tratados de direitos humanos possuem natureza objetiva, pois possuem obrigações cujo objeto e fim são a proteção de direitos e da dignidade humana.

Há vários julgados de diversas cortes internacionais que adotam esse entendimento. A Corte Internacional de Justiça foi a primeira que, em seu parecer consultivo sobre as reservas à Convenção para a Prevenção e Repressão ao Crime de Genocídio, esclareceu que os Estados contratantes *não possuem interesses próprios*, mas tão somente o interesse comum de proteger os seres humanos do bárbaro crime de genocídio[35].

---

34 Esse conceito de obrigação objetiva tem como marco as quatro Convenções de Genebra de 12 de agosto de 1949, referentes ao Direito aplicável em conflitos armados. As regras de direito humanitário não nascem da reciprocidade, que implica a obediência a uma regra convencional na medida em que o outro Estado respeita suas próprias obrigações, mas, sim, de uma série de engajamentos objetivos, *marcados pela unilateralidade*, pelos quais cada Estado se obriga em face de todos com caráter absoluto. Assim, quando o artigo 1º, comum às quatro Convenções de Genebra de 1949 estipula o dever do respeito aos direitos protegidos em todas as circunstâncias, *não há qualquer menção a reciprocidade.*

35 De fato, para a Corte Internacional de Justiça, "in such a convention the contracting States do not have any interests of their own; they merely have, one and all, a common interest, namely, the accomplishment of those high purposes which are the raison d'être of the convention. Consequently, in a convention of this type one can-

Por seu turno, a Corte Europeia de Direitos Humanos decidiu, no caso Irlanda contra Reino Unido, que a Convenção Europeia de Direitos Humanos, diferentemente dos tratados internacionais tradicionais, cria *obrigações objetivas*, que estabelecem direitos aos indivíduos e não aos Estados partes[36]. Por fim, a Corte Interamericana de Direitos Humanos reiterou *o caráter objetivo* dos dispositivos da Convenção Americana de Direitos Humanos, sustentando que "os tratados modernos sobre direitos humanos, em geral, e, em particular, a Convenção Americana, não são tratados multilaterais do tipo tradicional, concluídos em função de um intercâmbio recíproco de direitos, para o benefício mútuo dos Estados contratantes. Seu objeto e fim são a proteção dos direitos fundamentais dos seres humanos (...)"[37].

A elaboração dos tratados internacionais de proteção de direitos humanos consagrou o conceito do *respeito a certos direitos devido à natureza destes* e não devido a qualquer *lógica de oportunidade e reciprocidade*.

Não se pode falar de *vantagens ou desvantagens individuais – os chamados interesses materiais –* dos Estados no tocante à proteção dos direitos humanos, o que influencia *decisivamente* na *interpretação* desses mesmos tratados, pois a legitimam métodos hermenêuticos *pro persona,* como veremos.

9.5 As obrigações *erga omnes*

A obrigação *erga omnes* é a obrigação que protege valores de toda comunidade internacional, fazendo nascer o direito de qualquer um dos

---

not speak of individual advantages or disadvantages to States, or the maintenance of a perfect contractual balance between rights and duties" (Corte Internacional de Justiça, *Reservations to the convention on the prevention and punishment of the crime of genocide.* Parecer Consultivo de 28 de maio de 1951, *ICJ Report* 1951, parágrafo 23, p. 15). No mesmo sentido, ver Corte Internacional de Justiça, *Continued Presence of South Africa in Namibia,* Parecer Consultivo de 21 de junho de 1971, *ICJ Reports* 1971, parágrafo 122.

36 No original, "Unlike international treaties of the classic kind, the Convention comprises more than mere reciprocal engagements between Contracting States. It creates, over and above a network of mutual, bilateral undertakings, *objective obligations* which,in the words of the Preamble benefit from a 'collective enforcement'" (Corte Europeia de Direitos Humanos, *Caso Irlanda vs. Reino Unido,* sentença de 18 de janeiro de 1978, Série A, n. 25, parágrafo 239, grifo meu).

37 Corte Interamericana de Direitos Humanos, *Parecer Consultivo sobre o efeito das reservas sobre a entrada em vigor da Convenção Americana de Direitos Humanos (Artigos 74 e 75),* Parecer 2 de 24 de setembro de 1982, Série A, n. 2, parágrafo 29, p. 44.

Estados de exigir seu cumprimento[38]. Assim, o conceito de obrigação internacional *erga omnes* nasce da valoração da obrigação (contém "valores essenciais"), gerando como consequência *o direito por parte de todos os Estados da comunidade internacional de exigir seu respeito*[39].

Assim, quando utilizamos a expressão "obrigação *erga omnes*" de garantia de direitos humanos, consagramos o direito subjetivo de toda comunidade internacional em sua proteção, conforme já visto na análise da internacionalização da temática dos "direitos humanos".

É claro que, em virtude de ser a proteção de direitos humanos uma garantia objetiva, sem relação de reciprocidade, podemos, por outro lado, utilizar a conceituação de "dever" às chamadas "obrigações *erga omnes*", pois o *dever* é uma faculdade atribuída ao indivíduo para satisfação de interesses de outrem, implicando obrigações para o titular, sendo a *sujeição* seu correlato passivo. Preferimos, entretanto, preservar a conceituação "obrigação *erga omnes*" justamente para enfatizar a relação "direito subjetivo-pretensão de ver cumprida a obrigação" que possibilita que todos os Estados possuam um *interesse de agir de Direito Internacional* contra um determinado Estado violador de direitos humanos[40].

O conceito de obrigações *erga omnes* aflorou na jurisprudência da Corte Internacional de Justiça no caso *Barcelona Traction* (1970) e, após, no caso dos *Ensaios Nucleares* (1974), no contencioso *Nicarágua versus Estados Unidos* (1986), *Timor Oriental* (1995) e também no caso *Bosnia-Herzegovina versus Iugoslávia* (1996)[41].

---

38 Abordei tal tema, com maior profundidade e com inter-relação com o conceito de *jus cogens* e *fato ilícito qualificado* (o antigo crime internacional da Comissão de Direito Internacional da ONU), em CARVALHO RAMOS, André de. *Processo internacional de direitos humanos*. 7. ed. São Paulo: Saraiva, 2022.

39 De acordo com Meron, "ser *erga omnes* é uma consequência, não a causa, da característica de direito fundamental" (MERON, Theodor. "On a hierarchy of international human rights", 80 *American Journal of International Law* (1986), p. 9). Ver mais em CARVALHO RAMOS, André de. *Processo internacional de direitos humanos*. 7. ed. São Paulo: Saraiva, 2022; RAGAZZI, M., *The Concept of International Obligations* Erga Omnes. Oxford: Clarendon Press, 1997, p. 12-13; ANNACKER, Claudia, "The Legal Regime of *Erga Omnes* Obligations in International Law", 46 *Austrian Journal of Public and International Law* (1994), p. 131-166.

40 Ver sobre o tema HATTENHAUER, Hans. *Conceptos fundamentales del derecho civil*. Barcelona: Ariel, 1987; GIORGIANNI, Michele. *La Obligación*. Barcelona: Bosch, 1958.

41 Anteriormente, houve sucessivas tentativas de consolidação do conceito nos argumentos das partes nos casos do *Camarões Septentrional* (1963) e da África do Sul

O *leading case* foi o caso *Barcelona Traction* (Bélgica *versus* Espanha), no qual a Corte Internacional de Justiça distinguiu obrigações interestatais comuns, geradas pelas relações diplomáticas bilaterais e multilaterais ordinárias entre os Estados, e as obrigações de um Estado *vis-à-vis* à sociedade internacional como um todo.

Destarte, a Corte Internacional de Justiça considerou que *apenas as obrigações que protegessem valores essenciais para toda comunidade internacional* poderiam ser consideradas obrigações *erga omnes*[42]. Consequentemente, a Corte reconheceu, então, que todos os Estados da comunidade internacional têm interesse jurídico de exigir o cumprimento de tais obrigações.

Esse ponto deve ficar claro, pois a fundamentação do conceito de obrigação *erga omnes* não se baseia no interesse genérico de todos os Estados na preservação do Direito Internacional, nem na existência de um costume internacional que vincule todos os Estados, mas sim se baseia *nos valores essenciais* contidos naquelas obrigações. O termo *erga omnes* deve ser reservado ao uso dado pela Corte Internacional de Justiça no caso *Barcelona Traction*. Assim, somente algumas normas internacionais, diante de seu *conteúdo essencial*, seriam *erga omnes*.

Essas obrigações *erga omnes* derivam, para a Corte Internacional de Justiça, do Direito Internacional Contemporâneo, que impõe o respeito dos "princípios e regras concernentes aos direitos básicos da pessoa humana". Tais princípios de proteção ao ser humano ingressaram no *corpus* do Direito Internacional geral e também são "outorgados por instrumentos internacionais de caráter universal ou quase universal"[43]. Assim, a

---

(1966), bem como no Parecer Consultivo sobre a presença ilegal da África do Sul no Sudoeste Africano (1971).

42 A Corte Internacional de Justiça decidiu no caso *Barcelona Traction* que "an essential distinction should be drawn between the obligations of a State towards the international community as a whole, and those arising vis-à-vis another State in the field of diplomatic protection. By their very nature the former are the concern of all States. In view of the importance of the rights involved, all States can be held to have a legal interest in their protection; they are obligations *erga omnes*" (Corte Internacional de Justiça, *The Barcelona Traction, Light and Power Company Limited,* sentença de 5 de fevereiro de 1970, *ICJ Reports* 1970, parágrafo 34, p. 32).

43 No original: "Some of the corresponding rights of protection have entered into the body of general international law (Reservations to the convention on the prevention and punishment of the crime of genocide. Advisory Opinion, ICJ Report, 1951,

Corte reconheceu a existência de obrigações *erga omnes* de origem consuetudinária e obrigações *erga omnes inter partes*.

Contudo, a Corte Internacional de Justiça ainda titubeia na delimitação das consequências do reconhecimento da existência de obrigações *erga omnes*.

Por exemplo, qual deve ser a reação de um Estado em face das violações maciças e graves do direito à vida em outro Estado? Há, é claro, violação de obrigação *erga omnes*, mas qual deve ser a reação *lícita* do Estado-terceiro? Deve utilizar sanções *unilaterais*? Deve processar o Estado violador perante a Corte Internacional de Justiça? Tem o *dever* de não aceitar tais violações?

A Corte Internacional de Justiça apreciou tais questões no caso do *Timor Oriental* (Portugal *versus* Austrália, 1995). Portugal processou a Austrália, por, entre outros motivos, entender que a conduta australiana em face da Indonésia ocupante violava o direito do povo de Timor Leste à autodeterminação. A Austrália se defendeu alegando, entre outros, que o caso obrigaria a Corte a determinar a situação jurídica da Indonésia (se a Indonésia era ou não uma potência estrangeira que ilegitimamente ocupava Timor e impedia a sua autodeterminação), que não havia, por sua vez, reconhecido a jurisdição da Corte Internacional de Justiça.

Entendeu a Corte que, mesmo em face de violações de obrigações *erga omnes* (houve o reconhecimento pela Corte da natureza *erga omnes* da autodeterminação dos povos), um Estado não poderia ter a sua situação jurídica – mesmo indiretamente – determinada pela Corte, sem que houvesse reconhecido sua jurisdição. Assim, lamentavelmente, equiparou-se, para fins de exercício de jurisdição internacional, a violação de uma obrigação *erga omnes* com uma violação de norma internacional qualquer[44].

Nada poderia ser mais incompatível com o reconhecimento da existência de obrigações *erga omnes* que a concepção voluntarista tradicional

---

p. 23) other are conferred by international instruments of a universal or quasi-universal character" (Corte Internacional de Justiça, *The Barcelona Traction, Light and Power Company Limited,* sentença de 5 de fevereiro de 1970, *ICJ Reports* 1970, parágrafo 34, p. 32).

44 Corte Internacional de Justiça, *Case concerning East Timor (Portugal v. Australia),* julgamento de 30 de junho de 1995.

do Direito Internacional, que exige o consentimento estatal como fundamento do exercício da jurisdição de uma Corte Internacional[45].

De fato, é incoerente reconhecer obrigações baseadas em "valores essenciais" da comunidade internacional, que limitam a vontade dos Estados, e simultaneamente, no momento de criar mecanismos para proteger tais valores, recuar e privilegiar a vontade dos Estados.

Assim, o conceito de *obrigações erga omnes* deveria implicar o reconhecimento da existência de uma *actio popularis de Direito Internacional,* que habilita qualquer Estado a *processar* o Estado violador perante um tribunal internacional.

Resta saber se um Estado-terceiro pode acionar o Estado infrator, com base no conceito de obrigação internacional *erga omnes,* em face de *todo e qualquer direito* do ser humano.

Com efeito, a decisão da Corte Internacional de Justiça no caso Barcelona Traction efetuou uma diferença entre *direitos humanos fundamentais e direitos humanos em geral,* sendo que apenas os primeiros teriam o caráter *erga omnes.*

Essa diferenciação é inócua quando os direitos protegidos estão inclusos em tratados protetores de direitos humanos, que permitem petições interestatais referentes a supostas violações de qualquer direito protegido[46].

Em 2020, a República da Gâmbia processou Myanmar por violação da Convenção de Genocídio, em face de atos brutais (assassinatos em massa, estupros e outras formas de violência sexual desde outubro de 2016) contra a minoria étnica Rohingya, de religião islâmica. A Gâmbia é país de maioria islâmica e contou com o apoio da Organização de Cooperação Islâmica (com 57 membros). Trata-se de exemplo de promoção do respeito à obrigação *erga omnes,* apesar de não se ter exigido mudança na jurisprudência da Corte sobre jurisdição (ambos, Autor e Réu, reco-

---

45 Ver voto separado do Juiz Cançado Trindade no caso *Blake versus Guatemala* (Mérito). *In verbis:* "La consagración de obligaciones *erga omnes* de protección, como manifestación de la propia emergencia de normas imperativas del derecho internacional, representaría la superación del patrón erigido sobre la autonomía de la voluntad del Estado" (Corte Interamericana de Direitos Humanos, *Caso Blake,* sentença de 24 de janeiro de 1998, parágrafo 28).

46 Como é o caso da Convenção Europeia de Direitos Humanos e da Convenção Americana de Direitos Humanos.

nhecem a jurisdição da CJI). No voto concordante em separado do Juiz Cançado Trindade, destacou-se o combate ao genocídio como norma de *jus cogens* (ver abaixo o conceito de norma imperativa de Direito Internacional), que criou *obrigações erga omnes*. Em janeiro de 2020, a CJI determinou medidas provisórias ordenando ao Estado réu que (i) adotasse medidas que prevenisse a prática de atos de genocídio contra o povo Rohingya, (ii) assegurasse que as forças militares e de segurança não viessem a cometer tais atos, e (iii) adotasse medidas de preservação das provas dos atos já praticados[47].

Em 2022, novamente a Corte Internacional de Justiça foi provocada para zelar pelo respeito à Convenção pela Prevenção e Repressão ao Crime de Genocídio. A Ucrânia processou a Rússia após a invasão de fevereiro de 2022, alegando que a justificativa russa para a invasão ("operação militar especial", na visão russa) foi para combater a prática de genocídio realizada por ucranianos na região de Luhansk e Donsetsk. Para a Ucrânia, essa falsa alegação de genocídio fundamentou grave violação de direitos dos ucranianos pela adoção de medidas militares unilaterais implementadas (ao invés, defendeu que a Rússia deveria ter acionado órgãos onusianos, para exigir o fim do suposto genocídio). A Corte afirmou que possuía jurisdição e foi além do pedido da Ucrânia (suspensão das operações baseadas na falsa alegação de prática de genocídio[48]), pois entendeu – no estágio do caso – que nada na Convenção autorizava a adoção de medidas militares unilaterais para combater o genocídio. Por isso, a CJI adotou as seguintes medidas provisórias (cautelares): (i) ordenou que a Federação Russa suspendesse imediatamente *todas* as operações militares iniciadas em 24 de fevereiro de 2022 no território da Ucrânia (13 votos a 2); (ii) ordenou à Federação Russa que assegure que forças irregulares armadas (dirigidas ou apoiadas pelos russos) também não realizem atividades militares (13 votos a 2) e finalmente ordenou às Partes que evitem ações que possam agravar a controvérsia (unanimidade)[49].

---

47 Corte Internacional de Justiça. Application of the Convention on the Prevention and Punishment of the Crime of Genocide (The Gambia *v*. Myanmar). Disponível em: https://www.icj-cij.org/en/case/178. Acesso em: 25-1-2024.

48 Petição inicial da Ucrânia, disponível em: https://www.icj-cij.org/public/files/case-related/182/182-20220227-WRI-01-00-EN.pdf. Acesso em: 25-1-2024.

49 Corte Internacional de Justiça. Allegations of genocide under the Convention on the Prevention and Punishment of the Crime of Genocide (Ukraine *v*. Russian Fede-

Em 2024, a Corte Internacional de Justiça apreciou o pedido de medidas provisórias em ação promovida pela África do Sul contra Israel, que estaria cometendo genocídio contra os palestinos em virtude das ações israelenses contra os palestinos na Faixa de Gaza. A ação foi baseada no descumprimento, por Israel, dos seus deveres como Estado parte da Convenção pela Prevenção e Repressão ao Crime de Genocídio (1948). A África do Sul apontou diversas condutas que, na visão da Autora, refletem a intenção israelense (dolo) de promover o genocídio do povo palestino, como, por exemplo, privar a população civil não combatente de meios de sobrevivência mínima. Sobre o interesse de agir da Autora (África do Sul, também Estado parte da Convenção), a CIJ reiterou que se trata de *obrigações erga omnes partes,* ou seja, obrigações *erga omnes* previstas em tratados, o que permite que qualquer Estado parte da Convenção processe outro perante a CIJ (ambos os Estados aceitaram a cláusula da Convenção dando jurisdição à CIJ)[50].

Esses casos recentes da CIJ (em especial os promovidos a favor das vítimas Rohingyas e palestinas) mostram a consolidação do conceito de *obrigação erga omnes partes* (ou obrigação *erga omnes* convencional), no qual o interesse do Estado Autor é promover os valores essenciais da comunidade internacional defendidos em determinada Convenção e não a tutela de um interesse nacional específico.

Resta agora analisar a situação de ausência de norma convencional, uma vez que, como já visto, o Direito Internacional dos Direitos Humanos possui normas oriundas do costume internacional[51]. Para a Corte Internacional de Justiça, as obrigações *erga omnes* consuetudinárias são aquelas

---

ration). Disponível em: https://www.icj-cij.org/public/files/case-related/182/182-20220316-ORD-01-00-EN.pdf. Acesso em: 25-1-2024.

50   A ação foi proposta em 29-12-2023 e as medidas provisórias foram adotadas pela CJI em 26-1-2024. *In verbis:* "The common interest in compliance with the relevant obligations under the Genocide Convention entails that any State party, without distinction, is entitled to invoke the responsibility of another State party for an alleged breach of its obligations *erga omnes partes"*. Ver Corte Internacional de Justiça, Aplicação da Convenção sobre a prevenção e punição do crime de genocídio na Faixa de Gaza (África do Sul *vs.* Israel), ordem de 26 de janeiro de 2024, em especial parágrafo 33.

51   CANÇADO TRINDADE, Antônio Augusto. "Co-existence and co-ordination of mechanisms of international protection of human rights", 202 *Recueil des Cours de l'Académie de Droit International de La Haye* (1987), p. 83. Ver também MERON, Theodor. *Human Rights and humanitarian norms as customary law,* Oxford: Oxford University Press, 1989.

que advêm dos "princípios e regras concernentes aos direitos básicos da pessoa humana"[52].

Ora, a diferenciação entre direitos humanos fundamentais ou básicos e direitos humanos *tout court* perdeu importância, pois foi consagrado, na Conferência Mundial de Viena sobre Direitos Humanos, o caráter indivisível[53] dos direitos humanos. Além disso, os "direitos básicos" não constituem em uma categoria imutável, mas, pelo contrário, é possível o *alargamento* do seu conceito pela via interpretativa[54].

Tal alargamento é extremamente benéfico, já que formaliza definitivamente o interesse jurídico da comunidade internacional na proteção de *todos* os direitos humanos internacionalmente reconhecidos.

9.6 A soberania nacional e o Direito Internacional dos direitos humanos

Como visto acima, a proteção dos direitos humanos integra o contemporâneo Direito Internacional. Assim, com as sucessivas convenções e declarações internacionais de proteção aos direitos humanos, a positivação e a universalização destes direitos são reconhecidas simultaneamente para toda a humanidade[55]. Consolidou-se, no Direito Internacional contemporâneo, um catálogo de direitos fundamentais da pessoa humana, e também foram estabelecidos mecanismos de supervisão e controle do respeito, pelo Estado, desses mesmos direitos protegidos.

Portanto, não é mais cabível, hoje, que um Estado alegue, na defesa de suas condutas violatórias de direitos humanos, que a proteção de direitos humanos faz parte de seu domínio reservado, e que eventual averiguação internacional (mesmo que mínima) da situação *interna* de direitos humanos ofenderia sua soberania.

---

52 Corte Internacional de Justiça, *ICJ Reports* 1970, parágrafo 34.

53 Ver abaixo meu comentário sobre a chamada indivisibilidade dos direitos humanos.

54 Assim, como expõe Meron, "the emerging desuetude of the confusing distinction in Barcelona Traction between basic rights and other human rights, and the growing recognition of the *erga omnes* character of all human rights, greatly enhance the prospects of acceptance of complaints broughts by any state to protect such rights. In my opinion, contemporary international law permits states, whether or not directly affected, to bring at least some actions involving human rights violations before competent international judicial or quasi-judicial organs" (MERON, Theodor. *Human Rights and humanitarian norms as customary law.* Oxford: Oxford University Press, 1989, p. 199).

55 Ver abaixo a análise crítica sobre a universalização dos direitos humanos.

Com efeito, a crescente aceitação de obrigações internacionais no campo dos direitos humanos consagrou a impossibilidade de se alegar competência nacional exclusiva em tais matérias.

Para CANÇADO TRINDADE, então, "o desenvolvimento histórico da proteção internacional dos direitos humanos gradualmente superou barreiras do passado: compreendeu-se, pouco a pouco, que a proteção dos direitos básicos da pessoa humana não se esgota, como não poderia esgotar-se, na atuação do Estado, na pretensa e indemonstrável 'competência nacional exclusiva'"[56].

Eventual alegação de "competência exclusiva dos Estados" ou mesmo de "violação da sagrada soberania estatal" no domínio da proteção dos direitos humanos encontra-se ultrapassada, após anos de aquiescência pelos Estados da normatização internacional sobre a matéria[57].

FAUZI HASSAN CHOUKR ensina, com razão, que "ainda que por sede argumentativa se queira recorrer aos padrões clássicos de soberania, é necessário ser destacado que mesmo a atuação nacional na celebração de tais tratados é manifestação da atividade soberana do Estado"[58].

Conforme a lição da Corte Permanente de Justiça Internacional, a elaboração de tratados, em qualquer tema, inclusive na seara de direitos humanos, não pode ser visto como amesquinhamento da soberania, mas sim a sua plena manifestação, pois a celebração de um tratado é justamente um dos mais importantes exercícios de soberania por parte do Estado[59].

---

56 CANÇADO TRINDADE, Antônio Augusto. *A proteção internacional dos direitos humanos. Fundamentos e instrumentos básicos*. São Paulo: Saraiva, 1991, p. 3.

57 Argumenta Trindade que "nenhum governo, em nossos dias, ousaria de boa-fé levantar a exceção de 'domínio reservado' do Estado à ação dos órgãos internacionais competentes em matéria de direitos humanos, por saber que tal objeção estaria fadada ao insucesso" (CANÇADO TRINDADE, Antônio Augusto. "Apresentação", in LINDGREN ALVES, J. A. *Os direitos humanos como tema global*. São Paulo: Perspectiva, 1994, p. XVI).

58 CHOUKR, Fauzi Hassan. *A Convenção Americana dos Direitos Humanos e o Direito Interno Brasileiro*. Bauru: Edipro, 2001, p. 12.

59 No original: "La cour se refuse à voir dans la conclusion d'un traité quelconque, par lequel un État s'engage à faire ou à ne pas faire quelque chose, un abandon de la souveraineté. Sans doute, toute convention engendrant une obligation de ce genre apporte une restriction à l'exercice des droits souverains de l'État, en ce sens qu'elle imprime à cet exercice une direction déterminée. Mais la faculté de contracter des engagements internationaux est précisément un attribut de la souveraineté de l'État" (Corte Permanente de Justiça Internacional, Caso S. S. Wimbledon, sentença de 17 de agosto de 1923, P.C.I.J, Série, A, n. 1, 1923, p. 25).

10 A classificação do rol de direitos humanos

10.1 As gerações de direitos humanos

A afirmação histórica dos direitos humanos[1] é marcada pela *mutação* e constante *renovação*, desde a Antiguidade[2] aos dias de hoje[3]. Por isso, a abordagem tradicional do conteúdo dos direitos humanos é a da chamada *"geração de direitos"*.

Tal teoria foi lançada pelo jurista francês de origem checa, KAREL VASAK, que, em Conferência proferida no Instituto Internacional de Direitos Humanos no ano de 1979, classificou os direitos humanos em três gerações, cada uma com características próprias[4]. Assim, a teoria geracional dos direitos humanos divide os direitos protegidos em três (para alguns, quatro) gerações[5].

---

1 Na feliz expressão de Fábio Konder Comparato (COMPARATO, Fábio Konder. *A afirmação histórica dos direitos humanos*. São Paulo: Saraiva, 2000).

2 Desde a Antiguidade, discute-se a existência de direitos fundamentais pertencentes a todos os seres humanos. Antes mesmo de se pensar em sua positivação, os filósofos gregos já examinavam o problema dentro da esfera do Direito Natural. Sófocles, em sua peça "Antígona", expõe a crença na existência de um direito imutável e superior às normas escritas pelo homem. Alexandre de Moraes ensina que "o Código de Hamurabi (1690 a.C) talvez seja a primeira codificação a consagrar um rol de direitos comuns a todos os homens, tais como a vida, a propriedade, a honra, a dignidade, a família, prevendo, igualmente, a supremacia das leis em relação aos governantes" (MORAES, Alexandre de. *Direitos humanos fundamentais*. São Paulo: Saraiva, 1997, p. 25. Ver também SÓFOCLES, *Antígona*. Trad. Maria Helena da Rocha Pereira. 3. ed. Coimbra: INIC, 1992).

3 Conferir tal evolução em TAVARES, André Ramos. *Curso de direito constitucional.* São Paulo: Saraiva, 2003; MIRANDA, Jorge. *Manual de direito constitucional,* v. IV, 2. ed. Coimbra: Coimbra Editora, 1993; LEWANDOWSKI, Enrique Ricardo. *Proteção internacional dos direitos humanos na ordem interna e internacional.* Rio de Janeiro: Forense, 1984, em especial p. 1-12.

4 Cada geração foi associada, na Conferência proferida por Vasak, a um dos componentes do díptico da Revolução Francesa: "liberté, egalité et fraternité" (VASAK, Karel, "For the Third Generation of Human Rights: The Rights of Solidarity", Inaugural lecture, Tenth Study Session, International Institute of Human Rights, July 1979; VASAK, K. (ed.). *The international dimension of human rights,* v. I e II, Paris: Unesco, 1982).

5 Ver, entre os autores que adotam tal classificação, BONAVIDES, Paulo. *Curso de direito constitucional.* 4. ed. São Paulo: Malheiros; FERREIRA FILHO, Manoel G. *Os direitos humanos fundamentais,* 2. ed. São Paulo: Saraiva, 1998. Para uma abordagem crítica, ver CANÇADO TRINDADE, Antônio Augusto. *Tratado de Direito Internacional*

A primeira geração engloba os chamados direitos de liberdade, que são direitos às chamadas prestações negativas, nas quais o Estado deve proteger a esfera de autonomia do indivíduo[6]. Para CANOTILHO, são direitos de defesa, possuindo o caráter de distribuição de competências (limitação) entre o Estado e o ser humano, sendo denominados direitos civis e políticos[7].

Por isso, são conhecidos como direitos ou liberdades individuais, que têm como marco as revoluções liberais do século XVIII na Europa e Estados Unidos, que visavam restringir o poder absoluto do monarca, impingindo limites à ação estatal[8]. São, entre outros, o direito à liberdade, igualdade perante a lei, propriedade, intimidade e segurança, traduzindo o valor de liberdade[9]. Saliente-se que o papel do Estado na defesa dos direitos de primeira geração é tanto o tradicional papel *passivo* (abstenção em violar os direitos humanos, ou seja, as famosas prestações negativas)

---

de Direitos Humanos, v. II, Porto Alegre: Sérgio Antônio Fabris Ed., 1999; WEIS, Carlos, *Os direitos humanos contemporâneos.* São Paulo: Malheiros, 1999, p. 38.

6 Raul Machado Horta sintetiza muito bem este processo histórico: "A recepção dos direitos individuais no ordenamento jurídico pressupõe o percurso de longa trajetória, que mergulha suas raízes no pensamento e na arquitetura política do mundo helênico, trajetória que prosseguiu vacilante na Roma imperial e republicana, para retomar seu vigor nas ideias que alimentaram o Cristianismo emergente, os teólogos medievais, o Protestantismo, o Renascimento e, afinal, corporificar-se na brilhante floração das ideias políticas e filosóficas das correntes do pensamento dos séculos XVII e XVIII. Nesse conjunto temos fontes espirituais e ideológicas da concepção, que afirmam a precedência dos direitos individuais inatos, naturais, imprescritíveis e inalienáveis do homem"(MACHADO HORTA, Raul. "Constituição e Direitos Individuais". *Revista de Informação Legislativa* (1983), p. 147-148).

7 CANOTILHO, J. J. Gomes. *Direito constitucional.* Coimbra: Almedina, 1995, em especial p. 505.

8 Entre os diplomas mais conhecidos de reconhecimento de direitos humanos da ascensão do liberalismo, citem-se, na Inglaterra, a *Petition of Rights* (1628), o *Habeas Corpus Act* (1679), a *Bill of Rights* (1689), o *Act of Settlement* (1701); nos Estados Unidos, a Declaração de Direitos de Virgínia (1776), a Declaração de Independência dos Estados Unidos (1776) e a Constituição dos Estados Unidos (1787) e suas primeiras dez emendas (ratificadas em 1791); na França, a Declaração de Direitos do Homem e do Cidadão (1789).

9 Ensina Bonavides que "os direitos de primeira geração ou direitos da liberdade têm por titular o indivíduo, são oponíveis ao Estado, traduzem-se como faculdades ou atributos da pessoa e ostentam uma subjetividade que é seu traço mais característico; enfim, são direitos de resistência ou de oposição perante o Estado" (BONAVIDES, Paulo. *Curso de direito constitucional.* 4. ed. São Paulo: Malheiros, 1993, p. 475).

quanto *ativo*, pois há de se exigir ações do Estado para garantia da segurança pública, administração da justiça, entre outras[10].

A segunda geração de direitos humanos representa a modificação do papel do Estado, exigindo-lhe um vigoroso papel ativo, além do mero fiscal das regras jurídicas. Esse papel ativo, embora necessário para proteger os direitos de primeira geração, era visto anteriormente com desconfiança, por ser considerado uma ameaça aos direitos do indivíduo. Contudo, sob a influência das doutrinas socialistas, constatou-se que a inserção formal de liberdade e igualdade em declarações de direitos não garantia a sua efetiva concretização, o que gerou movimentos sociais de reivindicação de um papel ativo do Estado para realizar aquilo que CELSO LAFER denominou "direito de participar do bem-estar social"[11].

Cabe salientar que, tal qual os direitos da primeira geração (ou dimensão), os direitos sociais são também titularizados pelo indivíduo contra o Estado. Nesse momento, são reconhecidos os chamados direitos sociais, como o direito à saúde, educação, previdência social, habitação, entre outros, que demandam prestações positivas do Estado para seu atendimento e são denominados *direitos de igualdade* por garantirem, justamente às camadas mais miseráveis da sociedade, a concretização das liberdades abstratas reconhecidas nas primeiras declarações de direitos.

Os direitos humanos de 2ª geração são frutos, como vimos, das chamadas lutas sociais na Europa e Américas, sendo seus marcos a Constituição mexicana de 1917 (que regulou o direito ao trabalho e à previdência social), a Constituição alemã de Weimar de 1919 (que, em sua parte II estabeleceu os deveres do Estado na proteção dos direitos sociais) e, no Direito Internacional, o Tratado de Versailles, que criou a Organização Internacional do Trabalho, reconhecendo direitos dos trabalhadores.

Já os direitos de terceira geração são aqueles de titularidade da comunidade, como o direito ao desenvolvimento, direito à paz, direito à autodeterminação e, em especial, o direito ao meio ambiente equilibrado.

---

10 Ver um dos críticos da visão tradicional e equivocada do papel reduzido do Estado na defesa dos direitos de primeira geração (DONNELLY, Jack. *Universal Human Rights in theory and practice*. Ithaca e London: Cornell University Press, 1989, p. 100-101).

11 LAFER, Celso. *A reconstrução dos direitos humanos*: um diálogo com o pensamento de Hannah Arendt. São Paulo: Companhia das Letras, 1991, p. 127.

São chamados de *direitos de solidariedade*. São frutos da descoberta do homem vinculado ao planeta Terra, com recursos finitos, divisão absolutamente desigual de riquezas em verdadeiros círculos viciosos de miséria e ameaças cada vez mais concretas à sobrevivência da espécie humana[12].

Como exemplos de novos direitos agregados ao rol de direitos humanos, menciona CELSO LAFER "o direito ao desenvolvimento, reivindicado pelos países subdesenvolvidos nas negociações, no âmbito do diálogo Norte/Sul sobre uma nova ordem econômica internacional; o direito à paz, pleiteado nas discussões sobre desarmamento; o direito ao meio ambiente arguido no debate ecológico; e o reconhecimento dos fundos oceânicos como patrimônio comum da humanidade, a ser administrado por uma autoridade internacional e em benefício da humanidade em geral"[13].

BONAVIDES, escorado em lições de VASAK e outros, adiciona ainda o direito de comunicação e recentemente defende o nascimento da quarta geração ou dimensão, sendo resultante da globalização dos direitos humanos, correspondendo aos direitos de participação democrática (democracia direta), informação e direito ao pluralismo[14-15].

A teoria geracional vista anteriormente é criticada nos dias de hoje por transmitir, de forma errônea, o caráter de sucessão de uma geração por outra. Como salienta BONAVIDES, enquanto em relação aos seres

---

12 Sobre a expansão dos direitos humanos, ver BERCIS, P. *Pour de nouveaux droits de l'homme*. Paris: Lattès, 1985. Ver também URIBE VARGAS, Diego. "La troisième génération des droits de l'homme", in *Recueil des Cours de l'Académie de la Haye* (1984), p. 355-375.

13 LAFER, Celso. *A reconstrução dos direitos humanos*: um diálogo com o pensamento de Hannah Arendt. São Paulo: Companhia das Letras, 1991, p. 131.

14 Isso sem contar o reconhecimento de novos direitos, como os nascidos da chamada bioética e limites à manipulação genética, fundados na defesa da dignidade da pessoa humana contra intervenções abusivas de particulares ou do Estado (direitos de defesa, associados à primeira geração ou dimensão de direitos humanos) (BONAVIDES, Paulo. *Curso de direito constitucional*. 7. ed. São Paulo: Malheiros, 1997, p. 524 e s.).

15 Sobre abordagem crítica de tal expansão que banalizaria o conceito de direitos humanos ("inflação" de direitos), ver HAARSCHER, Guy. *Philosophie des droits de l'homme*. 4. ed. Bruxelles: Editions de l'Université de Bruxelles, 1993, em especial p. 41-42. No Brasil, Manoel Gonçalves Ferreira Filho sustenta que a "multiplicação de 'direitos fundamentais' vulgariza e desvaloriza a ideia" (FERREIRA FILHO, Manoel G. *Os direitos humanos fundamentais*. 2. ed. São Paulo: Saraiva, 1998, p. 67).

vivos há a sucessão entre as gerações, no caso dos direitos humanos há, ao contrário, a acumulação de direitos. Para o citado autor, a melhor expressão seria "dimensão", que se justifica tanto pelo fato de não existir realmente uma sucessão ou desaparecimento de uma geração por outra, mas também quando novo direito é reconhecido, os anteriores assumem uma nova dimensão, de modo a melhor interpretá-los e realizá-los[16].

No mesmo sentido, FLÁVIA PIOVESAN ensina que uma geração não sucede a outra, mas com ela interage, estando em constante e dinâmica relação[17]. O direito de propriedade, por exemplo, deve ser interpretado em conjunto com os direitos sociais previstos no ordenamento, o que revela a sua função social. Após a consagração do direito ao meio ambiente equilibrado, o direito de propriedade deve também satisfazer as exigências ambientais de uso.

Há aqueles como CANÇADO TRINDADE que apontam outras falhas da teoria geracional. Para o citado autor, a metáfora da *sucessão no tempo* não é perfeita, havendo até descompasso em face do Direito Internacional, no qual alguns direitos sociais foram consagrados em convenções internacionais do trabalho (a partir do surgimento da Organização Internacional do Trabalho em 1919), antes mesmo que os próprios direitos de "primeira" geração (cujos diplomas internacionais são do pós-2ª Guerra Mundial).

Além disso, sustenta CANÇADO TRINDADE que a teoria geracional estimula uma "visão atomizada ou fragmentada do universo dos direitos humanos". Tal visão, à primeira vista utilizável para fins didáticos, serve para justificativa de *realização progressiva* de uma geração em detrimento da outra.

TRINDADE menciona, com razão, que vários governos expressam o desejo de promover direitos econômicos e sociais como justificativa para minimizar os direitos civis e políticos. Já outros governos sustentam a tese de que os direitos de segunda geração não privam do mesmo regime jurídico dos direitos de primeira geração, sendo os primeiros meramente programáticos. Assim, em vários países, combate-se com rigor a discriminação e as ofensas ao princípio da igualdade no tocante aos direitos

---

16 BONAVIDES, Paulo. *Curso de direito constitucional.* 4. ed. São Paulo: Malheiros, 1993.

17 PIOVESAN, Flávia. *Temas de direitos humanos.* São Paulo: Max Limonad, 1998, p. 27.

individuais clássicos, mas se aceita as imensas desigualdades no âmbito dos direitos sociais[18].

Nesse diapasão, a unidade dos direitos humanos é importante por estimular uma visão integral desse conjunto de direitos, todos essenciais para uma vida humana digna.

Por isso, houve o reconhecimento, pelo Direito Internacional dos Direitos Humanos, da chamada indivisibilidade e interdependência[19] como características fundamentais dos direitos humanos. A visão fragmentada das gerações, então, deve ser afastada.

10.2 A classificação dos direitos humanos no Direito Internacional: os direitos civis e políticos e os direitos econômicos, culturais e sociais

A classificação dos direitos humanos no Direito Internacional afastou-se da polêmica teoria geracional ou dimensional vista acima. Após a edição da Declaração Universal dos Direitos Humanos, em 1948, foram feitos estudos na Comissão de Direitos Humanos da ONU para a elaboração de um tratado internacional de direitos humanos, contendo os direitos protegidos reconhecidos pela comunidade internacional.

A Guerra Fria, entretanto, impediu a edição de um tratado único, uma vez que os dois blocos (capitalista e comunista) não acordaram sobre o peso a ser dado aos direitos de primeira geração ou aos direitos sociais, de segunda geração. Foram elaborados, ao invés, dois tratados, o Pacto Internacional de Direitos Civis e Políticos e o Pacto Internacional de Direitos Econômicos, Sociais e Culturais.

Assim, foram classificados os direitos protegidos em cinco espécies, a saber: direitos civis, políticos, econômicos, sociais e culturais. Por direitos civis, entendem-se os direitos de autonomia do indivíduo contra

---

18 Conforme sustenta Trindade: "A visão fragmentada dos direitos humanos interessa sobretudo aos regimes autoritários, ao autoritarismo sem bandeiras, seja no plano político, seja no plano econômico-social; tal visão tem servido aos interesses dos responsáveis pelos abusos e violações ostensivos de ontem dos direitos políticos e pelas iniquidades econômico-sociais veladas de hoje" (CANÇADO TRINDADE, Antônio Augusto. *Direitos humanos e meio ambiente:* paralelo dos sistemas de proteção internacional. Porto Alegre: Sérgio A. Fabris Ed., 1993, p. 223).

19 *Vide* a Parte II desta obra.

interferências indevidas do Estado ou de terceiros. Assim, o conteúdo de tais direitos é relativo à proteção dos atributos da personalidade e dignidade da pessoa humana.

O Pacto Internacional de Direitos Civis e Políticos menciona expressamente o direito à vida (artigo 6º), estabelecendo restrições à prática da pena de morte (crime grave, fruto de sentença transitada em julgado e impossibilidade de sua imposição para menores e mulheres grávidas), direito à integridade física, abolindo os tratamentos cruéis, degradantes e desumanos (artigo 7º), direito à liberdade, admitindo-se os trabalhos forçados como pena, mas proibindo-se expressamente a prisão por descumprimento de obrigação contratual (artigo 11)[20], o direito ao devido processo legal (artigo 9º), o direito de locomoção (artigo 12), direito à igualdade perante a lei (artigo 26), bem como as garantias de um julgamento justo, o que inclui o direito ao duplo grau de jurisdição (artigo 14), direito à intimidade (artigo 17), direito à liberdade religiosa e seus consectários (artigo 18), direito à liberdade de expressão, com a ressalva da proibição de propaganda em favor da guerra ou ódio nacional, racial ou religioso (artigos 19 e 20), direito à associação, aceitando-se, contudo, restrições ao exercício desse direito aos membros das forças armadas ou até da polícia, o direito a constituir família sempre de modo consentido e nunca forçado, assegurando-se a igualdade de direitos e deveres dos esposos (artigo 23) e finalmente o direito da criança a medidas de proteção por parte da sociedade e do Estado (artigo 24)[21].

Já os direitos políticos são direitos de participação, ativa ou passiva, na elaboração das decisões políticas e na gestão da coisa pública. O Pacto Internacional de Direitos Civis e Políticos reconhece o direito de participar, sem qualquer discriminação odiosa, na condução dos negócios públicos, diretamente ou por meio de representantes. Além disso, reconhece o direito ao voto em eleições periódicas, autênticas, realizadas por meio do sufrágio *igualitário* e universal e por voto secreto (artigo 25)[22].

---

20 Opondo-se à prisão do depositário infiel, trazendo preciosas contribuições ao estudo da relação do Direito Internacional e o Direito brasileiro, ver MAGALHÃES, José Carlos de. *O Supremo Tribunal Federal e o Direito Internacional*. Porto Alegre: Livraria do Advogado, 2000.

21 Utilizei, para consulta dos textos normativos internacionais, a coletânea organizada por Oscar Vieira Vilhena (VIEIRA, Oscar Vilhena. *Direitos humanos*: normativa internacional. São Paulo: Max Limonad, 2001).

22 A Constituição brasileira, ao instituir limites de representação dos Estados na Câmara dos Deputados (no mínimo 8 e no máximo 70 deputados federais, e, com

Os direitos ditos econômicos, por seu turno, são aqueles relacionados com a organização da vida econômica de um Estado, na ótica produtor-consumidor. No caso do Pacto Internacional de Direitos Econômicos, Sociais e Culturais, reconhece-se o direito de associação sindical com o objetivo de promoção de seus interesses econômicos, bem como o direito de greve, salvo eventuais restrições desses direitos aos membros da polícia, forças armadas e administração pública (artigo 8º).

Além disso, esse Pacto estabelece o direito de toda a pessoa de gozar de condições de trabalho justas e favoráveis, que assegurem uma existência digna para si e para sua família (artigo 7º). Por outro lado, como corolário ao reconhecimento do direito de toda pessoa de estar protegida contra a fome, há a menção à reforma dos regimes agrários, de maneira que seja assegurada a exploração eficaz dos recursos naturais.

Já os direitos sociais, como já mencionado, são aqueles direitos que asseguram uma vida material digna, exigindo prestações positivas do Estado, caso o indivíduo as necessite. O Pacto Internacional de Direitos Econômicos, Sociais e Culturais, ora em comento, estabelece o direito de toda pessoa a um nível de vida adequado para si próprio e para sua família, o que deve incluir alimentação, moradia e vestimenta, assim como a melhoria contínua de suas condições de vida (mencionado no artigo 11 como verdadeiro direito à esperança). Além disso, há a menção ao direito à saúde (artigo 12), com a previsão da criação de condições que assegurem a todos assistência médica e serviços médicos em caso

---

isso, criando sub-representação dos eleitores de regiões mais densamente povoadas), pode ser considerada ofensiva ao "voto igualitário", não respeitando, para a Casa baixa do Parlamento (que representa a população, diferentemente do Senado Federal que representa, *em teoria*, os Estados-membros da Federação) a máxima "*one man, one vote*". Já houve questionamento desse limite máximo perante o Supremo Tribunal Federal, por meio de Ação Direta de Inconstitucionalidade (ADIn n. 815-3/DF – *DOU* de 10-5-96, p.15131), que não a conheceu por impossibilidade jurídica do pedido, por entender que não cabe o controle de constitucionalidade de norma oriunda do Poder Constituinte Originário (conforme consta da ementa: "Na atual Carta Magna 'compete ao Supremo Tribunal Federal, precipuamente, a guarda da Constituição' (artigo 102, 'caput'), o que implica dizer que essa jurisdição lhe é atribuída para impedir que se desrespeite a Constituição como um todo, e não para, com relação a ela, exercer o papel de fiscal do Poder Constituinte originário, a fim de verificar se este teria, ou não, violado os princípios de direito suprapositivo que ele próprio havia incluído no texto da mesma Constituição". Contudo, não houve (ainda) a análise da questão sob o prisma do compromisso assumido pelo Estado brasileiro perante o Direito Internacional dos Direitos Humanos.

de enfermidade, e o direito à educação, exigindo-se inclusive a implementação progressiva da gratuidade da educação de nível superior (artigo 13).

Por fim, os direitos culturais são aqueles relacionados à participação do indivíduo na vida cultural de uma comunidade, bem como a manutenção do patrimônio histórico-cultural, que concretiza sua identidade e a memória. O Pacto Internacional de Direitos Econômicos, Sociais e Culturais reconhece a cada indivíduo o direito de participar da vida cultural e desfrutar do progresso científico e de suas aplicações. Além disso, exigem-se ações efetivas do Estado para conservação, desenvolvimento e difusão da cultura e da ciência (artigo 15).

Nas últimas décadas, o direito ao meio ambiente foi incorporado também como categoria específica do Direito Internacional dos Direitos Humanos. O *direito ao meio ambiente* consiste na exigência de existência do ser humano em um ambiente equilibrado, sadio (ou saudável) e seguro. Assim, além dos direitos sociais, econômicos e culturais, devem ser tratados, em categoria própria, os direitos ambientais. Veremos, em capítulo próprio da **Parte Segunda** desta obra, o nascimento de uma característica *pro natura* da proteção internacional dos direitos humanos.

11 A interpretação dos tratados de direitos humanos

11.1 Noções gerais[1]

A Convenção de Viena sobre Direito dos Tratados de 1969, ratificada e incorporada internamente pelo Brasil em 2009[2], traz o regramento básico no Direito Internacional sobre a interpretação dos tratados, servindo de orientação para a doutrina e a jurisprudência internacional de direitos humanos[3].

As regras gerais de interpretação estão contidas no artigo 31(1) da Convenção de Viena, que estabelece que um tratado deve ser interpretado de acordo com o *texto*, o *momento* de sua interpretação, o *objeto* e a *finalidade* do tratado, bem como a *boa-fé* das partes contratantes.

O artigo 32 da mesma Convenção de Viena estipula que, caso a interpretação efetuada leve a sentido obscuro, ambíguo, ou mesmo a resultado desarrazoado, podem ser utilizados meios suplementares de interpretação, como, por exemplo, o recurso aos trabalhos preparatórios do tratado em análise, para que a real intenção das partes seja revelada.

Ambas as Cortes, europeia e interamericana, de direitos humanos fazem remissão às regras de interpretação da Convenção de Viena sobre Direito dos Tratados. A Corte Europeia, já no Caso *Golder,* estabeleceu que os dispositivos da Convenção de Viena relativos à interpretação dos

---

1 Sobre os aspectos básicos da interpretação no Direito Internacional, ver, entre outros, BERNHARDT, Rudolf. "Interpretation in International Law", in BERNHARDT, Rudolf (org.). *Encyclopedia of Public International Law* – v. 7. Amsterdam; New York: North Holland Publishing Co.1984, p. 323-324; REBOS, Maarten. "Theory and practice of treaty interpretation", 27 *Netherlands International Law Review* (1980), p. 3-38; SCHEREUER, C.H., "The interpretation of treaties by International Courts", 45 *British Yearbook of International Law* (1971), p. 255-301. Especificamente sobre a interpretação dos tratados de direitos humanos, ver CANÇADO TRINDADE, Antônio Augusto. *Tratado de direito internacional de direitos humanos,* v. II, Porto Alegre: Sérgio Antônio Fabris Ed., 1999, p. 24 e s.

2 Decreto 7.030, de 14 de dezembro de 2009.

3 A favor do texto, estabeleceu a Corte Interamericana de Direitos Humanos que "los criterios de interpretación consagrados en la Convención de Viena sobre el Derecho de los Tratados pueden considerarse reglas de derecho internacional sobre el tema" (Corte Interamericana de Direitos Humanos, Parecer Consultivo n. 3, de 8 de setembro de 1983, parágrafo 48).

115

tratados são aplicáveis porque enunciam "princípios geralmente aceitos de Direito Internacional" relativos ao tema[4]. Já a Corte Interamericana de Direitos Humanos utilizou os cânones de interpretação da Convenção de Viena em diversos casos, contenciosos ou consultivos, como, por exemplo, no Parecer Consultivo 17/2002[5].

Por outro lado, foram extraídos pela jurisprudência, a partir desses princípios básicos da Convenção de Viena, outros *princípios vetores da interpretação* dos textos internacionais relativos à proteção de direitos humanos, que iremos abordar neste capítulo com maiores detalhes.

O primeiro deles é o princípio da interpretação *pro persona*, que faz com que os tratados de direitos humanos deixem de ser interpretados restritivamente (para preservar a soberania dos Estados) e sejam interpretados sempre no sentido da máxima proteção ao ser humano.

Além disso, consolidou-se no Direito Internacional dos Direitos Humanos o princípio da efetividade (*effet utile*), pelo qual é imperioso assegurar às disposições convencionais os seus efeitos pretendidos.

Outro princípio é o da primazia da norma mais favorável ao indivíduo, que possibilita a harmonização das diversas normas internacionais e internas de proteção aos direitos humanos. De acordo com tal princípio deve prevalecer a norma que ofereça a maior proteção ao ser humano.

---

4 Corte Europeia de Direitos Humanos, Caso *Golder vs. Reino Unido*, sentença de 21 de fevereiro de 1975, parágrafo 29. Ver também *Luedicke, Belkacem and Koç vs. Alemanha* (1978), em especial o parágrafo 46.

5 Nesse sentido, a Corte Interamericana de Direitos Humanos reconheceu que o princípio da boa-fé e a concordância da interpretação com a evolução dos tempos e condições de vida atuais, assumem importância direta na interpretação da Convenção Americana de Direitos Humanos. No original do Parecer de agosto de 2002: "La Corte ha fijado algunos lineamientos sobre la interpretación de normas internacionales que no figuran en la Convención Americana. Para ello ha recurrido a las disposiciones generales de interpretación consagradas en la Convención de Viena sobre el Derecho de los Tratados, particularmente el principio de buena fe para asegurar la concordancia de una norma con el objeto y fin de la Convención. Asimismo, este Tribunal ha establecido que la interpretación debe atender a 'la evolución de los tiempos y las condiciones de vida actuales', y que la correspondiente a otras normas internacionales no puede ser utilizada para limitar el goce y el ejercicio de un derecho; asimismo, debe contribuir a la aplicación más favorable de la disposición que se pretende interpretar" (Corte Interamericana de Direitos Humanos, Parecer Consultivo n. 17, de 28 de agosto de 2002, parágrafo 21).

Quanto a limitações dos direitos humanos e eventuais conflitos entre direitos, analisaremos o princípio da proporcionalidade e sua aplicação específica no Direito Internacional dos Direitos Humanos.

Também estudaremos importante contribuição da jurisprudência europeia de direitos humanos que vem a ser a chamada teoria da margem de apreciação, pela qual os órgãos de interpretação do Direito Internacional dos Direitos Humanos, em certos casos polêmicos, devem aceitar a posição nacional sobre o tema, evitando impor soluções interpretativas às comunidades nacionais.

Por fim, detalharemos as principais características dos órgãos internacionais encarregados de interpretar o alcance e sentido das normas de proteção de direitos humanos (composição e atribuições).

11.2 O princípio da interpretação *pro persona*

Toda a exegese do Direito Internacional dos Direitos Humanos, consagrada pela jurisprudência internacional, tem como epicentro o princípio da interpretação *pro persona*, que impõe a necessidade de que a interpretação normativa seja feita *sempre* em prol da proteção dada aos indivíduos.

O princípio da interpretação *pro persona* origina-se do regime objetivo dos tratados internacionais de direitos humanos, visto acima. Tal regime criou uma verdadeira *ordre public* internacional, impondo deveres em prol da proteção do ser humano. Destarte, toda obrigação internacional de respeito aos direitos humanos não pode ser interpretada restritivamente em prol dos Estados, mas sim em prol do destinatário da proteção internacional de direitos humanos, ou seja, o indivíduo.

Assim, consolidaram-se na jurisprudência internacional de direitos humanos diversas diretrizes hermenêuticas nascidas desse princípio.

A primeira delas impõe interpretação sistemática do conjunto de normas de direitos humanos, de modo a reconhecer *direitos inerentes, mesmo que implícitos*.

No caso *Golder*, a Corte Europeia de Direitos Humanos não aceitou o argumento do Reino Unido, que sustentou a legitimidade de restrição de correspondência entre detento e seu advogado, pois o artigo 6º da Convenção, ao estipular o direito a julgamento de acordo com a *rule of the law*, não expressamente mencionou o direito de acesso (por advogado, é claro) ao Poder Judiciário. Para a Corte, a interpretação correta deveria levar em consideração o preâmbulo da Convenção Europeia de Direitos

Humanos, seu objeto e finalidade, o que implicou reconhecer a violação dos direitos do Sr. Golder pelo Reino Unido[6].

A segunda diretriz estabelece que a interpretação das eventuais limitações permitidas de direitos contidas nos tratados internacionais deve ser *restritiva*. No Parecer Consultivo n. 02[7], a Corte Interamericana de Direitos Humanos sustentou que as reservas à Convenção Americana devem ser interpretadas restritivamente, evitando, assim, a diminuição da proteção ao ser humano[8].

A terceira diretriz é relativa ao uso da interpretação *pro persona* na análise das omissões e lacunas das normas de direitos humanos. No caso da "denúncia" peruana do reconhecimento da jurisdição obrigatória da Corte Interamericana de Direitos Humanos em 1999[9], a Corte, em decisões históricas, considerou desprovido de efeito tal ato, uma vez que a Convenção Americana de Direitos Humanos, apesar de omissa quanto

---

6 No original: "taking all the preceding considerations together, it follows that the right of access constitutes an element which is inherent in the right stated by Article 6 para. 1 (art. 6-1). This is not an extensive interpretation forcing new obligations on the Contracting States: it is based on the very terms of the first sentence of Article 6 para. 1(art. 6-1) read in its context and having regard to the object and purpose of the Convention, a lawmaking treaty (see the Wemhoff judgment of 27 June 1968, Serie A, n. 7, p. 23, para. 8), and to general principles of law", (Corte Europeia de Direitos Humanos, Caso Golder (Reino Unido), sentença de 21 de fevereiro de 1975, parágrafo 36).

7 Parecer Consultivo n. 02, de 24 de setembro de 1982, referente à interpretação dos artigos 74 e 75 da Convenção Americana de Direitos Humanos.

8 No mesmo sentido da posição da Corte, sustentei (em obra anterior), no tocante às reservas, que "um tratado que prima pela importância à proteção do indivíduo, que confere o direito de petição individual desde o momento da ratificação, dificilmente poderia ser interpretado no sentido de tender a postergar a entrada em vigor do tratado até que pelo menos outro Estado esteja disposto a aceitar o Estado reservante como parte" (CARVALHO RAMOS, André de. *Direitos humanos em Juízo*. São Paulo: Max Limonad, 2001, p. 365).

9 Era então Presidente do Peru, o Sr. Alberto Fujimori. Naquele momento, a Corte apreciava vários casos contra o Peru, em especial o caso Ivcher Bronstein e o caso Tribunal Constitucional. O Governo Fujimori, então, em virtude das sucessivas derrotas e condenações à reparação dos danos às vítimas, denunciou, em julho de 1999, o reconhecimento peruano da jurisdição da Corte, imitando, nesse sentido, alguns países do mundo, que deixaram de reconhecer a jurisdição de tribunais internacionais, após perderem algum caso, como ocorreu com os Estados Unidos, que nunca mais reconheceram a jurisdição obrigatória da Corte Internacional de Justiça após a derrota em caso contra a Nicarágua (1986).

118

à possibilidade de denúncia do reconhecimento da jurisdição obrigatória, possui dispositivo expresso que veda o retrocesso ou qualquer diminuição na proteção já acordada ao indivíduo (artigo 29, ver adiante).

Logo, a interpretação *pro persona* adotada foi no sentido de considerar que a denúncia em tela erodia a proteção já fornecida ao jurisdicionado peruano, o que tornava tal ato nulo. Assim, a Corte continuou a apreciar os casos contra o Peru, que, já após o fim da Era Fujimori, reconsiderou sua decisão[10].

11.3 O princípio da máxima efetividade

O princípio da máxima efetividade no Direito Internacional dos Direitos Humanos consiste em *assegurar às disposições convencionais seus efeitos próprios, evitando-se que sejam consideradas meramente programáticas*[11]. No caso dos tratados internacionais de direitos humanos, a interpretação deve *contribuir* para o *aumento* da proteção dada ao ser humano e para a *plena aplicabilidade* dos dispositivos convencionais.

O caso *Söering* da Corte Europeia de Direitos Humanos fornece exemplo da aplicação prática desse princípio. A Comissão Europeia, então existente, processou o Reino Unido pela violação do artigo 3º da Convenção Europeia de Direitos Humanos, referente ao direito a não sofrer tra-

---

10 Conforme expus na obra em questão, a Corte estabeleceu "que inexiste qualquer disposição da Convenção que autorize os Estados a repudiar sua anterior declaração de aceitação da jurisdição contenciosa da Corte, e, tampouco, o instrumento de aceitação da jurisdição pelo Peru em 21 de janeiro de 1981 previa tal possibilidade. Além disso, para a Corte, a interpretação da Convenção no sentido contrário (ou seja, permitindo a denúncia do reconhecimento da jurisdição da Corte) viola claramente o seu artigo 29, que estabelece que nenhuma disposição da Convenção pode ser interpretada para permitir a supressão ou restrição da proteção de direitos humanos já obtida pelo indivíduo. Assim, há verdadeira proibição do retrocesso no campo da proteção interamericana dos direitos humanos. Por essas razões, a Corte considerou inadmissível a pretendida denúncia peruana, que não gera, para a Corte, qualquer efeito. Logo, a Corte continuou apreciando os casos". Nem é preciso mencionar o impacto direto desse posicionamento da Corte em face do Brasil, cujo instrumento de reconhecimento da jurisdição da Corte também *não* previu a possibilidade de denúncia específica do reconhecimento da jurisdição (CARVALHO RAMOS, André de. *Direitos humanos em Juízo. Comentários aos casos contenciosos e consultivos da Corte Interamericana de Direitos Humanos*. São Paulo: Max Limonad, 2001, p. 338-340).

11 CANÇADO TRINDADE, Antônio Augusto. *Tratado de direito internacional dos direitos humanos*, Porto Alegre: Sérgio Antônio Fabris Editor, 1999, v. II, p. 27.

tamento desumano ou degradante, que seria infringido pela iminente extradição do Sr. Söering aos Estados Unidos. A Comissão sustentou que a pena de morte nos Estados Unidos era fixada em processo penal tortuoso, o que sujeitava o condenado ao chamado "death row", corredor da morte, por anos a fio, até que finalmente a pena fosse aplicada.

Assim, a espera no chamado "corredor da morte" seria tratamento *desumano*, devendo o Reino Unido *não* extraditar o Sr. Söering. O Estado--réu defendeu-se alegando que a Convenção Europeia só vinculava os Estados contratantes e que não poderia ser condenado por ato a ser praticado pelos Estados Unidos.

A Corte Europeia, por seu turno, determinou que a interpretação de um tratado de direitos humanos deveria ser feita de modo a tornar seus dispositivos *efetivos*[12]. Assim, se houvesse fundadas razões para se considerar que um extraditando pudesse ser submetido a tratamento desumano ou cruel, é dever do Estado-parte na Convenção Europeia de Direitos Humanos não extraditá-lo.

No caso *Loizidou*, a Turquia, quando processada por Chipre[13] por violações a direitos humanos ocorridas no território da ilha sob ocupação turca, sustentou a legitimidade de sua declaração de reconhecimento da jurisdição da Corte Europeia de Direitos Humanos, que havia limitado a jurisdição da Corte a casos ocorridos apenas no *território* turco. Ressalto

---

12 No original: "...its provisions be interpreted and applied so as to make its safeguards practical and effective" (Corte Europeia de Direitos Humanos, Caso *Söering*, Série A, n. 161, parágrafo 87).

13 A senhora Loizidou apresentou petição na Comissão Europeia de Direitos Humanos (n. 15.318) em julho de 1989 contra a Turquia, alegando detenção ilegal e outras violações efetuadas por forças turcas em Chipre. A Comissão, contudo, por decisão de 8 de julho de 1993, considerou a demanda *improcedente*. A República de Chipre, então, processou a Turquia (naquela data, a vítima não possuía o direito de ação perante a Corte), valendo-se do pouco utilizado direito dos Estados de acionarem outros Estados perante a Corte Europeia em prol dos direitos humanos, no chamado mecanismo interestatal. A título de comparação, em toda a história da Corte Interamericana de Direitos Humanos, esse mecanismo (também existente na Convenção Americana de Direitos Humanos) *nunca* foi utilizado. Os Estados, ao que tudo indica, temem o chamado "efeito bumerangue", caso fiquem a fiscalizar a situação de direitos humanos em outros. Ver também o artigo (com título sugestivo) de LECKIE S., "The Inter-State Complaint Procedure in International Human Rights Law: Hopeful Prospects or Wishful Thinking?", 10 *Human Rights Quarterly* (1988), p. 249-301.

que não há previsão expressa na Convenção Europeia sobre a legitimidade de limitações territoriais, apenas quanto a limitações temporais[14].

Na omissão da Convenção Europeia, a Turquia pugnou pela legitimidade dessa limitação territorial. Em sua defesa, a Turquia apontou que tal limitação territorial à jurisdição internacional era prática comum na Corte Internacional de Justiça, conforme a interpretação corrente do artigo 36 do Estatuto daquela Corte. Ademais, lembrou a Turquia que os trabalhos preparatórios da redação da Convenção Europeia de Direitos Humanos mostravam que os seus dispositivos referentes à jurisdição foram baseados *justamente* no Estatuto da Corte Internacional de Justiça.

Por fim, a Turquia recorreu à própria Convenção de Viena sobre Direito dos Tratados, sustentando que a *interpretação em boa-fé* (artigo 31 da Convenção de Viena) deveria levar em conta o sentido da época da redação da Convenção Europeia. Logo, apesar de a Convenção ser omissa, a *real intenção dos Estados era de imitar a prática da Corte Internacional de Justiça.*

A Corte Europeia de Direitos Humanos, contudo, rechaçou os argumentos da Turquia, sustentando que a prática da Corte Internacional de Justiça não poderia ser aplicada no âmbito de um tratado de direitos humanos, cujo objeto e fim era a proteção de direitos dos seres humanos, e não o resguardo de interesses dos Estados.

Além disso, a Corte Europeia aduziu que o direito de petição à Comissão e o direito de ação perante a própria Corte eram essenciais para a preservação de direitos humanos. Logo, interpretar a Convenção Europeia do modo pretendido pela Turquia significaria vulnerar a proteção de direitos humanos almejada pelo tratado.

Em nome da maior efetividade, então, dos direitos protegidos, a melhor interpretação seria a de considerar que *todos* submetidos à jurisdição do Estado turco (mesmo fora de seu território, ou seja, na ilha de Chipre) deveriam ter seus direitos garantidos. Assim, a omissão dos Estados contratantes em estabelecer expressamente a possibilidade de limitação territorial à jurisdição da Corte Europeia deveria ser interpre-

---

14 Declaração da República da Turquia de 28 de janeiro de 1987. No original: "The recognition of the right of petition extends only to allegations concerning acts or omissions of public authorities in Turkey performed within the boundaries of the territory to which the Constitution of the Republic of Turkey is applicable".

tada em prol da máxima proteção aos indivíduos, o que implicaria justamente considerar tal restrição territorial *ilegítima*[15].

11.4 O princípio da interpretação autônoma

Como consequência do princípio da efetividade, consolidou-se, na doutrina e na jurisprudência internacional, o princípio da "interpretação autônoma". De acordo com tal princípio, os conceitos e termos inseridos nos tratados de direitos humanos podem possuir *sentidos próprios*, distintos dos sentidos a eles atribuídos pelo direito interno, para dotar de maior efetividade os textos internacionais de direitos humanos.

De acordo com CANÇADO TRINDADE, embora os conceitos utilizados em tratados internacionais de direitos humanos tenham paralelo com os empregados nos diplomas nacionais, revestem-se de um "sentido internacional autônomo", estabelecendo regras de conduta comuns a todos os Estados contratantes[16].

Assim, os termos inseridos em um tratado internacional de direitos humanos devem ser interpretados de modo desvinculado com o já assente nos diversos Direitos nacionais.

Como exemplo, cite-se o parecer consultivo da Corte Interamericana de Direitos Humanos, que esclareceu que o termo "leis", empregado no artigo 30 da Convenção, deve ser interpretado de acordo com seu significado para o Direito Internacional dos Direitos Humanos, sendo irrelevante a interpretação dada pelo Direito interno. Para a Corte, então, "el significado del vocablo leyes ha de buscarse como término incluido en un tratado internacional. No se trata, en consecuencia, de determinar la acepción del sustantivo leyes en el derecho interno de un Estado Parte"[17].

---

15   No original: "In the Court's view, having regard to the object and purpose of the Convention system as set out above, the consequences for the enforcement of the Convention and the achievement of its aims would be so far-reaching that a power to this effect should have been expressly provided for. However no such provision exists in either Article 25 or Article 46 (art. 25, art. 46)" (Corte Europeia de Direitos Humanos, *Caso Loizidou – Exceções Preliminares* (Chipre *versus* Turquia), Série A, n. 310, parágrafo 75).

16   CANÇADO TRINDADE, Antônio Augusto. *Tratado de direito internacional dos direitos humanos.* v. II, Porto Alegre: Sérgio Antônio Fabris Editor, 1999, p. 33.

17   Ver em Corte Interamericana de Direitos Humanos, Parecer Consultivo n. 6, de 9 de maio de 1986, Série A, n. 6, parágrafo 19.

A Corte Europeia de Direitos Humanos também utiliza o princípio da interpretação autônoma, desconsiderando a definição jurídica interna em prol da maior proteção dos direitos humanos. No caso *Öztürk*, a Corte considerou uma pena administrativa imposta pela Polícia germânica (de acordo com a lei nacional) como sendo equivalente a uma *pena criminal* que deveria, assim, ser compatível com o artigo 6º (1) da Convenção (direito a ser ouvido por juízo imparcial nos casos criminais)[18].

11.5 A interpretação evolutiva dos tratados de direitos humanos

Os tratados internacionais de direitos humanos estão sujeitos à interpretação de termos de conteúdo indeterminado, como "privacidade", "devido processo legal", "interesse público", entre outros, que pode variar de acordo com o contexto de cada época. Assim, firmou-se o princípio da interpretação evolutiva dos tratados de direitos humanos, pelo qual se reconhece que o instrumento internacional de direitos humanos deve ser interpretado de acordo com o sistema jurídico do momento de sua aplicação.

Nesse sentido, a Corte Europeia de Direitos Humanos tem jurisprudência constante que afirma ser a Convenção Europeia de Direitos Humanos um *instrumento vivo*, que deve ser interpretado *à luz das condições do presente*[19].

---

18 Corte Europeia de Direitos Humanos, *Caso Öztürk*, julgamento de 21 de fevereiro de 1984, Série A, n. 73, em especial o parágrafo 49. O caso foi polêmico, pois a Corte ponderou que, em que pese a liberdade do Estado em descriminalizar delitos menores e considerá-los infrações administrativas (o Sr. Öztürk cometeu delito de trânsito, causando meros danos materiais), não poderia retirar garantias inerentes ao devido processo legal penal. Um dos motivos da irresignação do Sr. Öztürk é que lhe foram cobrados os gastos com intérprete (era residente na Alemanha, mas de origem turca), que seriam gratuitos em um processo criminal (a tradução é garantia básica do indivíduo e dever do Estado). Ver também Caso *Belilos*, julgamento de 2 de abril de 1988, Série A, n. 132.

19 No original: "That the Convention is a *living instrument* which must be interpreted in the light of *present-day conditions* is firmly rooted in the Court's case-law (...) It follows that these provisions cannot be interpreted solely in accordance with the intentions of their authors as expressed more than forty years ago" (Corte Europeia de Direitos Humanos, Caso Loizidou, sentença de 25 de março de 1995, parágrafo 71). Ver também Corte Europeia de Direitos Humanos, Caso *Tyrer*, julgamento de 25 de abril de 1978, e Caso *Marckx*, Série A, n. 31.

Já a Corte Internacional de Justiça decidiu que "um instrumento internacional deve ser interpretado e aplicado no âmbito do conjunto do sistema jurídico em vigor no momento em que a interpretação é feita"[20].

A Corte Interamericana de Direitos Humanos, por seu turno, adotou esse princípio, sustentando que "la evolución de los tiempos y las condiciones de vida actuales"[21] devem direcionar a interpretação dos diplomas de direitos humanos.

Com isso, garante-se a consonância da interpretação internacional das normas de direitos humanos com os novos parâmetros sociais, que afetam a própria determinação do que vem a ser a *dignidade da pessoa humana*.

11.6 O princípio da primazia da norma mais favorável ao indivíduo

A explosão de diplomas normativos internos e internacionais de direitos humanos, nos últimos cinquenta anos, aguçou a possibilidade de conflito aparente entre diversas normas de proteção de direitos humanos.

Para evitar a utilização de normas que estabeleçam menor proteção ao ser humano, consolidou-se, no Direito Internacional, o chamado "princípio da *primazia* da norma mais favorável ao indivíduo".

De acordo com tal princípio, nenhuma norma de direitos humanos pode ser invocada para *limitar*, de qualquer modo, o exercício de qualquer direito ou liberdade já reconhecida por outra norma internacional ou nacional. Assim, caso haja dúvida na interpretação de qual norma deve reger determinado caso, impõe-se que seja utilizada a norma *mais favorável* ao indivíduo, quer seja tal norma de origem *internacional* ou mesmo *nacional*.

CANÇADO TRINDADE ensina que "no domínio da proteção dos direitos humanos interagem o direito internacional e o direito interno

---

20 Tradução livre (Corte Internacional de Justiça, "Legal Consequences for States of the Continued Presence of South Africa in Namibia (South West Africa) notwithstanding Security Council Resolution 276 (1970)", *Parecer Consultivo, ICJ Reports* 1971, p. 16-31).

21 Corte Interamericana de Direitos Humanos, *Parecer Consultivo sobre o direito à informação sobre a assistência consular em relação às garantias do devido processo legal*, Parecer Consultivo n. 16, de 1º de outubro de 1999, Série A, n. 16, parágrafos 113-114.

movidos pelas mesmas necessidades de proteção, prevalecendo as normas que melhor protejam o ser humano. A primazia é da pessoa humana"[22].

Como exemplo, cite-se o artigo 29, *b*, da Convenção Americana de Direitos Humanos. Tal artigo estabelece que não cabe interpretar qualquer dispositivo da citada Convenção, de modo a limitar o gozo e exercício de qualquer direito ou liberdade que possam ser reconhecidos em virtude de leis de qualquer dos Estados-partes ou em virtude de Convenções em que seja parte um dos referidos Estados. Cláusula similar é ainda encontrada no art. 5.2 do Pacto das Nações Unidas sobre direitos civis e políticos, no art. 5º do Pacto Internacional de Direitos Econômicos, Sociais e Culturais e no art. 60 da Convenção Europeia de Direitos Humanos, entre outros.

Logo, o princípio da primazia da norma mais favorável ao indivíduo contribui para reduzir ou minimizar os possíveis conflitos entre diplomas normativos internacionais e nacionais[23].

A Corte Interamericana de Direitos Humanos reconheceu tal princípio no parecer consultivo relativo à necessidade de afiliação à Associação de Jornalistas. Nesse parecer, solicitado pela Costa Rica, estabeleceu-se que "en consecuencia, si a una misma situación son aplicables al Convención Americana y otro tratado internacional, debe prevalecer la norma más favorable a la persona humana"[24].

Entretanto, nos casos de conflito entre *direitos de indivíduos distintos* (o choque entre o direito à intimidade e a liberdade de expressão jornalística, entre outros) fica clara a impossibilidade da aplicação do princípio da primazia da "norma mais favorável". Como escolher entre um instrumento internacional que privilegia o direito à intimidade e outro instrumento que privilegia o direito à informação[25]?

---

22 CANÇADO TRINDADE, Antônio Augusto. "A evolução da proteção dos direitos humanos e o papel do Brasil", in *A proteção dos direitos humanos nos planos nacional e internacional:* perspectivas brasileiras. Brasília: Instituto Interamericano de Derechos Humanos, 1992, p. 34.

23 CANÇADO TRINDADE, Antônio Augusto. *Tratado de direito internacional dos direitos humanos.* v. I, Porto Alegre: Sérgio Antônio Fabris Editor, 1997, p. 436.

24 Corte Interamericana de Direitos Humanos, *Parecer Consultivo sobre a filiação obrigatória de jornalistas (artigos 13 e 29 da Convenção Americana de Direitos Humanos),* Parecer n. 5, de 13 de novembro de 1985, Série A, n. 5, parágrafo 52, p. 31.

25 Como exemplo, cite-se a proteção da vida privada e o direito à informação, já que o artigo 17 do Pacto Internacional de Direitos Civis e Políticos amplia a proteção

De fato, há uma importante pergunta, muitas vezes olvidada: *a norma é mais favorável a quem?* Ao indivíduo, mas e se em determinado caso concreto – comum, diga-se –, dois direitos pertencentes a indivíduos distintos entram em colisão? Qual norma deve prevalecer? O princípio da primazia da norma mais favorável emudece.

Outro exemplo da penosa aplicação do princípio da norma mais favorável é visto no caso envolvendo a realização *forçada* (*manu militari*) do exame do DNA (ácido desoxirribonucleico) em ação de investigação de paternidade. Nesse caso, é necessário optar entre a preservação do direito à integridade física do suposto pai e o direito da criança ao conhecimento seguro de sua própria ascendência, ambos os direitos já reconhecidos em *diversos tratados internacionais*[26].

Assim, no tocante à obrigatoriedade do exame do DNA contra a vontade do presumido pai (a ser conduzido coercitivamente ao laboratório), qual seria a "norma mais favorável ao indivíduo"? Aquela que enfatiza o direito à integridade física de qualquer indivíduo ou aquela que privilegia, em face da diminuta lesão corpórea (uma gota de sangue ou fio de cabelo), o direito da criança em saber, com *certeza*[27], a sua filiação?

Ambos, o presumido pai e a criança são particulares e a ambos se aplica o critério da primazia da norma favorável ao indivíduo.

O Supremo Tribunal Federal brasileiro, ao apreciar esse caso, decidiu, com votos dissidentes memoráveis (como o do antigo Juiz da Corte Internacional de Justiça Francisco Rezek), pela prevalência do direito à integridade física, em apertada maioria (maioria de 6 a 4). Na tese da minoria, prevaleceu o *princípio da proporcionalidade*, que, de acordo com o voto do Ministro Sepúlveda Pertence, é "de fundamental importância para o deslinde da colisão entre direitos fundamentais"[28]. Assim, não foi invocado o princípio da "primazia da norma mais favorável ao indivíduo", pela impossibilidade de seu uso.

---

da vida privada para atingir a proteção da honra e da reputação, em face do artigo 8º da Convenção Europeia de Direitos Humanos. Entretanto, reduz a esfera da liberdade de expressão de outrem.

26 Respectivamente, Pacto Internacional de Direitos Civis e Políticos e a Convenção Internacional dos Direitos da Criança, ambos já ratificadas pelo Brasil.

27 Tal certeza não é garantida pela solução judicial tradicional, que trata a recusa à realização do exame de DNA como confissão ou presunção relativa de paternidade.

28 HC 71.373-RS, Relator p/ acórdão Min. Marco Aurélio, julgamento no Plenário de 10-11-1994. Publicado no *DJU* de 22-11-1996.

Sendo assim, o princípio da primazia da norma mais favorável ao indivíduo (que decorre inclusive do princípio *pro persona*) é um dos pilares do Direito Internacional dos Direitos Humanos, servindo como vetor de sua aplicação e de sua expansão, em clara associação à defesa da dignidade humana. Todavia, não é possível seu uso no cotidiano da interpretação dos direitos humanos que comumente envolvem colisões entre direitos, quer individuais ou mesmo de titularidade de toda a coletividade (direitos difusos). Mesmo no âmbito do processo penal, não é mais suficiente invocar o princípio da primazia da norma mais favorável ao indivíduo, pois ambos – réu e vítima do crime – invocam direitos a seu favor. Por exemplo, o réu invoca o devido processo legal e a vítima invoca o direito à verdade e o direito à justiça.

Assim, sustento a insuficiência do princípio da primazia da norma mais favorável ao indivíduo, justamente nos *hard cases,* nos quais dois ou mais direitos entram em *colisão aparente.* Logo, em face da insuficiência do princípio da norma mais favorável, entra em cena a ponderação de interesses, sabendo que a *relatividade* dos direitos fundamentais e a necessária *coexistência* entre os mesmos servem de guia para o intérprete no momento da estipulação dos *limites* dos direitos em concreto[29].

11.7 A teoria da margem de apreciação

Um dos principais instrumentos de interpretação utilizados pelo Direito Internacional dos Direitos Humanos, adotado especialmente pela Corte Europeia de Direitos Humanos, é a chamada teoria da *margem de apreciação ("margin of appreciation").*

De acordo com essa teoria, *determinadas* questões polêmicas relacionadas com as restrições estatais a direitos protegidos devem ser *discutidas e dirimidas pelas comunidades nacionais,* não podendo o juiz internacional apreciá-las[30].

---

29 Ver mais sobre a insuficiência do princípio da primazia da norma mais favorável em CARVALHO RAMOS, André de. "O impacto da Convenção Americana de Direitos Humanos na relação do Direito Internacional com o Direito Interno", in *Boletim Científico da Escola Superior do Ministério Público da União,* ano I, n. 4, jul./set. 2002, p. 51-71.

30 Ver mais sobre essa teoria em MERRILLS, J. G. *The development of international law by the European Court of Human Rights.* 2. ed. Manchester: Manchester University Press, 1995, em especial no capítulo 7 ("The margin of appreciation"); OLINGA, Alain-Didier y PICHERAL, Carolina, "La théorie de la marge d'appréciation dans la jurisprudence récente de la Cour Européene des Droits de l'homme", *Revue Trimestrielle des Droits de l'homme,* n. 24, octobre 1995, p. 567 e s.; GALETTA, Diana-Urania,

Trata-se de uma técnica de decisão que prega a abstenção do controle internacional em determinados casos de direitos humanos, nos quais não há consenso regional ou internacional sobre o deslinde do conflito entre os direitos ou, ainda, sobre o conteúdo do direito protegido.

Seu fundamento, inicialmente, está na *subsidiariedade* da jurisdição internacional no sentido impróprio, que vai além do mero esgotamento dos recursos internos (*subsidiariedade própria*) e afirma a preponderância – em nome da soberania popular – da visão local sobre o delineamento de determinado direito.

Ao lado da margem de apreciação nacional plena (ou clássica), que impede o escrutínio internacional e permite a discricionariedade estatal, há ainda a margem de apreciação mitigada (ou anômala), pela qual o Estado possui opções para concretizar determinado direito ou, ainda, para solucionar o conflito de direitos, sob o crivo do órgão internacional. Esse segundo tipo de margem de apreciação é reflexo das diferentes formas de implementação de um direito, que podem variar entre Estados, devendo a supervisão internacional assegurar a proporcionalidade da escolha local, à luz dos direitos internacionalmente protegidos. Nesse sentido, no Caso *Castañeda Gutman*, a Corte Interamericana de Direitos Humanos apontou que a Convenção Americana de Direitos Humanos não estabeleceu um único sistema eleitoral, bem como um único formato de exercício dos direitos a votar e ser votado, mas foi mantido o crivo internacional a respeito da manutenção dos direitos políticos protegidos pela Convenção Americana de Direitos Humanos[31].

No caso da margem de apreciação nacional plena (ou clássica), caberia, a princípio, ao próprio Estado estabelecer os limites e as restrições

---

"Il principio di proporzionalità nella Convenzione Europea dei Diritti dell'uomo, fra principio di necessarietà e dottrina del margine di apprezzamento statale: riflessioni generali su contenuti e rilevanza effettiva del principio", *Rivista Italiana di Diritto Pubblico Comunitario*, 1999, 3-4, p. 743 e s.; MACDONALD, R. St. J., "The Margin of Appreciation" in MACDONALD, R. St. J.; MATSCHER, F. e PETZOLD, H. *The European System for the Protection of Human Rights*. Dordrecht, Boston, London: Martinus Nijhoff Publishers, 1993, p. 83-124; BENVENISTI, Eyal, "Margin of Appreciation, Consensus, and Universal Standards", 31 *New York University Journal of International Law and Politics*, (1999), p. 843 e s. Ver também sobre a teoria da margem de apreciação em JANIS, Mark; KAY, Richard; BRADLEY, Anthony. *European Human Rights Law*. Oxford: Clarendon Press, 1996, em especial p. 167 e s.

31 Corte Interamericana de Direitos Humanos, *Caso Castañeda Gutman vs. México*, julgamento de 28-8-2013.

128

ao gozo de direitos em face do interesse público, inibindo-se o controle internacional. Parte-se da premissa de que as decisões sobre direitos humanos possuem um *componente político* que ultrapassa a consideração jurídica, que gera a abstenção de agir do órgão internacional a favor das comunidades nacionais democráticas.

A margem de apreciação nacional não constava da redação original da Convenção Europeia de Direitos Humanos, sendo fruto da interpretação da extinta Comissão Europeia de Direitos Humanos e logo abraçada pela Corte Europeia de Direitos Humanos. Somente em 2013, o Protocolo n. 15 introduziu expressamente a "margem de apreciação nacional" no Preâmbulo da Convenção Europeia de Direitos Humanos (ver abaixo).

Um dos primeiros casos de aplicação da teoria da margem de apreciação[32] foi o caso *Handyside* (confisco de exemplares e proibição, no Reino Unido, de comercialização de livro considerado obsceno editado pelo Sr. Richard Handyside[33]). Nesse caso, a Corte Europeia utilizou a teoria da margem de apreciação, considerando que cabia à sociedade britânica, *com base em seus valores morais*[34], decidir sobre se deveria ou não adotar tais restrições ao direito à liberdade de expressão, negando assim violação à Convenção Europeia. Assim, a Corte Europeia reconheceu a "margem de apreciação" do Estado réu, pois, para os julgadores, "em virtude do contínuo e direto contato com as forças vitais de seus países, as autoridades estatais estão, a princípio, em melhor posição do que o juiz internacional, para avaliar as exigências morais de suas sociedades"[35].

Nesse mesmo sentido, decidiu a Corte Europeia de Direitos Humanos, no caso *James*, que "devido ao seu conhecimento direto de sua sociedade e de suas necessidades, as autoridades nacionais estão, a princípio, em

---

32 Cite-se ainda o Caso *Lawless, de 1961*, que é justamente o primeiro caso contencioso da Corte, no qual já foi discutida a teoria da margem de apreciação. Ver Corte Europeia de Direitos Humanos, *Caso Lawless vs. Irlanda*, julgamento de 1º de julho de 1961, Série A, n. 3.

33 A Inglaterra, com base no "Obscene Publications Act", confiscou controvertido livro (*The Little Red Schoolbook*) para crianças e adolescentes, que continha capítulo de sexo, entre outros (Corte Europeia de Direitos Humanos, *Caso Handyside vs. Reino Unido*, julgamento de 12 de dezembro de 1976, Série A, n. 24).

34 Ao que tudo indica, valores mais conservadores que a média europeia, pois o citado livro "obsceno" fora anteriormente editado e comercializado em vários países europeus.

35 Tradução livre (Corte Europeia de Direitos Humanos, Série A, n. 24, parágrafo 48.

melhor posição, do que o juiz internacional, para apreciar o que seria o 'interesse público' (...) consequentemente, as autoridades nacionais gozam de uma certa margem de apreciação"[36].

Nesse caso específico, a Corte analisou determinada lei britânica ("Leasehold Reform Act", de 1967), que permitia a expropriação de propriedade alugada em nome do interesse público. Para a Corte, tal lei era reflexo de opções políticas e econômicas que muito variavam, mesmo em sociedades democráticas. Logo, concluiu a Corte que a "margem de apreciação à disposição do legislador na implementação de políticas sociais e econômicas deve ser ampla"[37].

Em outro caso envolvendo o direito de propriedade, a Corte Europeia foi acionada para decidir se a legislação austríaca, que impunha limites aos aluguéis de moradias, ofendia o direito dos proprietários (Caso *Mellacher*). Novamente a Corte decidiu que, em tais casos (aliás, muito comuns no Brasil dos antigos planos econômicos), o Estado goza de uma ampla *margem de apreciação*, quer para determinar a existência de interesse social para restringir a propriedade, quer para determinar os meios ou mecanismos de restrição[38].

Já no Caso *Engel*, analisou-se, em face da liberdade de expressão, legislação militar que impôs punições aos dois peticionários pela edição e publicação de livro considerado "subversivo". Novamente, a Corte *autolimitou-se*, reconhecendo que "cada Estado é competente para organizar seu próprio sistema de disciplina militar e goza, na matéria, de certa margem de apreciação"[39].

No caso *Cossey*, discutiu-se o direito dos transexuais de exigir, com base no direito à intimidade (artigo 8º), que o Reino Unido permitisse a *modificação de identidade* (alteração de sexo na certidão de nascimento[40]),

---

36 Tradução livre. Caso *James* (Comissão *versus* Reino Unido), Corte Europeia de Direitos Humanos, Série A, n. 98, parágrafo 46.

37 Tradução livre (Corte Europeia de Direitos Humanos, Caso *James* (Comissão *versus* Reino Unido), Série A, n. 98, parágrafo 46).

38 Corte Europeia de Direitos Humanos, Caso *Mellacher* (Comissão *versus* Áustria), Série A, n. 169, parágrafo 45.

39 Corte Europeia de Direitos Humanos, Caso *Engel*, Série A, n. 22, parágrafo 59.

40 A legislação inglesa é permissiva quanto à alteração de prenome e nome, por ato do próprio interessado. No caso, o requerente, nascido Barry, já havia adotado, anos antes, o prenome de Caroline. Entretanto, não poderia contrair casamento, pois sua certidão de nascimento ainda mencionava seu sexo anterior.

com o consequente *direito ao casamento* (artigo 12 – direito de constituir família). A Corte, fundada na diferença entre as legislações europeias, preferiu deixar a cada Estado, de acordo com sua *margem de apreciação*, decidir sobre o tema[41]. Nesse caso, que mostra o caráter polêmico da teoria da margem de apreciação, houve oito votos dissidentes, tendo o Juiz Martens considerado que o direito à modificação da identidade dos transexuais é fruto do *respeito à dignidade da pessoa humana* e seu legítimo desejo de autorrealização[42].

Posteriormente, no Caso *Goodwin,* a Corte restringiu a margem de apreciação dos Estados, em mais um caso de violação de direitos de transexuais. No caso, Christine Goodwin, depois de submeter-se a cirurgia de modificação de sexo (masculino de origem para feminino), apelou à Comissão Europeia, acusando o Reino Unido de violação de sua vida privada (artigo 8º da Convenção).

Os fatos narrados eram graves: a vítima alegou que não pode se inscrever na Seguridade Social com o novo sexo, nem se beneficiar com a idade reduzida de aposentadoria para mulheres ou ainda com os prêmios de seguros mais baratos para mulheres e tampouco pode invocar a proteção penal contra estupro (que exigiria segundo a interpretação local o sexo original feminino), e, finalmente, não pode se casar com seu companheiro homem (artigo 12 da Convenção – direito ao matrimônio)[43].

A Corte, então, não acatou a alegação de "margem de apreciação nacional" e condenou, em julgamento de julho de 2002, o Reino Unido por violação do artigo 8º (direito à vida privada) e também do artigo 12 (direito ao matrimônio).

---

41 No original: "This is an area in which the Contracting Parties enjoy a wide margin of appreciation" (parágrafo 40). E também: "It finds, furthermore, that attachment to the traditional concept of marriage provides sufficient reason for the continued adoption of biological criteria for determining a person's sex for the purposes of marriage, this being a matter encompassed within the power of the Contracting States to regulate by national law the exercise of the right to marry" (parágrafo 47), Corte Europeia de Direitos Humanos, Caso *Cossey* (Comissão *versus* Reino Unido), Série A, n. 184, parágrafos 40 e 47).

42 O voto dissidente do Juiz Martens é verdadeira aula sobre a necessidade de proteção dos direitos humanos dos transexuais. Aliás, há decisões judiciais na Europa, em especial do *Bundesverfassungsgericht* alemão de 1978, que reconheceu o que a Corte Europeia negou à Senhora Cossey (direito à alteração do registro de nascimento).

43 Os fatos narrados são de 1995, antes da extinção da Comissão pelo Protocolo n. 11 (Corte Europeia de Direitos Humanos, *Caso Christine Goodwin v. the United Kingdom,* julgamento de 11-7-2002, Reports of Judgments and Decisions 2002-VI).

Em sua mudança de posição, a Corte Europeia salientou, inicialmente, que seus precedentes (o Caso *Cossey* já citado, entre outros) não eram vinculantes e, além disso, era necessário sempre atualizar a interpretação dos dispositivos da Convenção, que é um instrumento vivo, como já visto acima.

As novas legislações dos Países Baixos, Itália e Turquia, reconhecendo direitos aos transexuais, foram importantes fatores para o convencimento da Corte. Além disso, a Corte ponderou que, em pleno século XXI (a decisão é de 2002) e com os avanços da ciência, era incoerente reconhecer, em termos médicos, a possibilidade de cirurgia e tratamento psicológico e hormonal de mudança de sexo e não reconhecer os efeitos jurídicos de tal mudança. A nova Carta de Direitos Fundamentais da União Europeia (2000) também foi levada em consideração pela Corte Europeia, pois seu artigo 9º sobre o casamento não faz mais a menção tradicional de união de homem com uma mulher[44].

A Corte, em importante etapa na luta pelo reconhecimento de direitos de uma minoria discriminada, condenou, por unanimidade, o Reino Unido[45], exigindo que este passe a reconhecer inclusive o casamento de transexuais.

Assim, o uso da margem de apreciação é controlado pela Corte Europeia de Direitos Humanos, sendo sempre ponderado pelo princípio da

---

44 Artigo 9º da Carta de Direitos Fundamentais da UE: "O direito de contrair casamento e o direito de constituir família são garantidos pelas legislações nacionais que regem o respectivo exercício".

45 O parágrafo 100 da decisão é eloquente em mostrar a necessidade de atualizar a intepretação da Convenção às novas realidades sociais: "100. (...). There have been major social changes in the institution of marriage since the adoption of the Convention as well as dramatic changes brought about by developments in medicine and science in the field of transexuality. The Court has found above, under Article 8 of the Convention, that a test of congruent biological factors can no longer be decisive in denying legal recognition to the change of gender of a post-operative transexual. There are other important factors – the acceptance of the condition of gender-identity disorder by the medical professions and health authorities within Contracting States, the provision of treatment including surgery to assimilate the individual as closely as possible to the gender in which they perceive that they properly belong and the assumption by the transexual of the social role of the assigned gender. The Court would also note that Article 9 of the recently adopted Charter of Fundamental Rights of the European Union departs, no doubt deliberately, from the wording of Article 12 of the Convention in removing the reference to men and women" (Corte Europeia de Direitos Humanos, *Caso Christine Goodwin v. the United Kingdom*, julgamento de 11-7-2002, Reports of Judgments and Decisions 2002-VI).

proporcionalidade. No caso de condutas estatais restritivas de direitos protegidos desproporcionais e irrazoáveis, pode a Corte Europeia declarar a violação da Convenção Europeia de Direitos Humanos.

O caso *Goodwin* consagrou o uso do *consenso regional europeu* como fator de controle da invocação válida da margem de apreciação nacional. No caso *A, B e C vs. Irlanda*, a Corte resumiu os fatores que devem ser levados em consideração para que se determine o limite da margem de apreciação de um Estado em determinado caso: (i) peso do direito em tela para a existência do indivíduo ou sua identidade; (ii) consenso entre os Estados do Conselho da Europa; (iii) existência de outros meios para a proteção do direito e (iv) questões sensíveis do ponto de vista ético ou moral. Nesse último fator, em virtude do maior contato com as "forças vitais" da sociedade local, as autoridades nacionais estariam em melhor posição para dar o exato conteúdo das exigências particulares de um país[46].

A inexistência de um consenso regional seria um fator de convencimento para o uso da margem de apreciação nacional. Quanto mais distante de um consenso regional, mais acertada seria a ausência de intervenção da jurisdição internacional. A margem de apreciação, nesses casos de ausência de consenso regional, protegeria o órgão internacional de acusações de intervencionismo antidemocrático nos conflitos sociais internos.

Para vários críticos, entretanto, a aceitação da justificativa da "margem de apreciação" pode resvalar na perigosa tendência para o *relativismo* dos direitos humanos, aceitando que uma maioria momentânea das comunidades nacionais possa adotar postura violatória de direitos protegidos ou que práticas históricas ou religiosas sejam usadas como justificativas para impedir mudanças sociais, em especial na esfera da dita moralidade pública[47].

Essa perigosa aceitação do relativismo na proteção de direitos humanos é ainda mais dramática por advir de uma Corte especializada de

---

46 Corte Europeia de Direitos Humanos, *A, B and C vs. Irlanda* (julgamento de 16 de dezembro de 2010, em especial parágrafo 232).

47 Entre os críticos, ver FEINGOLD, C. "The Little Red Schoolbook and the European Convention on Human Rights, *Human Rights Review*, v. III, 1978, p. 21-42; SHELTON, Dinah. "The Boundaries of Human Rights Jurisdiction in Europe", *Duke Journal of Comparative and International Law*, n. 13, v. 1, jan.-abr. 2003, p. 95-147.

direitos humanos e não de um Estado autoritário qualquer ou de membros dirigentes de uma comunidade religiosa opressora[48].

É bom lembrar que o texto da Convenção Europeia de Direitos Humanos contém obrigação dos Estados em garantir e respeitar os direitos humanos, sem ressalvas ou titubeios[49].

Além disso, a teoria da *margem de apreciação* deposita enorme confiança nos Estados europeus, que seriam todos *democráticos* e *defensores* de *direitos humanos*. Ora, basta a breve menção a alguns casos acima expostos para mostrar que mesmo Estados democráticos *violam* direitos humanos, em especial de minorias.

Em junho de 2013, foi editado o Protocolo n. 15 de alteração da Convenção Europeia de Direitos Humanos e posto à disposição dos Estados-partes para ratificação.

O Protocolo é conciso, com nove artigos, com a adição, no Preâmbulo da Convenção, de menção ao princípio da subsidiariedade da jurisdição internacional, sendo os Estados os responsáveis primários pela proteção de direitos humanos, gozando de *margem de apreciação nacional*. Assim, em vez de suprimir a margem de apreciação nacional (que põe em risco o universalismo), o sistema europeu a reforça, inserindo-a expressamente no Preâmbulo da Convenção Europeia de Direitos Humanos.

Com a menção à subsidiariedade no Protocolo n. 15, consagrou-se a subsidiariedade imprópria, ou seja, somente cabe o recurso à jurisdição internacional em casos nos quais há violação, pelo Estado infrator, de direito protegido cuja interpretação já seja consensual. Não caberia ao órgão internacional inovar e substituir os Estados[50].

A teoria da margem de apreciação no sistema europeu sustenta-se na *deferência* que a jurisdição internacional deve apresentar em face das decisões nacionais em casos nos quais não há um claro "consenso regional

---

48 Ver na segunda parte da obra a análise sobre a universalidade dos direitos humanos. Como veremos, os juristas ocidentais em geral apontam posturas *orientais* ou *islâmicas* como adversárias do universalismo. Curiosamente, a teoria da margem de apreciação quase nunca é apontada como perigoso exercício de relativismo.

49 Artigo 1º *Obrigação de respeitar os direitos do homem. As Altas Partes Contratantes reconhecem a qualquer pessoa dependente da sua jurisdição os direitos e liberdades definidos no título I da presente Convenção.*

50 Ver mais sobre a subsidiariedade imprópria no capítulo sobre a subsidiariedade da jurisdição internacional.

134

europeu". A comprovação desse consenso europeu na jurisprudência revela a pesquisa no direito comparado e internacional, que venha a mostrar a concordância ou, pelo menos, o início de uma mudança de postura sobre determinado direito protegido. Não se exige unanimidade, como se viu no *Caso Goodwin*, mas deve ser provada ao menos uma tendência de aceitação da interpretação a ser adotada pela Corte.

Como bem sustenta CANÇADO TRINDADE, "esta doutrina só poderia ter se desenvolvido em um sistema europeu que se acreditava exemplar, próprio de uma Europa ocidental (pré-1989) relativamente homogênea no tocante a suas percepções de uma experiência histórica comum"[51].

Continua o professor brasileiro, um dos maiores críticos da teoria da margem de apreciação, afirmando que "felizmente tal doutrina não encontra um desenvolvimento paralelo explícito na jurisprudência sob a Convenção Americana de Direitos Humanos"[52].

Apesar de não existir (ainda) uma clara adoção da teoria da margem de apreciação no sistema regional interamericano, há fatores que impulsionam o seu uso neste sistema regional. Em primeiro lugar, a adoção generalizada do controle de convencionalidade pela Corte Interamericana de Direitos Humanos (Corte IDH) gerou o consequente dever dos Estados de respeitar não só o texto da Convenção mas especialmente a interpretação adotada pela Corte nos seus casos. Em segundo lugar, o acesso à jurisdição contenciosa ou consultiva da Corte IDH é restrito: a Comissão Interamericana de Direitos Humanos, premida por dificuldades financeiras, possui clara política seletiva, buscando acionar a Corte em casos estruturais de violação de direitos humanos, potencializando o risco de a Corte ser provocada para interpretar direitos que revelam conflitos sociais ou dúvidas morais sem solução clara nas heterogêneas sociedades latino-americanas.

No caso *Artavia Murillo*[53], a Corte IDH analisou acórdão da Sala Constitucional da Suprema Corte da Costa Rica em 2000, que havia declarado a inconstitucionalidade de decreto nacional de autorização

---

51 CANÇADO TRINDADE, Antônio Augusto. *Tratado de direito internacional dos direitos humanos*. Porto Alegre: Sérgio Antônio Fabris Editor, 1999, v. II, p. 124-125.

52 CANÇADO TRINDADE, Antônio Augusto. *Tratado de direito internacional dos direitos humanos*, v. II. Porto Alegre: Sérgio Antônio Fabris Editor, 1999, p. 125.

53 Corte Interamericana de Direitos Humanos, *Caso Artavia Murillo y otros vs. Costa Rica*, sentença de 28-11-2012.

da fertilização *in vitro*, bem como a própria prática em si. Entre os fundamentos da decisão nacional estavam o (i) respeito ao princípio da reserva legal, pelo qual somente por meio de lei formal era possível restringir determinado direito; (ii) respeito ao direito à vida e à dignidade humana, desde a concepção; (iii) impossibilidade, em virtude do respeito à vida, da fertilização *in vitro* com uso de embriões, mesmo se fosse regulado por lei. Para o juízo doméstico, no atual estágio da tecnologia da fertilização *in vitro*, o desperdício de embriões humanos atenta contra a dignidade e o direito à vida. Para a Corte da Costa Rica, o embrião humano seria pessoa desde a concepção e, portanto, não poderia ser considerado como objeto sujeito a processo seletivo e mantido congelado. Após nova tentativa do Poder Executivo de editar decreto regulando a fertilização *in vitro* (para atender a medida cautelar da Comissão Interamericana de Direitos Humanos), a Sala Constitucional da Suprema Corte do Estado novamente, em 2016, reafirmou sua posição pela inconstitucionalidade da prática. No processo internacional de direitos humanos perante a Corte IDH, a Costa Rica defendeu-se alegando, entre outros, a falta de consenso sobre o início da vida como fator importante para a fixação da margem de apreciação nacional. Explicitamente, o Estado réu invocou a posição da Corte Europeia de Direitos Humanos para concluir que nessa temática deva existir uma discricionariedade estatal. Contudo, a Corte – apesar de citar diversas decisões e normas de países da região – reiterou ser a "intérprete última" da Convenção e, assim, senhora da interpretação final das obrigações assumidas pelos Estados, sem, então, aceitar a essência da margem de apreciação clássica que é a abstenção do agir internacional em deferência às opções políticas majoritárias domésticas[54]. Sobre a mesma temática (início da proteção jurídica da vida), a Corte EDH sustentou que a determinação do início da vida[55] está sob a abrangência da margem de apreciação

---

54 Corte Interamericana de Direitos Humanos, *Caso Artavia Murillo y otros vs. Costa Rica*, julgamento de 28-11-2012, em especial parágrafos 169-171.

55 Corte Europeia de Direitos Humanos, *Vo vs. França*, julgamento de 8 de julho de 2004, em especial parágrafo 82, que tratou da proteção penal à vida do feto. Para a Corte, a definição do início da proteção jurídica da vida compõe a margem de apreciação nacional já que não há consenso entre os Estados e nem na comunidade científica. Já no caso *A, B and C vs. Irlanda* (julgamento de 16 de dezembro de 2010), a Corte decidiu que não há um "direito a abortar" que decorreria do art. 8º da Convenção (direito à vida privada), reafirmando a existência da margem de apreciação nacional na temática (em especial parágrafos 237-241).

nacional, bem como as decisões sobre técnicas da fertilização *in vitro* e destruição de embriões congelados[56].

Também no caso *Atala Riffo vs. Chile*, o Estado chileno sugeriu a ausência de um consenso regional sobre a utilização da "orientação sexual" como categoria proibida de discriminação, para justificar sua conduta. Para a Corte, a presumida falta de consenso entre os Estados sob sua jurisdição sobre o respeito pleno dos direitos das minorias sexuais "não pode ser considerado um argumento válido" para denegar-lhes direitos[57].

Assim, diferentemente da Corte EDH, a Corte Interamericana de Direitos Humanos não leva em consideração a inexistência de um "consenso regional" latino-americano sobre a interpretação de determinado conflito de direitos como um parâmetro decisivo para gerar a deferência à opção nacional com a consequente abstenção de atuação do órgão internacional.

Quanto à margem de apreciação mitigada, há precedentes da Corte IDH que revelam a aceitação de diversas formas de implementação de determinado direito (e, consequentemente, de ponderação no conflito entre direitos), sob o crivo da Corte. O primeiro caso no qual a Corte admite tal amplitude de implementação para os Estados foi a Opinião Consultiva n. 04/1984, pedida pela Costa Rica, que tratou da diferenciação aos aspirantes à naturalização em função de sua procedência, privilegiando aqueles que tivessem nacionalidade da América Central, da Espanha ou América, surgindo a dúvida sobre a compatibilidade dessa discriminação em face do princípio da igualdade. A Corte ressaltou não

---

56 Corte Europeia de Direitos Humanos, *Evans v. United Kingdom*, julgamento de 10 de abril de 2007. Nesse caso, a Corte considerou que o Estado possui margem de apreciação para exigir o consentimento dos doadores do material genético no momento da fertilização e não somente no momento da doação propriamente dita. Tratou-se de pedido de destruição de embriões congelados pelo doador do espermatozoide, após o fim do relacionamento com a doadora do óvulo, pedido este fundado na lei britânica que regulava a fertilização assistida. Os embriões haviam sido congelados antes de a doadora se submeter a tratamento contra câncer no ovário, o que afetaria sua fertilidade futura. O Reino Unido foi processado pela doadora, cujo projeto parental ficaria irremediavelmente prejudicado sem aqueles embriões. A Corte (Tribunal Pleno, com 17 juízes) decidiu à unanimidade que não havia existido violação do direito à vida, mas por maioria (quatro votos contrários) decidiu que não havia existido violação ao direito à vida familiar, mantendo a margem de apreciação do Estado.

57 Corte Interamericana de Direitos Humanos, *Caso Atala Riffo e Filhas vs. Chile*, julgamento de 24-2-2012, parágrafo 92.

existir discriminação "se a distinção de tratamento for orientada legitimamente, isto é, se não conduz a situações contrárias à justiça, à razão ou à natureza das coisas"[58]. Para a Corte, cabe ao Estado apreciar em que medida o indivíduo está vinculado ao sistema de valores e interesses da sociedade à qual pretende pertencer[59].

Também no caso *Herrera Ulloa vs. Costa Rica*, a Corte IDH defendeu que os Estados gozam de certa discricionariedade para regular os recursos internos contra sentenças judiciais, desde que tal regulação não afete ou impeça a essência do devido processo legal. Outro marco da adoção da margem de apreciação mitigada foi o caso *Castañeda Gutman vs. México*, pelo qual a Corte decidiu que tanto os sistemas eleitorais baseados em candidaturas *partidárias* quanto aqueles que admitem *candidaturas avulsas* podem ser compatíveis com a Convenção Americana de Direitos Humanos, reconhecendo a Corte a crise que envolve os partidos políticos na região. Concluiu a Corte que os Estados devem valorar, "de acordo com seu desenvolvimento histórico e político", as medidas que fortaleçam a democracia, e as candidaturas avulsas podem ser um dos mecanismos de fortalecimento[60].

Vistos esses precedentes europeus e interamericanos, deve ser reconhecido que a alternativa (apreciação do mérito de todos os casos pelo juiz internacional) pode ser vista como sendo "arbítrio ou decisionismo judicial", que ignoraria os sentimentos e valores nacionais.

Em uma posição intermediária, sustenta Eyal Benvenisti, professor da Universidade de Jerusalém, que o problema não está na teoria em si, mas em sua utilização pela Corte EDH, que é feita de forma assistemática e sem critério. Segundo ele, a teoria da margem de apreciação clássica não pode ser aplicada em conflitos entre maiorias e minorias, deficiências inerentes dos sistemas democráticos. Mas, todavia, pode ser utilizada em casos em que *toda a população* venha a ser afetada, como, por exemplo, os casos envolvendo o direito de propriedade, responsabilidade civil etc.[61].

---

58 Corte Interamericana de Direitos Humanos, *Parecer consultivo sobre a proposta de alteração da Constituição da Costa Rica*, Parecer n. 4/84 de 19 de janeiro de 1984, Série A n. 4, parágrafo 57.

59 Corte Interamericana de Direitos Humanos, *Parecer consultivo sobre a proposta de alteração da Constituição da Costa Rica*, Parecer n. 4/84 de 19 de janeiro de 1984, Série A n. 4, parágrafo 59.

60 Corte Interamericana de Direitos Humanos, *Caso Castañeda Gutman vs. México*, julgamento de 28-8-2013, em especial parágrafo 204.

61 BENVENISTI, Eyal, "Margin of Appreciation, Consensus, and Universal Standards", 31 *New York University Journal of International Law and Politics* (1999), p. 843 e s.

MERRILS definiu bem o dilema, afirmando que se uma Corte internacional de direitos humanos utilizar em demasia a "margem de apreciação", será considerada conservadora e inapta para cumprir seu papel de guardiã dos direitos humanos. Se for radical e analisar todas as leis e decisões judiciais locais, pode ser vista como "arbitrária"[62]. Assim, segundo seus *defensores*, a teoria da "margem de apreciação" clássica permite que as Cortes internacionais de direitos humanos exerçam sua função de promoção de direitos humanos de forma *subsidiária e moderada,* impedindo o arbítrio do juiz internacional.

Ora, a subsidiariedade da jurisdição internacional, em face da jurisdição nacional, significa apenas que o próprio Estado, por meio de seus recursos internos, deve assegurar o respeito aos direitos humanos (*subsidiariedade própria*). Depois, no fracasso de tais meios internos, pode a vítima aceder aos mecanismos internacionais. A subsidiariedade não implica reduzir ou restringir a competência dos órgãos internacionais na avaliação de eventuais violações de direitos humanos[63].

Assim, a subsidiariedade no que tange ao Direito Internacional dos Direitos Humanos em muito difere da subsidiariedade em uma organização de integração econômica, como, por exemplo, a União Europeia, na qual os órgãos supranacionais têm competências rígidas e devem se ater ao marco comunitário.

Os tratados internacionais de direitos humanos foram elaborados justamente para fornecer uma *garantia coletiva* a todos os indivíduos, que já esgotaram os recursos ou meios internos para prevenir ou reparar violações de direitos humanos. Após o esgotamento dos recursos internos ou no caso de dispensa de esgotamento, deve a jurisdição internacional ser acionada e, então, determinar o respeito aos tratados internacionais de direitos humanos, não podendo se omitir nessa hercúlea tarefa alegando caráter polêmico de algumas questões.

Caso contrário implodiríamos a própria jurisdição internacional de direitos humanos, criada justamente para permitir a apreciação internacional de pretensas violações de direitos humanos, mesmo que os atos internos ofensivos tenham expressivo apoio da maioria.

---

62 MERRILLS, J. G. *The development of international law by the European Court of Human Rights.* 2. ed. Manchester: Manchester University Press, 1995, p. 174.

63 Ver abaixo um capítulo sobre a subsidiariedade da jurisdição internacional.

Há passagem do voto dissidente do Juiz MARTENS, no Caso *Cossey* da Corte Europeia de Direitos Humanos (precedente felizmente já superado), analisado acima, que resume bem a crítica à teoria da *margem de apreciação:* "se uma coletividade oprime um indivíduo porque não deseja reconhecer mudanças sociais, a Corte deveria ter grande cuidado em não se inclinar tão comodamente em favor de argumentos baseados nas particularidades históricas e culturais de um país"[64].

Não que uma decisão de um tribunal internacional de direitos humanos não possa ser questionada ou mesmo alterada após mudança na composição de seus juízes. Ou que não possa ser repensado o *critério de escolha* dos juízes internacionais para dotar suas decisões de *maior legitimidade*, por meio da participação decisiva dos Parlamentos (representantes das comunidades nacionais). Ou ainda que não se deva exigir sinceridade e total transparência na fundamentação das decisões judiciais e no exercício do juízo de proporcionalidade e ponderação de valores.

O importante é prosseguir na aceitação da supervisão internacional dos direitos humanos, aperfeiçoando seu mecanismo, de modo a garantir um mínimo *standard* de proteção de direitos humanos a todos, maiorias ou minorias, em cada comunidade humana.

---

64 No original, "if a collectivity oppresses an individual because it does not want to recognise societal changes, the Court should take great care not to yield too readily to arguments based on a country's cultural and historical particularities". Caso *Cossey*, op. cit, voto dissidente, parágrafo 5.6.3.

12 Os principais intérpretes

12.1 As Cortes Internacionais

Cabe, nesse momento do estudo, tecer algumas breves considerações sobre os principais sujeitos da interpretação no Direito Internacional dos Direitos Humanos, que são os órgãos de entes internacionais e os próprios Estados.

Quanto aos Estados, cabe lembrar que a apreciação unilateral de condutas de outros Estados (que inclui a interpretação de diplomas normativos, é claro), com posterior uso de sanções unilaterais, é estágio ainda rudimentar da proteção internacional de direitos humanos.

A presente preocupação de alguns Estados com a situação de direitos humanos no mundo[1] é por si só *seletiva* e pode esconder critérios geopolíticos, que tendem a erodir a legitimidade ética do discurso de direitos humanos. Urge, consequentemente, o banimento de tal apreciação unilateral da prática internacional de nossos dias[2].

Resta, assim, analisar brevemente os chamados mecanismos coletivos de proteção de direitos humanos. Nesse primeiro momento, analisaremos a competência de tribunais internacionais na interpretação de diplomas normativos de direitos humanos.

No âmbito universal, não há ainda uma Corte Internacional de Direitos Humanos. A Corte Internacional de Justiça (principal órgão judicial da Organização das Nações Unidas) possui papel secundário na proteção de direitos humanos, uma vez que sua jurisdição contenciosa só se aplica a Estados (quer como autores ou como réus)[3].

---

[1] Ver, por exemplo, os relatórios do Departamento de Estado e do próprio Congresso dos Estados Unidos sobre a situação de direitos humanos no mundo.

[2] Ver minha crítica ao mecanismo unilateral de apreciação de violações de direitos humanos em CARVALHO RAMOS, André de. *Processo internacional de direitos humanos.* 7. ed. São Paulo: Saraiva, 2022.

[3] Ver o artigo 34.1 do Estatuto da Corte Internacional de Justiça (*Só os Estados poderão ser partes em questão perante a Corte*), quanto à jurisdição contenciosa, sem levar em consideração a jurisdição consultiva. Ver sobre o tema GARCIA, Marcio Pereira Pinto. "A Corte Internacional de Justiça", in ORDEM DOS ADVOGADOS DO BRASIL (edit.), *Advogado:* desafios e perspectivas no contexto das relações internacionais. Brasília: Conselho Federal da OAB, 1997, p. 89-105. Sobre o papel secundário da Corte de Haia na proteção de direitos humanos, conferir em CARVALHO RAMOS, André de. *Processo internacional de direitos humanos.* 7. ed. São Paulo: Saraiva, 2022.

Cumpre mencionar a criação, no âmbito universal, apenas de Tribunais penais, tais como os Tribunais "ad hoc", criados por resoluções do Conselho de Segurança da ONU, para a ex-Iugoslávia[4] e Ruanda[5] e o Tribunal Penal Internacional[6] (para o julgamento dos mais graves crimes internacionais), que não se confundem com Cortes Internacionais de Direitos Humanos, mas que contribuem para a jurisprudência internacional de direitos humanos ao analisar a responsabilidade internacional do indivíduo por violações aos direitos humanos[7].

Resta analisar o papel desempenhado por cortes internacionais de direitos humanos estabelecidas pelos diversos sistemas regionais, a saber, o sistema africano, europeu e interamericano.

No sistema regional africano, nos termos do Protocolo de 1998 à Carta Africana dos Direitos do Homem e dos Povos de 1981 (que entrou em vigor em 21 de outubro de 1986), foi prevista a criação de uma Corte Africana dos Direitos do Homem e dos Povos. O referido protocolo só entrou em vigor em 2004, após a 15ª ratificação. Em 2006, foram eleitos os 11 primeiros juízes da Corte, instalada em Arusha (Tanzânia), para mandato de 6 anos. Somente em 2009 foi emitido o primeiro julgamento (demanda contra Senegal considerada inadmissível)[8]. Durante toda a

---

4 Criado pela Resolução n. 827, de 25 de maio de 1993, com sede em Haia. O TPI da ex-Iugoslávia (TPII) indiciou 161 indivíduos, sendo 90 sentenciados e 19 absolvidos. Houve ainda 37 extinções de processos e retiradas de indiciamentos. Treze indivíduos tiveram seus julgamentos transferidos para os Estados da região. Seu último julgamento foi a condenação de Ratko Mladic, de 72 anos, à prisão perpétua pelos crimes de genocídio, de guerra e contra a humanidade. O TPII foi fechado em 31 de dezembro de 2017. Mais dados sobre as atividades do TPII em http://www.icty.org/node/9590. Acesso em: 24 jan. 2024.

5 Criado pela Resolução n. 955, de 8 de novembro de 1994, com sede em Arusha (Tanzânia). O TPI de Ruanda (TPIR) realizou julgamentos de 93 acusados, emitindo 62 condenações. O TPIR foi fechado em 31 de dezembro de 2015. Ver relatório em: <http://unictr.irmct.org/en/tribunal>. Acesso em: 24 jan. 2024.

6 Para maiores detalhes sobre os tribunais penais internacionais, ver CARVALHO RAMOS, André de. *Processo internacional de direitos humanos*. 7. ed. São Paulo: Saraiva, 2022. AMBOS, Kai; CHOUKR, Fauzi Hassan (orgs.). *Tribunal Penal Internacional*. São Paulo: Revista dos Tribunais, 2000.

7 Após a extinção dos dois tribunais penais "ad hoc", o Conselho de Segurança criou o Mecanismo Residual de Tribunais Internacionais, para lidar com as questões pendentes. Conferir a Resolução 1966 (2010) do Conselho de Segurança.

8 O Protocolo Adicional que criou a terceira Corte especializada em Direitos Humanos no mundo entrou em vigor em janeiro de 2004, logo após a 15ª ratificação do

história da Corte Africana foram recebidos no total 353 processos, sendo 338 casos contenciosos e 15 pedidos de opinião consultiva[9].

Podem propor ações perante a Corte os seguintes entes: a Comissão Africana de Direitos Humanos e dos Povos, o Estado-parte que acionou a Comissão ou foi demandado perante a Comissão, o Estado da nacionalidade da vítima de violação de direitos humanos, uma organização internacional intergovernamental africana e, a depender do critério da Corte e da adesão facultativa dos Estados-partes, o indivíduo ou organização não governamental.

Esse último caso criou uma legitimidade ativa *condicionada* do indivíduo: além de exigir uma declaração específica do Estado-parte (artigo 34.6 do Protocolo), cabe à Corte, ao seu talante (artigo 5.3), conhecer ou não a petição[10]. Até o momento (2024), somente 8 Estados reconheceram a possibilidade de a Corte conhecer demanda proposta por indivíduo ou organização não governamental (Burkina Faso, Gâmbia, Gana, Guiné Bissau, Mali, Malawi, Niger e Tunísia)[11].

Por sua vez, a primeira Corte especializada de direitos humanos no mundo foi a Corte Europeia de Direitos Humanos, com sede em Estrasburgo (França e por isso também chamada de "Corte de Estrasburgo"), criada pela Convenção Europeia de Direitos Humanos em 1950 (tratado elaborado sob a tutela do Conselho da Europa). Desde então, o papel da Corte foi sendo aperfeiçoado e a Convenção foi alterada por 16 protocolos[12] de reforma.

Protocolo (feita pelas Ilhas Comores). Até janeiro de 2024, já ratificaram o Protocolo 34 Estados (dos 55 integrantes da União Africana): 1. Argélia; 2. Benim; 3. Burkina Faso; 4. Burundi; 5. Camarões; 6. Chade; 7. Costa do Marfim; 8. Comores; 9. Congo; 10. Gabão; 11. Gâmbia; 12. Gana; 13. Guiné-Bissau; 14. Quênia; 15. Líbia; 16. Lesoto; 17. Mali; 18. Malawi; 19. Madagascar; 20. Moçambique; 21. Ilhas Maurício; 23. Nigéria; 24. Níger; 25. República Democrática do Congo; 26. Ruanda; 27. República Árabe Saaraui Democrática; 28. África do Sul; 29. Senegal; 30. Tanzânia; 31. Togo; 32.Tunísia; 33. Uganda; 34. Zâmbia. Disponível em: https://www.african--court.org/wpafc/basic-information/. Acesso em: 26 jan. 2024.

9 Disponível em: https://www.african-court.org/cpmt/statistic. Acesso em: 26 jan. 2024.

10 Conferir uma visão crítica sobre o Protocolo em MUTUA Makau wa. "The African Human Rights Court: A Two Legged Stool?", 21 Human Rights Quarterly (1999), p. 342-363.

11 Dados disponíveis em: https://www.african-court.org/wpafc/basic-information/. Acesso em: 26 jan. 2024.

12 O último, o Protocolo n. 16, foi editado em 2013.

No sistema original da Convenção, as vítimas ou mesmo os Estados-partes apresentavam suas petições à Comissão Europeia de Direitos Humanos (Comissão EDH), contendo alegações de violações de direitos humanos por parte de um Estado. Após a análise do caso e fracassando a tentativa de conciliação, a Comissão analisaria o caso e poderia arquivá-lo (por inexistir violação de direito protegido), propor uma ação perante a Corte Europeia de Direitos Humanos (Corte EDH) ou ainda adjudicar o caso ao Comitê de Ministros (órgão interno do Conselho da Europa). Na fase propriamente judicial, o Estado infrator era processado e poderia ser obrigado a reparar o dano causado. Por outro lado, havia ainda a possibilidade da adjudicação do caso ao Comitê de Ministros do Conselho da Europa, uma clara alternativa política, que amesquinhava a proteção jurisdicional dos direitos humanos. Bastava que a Comissão Europeia, mesmo tendo constatado violação de determinado direito protegido, não propusesse a ação perante a Corte em três meses[13], o que atribuía o caso ao Comitê de Ministros, de formação intergovernamental e matiz política, que só poderia deliberar sobre a constatação de uma violação por maioria qualificada de dois terços[14].

Após a entrada em vigor do Protocolo n. 09 (aditivo à Convenção Europeia de Direitos Humanos), a vítima ganhou finalmente o direito de processar diretamente o Estado perante a Corte, após o ainda necessário trâmite perante a Comissão EDH. Depois da entrada em vigor do Protocolo n. 11, a Comissão EDH foi extinta e o indivíduo-vítima de violações de direitos humanos deve apresentar sua ação diretamente à Corte Europeia de Direitos Humanos, agora órgão judicial internacional permanente. A função jurisdicional anômala do Comitê de Ministros foi extinta, cabendo a tal órgão tão somente zelar pelo cumprimento das decisões da Corte Europeia de Direitos Humanos[15]. No final de 2004, foi

---

13 Os Estados também poderiam propor a ação, mas, como já exposto em obra anterior, há sempre as considerações de ordem política que quase sempre impedem, na prática, que um Estado acione outro por violação interna de direitos humanos (ver mais em CARVALHO RAMOS, André de. *Processo internacional de direitos humanos*. 7. ed. São Paulo: Saraiva, 2022).

14 A ausência de tal maioria ocorreu em alguns casos (*vide* Warwick *versus* Reino Unido, em 1989), o que implicou denegação de justiça. Ver mais em HARRIS, D. J., O'BOYLE M. e WARBRICK, C., *Law of the European Court on Human Rights*. London: Butterworths, 1995, em especial p. 693-695.

15 Ver mais em CARVALHO RAMOS, André de. *Processo internacional de direitos humanos*. 7. ed. São Paulo: Saraiva, 2022; SANCHEZ LEGIDO, A. *La reforma del mecanismo*

elaborado o Protocolo n. 14, que buscou otimizar a eficiência da Corte de Estrasburgo e ainda adaptar à Convenção ao futuro ingresso da União Europeia por meio de novos filtros de acesso, tendo entrado em vigor somente em 2010. Em 2013, foi aprovado o Protocolo n. 15, que introduziu – pela primeira vez – expressa menção ao princípio da subsidiariedade (*imprópria*, como visto) da jurisdição internacional, sendo os Estados os responsáveis primários pela proteção de direitos humanos e gozando de *margem de apreciação nacional*. Assim, em vez de suprimir a margem de apreciação nacional (que põe em risco o universalismo), o sistema europeu a reforçou. O Protocolo n. 16 permite que os tribunais domésticos superiores possam solicitar à Corte EDH opiniões consultivas sobre a interpretação ou a aplicação dos direitos previstos na Convenção Europeia de Direitos Humanos e seus protocolos.

A segunda Corte Internacional especializada em direitos humanos foi a Corte Interamericana de Direitos Humanos (Corte IDH), órgão da Convenção Americana de Direitos Humanos (Pacto de São José da Costa Rica) [16], com sede em San José da Costa Rica e composta por sete juízes, escolhidos pelos Estados-partes, para cumprimento de um mandato de seis anos com independência e imparcialidade[17].

---

de protección del Convenio Europeo de Derechos Humanos. Madrid: Tecnos, 1995; DRZE-MCZEWSKI, Andrew. "A Major Overhaul of the European Human Rigths Convention Control Mechanism: Protocol n. 11", in *Collected Courses of the Academy of European Law,* v. VI, Book 2, Netherlands: Kluwer Law International, 1997, p. 121-244.

16 Há 23 Estados-partes da Convenção Americana de Direitos Humanos, a saber: Argentina, Barbados, Bolívia, *Brasil*, Chile, Colômbia, Costa Rica, Dominica, Equador, El Salvador, Grenada, Guatemala, Haiti, Honduras, Jamaica, México, Nicarágua, Panamá, Paraguai, Peru, República Dominicana, Suriname, Uruguai. Dentre esses, 20 reconhecem a jurisdição obrigatória da Corte Interamericana de Direitos Humanos (não reconhecem a jurisdição: Dominica, Grenada e Jamaica). Trinidad e Tobago ratificou a Convenção em 3 de abril de 1991, porém a denunciou em 28 de maio de 1999. As recusas dos Estados Unidos e do Canadá, ambos reconhecidos Estados democráticos, em ratificar a Convenção Americana de Direitos Humanos são decepcionantes. Em 2012, a Venezuela denunciou a Convenção, após sucessivas condenações na Corte Interamericana de Direitos Humanos. Em 2013, encerrou-se o período de um ano pelo qual a Venezuela era ainda responsável pelo cumprimento da Convenção, mesmo após a denúncia.

17 A situação da Venezuela é peculiar. Em 2019, o Conselho Permanente da Organização dos Estados Americanos (OEA) *não* reconheceu, em janeiro de 2019, o novo mandato de Nicolas Maduro como Presidente eleito da Venezuela (por 19 votos; maioria absoluta – até então ele era o presidente reconhecido). Por outro lado, *não* houve maioria para dar o passo seguinte e reconhecer o Sr. Guaidó Mar-

A Corte possui jurisdições consultiva e contenciosa, esta última de caráter facultativo: o Estado deve, além de ratificar a Convenção Americana de Direitos Humanos, manifestar expressamente seu reconhecimento da jurisdição contenciosa da Corte IDH.

O Brasil, apesar de ter ratificado e incorporado internamente a Convenção Americana de Direitos Humanos em 1992[18], demorou para decidir pelo reconhecimento da jurisdição obrigatória da Corte[19]. O pedido de aprovação do reconhecimento da jurisdição contenciosa obrigatória da Corte Interamericana de Direitos Humanos (Corte IDH) foi encaminhado ao Congresso pelo Poder Executivo por meio da Mensagem Presidencial n. 1.070, de 8 de setembro de 1998. O Decreto Legislativo n. 89, aprovando tal reconhecimento, foi editado em 3 de dezembro de 1998. Por meio de nota transmitida ao Secretário-Geral

---

quez como legítimo presidente da Venezuela (somente 16 países votaram a favor, não alcançando maioria entre os 35 Estados membros). A OEA introduziu em seu site na internet um "instrumento de ratificação" assinado por Juan Gerardo Guaidó Márquez (de 1º-7-2019), em nome da Venezuela, ratificando novamente a CADH com "efeito retroativo", como se a denúncia de 2012 (com efeito a partir de 2013) nunca tivesse sido feita. No informe anual de 2022 da Comissão Interamericana de Direitos Humanos, consta a Venezuela como Estado Parte (com a "ratificação Guaidó"). Porém, no Informe de 2022 da Corte Interamericana de Direitos Humanos, a Venezuela surge como Estado não parte (implicitamente reconhecendo o Governo Maduro). A nova ratificação feita por Guaidós Márques está disponível em: http://www.oas.org/es/sla/ddi/docs/B-32_venezuela_RA_7-31-2019.pdf. A resolução da OEA (2019) não reconhecendo o novo mandato de Maduro está disponível em: https://www.oas.org/en/media_center/press_release. asp?sCodigo=E-001/19. O informe anual da Comissão está disponível em: https://www.oas.org/es/cidh/docs/anual/2022/capitulos/2-IA2022_Introduccion_ES.pdf (p. 17) e o informe da Corte está disponível em: https://www.corteidh.or.cr/docs/informe2022/espanol.pdf (p. 14).

18 Decreto n. 678, de 6 de novembro de 1992. O Brasil depositou a carta de adesão à Convenção Americana de Direitos Humanos (Pacto de São José da Costa Rica) em 25 de setembro de 1992. A Convenção entrou em vigor, para o Brasil, em 25 de setembro de 1992, de conformidade com o disposto no segundo parágrafo de seu art. 74.

19 O reconhecimento não é obrigatório. O Estado pode ratificar a Convenção e não reconhecer a jurisdição da Corte, de acordo com o art. 62.1 de seu texto: "Artigo 62 – 1. Todo Estado-parte pode, no momento do depósito do seu instrumento de ratificação desta Convenção ou de adesão a ela, *ou em qualquer momento posterior*, declarar que reconhece como obrigatória, de pleno direito e sem convenção especial, a competência da Corte em todos os casos relativos à interpretação ou aplicação desta Convenção". Grifo meu.

da OEA no dia 10 de dezembro de 1998, o Brasil reconheceu a jurisdição contenciosa da Corte[20].

A Corte Interamericana só pode ser acionada (*jus standi*) pelos Estados contratantes e pela Comissão Interamericana de Direitos Humanos, que exerce a função similar à do Ministério Público brasileiro.

A vítima (ou seus representantes) possui somente o direito de petição à *Comissão Interamericana de Direitos Humanos*. A Comissão analisa tanto a admissibilidade da demanda (há requisitos de admissibilidade, entre eles, o esgotamento prévio dos recursos internos) quanto seu mérito. Caso a Comissão arquive o caso (demanda inadmissível, ou quanto ao mérito, infundada) não há recurso disponível à vítima. Por outro lado, a demanda perante a Comissão pode ser resolvida por meio de *solução amistosa* entre a vítima e o Estado infrator. Por exemplo, um caso brasileiro que obteve solução amistosa foi o Caso dos Meninos Emasculados do Maranhão, em 2005[21]. Também pode a Comissão proferir medidas cautelares, a requerimento de uma parte ou mesmo de ofício, para que o Estado adote medidas de proteção a pessoas ou ao objeto da demanda pendente perante a própria Comissão. O Brasil foi alvo de medidas cautelares da Comissão no caso da construção da usina de Belo Monte, sendo determinada a suspensão da obra para preservação dos direitos dos povos indígenas da região. Após protestos do Brasil, a Comissão recuou e determinou apenas que o Brasil adotasse medidas de preservação dos direitos (sem a suspensão da obra). A medida cautelar da Comissão não é vinculante (por estar prevista apenas no Regulamento da Comissão e não em um tratado), mas a Comissão pode requerer medida provisória (esta vinculante) contra o Estado faltoso perante a Corte Interamericana de Direitos Humanos, caso o Estado já tenha reconhecido sua jurisdição contenciosa obrigatória.

Outra hipótese de ser o caso apreciado pela Corte ocorre se algum Estado, no exercício de uma verdadeira *actio popularis*, ingressar com a ação contra o Estado violador. Mesmo nesse caso, o procedimento pe-

---

20 Curiosamente, o Poder Executivo editou o Decreto n. 4.463, de 8 de novembro de 2002, promulgando o reconhecimento da jurisdição da Corte Interamericana no território nacional (quase quatro anos após o reconhecimento internacional), o que marcou a revisão de posicionamento anterior que era favorável à desnecessidade de um Decreto de promulgação.

21 Ver mais sobre o caso em CARVALHO RAMOS, André de. *Processo internacional de direitos humanos*. 7. ed. São Paulo: Saraiva, 2022.

rante a Comissão é obrigatório. Em 2007, a Comissão julgou inadmissível a petição proposta pela Nicarágua contra Costa Rica. Em 2010, mostrando uma nova posição dos Estados, a Comissão aceitou a petição do Equador contra a Colômbia, pela morte de um nacional equatoriano (Senhor Franklin Guillermo Aisalla Molina) durante o ataque colombiano ao acampamento da guerrilha colombiana em território equatoriano em 2008 (após acordo entre os Estados, o procedimento foi arquivado).

Essa restrição ao direito de ação da vítima perante a Corte IDH (já conquistado perante a Corte Europeia, como vimos) é criticada pela doutrina especializada. CANÇADO TRINDADE é um dos maiores defensores da reforma da Convenção Americana, no sentido de dotar a vítima do direito de ação. Entende o citado professor, que a Comissão é *parte apenas processual* no feito perante a Corte. A verdadeira parte material é aquela que é titular do direito pretensamente violado. Assim, inexplicável, para o citado autor, que a atual situação perdure[22].

Por outro lado, a própria Comissão alterou seu Regulamento, em 2001, para estimular a propositura de suas ações judiciais perante a Corte. Com efeito, até tal reforma, a Comissão *deveria decidir*, por maioria, se encaminhava a ação contra determinado Estado à Corte IDH, mesmo se citado Estado já houvesse reconhecido a jurisdição da Corte e mesmo se a Comissão já houvesse atestado a existência de violação de direitos humanos. Agora, após a reforma, no caso de ter sido constatada violação de direitos humanos sem que o Estado tenha reparado o dano, a Comissão *deve automaticamente* encaminhar o caso contra o Estado, no caso de ter sido reconhecida a jurisdição da Corte, *salvo* se houver decisão em sentido contrário da maioria absoluta dos comissários. Ou seja, é necessário que haja a mobilização da maioria absoluta dos comissários *contra* a propositura da ação, o que é, por certo, dificultoso.

Enquanto a reforma da *Convenção Americana de Direitos Humanos* não se concretiza, a própria Corte Interamericana de Direitos Humanos adiantou-se. No regulamento da Corte de 2001 foi permitida a participação da vítima e de seus representantes em *todas* as fases do processo judicial, com direito a se manifestar em igualdade de condições com a Comissão Interamericana de Direitos Humanos e o Estado réu, tal qual um assistente litisconsorcial do Autor.

---

22 CANÇADO TRINDADE, Antônio Augusto. *O direito internacional em um mundo em transformação*. Rio de Janeiro: Renovar, 2002, em especial p. 686.

Em 2009, a Corte deu mais um passo rumo a um processo mais equilibrado entre os direitos das vítimas e dos Estados: na Opinião Consultiva n. 20, a Corte reinterpretou o artigo 55 da Convenção (que trata dos juízes *ad hoc*) e decidiu não mais aceitar a indicação de juiz *ad hoc* por parte do Estado réu (que não possua nenhum juiz de sua nacionalidade na composição da Corte) nos casos iniciados na Comissão por petição de vítimas de violação de direitos; na nova interpretação do artigo 55, o juiz *ad hoc* somente será chamado nas demandas interestatais (aliás, até hoje inexistentes). Na mesma Opinião Consultiva a Corte decidiu não mais permitir que o juiz da nacionalidade do Estado réu atue no processo, para fortalecer a imagem de imparcialidade.

Ainda em 2009, o novo Regulamento da Corte absorveu tais mudanças e deu mais um passo rumo ao futuro afastamento da Comissão como Parte Autora: a ação é iniciada pelo envio de Informe da Comissão (nos casos das demandas individuais), que não mais faz uma petição inicial própria. Após, a Corte intima o peticionante para que apresente autonomamente seu "Escrito de petições, argumentos e provas" ("EPAP" ou no jargão – em espanhol – da Corte, "ESAP"[23], que equivale à "petição inicial").

O conteúdo do EPAP (ESAP em espanhol) é o seguinte: (i) descrição dos fatos dentro dos limites fáticos estipulados pela Comissão (ver acima); (ii) as provas apresentadas (o que mostra a independência das vítimas diante da Comissão), ordenadas, com indicação dos fatos e argumentos sobre os quais versam; e (iii) as pretensões, incluindo as referentes às reparações e custas (novamente, demonstrando a autonomia das vítimas diante do que foi requerido pela Comissão).

No resto, todas as etapas processuais são focadas nas vítimas, no Estado réu e na Comissão caso ela mesmo deseje. Simbolicamente, a Corte tenta caracterizar a Comissão não como uma "Autora", mas sim como órgão do sistema interamericano, verdadeiro *custos legis*. Simultaneamente, o regulamento faz menção ao "Defensor Interamericano" para representar legalmente as vítimas sem recursos (o que antes era feito pela Comissão).

Esses passos são importantes rumo à igualdade entre a vítima e o Estado, mas não dispensam a necessidade de profunda reforma do

---

23 ESAP é a sigla para "Escrito de solicitudes, argumentos y pruebas" ou, em português, "escrito de petições, argumentos e provas".

sistema da Convenção Americana, com a eliminação do monopólio *de facto* da Comissão na proposição (agora, encaminhamento à Corte) das ações de responsabilidade internacional por violação de direitos humanos perante a Corte de San José. Porém, até o momento, a Comissão permanece com o importante papel de dar início – ou não – à ação de responsabilidade internacional do Estado por violação de direitos humanos. Caso decida não encaminhar a ação à Corte IDH, é a Comissão, em *termos práticos*[24], a intérprete definitivo da Convenção Americana[25].

Após a propositura da ação, há observância do exercício do contraditório e ampla defesa, com plena instrução probatória, em um processo internacional de direitos humanos dotado de razoável semelhança com o processo civil brasileiro. Por outro lado, a Corte tem o poder de adotar *medidas provisórias* para o resguardo de direitos em perigo. Por exemplo, no que tange ao Brasil, foram proferidas medidas provisórias a pedido da Comissão na maior parte das vezes em casos ainda não submetidos à jurisdição da Corte, a saber: 1) Caso da Penitenciária de Urso Branco (Porto Velho/RO – já arquivado pela Comissão; nunca foi encaminhada ação à Corte IDH); 2) Caso das crianças e adolescentes privados de liberdade no "Complexo do Tatuapé" da FEBEM (São Paulo – Capital); 3) Caso das pessoas privadas de liberdade na Penitenciária "Dr. Sebastião Martins Silveira" (Araraquara/São Paulo); 4) Caso do Complexo Penitenciário do Curado (Antigo Presídio Prof. Aníbal Bruno – Recife/PE); 5) Caso do Complexo de Pedrinhas (São Luís/MA); 6) Caso Gomes Lund e outros (caso submetido à Corte – Caso da "Guerrilha do Araguaia"); 7) Caso da Unidade de Internação Socioeducativa (Cariacica/ES); 8) Caso do Instituto Penal Plácido de Sá Carvalho (Gericinó/RJ); 9) Caso Tavares Pereira *vs.* Brasil (caso submetido à Corte; sobre a proteção ao patrimônio cultural); 10) Favela Nova Brasília (pedido indeferido, relacionado aos retrocessos

---

24 Novamente, porque os outros colegitimados, os Estados, até hoje, *nunca* ingressaram com qualquer ação perante a Corte, no máximo houve duas petições à Comissão (ver acima).

25 O que já gerou iradas manifestações de juízes da Corte Interamericana. Chegou-se até a ventilar a hipótese do "dever" da Comissão de ingressar com a ação, mesmo se entendesse inexistir violação de direitos humanos (ver o Parecer Consultivo n. 05/85 da Corte, em especial o parágrafo 24). Essa hipótese, esdrúxula, de ação com *fundamentação adversa*, nunca foi aceita pela Comissão, justamente por amesquinhá-la e reduzi-la a mero eixo de transmissão de petições de vítimas à Corte. Mais sensato é a própria reforma da Convenção, dotando as vítimas de *jus standi* perante a Corte e reformulando o papel da Comissão.

reportados em relação à letalidade policial no Rio de Janeiro, em situação que já está em fase de supervisão de cumprimento de sentença); e da 11) situação de extremo risco dos membros dos povos indígenas Yanomami, Ye'kwana e Mundukuru (nos respectivos territórios, situados nos Estados de Roraima e do Pará).

A sentença da Corte pode ser pela *procedência ou improcedência* dos pedidos (parcial ou total), não existindo recurso, salvo o recurso de interpretação (similar aos nossos embargos de declaração). A Corte poderá, por iniciativa própria ou a pedido de uma parte, apresentado dentro do mês seguinte à notificação da sentença, retificar erros notórios, de edição ou de cálculo.

Em relação aos casos contenciosos julgados envolvendo o Brasil, já houve sentença de mérito publicada até março de 2024 em 14 casos: 1) Caso *Damião Ximenes Lopes*[26] (procedência), 2) Caso *Gilson Nogueira Carvalho*[27] (improcedência), 3) Caso *Garibaldi*, 4) Caso *Escher e outros*[28] (procedência em ambos), 5) Caso *Gomes Lund e outros*[29] (procedência), 6) Caso *Trabalhadores da Fazenda Brasil Verde*[30] (procedência), 7) Caso *Cosme Rosa Genoveva, Evandro de Oliveira e outros*[31] ("Favela Nova Brasília" – procedência), 8) Caso do *Povo indígena Xucuru e seus membros (procedência)*[32], 9) Caso *Herzog e outros*[33] (procedência), 10) Caso *Empregados da Fábrica de Fogos*

---

26   Corte Interamericana de Direitos Humanos, *Caso Damião Ximenes Lopez vs. Brasil,* sentença de 4 de julho de 2006.

27   Corte Interamericana de Direitos Humanos, *Caso Nogueira de Carvalho e outro vs. Brasil,* sentença de 28 de novembro de 2006.

28   Corte Interamericana de Direitos Humanos, *Caso Escher e outros vs. Brasil*, sentença de 6 de julho de 2009 e *Caso Garibaldi vs. Brasil*, sentença de 23 de setembro de 2009.

29   Corte Interamericana de Direitos Humanos, *Caso Gomes Lund e outros vs. Brasil,* sentença de 24 de novembro de 2010. *Vide* mais a respeito desse caso no capítulo sobre a "teoria do duplo controle", na Parte III deste livro.

30   Corte Interamericana de Direitos Humanos, *Caso dos Trabalhadores da Fazenda Brasil Verde vs. Brasil*, sentença de 20 de outubro de 2016.

31   Corte Interamericana de Direitos Humanos, *Caso Favela Nova Brasília vs. Brasil*, sentença de 16 de fevereiro de 2017.

32   Corte Interamericana de Direitos Humanos, *Caso do Povo indígena Xucuru vs. Brasil*, sentença de 5 de fevereiro de 2018.

33   Corte Interamericana de Direitos Humanos, *Caso Herzog e outros vs. Brasil*, sentença de 15 de março de 2018.

de Santo Antônio de Jesus e seus familiares (procedência)[34], 11) Caso *Barbosa de Souza e outros* (procedência)[35], 12) Caso *Sales Pimenta* (procedência), 13) Caso *Tavares Pereira* (procedência), e 14) Caso *Honorato e outros* (Caso da Castelinho – procedência)[36].

Além de apreciar ações de responsabilidade internacional de Estados por violações de direitos humanos, a Corte possui ainda *jurisdição consultiva*, ou seja, pode emitir *pareceres ou opiniões consultivas* sobre a interpretação e aplicação de normas internacionais de direitos humanos, tendo sido já emitidos 25 pareceres consultivos (até janeiro de 2024). Apesar de não serem vinculantes, cabe salientar que cumprir a interpretação da Corte é importante para que se evite posterior ação de responsabilização internacional por violação de direitos humanos.

Pouco a pouco, a Corte Interamericana de Direitos Humanos passa a ser elemento indispensável na proteção de direitos no Brasil, realizando a interpretação internacionalista dos direitos protegidos e apontando a necessidade de mudanças, algumas delas de reduzida prioridade para as maiorias de momento, como é o caso do sistema prisional brasileiro, sistema de justiça criminal etc., tornando imprescindível o papel do sistema internacional de direitos humanos na construção de um novo Brasil.

12.2 Os comitês de monitoramento e as observações gerais

Além das Cortes já citadas, há intensa atividade de *interpretação* de direitos humanos desenvolvida por órgãos criados por tratados internacionais de direitos humanos elaborados sob o patrocínio da Organização das Nações Unidas. Tais tratados possuem, além do rol de direitos protegidos, órgãos de supervisão e controle do cumprimento, pelos Estados, das obrigações previstas nos tratados.

São esses: Comitê de Direitos Humanos (órgão do Pacto Internacional de Direitos Civis e Políticos – artigo 28), Comitê de Direitos Econômicos, Sociais e Culturais (órgão criado por resolução do Conselho Econômico

---

34 Corte Interamericana de Direitos Humanos, *Caso Empregados da Fábrica de Fogos de Santo Antônio de Jesus e seus familiares*, sentença de 20 de julho de 2020.

35 Corte Interamericana de Direitos Humanos, *Caso Barbosa de Souza e outros*, sentença de 7 de setembro de 2021.

36 Corte Interamericana de Direitos Humanos, *Caso Sales Pimenta*, sentença de 30 de junho de 2022. Corte Interamericana de Direitos Humanos. Caso *Tavares Pereira*, sentença de 16 de novembro de 2023. Corte Interamericana de Direitos Humanos. Caso *Honorato e outros*, sentença de 27 de novembro de 2023.

e Social da ONU, em face da omissão do Pacto Internacional de Direitos Econômicos, Sociais e Culturais – PIDESC e hoje previsto no Protocolo do PIDESC de 2008, ainda não ratificado pelo Brasil), Comitê contra a Tortura e Outros Tratamentos Cruéis, Desumanos e Degradantes (órgão da Convenção contra a Tortura e Outros Tratamentos Cruéis, Desumanos e Degradantes – artigo 22), Comitê sobre os Direitos da Criança (órgão da Convenção sobre os Direitos da Criança – artigo 43), Comitê para a Eliminação de Todas as Formas de Discriminação contra a Mulher (órgão da Convenção para a Eliminação de Todas as Formas de Discriminação contra a Mulher – artigo 21), Comitê para a Eliminação de Todas as Formas de Discriminação Racial (órgão da Convenção para a Eliminação de Todas as Formas de Discriminação Racial – artigo 14), o Comitê sobre os Direitos das Pessoas com Deficiência (órgão da Convenção sobre os Direitos das Pessoas com Deficiência – artigo 34); o Comitê sobre Desaparecimento Forçado (órgão da Convenção para a Proteção de Todas as Pessoas contra Desaparecimentos Forçados – artigo 26) e o Comitê sobre Trabalhadores Migrantes (órgão da Convenção Internacional para a Proteção dos Direitos de Todos os Trabalhadores Migrantes e suas Famílias – artigo 72 – tratado ainda não ratificado pelo Brasil).

Esses órgãos exercem o chamado *monitoramento internacional* das obrigações de respeito e garantia de direitos humanos contraídas pelos Estados. *Grosso modo*, são colegiados compostos de especialistas independentes, que têm, a princípio, a competência de examinar relatórios dos Estados e da sociedade civil organizada sobre a situação dos direitos protegidos em cada tratado, podendo, após a análise, exarar recomendações. Tipo especial de monitoramento aceito pelo Brasil em 2007 é realizado pelo Subcomitê de Prevenção da Tortura e outros Tratamentos ou Penas Cruéis, Desumanos ou Degradantes do Comitê contra a Tortura, criado pelo Protocolo Facultativo à Convenção contra a Tortura e Outros Tratamentos ou Penas Cruéis, Desumanos ou Degradantes. Esse Subcomitê, também chamado de *Subcomitê de Prevenção*, realiza trabalho educativo e preventivo, para que se evitem torturas e tratamentos degradantes, tendo vários instrumentos ao seu dispor, como, por exemplo, a realização de visitas *in loco*, recebimento de denúncias sobre a matéria, bem como a elaboração de recomendações e observações.

Além disso, tais Comitês podem elaborar *comentários (também chamadas observações ou recomendações) gerais* sobre a interpretação dos direitos protegidos. Essas observações gerais são hoje *repertório precioso* sobre o alcance e sentido das normas de direitos humanos. A título exemplificativo, existem, até janeiro de 2024, 37 observações gerais do Comitê de Direitos Humanos[37] e 26 do Comitê de Direitos Econômicos, Sociais

---

[37] São essas as observações gerais do Comitê de Direitos Humanos: observação geral n. 1 (1981), sobre a apresentação de informes por parte dos Estados; observação geral n. 2 (1981), sobre as diretrizes para formulação dos informes; observação geral n. 3 (1981), sobre a implementação do Pacto no âmbito nacional (artigo 2º do Pacto); observação geral n. 4 (1981), sobre a igualdade de gozo dos direitos civis e políticos por homens e mulheres (artigo 3º do Pacto); observação geral n. 5 (1981), sobre as suspensões das obrigações decorrentes do Pacto (artigo 4º do Pacto); observação geral n. 6, sobre o direito à vida (artigo 6º do Pacto); observação geral n. 7 (1982), sobre a proibição da tortura e do tratamento ou da pena cruel, desumano ou degradante (artigo 7º do Pacto); observação geral n. 8 (1982), sobre o direito à liberdade e à segurança pessoais (artigo 9º do Pacto); observação geral n. 9 (1982), sobre o tratamento humano das pessoas privadas de sua liberdade (artigo 10 do Pacto); observação geral n. 10 (1983), sobre a liberdade de opinião (artigo 19 do Pacto); observação geral n. 11 (1983), sobre a proibição da propaganda em favor da guerra ou da incitação de ódio nacional, racial ou religioso (artigo 20 do Pacto); observação geral n. 12 (1984), sobre o direito à autodeterminação (artigo 1º do Pacto); observação geral n. 13 (1984), sobre a administração da Justiça (artigo 14 do Pacto); observação geral n. 14 (1984), sobre o direito à vida (artigo 6º do Pacto); observação geral n. 15 (1986), sobre a posição de estrangeiros nos termos do Pacto; observação geral n. 16 (1988), sobre o direito à privacidade (artigo 17 do Pacto); observação geral n. 17 (1989), sobre os direitos da criança (artigo 24 do Pacto); observação geral n. 18 (1989), sobre a não discriminação; observação geral n. 19 (1990), sobre a família (artigo 23 do Pacto); observação geral n. 20 (1992), sobre a proibição da tortura e do tratamento ou da pena cruel, desumano ou degradante (artigo 7º do Pacto); observação geral n. 21 (1992), sobre o tratamento humano das pessoas privadas de sua liberdade (artigo 10 do Pacto); observação geral n. 22 (1993), sobre a liberdade de pensamento, consciência ou religião (artigo 18 do Pacto); observação geral n. 23 (1994), sobre os direitos das minorias (artigo 27 do Pacto); observação geral n. 24 (1994), sobre as reservas ao Pacto ou aos seus Protocolos Adicionais e sobre as declarações previstas no artigo 41 do Pacto; observação geral n. 25 (1996), sobre a participação na condução dos assuntos públicos e o direito ao voto (artigo 25 do Pacto); observação geral n. 26 (1997), sobre a continuidade das obrigações; observação geral n. 27 (1999), sobre a liberdade de ir e vir (artigo 12 do Pacto); observação geral n. 28 (2000), sobre a igualdade de direitos entre homens e mulheres (artigo 3º do Pacto); observação geral n. 29 (2001), sobre as suspensões das obrigações decorrentes do Pacto durante o estado de emergência (artigo 4º do Pacto); observação geral n. 30 (2002), sobre a apresentação de informes por parte dos Estados conforme previsto no artigo 40 do Pacto; observação geral n. 31 (2004), sobre a natureza da obrigação jurídica geral imposta aos Estados-partes; observação geral n. 32 (2007), sobre o direito à igualdade perante as cortes e os tribunais e a um julgamento justo; observação geral n. 33 (2008), sobre as obrigações dos Estados-partes conforme o Protocolo Adicional; observação geral n. 34 (2011), sobre o artigo 19 do Pacto (o qual trata da liberdade de opinião e de expressão); a observação geral n. 35 (2014) sobre liberdade e segurança pessoais (artigo 9º do Pacto); observação geral n. 36 (2019) sobre direito à vida (art. 6º) e observação n. 37 (2020) sobre a liberdade de reunião pacífica. Disponível em: https://www.ohchr.org/en/treaty-bodies/ccpr/general-comments. Acesso em: 4 fev. 2024.

154

e Culturais, abordando temas como direito à alimentação, direito à moradia, direito das pessoas com deficiência, direito à educação, direito à saúde, entre outros[38].

Por fim, há de ser mencionada a *função de análise de petições de vítimas de violações de direitos humanos* contra os Estados, também realizada por alguns Comitês acima citados[39]. Para exercer tal função, contudo, os

---

38 Quanto ao Comitê de Direitos Econômicos, Sociais e Culturais são essas as observações gerais: observação geral n. 1 (1989), sobre a apresentação de informes por parte dos Estados; observação geral n. 2 (1990), sobre as medidas de assistência técnica internacional (artigo 22 do Pacto); observação geral n. 3 (1990), sobre a natureza das obrigações dos Estados (parágrafo 1º do artigo 2º do Pacto); observação geral n. 4 (1991), sobre o direito à moradia adequada (parágrafo 1º do artigo 11 do Pacto); observação geral n. 5 (1994), sobre as pessoas com deficiência; observação geral n. 6 (1995), sobre os direitos econômicos, sociais e culturais das pessoas idosas; observação geral n. 7 (1997), sobre os despejos forçados e o direito à moradia (artigo 11.1); observação geral n. 8 (1997), sobre a relação entre sanções econômicas e o respeito aos direitos econômicos, sociais e culturais; observação geral n. 9 (1998), sobre a aplicação doméstica do Pacto; observação geral n. 10 (1998), sobre o papel das instituições nacionais de direitos humanos na proteção dos direitos econômicos, sociais e culturais; observação geral n. 11 (1999), sobre os planos de ação para a educação primária; observação geral n. 12 (1995), sobre o direito à alimentação adequada; observação n. 13 (1999), sobre o direito à educação; observação n. 14 (2000), sobre o direito ao mais alto padrão de saúde; observação n. 15 (2002), sobre o direito à água; observação n. 16 (2005), sobre a igualdade de direitos entre homens e mulheres quanto a todos os direitos econômicos, sociais e culturais; observação n. 17 (2005), sobre direitos morais e materiais de autor sobre qualquer obra científica, literária ou artística; observação n. 18 (2005), sobre direito ao trabalho; observação geral n. 19 (2008), sobre o direito à seguridade social; observação geral n. 20 (2009), sobre a não discriminação quanto a direitos econômicos, sociais e culturais; e observação geral n. 21 (2009), sobre o direito de todos de usufruir de uma vida cultural; observação geral n. 22 (2016) sobre o direito à saúde sexual e reprodutiva; observação geral n. 23 (2016) sobre o direito a condições de trabalho justas e favoráveis (art. 7º); observação geral n. 24 (2017) sobre as obrigações do Estado sob o PIDESC no contexto das atividades empresariais; observação geral n. 25 (2020) sobre ciência e direitos econômicos, sociais e culturais; observação geral n. 26 (2022) sobre terra e direitos econômicos, sociais e culturais. Disponível em: https://www.ohchr.org/en/treaty-bodies/cescr/general-comments. Acesso em: 4 fev. 2024.

39 Existem nove tratados internacionais elaborados sob os auspícios da ONU que possuem previsão de petição de particulares contra Estados, a saber: a Convenção para a Eliminação da Discriminação Racial (artigo 14, de adesão facultativa); o Pacto Internacional de Direitos Civis e Políticos (Primeiro Protocolo Facultativo); a Convenção contra a Tortura e Outros Tratamentos ou Penas Cruéis, Desumanos ou Degradantes (art. 22, de adesão facultativa), o Protocolo Opcional à Convenção para a

Comitês dependem da adesão, pelo Estado, a cláusulas facultativas dos próprios tratados ou da ratificação de protocolos adicionais (caso do Protocolo adicional ao Pacto Internacional de Direitos Civis e Políticos, do Protocolo à Convenção pela Eliminação de Todas as Formas de Discriminação contra a Mulher, do Protocolo à Convenção dos Direitos das Pessoas com Deficiência, do Protocolo ao Pacto Internacional sobre os Direitos Econômicos, Sociais e Cuturais, bem como do Terceiro Protocolo Facultativo à Convenção sobre os Direitos da Criança).

O Brasil aderiu, em 2002, ao Protocolo Facultativo à Convenção para a Eliminação de Todas as Formas de Discriminação contra a Mulher, conferindo, então, poder ao seu Comitê para receber petições de vítimas de violações de direitos protegidos na Convenção[40]. Além disso, o Brasil também reconheceu a competência do Comitê para a Eliminação de Toda a Forma de Discriminação Racial para receber e analisar denúncias de vítimas de violação de direitos protegidos pela Convenção, por ato internacional depositado junto à Secretaria-Geral da ONU em 17 de junho de 2002[41]. Em 2006, no Dia Internacional de Apoio às Vítimas de Tortura (27 de junho), o Brasil depositou a declaração facultativa reconhecendo a competência do Comitê contra a Tortura para receber petições de vítimas de tortura, tratamento desumano, degradante ou cruel. Em 2009, o Brasil também aceitou o poder do Comitê sobre os Direitos das Pessoas com Deficiência para apreciar as petições das vítimas de violações dos direitos das pessoas com deficiência[42]. Também o Brasil

---

Eliminação de Todas as Formas de Discriminação Contra a Mulher, que entrou em vigor em 22 de dezembro de 2000; a Convenção da ONU sobre os Direitos das Pessoas com Deficiência e seu Protocolo Facultativo (artigo 1º); Convenção para a Proteção de Todas as Pessoas contra Desaparecimentos Forçados (artigo 31, de adesão facultativa); Convenção para a Proteção dos Direitos de Todos os Trabalhadores Migrantes e suas Famílias (tratado não ratificado pelo Brasil; artigo 77, de adesão facultativa e que exige, contudo, o mínimo de 10 Estados aderentes para o mecanismo entrar em vigor). Há ainda o Protocolo Facultativo ao Pacto Internacional de Direitos Econômicos, Sociais e Culturais, posto à disposição dos Estados para ratificação em 2009, que possibilita petições de vítimas contra os Estados, e também o Terceiro Protocolo Facultativo à Convenção sobre os Direitos da Criança, de 2011 (Protocolo Facultativo à Convenção sobre os Direitos da Criança Relativo a um Procedimento de Comunicações), já ratificado pelo Brasil, que possibilita petições individuais contra o Brasil.

40 Decreto n. 4.316, de 30 de julho de 2002.

41 Apenas em 12 de junho de 2003 (quase um ano depois) houve a incorporação interna do referido tratado, por meio da edição de Decreto n. 4.738.

42 Decreto n. 6.949, de 25 de agosto de 2009.

ratificou, em 2009, o Primeiro Protocolo Facultativo ao Pacto Internacional de Direitos Civis e Políticos, possibilitando o recebimento de petições de vítimas pelo Comitê de Direitos Humanos daquele tratado[43]. No curso do procedimento de análise das petições das vítimas, tais órgãos devem interpretar as normas de direitos humanos pretensamente violadas pelo Estado. Em 2017, o Brasil ratificou o Protocolo Facultativo à Convenção sobre os Direitos da Criança Relativo a um Procedimento de Comunicações, no dia 29 de setembro, após ter sido aprovado no Congresso Nacional pelo Decreto Legislativo n. 85/2017[44].

Em 2011, o Comitê pela Eliminação de Toda Forma de Discriminação contra a Mulher (Comitê CEDAW, pela sigla do tratado em inglês) decidiu que o Brasil violou os direitos de Alyne da Silva Pimentel Teixeira, que faleceu pela ausência de tratamento adequado à mulher grávida (ela estava com 27 semanas de gestação). A petição contra o Brasil foi proposta por sua mãe, com apoio de organizações não governamentais. Foi o primeiro caso de morte materna nesse Comitê, o qual recomendou ao Brasil que, além de indenizar a família da vítima, também assegure o direito das mulheres à maternidade segura e o acesso à assistência médica emergencial adequada[45].

Em 2018, o Comitê de Direitos Humanos, apreciando petição do ex-presidente Luiz Inácio Lula da Silva (julgada em definitivo em 2022), editou – por meio dos seus Relatores Especiais para medidas provisórias – *medida provisória* (*interim measure*; medida cautelar) obrigando o Brasil a adotar todas as medidas necessárias para que o peticionário pudesse gozar e exercer seus direitos políticos mesmo preso, como candidato nas eleições presidenciais de 2018, o que incluía o acesso apropriado à mídia e aos membros do seu partido político; também pediram que não fosse proibida a sua postulação como candidato a presidente nas eleições presidenciais enquanto sua condenação criminal não tivesse transitado em julgado.

O Brasil – por meio do Tribunal Superior Eleitoral – descumpriu a medida provisória, alegando – por maioria e com voto contrário do Min. Fachin – que: 1) a decisão não era vinculante, pois oriunda de órgão ad-

---

43 Não houve a edição de decreto de promulgação, até o momento (janeiro de 2024).

44 Não houve a edição de decreto de promulgação, até o momento (janeiro de 2024).

45 Ver mais sobre esse caso em CARVALHO RAMOS, André de. *Processo internacional de direitos humanos*. 7. ed. São Paulo: Saraiva, 2022.

ministrativo e 2) o Brasil não havia editado o decreto de promulgação do Protocolo, o que impedia que tal tratado fosse cumprido internamente[46].

Contudo, a força vinculante da medida provisória do Comitê de Direitos Humanos é inquestionável de acordo com a interpretação internacionalista do próprio Comitê. Sua observação geral n. 33 (comentário geral) de 2009 assinalou que os Estados, em nome do princípio da boa-fé, têm de cumprir as deliberações provisórias do Comitê no exame das comunicações individuais. O próprio conceito de "medida provisória" exige seu cumprimento imediato, uma vez que há risco de dano irreparável ao resultado útil da análise da comunicação pelo Comitê. No Caso *Piandiong et al. vs. Filipinas*, o Estado réu descumpriu, em 1999, a medida provisória que suspendia a execução de pena de morte ao peticionário até o final do trâmite do caso no Comitê de Direitos Humanos. Mesmo após a execução do peticionário, o Comitê continuou a analisar o caso e decidiu, em 2000, que o Estado descumpriu seu dever de cumprir tais medidas provisórias. Esse dever, para o Comitê, é oriundo *implicitamente* da própria adesão do Estado ao Primeiro Protocolo Facultativo, pois de nada serviria o direito de petição das vítimas se o Estado não adotasse as medidas necessárias para assegurar o resultado útil da futura decisão do Comitê. Não cabe ao Estado – a não ser que denuncie o tratado – fazer uma "interpretação nacionalista" dos dispositivos do tratado e, assim, criar a figura do "tratado internacional nacional", pela qual o Estado descumpre o teor do tratado, mas alega que o está cumprindo, sob a sua peculiar ótica. Assim, quer na função de análise de relatórios dos Estados, quer na função de elaboração de comentários gerais, ou mesmo na análise de petições individuais, esses Comitês exercem robusta função interpretativa internacional dos direitos humanos.

12.3 A revisão periódica universal, os relatores e órgãos assemelhados da ONU

A ONU desenvolveu, a partir do final da década de 60, procedimentos de análise da situação de direitos humanos no mundo, com base nos dispositivos genéricos da Carta de São Francisco que estabelecem o dever dos Estados de promover direitos humanos. Em síntese, não havia re-

---

46 Tribunal Superior Eleitoral, Registro de Candidatura (11532) n. 0600903-50.2018.6.00.0000, Rel. Min. Roberto Barroso, por maioria, julgamento em 31 de agosto de 2018.

curso a acordos específicos, pelo contrário, buscava-se extrair a proteção aos direitos humanos da interpretação ampla dos objetivos de proteção aos direitos humanos da ONU e do dever de cooperação dos Estados para alcançar tais objetivos.

Esses procedimentos eram geridos pela antiga Comissão de Direitos Humanos (extinta e substituída em 2006 pelo Conselho de Direitos Humanos – ver abaixo), órgão intergovernamental subsidiário do Conselho Econômico e Social da ONU, sendo, então, inserido no que chamo de "controle político" dos direitos humanos. Seu início remonta ao final dos anos 60 do século passado, quando a então existente Comissão de Direitos Humanos passou a receber – sob determinados requisitos – petições individuais relativas a violações de direitos humanos. Iniciou-se um lento processo de desenvolvimento da proteção extraconvencional (porque baseada nas disposições genéricas da Carta da ONU e não em um tratado específico) das vítimas de violações de direitos humanos[47].

Existem o procedimento público (baseado na Resolução n. 1.235, de 1967, do Conselho Econômico e Social) e o procedimento confidencial (Resolução n. 1.503, de 1970, do mesmo Conselho), cujo alcance é diminuto, pois visa apenas detectar quadro de violação grave e sistemática de direitos humanos em um país. Em 2007, o Conselho de Direitos Humanos atualizou o trâmite do Procedimento 1503 por meio da Resolução 5/1 (a mesma que trata do mecanismo de revisão universal, que será visto abaixo). A expressão "procedimento 1503", apesar de mantida para fins doutrinários (homenageando a origem desse procedimento), foi substituída por procedimento de queixa. Em síntese, esses procedimentos – denominados especiais – exigem a nomeação de um órgão de averiguação de violações de direitos humanos, cuja abrangência pode ser geográfica (por país[48]) ou temática[49]. Esses órgãos de averiguação

---

47 CARVALHO RAMOS, André de. *Processo internacional de direitos humanos*. 7. ed. São Paulo: Saraiva, 2022.

48 Em janeiro de 2024, estão em andamento as seguintes relatorias geográficas (10): Nicarágua, Ucrânia, Coreia do Norte, Mali, Myanmar, Territórios Ocupados da Palestina, Sudão, Sudão do Sul, Congo, Venezuela, Síria, e Irã.

49 Citem-se os seguintes Relatores do Conselho de Direitos Humanos, com mandato em curso (45, em 2023): Relator Especial sobre Execuções Sumárias, Arbitrárias ou Extrajudiciais; Relator Especial sobre a Independência dos Juízes e Advogados; Relator Especial sobre a Tortura e outros Tratamentos Cruéis, Desumanos ou Degradantes; Relator Especial sobre Refugiados Internos; Relator Especial sobre Liberdade de Crença e Religião; Grupo de Trabalho sobre o Uso de Mercenários como Meio de Impedir o Exercício do Direito sobre a Autodeterminação dos Povos; Relator Especial para a Proteção e Promoção ao Direito à Liberdade de Opinião e Expressão; Relator Especial sobre Venda de Crianças, Prostituição e Pornografia Infantil; Relator Especial sobre a Eliminação da Violência contra a Mulher; Relator Especial sobre os Efeitos do Lixo Tóxico e Produtos Perigosos para o Exercício dos Direitos Humanos; Relator Especial sobre o Direito à Educação; Relator Especial sobre Direitos Humanos e Extrema Pobreza; Relator Especial sobre o Direito à Alimentação; Relator Especial sobre o Direito à Moradia Adequada; *Expert* Independente sobre os efeitos da dívida externa e outras obrigações financeiras internacionais sobre os direitos humanos, em especial os direitos sociais, econômicos e culturais; Relator Especial sobre Defensores de Direitos Humanos; Relator Especial sobre o Direito ao mais Alto Padrão de Saúde Física e Mental; Grupo de Trabalho sobre Povos Afrodescendentes; Grupo de Trabalho sobre Prisão Arbitrária; Relator Especial sobre Direitos Culturais; Grupo de Trabalho sobre Desaparecimentos Involuntários ou Forçados; Relator Especial sobre a Situação dos Direitos Humanos e Liberdades Fundamentais de Povos Indígenas; Relator Especial sobre Direitos Humanos de Migrantes; Relator Especial sobre Questões de Minorias; Relator Especial para Formas Contemporâneas de Racismo, Discriminação Racial, Xenofobia e outras Formas de Intolerância Relacionadas; Relator Especial para Formas Contemporâneas de Escravidão, incluindo suas Causas e Consequências; Relator Especial sobre Direitos Humanos e Solidariedade Internacional; Relator Especial sobre a Promoção e a Proteção de Direitos Humanos e Liberdades Fundamentais em Tempos de Terrorismo; Relator Especial sobre o Tráfico de Pessoas, Especialmente Mulheres e Crianças; Grupo de Trabalho sobre Questões de Direitos Humanos e Corporações Transnacionais e outras Empresas; Relator Especial para as Questões de Direitos Humanos Relacionadas à Água Potável e ao Saneamento. *Expert* Independente na Promoção de uma Ordem Internacional Democrática e Equitativa; *Expert* Independente na Questão das Obrigações de Direitos Humanos Relacionadas ao Gozo de um Meio Ambiente Limpo, Saudável, Seguro e Sustentável; Relator Especial sobre a Liberdade de Assembleia e Associação Pacíficas; Relator Especial sobre a Promoção da Verdade, da Justiça, da Reparação e das Garantias de Não Repetição; Grupo de Trabalho sobre a Discriminação de Direito e de *Facto* contra a Mulher; Relator Especial sobre o direito das pessoas com deficiência; Relator Especial sobre o impacto negativo das medidas coercitivas unilaterais sobre o gozo dos direitos humanos; Relator Especial sobre o gozo dos direitos humanos pelas pessoas com albinismo e Relator Especial sobre o direito à privacidade; Relator Especial para o direito ao desenvolvimento; Expert interdependente em proteção contra violência e discriminação baseada em orientação sexual ou identidade de gênero; Relator Especial sobre a eliminação da discriminação contra pessoas afetadas por lepra e seus familiares; Relator Especial para a promoção e proteção dos direitos humanos no contexto da mudança climática. Dados disponíveis em: https://spinternet.ohchr.org/ViewAllCountryMandates.aspx?Type=TM. Ver também o Diretório com os nomes dos titulares de tais relatorias especiais em: https://www.ohchr.org/sites/default/files/Documents/HRBodies/SP/VisualDirectory.pdf. Acesso em: 4 fev. 2024.

podem ser unipessoais ou coletivos, tendo se destacado nos últimos anos a figura dos relatores especiais. Os relatores especiais têm a incumbência de investigar situações de violação de direitos humanos, efetuar visitas *in loco* (com a anuência do Estado), bem como elaborar relatórios finais contendo recomendações de ações aos Estados.

Em face das críticas de politização excessiva dos procedimentos especiais e das agendas próprias (e ocultas) dos Estados-membros, privilegiando aliados ou votando contra Estados tidos como inimigos, foi extinta em 2006 a Comissão de Direitos Humanos e criado, em seu lugar, o Conselho de Direitos Humanos, com 47 Estados-membros e vinculado à Assembleia Geral da ONU. O sistema anterior, baseado em grupos de trabalho e relatorias especiais foi mantido – até o momento –, sendo seus relatórios apreciados pelo novo Conselho de Direitos Humanos, *que aprova resolução sobre as violações constatadas* e pode encaminhar o caso à Assembleia Geral da ONU, para que essa possa adotar uma resolução sobre o caso, caso queira.

No bojo dessa reforma de 2006, foi criado o Mecanismo de Revisão Periódica Universal (RPU), que é fundado no *peer review* – monitoramento pelos pares – pelo qual um Estado tem a sua situação de direitos humanos analisada pelos membros do Conselho de Direitos Humanos e que, futuramente, pode vir a substituir os procedimentos especiais vistos acima.

A RPU conta com quatro fases, que serão aplicadas a todos os Estados durante a revisão. A primeira fase consiste na apresentação de relatórios, que servirão de base para a avaliação: (i) relatório nacional (*national report)*, (ii) relatório de informações sobre aquele Estado existente na ONU, elaborado pelo Alto Comissariado de Direitos Humanos das Nações Unidas (*Compilation of UN information*), (iii) relatório da Sociedade Civil (*Summary of stakeholders' information*). A segunda fase consiste na análise e discussão dos relatórios perante os membros do Conselho de Direitos Humanos. São escolhidos três Estados (a *troika*) que funcionam como relatores e têm a incumbência de resumir as discussões, elaborando o chamado Relatório de Resultado ou Relatório Final (*Outcome Report*), fazendo constar um sumário dos passos tomados no exame, observações e sugestões dos Estados, bem como as respostas e eventuais compromissos voluntários do Estado examinado. Esse relatório será apreciado pelo colegiado do Conselho de Direitos Humanos. O conteúdo do resultado do exame deverá conter uma avaliação objetiva e transparente da situação de direitos humanos do país, que inclua os avanços e desafios ainda existentes, bem como os *compromissos voluntariamente* aceitos pelo Estado examinado.

Para seus defensores, o RPU permite que *todos* os Estados sejam avaliados, evitando-se a seletividade e os *parâmetros dúbios* da escolha de um relator para um determinado país (por que determinadas ditaduras são excluídas dos procedimentos extraconvencionais?). Assim, a RPU funciona em "ciclos", que terminam após a avaliação de todos os Estados. Atualmente, estamos no 4º ciclo de revisão (que já avaliou o Brasil – ver a seguir).

Por sua vez, a RPU é baseada no *diálogo construtivo* (também chamado diálogo interativo) entre o Estado avaliado e os Estados avaliadores. Seu resultado consiste em recomendações e em *compromissos voluntários* assumidos pelo Estado avaliado. Caso o Estado avaliado rejeite determinada recomendação feita, não há outra consequência além do mero registro da recusa. Na revisão seguinte, o Estado avaliado deverá apresentar resultados concretos, para que não haja a desmoralização do próprio mecanismo de revisão periódica.

A avaliação até o momento do material produzido pela revisão periódica universal não permite otimismo, como se exemplifica por meio da análise dos ciclos da RPU envolvendo o Brasil. No 1º ciclo, o Brasil submeteu-se à revisão em 2008, tendo sido designada a *troika* composta por Gabão, Arábia Saudita e Suíça. No 2º ciclo, o Brasil foi avaliado em 2012, com a *troika* integrada por China, Equador e Polônia. Em 2017, o Brasil submeteu-se ao 3º ciclo de revisão. A *troika* indicada foi composta por Botsuana, El Salvador e Quirguistão.

Os comentários e as sugestões dos Estados avaliadores e dos demais Estados intervenientes no seio do Conselho de Direitos Humanos sobre a *primeira revisão* em relação ao *Brasil* revelaram superficialidade e constatações genéricas de que há "falhas", mas a situação está "melhor" agora que no passado. Isso prova, novamente, que os Estados não são os melhores críticos de seus pares. Tudo para redundar, nas conclusões, em apelos banais por aperfeiçoamentos e melhorias, bem como compromissos genéricos voluntários do Brasil (em especial criar novos instrumentos para fiscalizar internamente a situação de direitos humanos...). Na revisão de 2008, houve 15 recomendações exaradas pelos Estados (*troika* e demais), sendo que o Brasil comprometeu-se voluntariamente com a criação de um sistema nacional de indicadores de direitos humanos e com a elaboração de um relatório anual sobre a situação nacional de direitos humanos[50].

Na segunda revisão (a de 2012), houve maior interesse e atividade dos Estados avaliadores sobre o Brasil. Foram feitas 170 recomendações, das quais o Brasil aceitou integralmente 159, rejeitou uma (a da Dinamarca, que pugnava pela unificação das Polícias – Civil e Militar – para atacar o crônico problema da insegurança, violência policial, ineficiência e desperdício de recursos gerados pela dualidade das polícias) e acatou parcialmente 10. Em que pese a fragilidade do "diálogo construtivo" que ficou demonstrada pela rejeição, sem qualquer ônus, da recomendação da Dinamarca, ao menos o Brasil assumiu um número maior de compromissos.

Na terceira revisão, houve intensa participação dos Estados examinadores, com a apresentação de 246 recomendações. Várias delas continuam a ser programáticas e genéricas (por exemplo, adotar medidas para reformar o sistema prisional à luz dos direitos humanos – feita por Itália, Namíbia, Argélia, Áustria, Santa Sé, Irlanda) e houve, inclusive, recomendação com potencial discriminatório, como a feita pela Santa Sé, que sugeriu que o Brasil continuasse a proteger a "família natural e o casamento, formado pelo marido e esposa"[51].

Foram quatro recomendações *rejeitadas* pelo Brasil: a formulada pela Santa Sé (vista acima), pela Venezuela (duas, referentes ao *impeachment* da Presidente Dilma Rousseff e ao congelamento de gastos por 20 anos da EC n. 95/2016) e, ainda, a do Reino Unido (referente à adoção de critério transparente e meritocrático para seleção de candidatos nacionais para órgãos da ONU).

No quarto ciclo da RPU (2022-2027), ainda em curso na data de fechamento desta edição (2024), o Brasil já foi avaliado. Inicialmente, o Conselho de Direitos Humanos selecionou a *troika* de Estados Relatores: Japão, Montenegro e Paraguai.

---

50 Ver o relatório do Grupo de Trabalho sobre o Brasil na Revisão Periódica Universal no documento do Conselho de Direitos Humanos A/HRC/8/27, de 22 de maio de 2008. Disponível em: <http://www2ohchrorg/english/bodies/hrcouncil/8session/reports.htm>. Acesso em: 15 nov. 2023.

51 Disponível em: <http://acnudh.org/wp-content/uploads/2017/05/A_HRC_WG.6_27_L.9_Brazil.pdf>. Em português, <https://nacoesunidas.org/wp-content/uploads/2017/08/RPU-Brasil.docx.docx.pdf>. Acesso em: 9 jan. 2024.

A revisão do Brasil foi realizada na 12ª reunião do Conselho de Direitos Humanos, em 14 de novembro de 2022. Foram apresentadas 306 recomendações feitas por 119 Estados (recorde até hoje; algumas delas por mais de um Estado).

Como se tratava do final da gestão Bolsonaro, houve a imediata rejeição de 17 recomendações. Posteriormente, em 2023, já no governo do Presidente Lula, houve reconsideração da posição anterior e o Brasil acatou 301 recomendações, rejeitando aquelas relacionadas com a promoção da "família tradicional". Entre as recomendações aceitas voluntariamente pelo Brasil, destaco as relativas às ratificações de diversos tratados de direitos humanos ainda faltantes, como a Convenção das Nações Unidas sobre os direitos dos trabalhadores migrantes e suas famílias.

Ressalto que não é difícil para o Estado avaliado (qualquer que seja) apontar o cumprimento das recomendações aceitas voluntariamente, que são *propositalmente* feitas de modo genérico e programático. Assim, basta apontar a edição de uma lei ou algum investimento (mesmo que insuficiente) para que recomendações do tipo "fazer esforços", "promover", "adotar medidas" sejam consideradas *cumpridas*.

Por outro lado, quando um Estado examinador faz uma recomendação direta, cujo cumprimento é de fácil aferição ("tudo ou nada"), basta que o Estado avaliado a recuse, sem ônus. Por exemplo, em 2012, a Dinamarca fez *recomendação do tipo direto* (união das polícias civil e militar, gerando a *desmilitarização* do policiamento ostensivo) ao Brasil (governo Dilma), que a *recusou*. Também é importante ressaltar que várias das recomendações exigem grande consenso político, escapando ao esforço solitário do Poder Executivo federal (que representa o Brasil nas relações internacionais) e exigindo anuência do Poder Legislativo, Poder Judiciário, Ministério Público, Defensoria Pública ou mesmo de entes subnacionais (Estados membros da Federação brasileira).

O resultado desse mecanismo, caso continuem a existir essas recomendações genéricas, sem maior atenção a dados e resultados objetivos e mensuráveis, tende a se restringir a fornecer um espaço político de visibilidade sobre a situação de direitos humanos em um determinado país, sem maiores consequências ao Estado avaliado.

Por outro lado, apesar de criticados, os procedimentos especiais de averiguação de violações por países não foram extintos até o momento, desempenhando importante papel de investigação de violações de direitos humanos. O Brasil recebe constantemente a visita de Relatores

Especiais, uma vez que fez um convite aberto (*standing invitation*) a todos esses especialistas de direitos humanos, que podem, então, fazer inspeções *in loco* sem que tenham que receber uma aprovação prévia do Estado brasileiro[52].

---

52 Em 2024, 129 países fizeram esse convite permanente. Apesar disso, o Conselho de Direitos Humanos *continua* a pedir, na prática, a *anuência final* do Estado antes de enviar o Relator Especial, tendo como justificativa a necessidade de viabilizar o acesso do Relator Especial às autoridades públicas. Dados disponíveis em: <https://spinternet.ohchr.org/_Layouts/SpecialProceduresInternet/Standing Invitations.aspx>. Acesso em: 9 set. 2018.

13 A subsidiariedade da jurisdição internacional de direitos humanos

A subsidiariedade da jurisdição internacional consiste no reconhecimento do dever primário do Estado em prevenir violações de direitos protegidos, ou, ao menos, reparar os danos causados às vítimas, para, somente após seu fracasso, poder ser invocada a proteção internacional (subsidiariedade própria). Por isso, as vítimas de violações de direitos humanos devem, em geral, esgotar os meios ou recursos internos disponíveis para a concretização do direito protegido, para, após o insucesso da tentativa nacional, buscar remédio no plano internacional.

No Direito Internacional Público, a regra do esgotamento dos recursos internos desenvolveu-se no âmbito da proteção diplomática, servindo para exigir o necessário esgotamento, pelo estrangeiro lesado, dos recursos locais antes do exercício, pelo seu Estado de origem, da proteção diplomática[1]. Por sua vez, a proteção diplomática é um instituto de Direito Internacional no qual o Estado, cujo nacional sofreu danos por conduta imputada a outro Estado, considera tal dano como dano próprio e pleiteia reparação ao Estado responsável pelo ato lesivo[2].

No Direito Internacional dos Direitos Humanos, a subsidiariedade da jurisdição internacional – fruto da exigência do esgotamento dos recursos internos – é uma constante. Os mais variados tratados (no plano universal ou regional) exigem que as vítimas busquem esgotar os meios ou recursos internos disponíveis como *condição de admissibilidade* da análise do pleito da vítima, sem a qual a demanda internacional será extinta sem apreciação do mérito. Como exemplo, o Artigo 46.1 da Convenção Americana de Direitos Humanos dispõe que, para que uma petição ou comunicação venha a ser admitida pela Comissão Interamericana de Direitos Humanos, será necessário "que hajam sido interpostos e esgo-

---

1 CARVALHO RAMOS, André de. *Responsabilidade internacional por violação de direitos humanos*. Rio de Janeiro: Renovar, 2004, p. 21.

2 A suposta lesão a direito de estrangeiro é transformada, pelo *endosso* dado pelo Estado de sua nacionalidade, em um litígio internacional entre o suposto Estado violador e o Estado da nacionalidade do estrangeiro. Tal instituto costumeiro foi consolidado no século XIX, a partir do aumento dos investimentos dos países europeus e dos Estados Unidos no exterior, que levou a conflitos entre nacionais daqueles Estados e os novos países emergentes, em especial os da América Latina (CARVALHO RAMOS, André de. *Responsabilidade internacional por violação de direitos humanos*. Rio de Janeiro: Renovar, 2004, p. 44 e s.).

tados os recursos da jurisdição interna, de acordo com os princípios de Direito Internacional geralmente reconhecidos".

São vários os impactos da existência da regra da subsidiariedade da jurisdição internacional dos direitos humanos.

Em primeiro lugar, fixa a *responsabilidade primária* dos Estados na proteção dos direitos humanos, não onerando em demasia o sistema internacional dos direitos humanos.

Em segundo lugar, a regra do esgotamento dos recursos internos auxilia no *convencimento* dos líderes locais para a aceitação da jurisdição internacional de direitos humanos, pois o caráter subsidiário da jurisdição internacional e o seu papel preventivo (evitando a responsabilização internacional do Estado) da regra permitiram a adesão dos Estados aos tratados de direitos humanos, sem que o velho apelo à *soberania nacional* lograsse êxito[3].

Em terceiro lugar, o esgotamento dos recursos internos pode também ser interpretado, perante o Direito Internacional dos Direitos Humanos, de modo a exigir dos Estados o dever de prover recursos *internos* aptos a reparar os danos porventura causados aos indivíduos, o que incrementa a proteção de todos os direitos.

Porém, há uma quarta consequência inesperada: o esgotamento dos recursos internos *aguça* obviamente o conflito entre o Poder Judiciário nacional e a jurisdição internacional. O Direito Internacional, ao exigir que sejam esgotados os recursos internos, apreciará um ato nacional que foi *avalizado* pelo Poder Judiciário local. Caso o mecanismo internacional considere que o Estado falhou (violou direitos humanos), surge possível colisão com a interpretação *nacional* do caso (que havia considerado inexistir violação). Tal conflito entre a visão internacionalista e a visão nacional de direitos humanos exigirá esforço para a implementação doméstica dos comandos da decisão internacional.

Em virtude do conflito entre as decisões internacionais e as decisões locais, desenvolveu-se a tese da *subsidiariedade imprópria,* que consiste na abstenção da intervenção do órgão internacional em casos controvertidos envolvendo a interpretação de direitos humanos, nos quais não há consenso ou ainda há valores morais sensíveis envolvidos, preservando-se a autonomia das autoridades públicas para decidir a questão[4].

---

3 CARVALHO RAMOS, André de. *Responsabilidade internacional por violação de direitos humanos.* Rio de Janeiro: Renovar, 2004, p. 214.

4 Ver a crítica a essa espécie de subsidiariedade e sua ameaça ao universalismo dos direitos humanos no capítulo relativo à análise da teoria da margem de apreciação nacional.

14 Direitos humanos internacionais e a essência contramajoritária

Os direitos humanos desenvolveram-se no plano internacional para fornecer proteção ao indivíduo na falha do Estado. Por isso, as garantias internacionais possibilitam o acesso do indivíduo a órgãos internacionais, após terem sido esgotados os recursos internos. A jurisdição internacional é subsidiária, porém sua existência fornece uma última esperança aos que foram ignorados no plano interno.

O Estado fica obrigado a garantir direitos básicos a todos sob sua jurisdição, quer nacional ou estrangeiro, mesmo *contra* a vontade das maiorias e paixões de momento.

A própria exigência de esgotamento dos recursos internos é fator que maximiza a faceta de proteção de minorias: em geral, a cúpula do Poder Judiciário de um país representa a maioria, como se vê, simbolicamente, no ritual de aprovação de *todos* os membros dos Tribunais Superiores no Brasil graças ao voto da *maioria absoluta* do Senado Federal e após indicação por parte do Presidente da República, este também eleito pela maioria absoluta de votos (em dois turnos, se necessário). No mais, os Poderes Legislativo e Executivo também são formados, nos Estados Democráticos como o Brasil, a sombra do princípio da prevalência da vontade da maioria.

Indiretamente, o Direito Internacional dos Direitos Humanos é essencialmente *contramajoritário*, pois as maiorias em geral são bem-sucedidas no processo político e auferem a proteção pretendida. Não necessitam e não procuram a jurisdição internacional.

Essa será acionada justamente pelos grupos vulneráveis, que não logram êxito no plano doméstico, tendo sido eventualmente derrotados também na jurisdição constitucional que deve zelar pelo respeito aos direitos previstos nas Constituições.

Assim, as minorias (grupos não hegemônicos, mesmo que numericamente superiores) têm dificuldade de fazer valer seus pontos de vista nas arenas política e judicial internas, exigindo uma alavanca: a proteção internacional dos direitos humanos.

A qualidade contramajoritária dos direitos humanos internacionais se revela na promoção de novas interpretações de direitos, em busca de tolerância e emancipação em especial contra posições tradicionais (com viés cultural, social ou mesmo religioso) das maiorias.

Muitas vezes o sistema judicial de um Estado não permite a interpretação evolutiva dos direitos previstos, castigando grupos sociais que não têm influência política ou visibilidade.

Usando o Brasil como exemplo, surgem debates de intensa importância para as minorias: a luta pela criminalização da homofobia e proteção das minorias sexuais, a luta pela superação da anistia e punição de militares envolvidos em violações graves de direitos humanos na época da ditadura, a própria descriminalização do aborto, a eliminação de símbolos católicos em Tribunais e repartições públicas de Estado pretensamente laico, entre outros temas. Esses são temas de direitos humanos hoje debatidos no Brasil, sem guarida em muitos Tribunais internos, mas que podem encontrar eco nas interpretações realizadas pelos tribunais internacionais de direitos humanos.

Porém, fica aqui evidente a polêmica envolvendo a faceta contramajoritária: eventualmente as decisões locais violadoras de direitos humanos foram aprovadas em *plebiscitos*, por *maiorias* nos Parlamentos (eleitas democraticamente) ou ainda por *maiorias* nas Supremas Cortes nacionais (que, por sua vez, sustentam que protegem direitos fundamentais).

Não se nega que a jurisdição constitucional como a brasileira, na promoção dos direitos fundamentais, também pode agir de modo contramajoritário, em especial quando fulmina – por inconstitucionalidade – leis e emendas constitucionais que ofendem direitos e garantias individuais (cláusula pétrea da CF/88). A jurisdição internacional possui uma *essência contramajoritária agravada*, pois faz também o crivo dos julgados dos Tribunais Superiores de um Estado, inclusive de sua Corte Constitucional. Nem o poder constituinte originário escapa do crivo internacionalista dos direitos humanos.

Com isso, nasce um enorme desafio aos órgãos internacionais de direitos humanos: produzir uma interpretação *consistente* e *convincente* das normas de direitos humanos em uma realidade de intensa colisão de direitos e ponderação.

Assim, não basta tão somente produzir normas universais de direitos humanos, mas é essencial que a *interpretação* dessas normas assegure a tolerância e emancipação, *convencendo* inclusive as maiorias contrariadas da força argumentativa de suas deliberações, que não podem se basear somente em apelos retóricos à "dignidade humana" ou nos tradicionais truísmos que ainda são encontrados em decisões sobre a matéria.

Essa força argumentativa evitará o risco do arbítrio e decisionismo da área dos direitos humanos, agora na sua faceta internacional.

Por sua vez, o cumprimento de uma decisão internacional de direitos humanos contramajoritária é o grande teste da efetiva adesão (não somente retórica) de um Estado ao Direito Internacional dos Direitos Humanos.

15 O dilema de Hamilton e a vigilância internacional dos direitos humanos

O fortalecimento dos direitos humanos internacionais acarreta a atração dos mais diversos temas da vida social nacional para o plano internacional. Isso ocorre por dois grandes motivos: 1) serem os direitos (previstos em tratados) redigidos de forma genérica e repletos de comandos indeterminados e 2) esses direitos, pela própria definição, representarem o centro essencial de um ordenamento jurídico, fazendo com que toda atividade humana possa resvalar em determinado direito ou, ao menos, no princípio da dignidade humana – qualidade esta intrínseca a todo ser humano.

Assim, no limite, nenhuma atividade humana escapa da avaliação de respeito aos direitos humanos, uma vez que esses são redigidos de forma ampla e genérica e representam o essencial da vida em sociedade. Nasce uma força *expansiva* e *atrativa* dos direitos humanos, o que permite que os órgãos internacionais de supervisão e controle das obrigações de respeito aos direitos humanos possam apreciar todas as facetas da vida social interna.

Reproduz-se no plano internacional aquilo que a doutrina no plano interno denomina "jusfundamentalização do Direito" nacional. Agora, todas as questões fundantes de uma sociedade nacional, após o esgotamento dos recursos internos, podem ser suscetíveis de revisão em uma corte internacional de direitos humanos, pois o tratado é repleto de direitos redigidos de forma genérica, aptos a serem interpretados de modo evolutivo e amplo.

Criou-se, então, uma jusfundamentalização internacional do direito nacional, que, em sistemas internacionais de acesso direto do indivíduo (como o sistema europeu de direitos humanos), é de gritante atualidade. Nos anais da jurisprudência europeia de direitos humanos, é possível encontrar todo tipo de demanda, envolvendo todos os ramos do direito interno. Mesmo no sistema interamericano de direitos humanos, de acesso restrito (filtro da Comissão – o indivíduo não tem acesso direto e irrestrito à Corte IDH ainda), é visível a ampliação do poder da Corte de San José graças à sua interpretação generosa do chamado "direito à vida digna"[1].

---

[1] Ver mais sobre a ampliação do conceito de "vida digna" na Corte IDH (CARVALHO RAMOS, André de. *Processo internacional de direitos humanos*. 7. ed. São Paulo: Saraiva, 2022).

Em um interessante paralelismo com a histórica constitucional, podemos identificar esse fenômeno com o debate no seio do federalismo norte-americano denominado por BIGLINO CAMPOS *argumento de Hamilton*[2], pelo qual se temeu, na elaboração da Constituição Federal norte-americana, que a inclusão de direitos fundamentais na Constituição pudesse *justificar* a ampliação desmedida das *competências federais*, em virtude da ambiguidade e indeterminação da própria redação dos direitos[3].

No plano internacional, fica claro que o "dilema de Hamilton" é um dado real, uma vez que a interpretação dos órgãos internacionais de direitos humanos tem levado a uma ampliação constante da influência internacionalista na vida doméstica.

Basta lembrarmos da chamada "interpretação evolutiva", pela qual os tribunais internacionais de direitos humanos extraem novos direitos dos textos dos tratados já existentes.

Essa força expansiva dos direitos humanos internacionais com apoio dos tribunais internacionais gera um interessante efeito no Direito interno: cria uma "vigilância internacional" de direitos humanos, que pode fazer os órgãos internos, em especial os órgãos judiciais, venham a sair da sua zona de conforto de dar a última palavra sobre o conteúdo dos direitos humanos no Brasil.

Terão, ao menos, que estar cientes da jurisprudência internacional e da possibilidade de crivo internacional.

Por isso, mencionamos na Parte III deste livro a necessidade de um "Diálogo das Cortes", pelo qual os Tribunais domésticos utilizariam não só o catálogo de direitos humanos internacionais, mas especialmente a interpretação internacionalista, dando sentido à adesão brasileira a esses tratados internacionais de direitos humanos.

---

2   Em homenagem a um dos artífices da Constituição estadunidense (BIGLINO CAMPOS, Paloma. "Derechos fundamentales y competencias de la Unión: el argumento de Hamilton". *Revista de Derecho Comunitario Europeo* (2003), p. 45-67, em especial p. 45-46, apud CARVALHO RAMOS, André de. *Direitos humanos na integração econômica*. Rio de Janeiro: Renovar, 2008).

3   BIGLINO CAMPOS, Paloma. "Derechos fundamentales y competencias de la Unión: el argumento de Hamilton", 14 *Revista de Derecho Comunitario Europeo* (2003), p. 45-67, apud CARVALHO RAMOS, André de. *Direitos humanos na integração econômica*. Rio de Janeiro: Renovar, 2008.

Afinal, do que valeria a adesão brasileira a tratados que pregam a *universalidade dos direitos humanos* se a interpretação prevalecente for sempre a interpretação nacional?

A pretensão universal dos direitos humanos se perderia, novamente, no localismo das interpretações, sujeitas às maiorias de momento.

Caso esse diálogo frutifique e a interpretação internacionalista prospere em um mundo de pluralidade de ordens jurídicas[4], teremos levado a internacionalização dos direitos humanos a sério no Brasil.

---

4 CARVALHO RAMOS, André de. *Pluralidade das ordens jurídicas – a relação do direito brasileiro com o direito internacional*. Curitiba: Juruá, 2012.

PARTE **II**

CARACTERÍSTICAS DOS DIREITOS
HUMANOS NO DIREITO INTERNACIONAL

1 Considerações iniciais

A consolidação do Direito Internacional dos Direitos Humanos, graças à edição de inúmeros tratados sobre o tema e ao funcionamento de Cortes internacionais de direitos humanos e órgãos assemelhados, permite extrair características internacionais desse conjunto de direitos protegidos.

O estudo dessas características é de interesse por duas razões básicas: em primeiro lugar, permite a compreensão do atual estágio de desenvolvimento da proteção dos direitos humanos na esfera internacional.

Em segundo lugar, permite ao operador do Direito brasileiro o uso dessas características no âmbito interno, uma vez que o Brasil, além de ser signatário de dezenas de tratados de direitos humanos, já reconheceu a jurisdição obrigatória da Corte Interamericana de Direito Humanos, cujas decisões serviram para formar o quadro das principais características dos direitos humanos na esfera internacional.

2 Superioridade normativa

2.1 O conceito de *jus cogens* e sua evolução no Direito Internacional

No Direito interno, as normas de direitos humanos são, em geral, de estatura constitucional, o que as coloca como sendo de hierarquia superior às demais normas do ordenamento jurídico. No Brasil, por exemplo, as normas definidoras de direitos e garantias individuais estão inseridas na Constituição e ainda consideradas cláusulas pétreas, ou seja, imutáveis, pois não são passíveis de modificação sequer pela ação do Poder Constituinte Derivado[1].

No Direito Internacional, a norma imperativa em sentido estrito[2] (também denominadas norma cogente ou norma de *jus cogens*) é aquela que contém *valores* considerados *essenciais* para a comunidade internacional como um *todo*, e que, por isso, possui *superioridade normativa* no choque com outras normas de Direito Internacional[3].

---

1 Artigo 60, parágrafo quarto: "Não será objeto de deliberação a proposta de emenda tendente a abolir: (...) IV – os direitos e garantias individuais".

2 Denomino "norma imperativa em sentido amplo" o conjunto de normas que contém valores essenciais para a comunidade internacional como um todo, o que abrange as *obrigações "erga omnes"* (já vistas acima) e as normas imperativas em sentido estrito (CARVALHO RAMOS, André de. *Processo internacional de direitos humanos.* 7. ed. São Paulo: Saraiva, 2022).

3 Sobre o *jus cogens*, ver, entre outros, BAPTISTA, Eduardo Correia. *Ius cogens* em Direito Internacional. Lisboa: Lex, 1997; RODAS, João Grandino. "*Jus Cogens* em Direito Internacional". *Revista da Faculdade de Direito da Universidade de São Paulo*, São Paulo: Universidade de São Paulo, v. LXIX, fasc. II, 1974, p. 124-135; CASELLA, Paulo Borba. *Fundamentos do direito internacional pós-moderno.* São Paulo: Quartier Latin, 2008; GOMES ROBLEDO, Alonso. "Le *jus cogens* international: sa genèse, sa nature, ses fonctions", 172 *Recueil des Cours de l'Académie de l'Haye* (1981), p. 9-217; SAULLE, M. "*Jus cogens* and human rights", in *Études en l'honneur de Roberto Ago*, v. II, Milano: Giuffrè, 1987, p. 385-396; CHARLESWORTH, H. e CHINKIN, C. "The Gender of *Jus Cogens*", 15 *Human Rights Quarterly* (1993), p. 63-76; GROS ESPIEL, Hector. "Self-determination and *jus cogens*", in CASSESE, A. (ed.). *UN Law and Fundamental Rights – two topics in International Law.* Alphen aan den Rijn: Sijthoff, 1979, p. 167-173; FROWEIN, J. "*Jus cogens*", in BERNHARDT, R. (ed.). *Enclyclopedia of Public International Law.* v. 7, Amsterdam; New York: North Holland Publishing Co., 1984, p. 327-330. No Brasil, ver o atualizado estudo de FRIEDRICH, Tatyana Scheila. *As normas imperativas de direito internacional público*: "jus cogens". Belo Horizonte: Ed. Forum, 2004.

Assim, pertencer ao *jus cogens* não significa ser considerado norma obrigatória, pois todas as normas internacionais o são: significa que, além de obrigatória, a norma cogente não pode ser alterada pela vontade de um Estado. A derrogação da norma imperativa só pode ser feita por norma de igual quilate, ou seja, por norma também aprovada pela *comunidade internacional como um todo*[4]. A vontade isolada de um Estado ou de um grupo de Estados, então, *não* pode ofender uma norma cogente internacional.

Coube à Convenção internacional sobre o Direito dos Tratados de Viena (CVDT, 1969[5]) o papel de explicitar o conceito de *jus cogens* ou norma imperativa no Direito Internacional, em seus artigos 53, 64 e 71. Para os fins da Convenção, uma norma imperativa de Direito Internacional geral é uma norma aceita e reconhecida pela comunidade internacional como norma da qual nenhuma derrogação é permitida e que só pode ser modificada por nova norma de direito internacional geral da mesma natureza. O artigo 53 da citada Convenção dispõe que é nulo o tratado que, no momento de sua conclusão, conflita com uma norma imperativa de Direito Internacional geral. Já o artigo 64 dispõe que o tratado existente que estiver em conflito com uma norma imperativa *superveniente* de Direito Internacional geral torna-se nulo e extingue-se. Por fim, o artigo 71 estabelece as consequências da nulidade de um tratado em conflito com uma norma imperativa[6].

A investigação histórica do conceito de norma imperativa ou norma de *jus cogens* revela que, desde o período clássico (séculos XVI-XIX) do Direito Internacional, há menções esparsas à existência de normas contendo valores essenciais e superiores às demais. Para CASELLA, foi VITORIA quem introduziu, inspirado no direito romano, o conceito de *jus cogens* no Direito Internacional na sua *relectio* sobre o poder civil (1528)[7]. Para VITORIA, "ninguna nación puede darse por no obligada ante el

---

4 RODAS, João Grandino. *"Jus cogens em direito internacional"*. *Revista da Faculdade de Direito da Universidade de São Paulo*, São Paulo, Universidade de São Paulo, v. LXIX, fasc. II, 1974, p. 124-135, em especial p. 127.

5 Já ratificada e incorporada internamente no Brasil pelo Decreto n. 7.030/2009.

6 A redação do artigo 53 da Convenção de Viena sobre o Direito dos Tratados (CVDT) é *confusa* e envolve certa *circularidade*, pois define a *norma imperativa* justamente pela consequência (é aquela em que "nenhuma derrogação é permitida"), que, por sua vez, deveria ser fruto de sua definição (*petitio principii*).

7 ACCIOLY, Hildebrando, NASCIMENTO E SILVA, G. E. e CASELLA, P. B. *Manual de direito internacional público*. 16. ed. São Paulo: Saraiva, 2008, em especial p. 109.

derecho de gentes porque dado la autoridad de todo el orbe"[8]. Assim, o precursor do Direito Internacional atesta a existência dos elementos recuperados, depois, pela Convenção de Viena sobre Direitos dos Tratados (que trata de *jus cogens*): a necessidade de submissão da vontade de um Estado ao conteúdo das normas impostas pelos interesses de toda a coletividade. Por sua vez, GROTIUS mencionou a liberdade do uso do mar como um *preceito universal* acima da vontade dos Estados[9]. O mesmo autor, ao condenar a pirataria, sustentou que todos os Estados devem combater os piratas, por serem inimigos do gênero humano[10]. Mas a prática daquela época dos Estados é insuficiente para comprovar essas assertivas doutrinárias, sendo muitas vezes contraditória: há exemplos de emissão de "cartas de corso" pela Inglaterra, que legitimava atos de pirataria contra navios de *outros* Estados; mesmo a liberdade dos mares, patrocinada pela mesma Inglaterra, era olvidada quando se exigia dos navios estrangeiros, ao passar pelo Canal da Mancha e arredores, que arriassem a bandeira e velas secundárias em sinal de respeito e reconhecimento da soberania inglesa sobre tais mares[11].

O apelo a "normas essenciais e superiores" nessa fase do Direito Internacional era mais um recurso de retórica que não se confirmava na prática dos Estados. Afinal, tratava-se de um contexto no qual *era permitido* o uso da força e da guerra de conquista. Logo, o desrespeito a regras – inclusive a tratados internacionais – era *relativizado*, uma vez que o recurso máximo – a guerra – poderia legitimar a situação anterior de desrespeito a normas.

Outro exemplo importante é a proibição da escravidão. No final da era do Direito Internacional clássico, nos fins do século XIX, consolidou-se a proibição internacional do tráfico de escravizados, o que foi feito no Ato Geral da Conferência de Berlim de 1885. Mesmo assim, resta dificultoso afirmar que se trata do reconhecimento do *jus cogens*,

---

8 VITORIA, Francisco de. "De la potestad civil" in *Relecciones teológicas*. Edición crítica del texto latino. Madrid: Biblioteca de Autores Cristianos – BAC, 1960, p. 191-192.

9 GROTIUS, Hugo. *Die Iure Praedae Commentarius – 1608* – versão traduzida para o inglês. *The Classics of International Law n. 22*. Oxford/London: The Carnegie Endowment for International Peace, 1955, v. I, p. 249.

10 GROTIUS, Hugo. *Die Iure Praedae Commentarius – 1608* – versão traduzida para o inglês. *The Classics of International Law n. 22*. Oxford/London: The Carnegie Endowment for International Peace, 1955, v. I, p. 237.

11 BAPTISTA, Eduardo Correia. Ius Cogens *em direito internacional*. Lisboa: Lex, 1997, p. 74.

uma vez que a Ata é celebrada por 14 Estados e ainda marca a partilha da África, consagrando o colonialismo europeu e subjugação de parte da humanidade. Já a tutela das minorias e dos estrangeiros também dependia da vontade das potências europeias da época. O reconhecimento da essencialidade da norma pela *comunidade internacional como um todo* é o elemento ausente nessa época.

Quanto ao Direito Internacional Humanitário, fruto dos horrores de Solferino, as restrições às práticas militares poderiam ser *derrogadas* por necessidades militares ou pela prática da represália. O uso de gás venenoso pela Alemanha e pelos Aliados – que afirmaram atuar em represália – em plena 1ª Guerra Mundial demonstra que não se tratava de um *direito inderrogável*, como é o caso do *jus cogens*.

Já no período entre 1919 e 1969 (data da edição da CVDT), houve vários passos importantes que auxiliaram uma futura implementação do conceito de *jus cogens*. Em primeiro lugar, o progressivo banimento do uso da força, ensaiado na 2ª Conferência de Paz da Haia (1907), restou mencionado no Pacto de Proibição da Guerra de Agressão (Briand--Kellogg, 1928). Em que pese o uso da força em várias situações *logo a seguir*, ao menos ficou estabelecido uma reprovação inicial ao uso da força para legitimar uma violação da norma internacional. Em segundo lugar, a criação da Corte Permanente de Justiça Internacional aprofundou o sistema internacional de solução pacífica de controvérsias, adicionando o mecanismo judicial ao lado da já existente arbitragem e outros métodos políticos, apesar de sua incapacidade de evitar um novo conflito mundial. Esses dois passos compõem o contexto necessário para um eventual reconhecimento de normas imperativas de origem costumeira. Em paralelo, surgem escritos doutrinários europeus de defesa do *jus cogens*, da lavra de VERDROSS[12], LE FUR[13], SCELLE[14], KRAUS[15], RIPERT[16], entre outros.

---

12 *Vide* abaixo, com mais detalhes.

13 FUR, Louis-Erasme Le. "Le développement historique du Droit International: de l'anarchie internationale à une communauté internationale organisée", *Recueil des Cours de l'Académie de Droit International de La Haye*, v. 41 (1932-III), p. 501-601, em especial p. 580.

14 SCELLE, Georges. "Régles Générales du Droit de la Paix", *Recueil des Cours de la Académie de Droit International*. t. 45, v. IV, 1993, p. 327-703, em especial p. 348-350.

15 KRAUS, Herbert. "Système et fonctions des traités internationaux", *Recueil des Cours de la Académie de Droit International*. t. 50, v. IV, 1934, p. 317-400, em especial p. 400, no uso do termo *jus cogens*.

16 RIPERT, Georges. "Les règles du droit civil applicables aux rapports internatio-

Porém, houve o *desperdício* desse contexto promissor, pois novamente a prática dos Estados restou vacilante, deixando órfã a doutrina.

Mesmo antes do início da 2ª Guerra Mundial, há exemplos de pouco ou nenhum respeito, pelos Estados, do conceito de normas cogentes do Direito Internacional, derrogando toda e qualquer eventual norma cogente sem pudor. O caso da guerra de conquista é emblemático: a transferência da soberania do território dos Sudetos para a Alemanha, à revelia da Tchecoslováquia, foi abençoada pelo Acordo de Munique de 29 de setembro de 1938, celebrado pela própria Alemanha, Grã-Bretanha, França e Itália. O Acordo previu a ocupação desses territórios por parte de tropas alemãs, mesmo sem a anuência das autoridades checas. Isso sem contar a invasão da Albânia pela Itália, a partilha secreta da Polônia pela URSS e Alemanha Nazista, a invasão da Finlândia pela URSS, entre outros. Com a eclosão da 2ª Guerra Mundial, houve também fracasso na obtenção do respeito ao Direito Humanitário por todos os envolvidos: o uso de represálias e a derrogação das proibições do Direito dos Conflitos Armados foi uma constante, como se viu no bombardeio de alvos civis pelos nazistas e, em represália, a mesma conduta por parte dos Aliados.

Mesmo a tutela dos direitos das minorias, consagrada após a 1ª Guerra Mundial, sofreu abalo sísmico com a Declaração de Potsdam de 2 de agosto de 1945, pela qual os Estados Unidos, União Soviética e Grã-Bretanha determinaram a deportação compulsória de 12 milhões de indivíduos de origem germânica residentes na Hungria, Tchecoslováquia e em todo o território alemão cedido e anexado à Polônia. E isso apesar de ter o Tribunal de Nuremberg considerado a deportação da população civil, para trabalho escravo *ou para qualquer outra finalidade,* crime de guerra (artigo 6, "b", do Estatuto de Criação do Tribunal Internacional Militar). Ironicamente, o princípio da proibição da transferência compulsória de civis pelo novo ocupante foi consagrado em declaração do Presidente norte-americano Wilson já em 1918 (o chamado "Fourteen Principles speech"), em mensagem ao Congresso estadunidense[17].

---

naux: (contribution à l'étude des principes généraux du droit visés au statut de la Cour permanente de justice internationale)" in *Recueil des Cours de la Académie de Droit International*. t. 44, v. II, 1933, p. 565-664, em especial p. 598-600, apelando para o uso do conceito de "ordem pública", apto a fulminar e derrogar a livre vontade dos Estados em estabelecer tratados de objeto ilícito.

17 *In verbis:* "People are not to be handed about from one sovereignty to another by an international conference". Ver mais sobre as posições do Presidente Wilson em

Por sua vez, a Corte Permanente de Justiça Internacional (CPJI), no entre-guerras, possui tão somente passagens de votos isolados, defendendo a existência de uma ordem pública internacional, que não poderia ser vulnerada pela vontade dos Estados. O voto vencido do Juiz Walter SCHUCKING, no caso *Oscar Chinn*, sustentou que a Sociedade das Nações admitia a existência do *jus cogens* ao estabelecer, em seu artigo 20, que os Estados membros se comprometiam a não celebrar tratados que contrariassem os dispositivos de criação do Pacto da Sociedade das Nações[18]. Essa timidez da CPJI é reflexo da pouca adesão dos Estados aos dois passos essenciais para o estabelecimento do conceito de *jus cogens*: proibição do uso geral da força e adesão aos mecanismos de solução pacífica de controvérsias.

Após a 2ª Guerra Mundial e antes da edição da CVDT, houve ainda algumas manifestações de votos de juízes da Corte Internacional de Justiça (CIJ) em prol do reconhecimento do *jus cogens*. Entre esses votos, cite-se o voto dissidente do juiz TANAKA no caso do Sudoeste Africano (1966), no qual sustentou que, se o conceito de *jus cogens* fosse estabelecido, a proteção de direitos humanos seria considerada norma cogente[19]. Em voto vencido no caso dos direitos de passagem sobre território indiano, o juiz *ad hoc* FERNANDES salientou que as regras cogentes não podem ser derrogadas por uma prática particular[20]. Finalmente, no voto dissidente do juiz TANAKA, do caso da Plataforma do Mar do Norte, há a menção à nulidade de reserva sobre norma pertencente ao *jus cogens* (no caso, o princípio da equidistância)[21].

RAICO, Ralph. "World War I: The Triumph of Statism". Disponível em: <http://econ. as.nyu.edu/docs/IO/10125/Raico,_World_War_I-NYU.pdf>. Acesso em: 25 jan. 2024.

18   Corte Permanente de Justiça Internacional. *Affaire Oscar Chinn.* Julgamento de 12 de dezembro de 1934, voto dissidente, em especial p. 149-150. Disponível em: <http://www.icj-cijorg/pcij/series-a-b.php?p1=9&p2=3>. Acesso em: 25 jan. 2024.

19   Esse voto antecipou a tendência internacional atual de considerar a proteção de direitos humanos como parte integrante do *jus cogens*. No caso, a CIJ rejeitou as ações propostas pela Libéria e Etiópia sobre o Sudoeste Africano (Corte Internacional de Justiça, *South-West Africa Cases,* sentença de 18 de julho de 1966, *ICJ Reports* 1966, p. 298-300).

20   Disponível em: <http://www.icj-cijorg/docket/files/32/4547.pdf>. Acesso em: 25 jan. 2024.

21   *In verbis*: "The Federal Republic, referring to the right of the States parties to the Convention to make reservations to articles other than to Articles 1-3 (Article 12 of the Convention), argues in favour of the non-applicability a fortiori of Article 6 to

Com isso, o caminho rumo ao reconhecimento da superioridade normativa de algumas normas internacionais é tortuoso e a prática dos Estados era, para dizer o mínimo, errática e ao sabor de seus interesses geopolíticos. Assim, em que pesem as inúmeras manifestações favoráveis da doutrina e dos votos dissidentes de membros de tribunais internacionais, a contribuição da Comissão de Direito Internacional (CDI), ao introduzir o conceito de *jus cogens* no projeto de Convenção de Viena sobre Direito dos Tratados (CVDT), foi imensa, pois serviu para dar o decisivo passo rumo à cristalização, nas décadas seguintes, desse conceito como *costume internacional*. VILLIGER chega ao ponto de considerar o artigo 53, que trata de *jus cogens,* um dos "mais importantes" de toda a CVDT[22].

Contudo, houve inúmeras resistências à inclusão do conceito de *jus cogens* nos trabalhos da CDI[23]. A Turquia, por exemplo, em posição semelhante à assumida pela Bélgica (ver abaixo), considerou inapropriado incluir o conceito de *jus cogens* em uma futura Convenção sobre Direito dos Tratados enquanto os mecanismos de solução de controvérsias não fossem obrigatórios a todos os Estados. Para a Turquia, o conceito de *jus cogens* seria *distorcido* por cada Estado para satisfazer seus próprios interesses, na ausência de um mecanismo de solução de controvérsia obrigatório[24]. Já a delegação brasileira apoiou a inclusão do conceito de *jus*

---

the Federal Republic, which is not a State party to the Convention. This question has been very extensively discussed. However, if a reservation were concerned with the equidistance principle, it would not necessarily have a negative effect upon the formation of customary international law, because in this case the reservation would in itself be null and void as contrary to an essential principle of the continental shelf institution which must be recognized as *jus cogens*". Voto dissidente do juiz TANAKA no *North Sea Continental Shelf* (Federal Republic of Germany/Netherlands), julgamento de 20 de fevereiro de 1969. Disponível em: <http://www.icj-cijorg/docket/files/52/5579.pdf>. Acesso em: 25 jan. 2024.

22 *In verbis*: "Given the cardinal importance of *jus cogens* for the international legal order, Article 53 amounts to one of the most important articles of the Convention". (VILLIGER, Mark. *Commentary on the 1969 Vienna Convention on the Law of Treaties.* Leiden: Brill, 2009, em especial p. 678).

23 Sobre os debates e as posições dos Estados e dos Relatores Especiais, ver o "Final Report" da Comissão no Yearbook of the International Law Commission – 1966, v. II. Disponível em: <http://untreaty.un.org/ilc/publications/yearbooks/Ybkvolumes(e)/ILC_1966_v2_e.pdf>. Acesso em: 25 jan. 2024.

24 *In verbis*: "What is meant by *jus cogens* not being defined in the article, the Turkish Government thinks that it will be possible for each State to interpret it to fit its own needs. Indeed, it feels that this is just what has happened; and that, in the absence

cogens no projeto da CDI, sustentando que a sociedade internacional do pós-2ª Guerra necessitava de tal conceito e ainda elogiou a opção da Comissão em não definir o rol de normas cogentes, deixando à prática dos Estados e dos tribunais internacionais tal tarefa ("leaving it to State practice and to the jurisprudence of international tribunals to develop the content of the rule")[25].

Durante a Conferência de Viena para a aprovação da redação definitiva da Convenção sobre Direito dos Tratados, os países do então bloco socialista e do chamado terceiro mundo votaram apoiando o reconhecimento do conceito (inclusive com o voto do Brasil), como meio de impor limites a regras internacionais vigentes consideradas injustas. Na primeira sessão da Conferência, em 21 de maio de 1968, o artigo 53 obteve 72 votos a favor, 3 contra e 18 abstenções. Na segunda sessão, o artigo 53 obteve 87 votos a favor, 8 contra e 12 abstenções. Os oitos Estados contrários à adoção do conceito de *jus cogens* foram a Austrália, a Bélgica, França, Liechtenstein, Luxemburgo, Mônaco, Suíça e Turquia[26]. A posição belga merece destaque, pois repetiu as considerações da Turquia e considerou o conceito uma *figura nova importante*, mas votou *contra* pela inexistência de procedimento obrigatório de aferição do que seria o *jus cogens*.

---

of machinery for compulsory jurisdiction, these different interpretations will merely give rise to new misunderstandings. It considers that it would be wrong to include the notion of *jus cogens* in the law of treaties without first establishing effective machinery for settling differences arising between States regarding jus cogens". Disponível em: <http://untreaty.unorg/ilc/publications/yearbooks/Ybkvolumes(e)/ILC_1966_v2_e.pdf>. Acesso em: 25 jan. 2024.

25 *In verbis*: "The Brazilian delegation considers that, whatever doctrinal divergencies there may be, the evolution of international society since the Second World Warshows that it is essential to recognize the peremptory nature of certain rules. It observes that the notion of *jus cogens* raises the question of the hierarchy of the sources of international law; that in internal law this question is solved in accordance with a formal criterion, but that in international law, where the weight of a rule is not determined by whether it has been established by treaty or by custom, a positive criterion has to be found. In its view, the Commission was wise to limit itself to merely stating the principle and leaving it to State practice and to the jurisprudence of international tribunals to develop the content of the rule". Disponível em: <http://untreaty.uorg/ilc/publications/yearbooks/Ybkvolumes(e)/ILC_1966_v2_e.pdf>. Acesso em: 25 jan. 2024.

26 BAPTISTA, Eduardo Correia. Jus cogens *em direito internacional*. Lisboa: Lex, 1997, p. 262-263.

Aprovados os dispositivos da Convenção de Viena sobre Direito dos Tratados que tratam de *jus cogens* e tendo o Brasil ratificado e incorporado internamente essa Convenção em 2009, resta analisar os elementos e o rol das normas imperativas, o que se faz abaixo.

2.2 O rol das normas imperativas

A Convenção de Viena sobre Direito dos Tratados (CVDT) foi omissa na determinação do rol de normas pertencentes ao *jus cogens*. A CDI, nos seus trabalhos, apontou alguns exemplos, como a proibição do uso da força, determinadas violações de direitos humanos e crimes internacionais[27], mas preferiu excluir do texto aprovado qualquer rol de normas cogentes por dois motivos: para evitar omissões que pudessem gerar dúvidas e para evitar a demora na aprovação do texto final, fruto das inevitáveis discussões que um rol desse quilate gera.

O artigo 66 da CVDT (sobre o processo de solução judicial, de arbitragem e de conciliação das controvérsias envolvendo a Convenção[28]) permitiria que as dúvidas *diretas* sobre o caráter de *jus cogens* fossem dirimidas pelo mecanismo de solução de controvérsia – com menção à Corte Internacional de Justiça[29]. Contudo, como vários países, incluindo

---

27 *In verbis*: "Examples suggested included (a) a treaty contemplating an unlawful use of force contrary to the principles of the Charter, (b) a treaty contemplating the performance of any other act criminal under international law, and (c) a treaty contemplating or conniving at the commission of acts, such as trade in slaves, piracy or genocide, in the suppression of which every State is called upon to co-operate". Ver "Final Report" da Comissão no Yearbook of the International Law Commission – 1966, v. II, em especial p. 248. Disponível em: <http://untreaty.uorg/ilc/publications/yearbooks/Ybkvolumes(e)/ILC_1966_v2_e.pdf>. Acesso em: 25 jan. 2024.

28 *In verbis*: art. 66. Processo de Solução Judicial, de Arbitragem e de Conciliação. Se, nos termos do parágrafo 3 do artigo 65, nenhuma solução foi alcançada, nos 12 meses seguintes à data na qual a objeção foi formulada, o seguinte processo será adotado: a) qualquer parte na controvérsia sobre a aplicação ou a interpretação dos artigos 53 ou 64 poderá, mediante pedido escrito, submetê-la à decisão da Corte Internacional de Justiça, salvo se as partes decidirem, de comum acordo, submeter a controvérsia a arbitragem; b) qualquer parte na controvérsia sobre a aplicação ou a interpretação de qualquer um dos outros artigos da Parte V da presente Convenção poderá iniciar o processo previsto no Anexo à Convenção, mediante pedido nesse sentido ao Secretário-Geral das Nações Unidas.

29 Para muitos, o artigo 66 "salvou" a Convenção de Viena sobre Direitos dos Tratados. Ver, entre outros, VERHOEVEN, Joe. "*Jus cogens* and reservations or 'counter-reservations' to the jurisdiction of the International Court of Justice" in *International*

184

o Brasil, impuseram *reserva* ao artigo 66, não foi possível uma ação que diretamente discutisse o rol das normas de *jus cogens*.

Por outro lado, a Corte Internacional de Justiça e outros tribunais, desde 1969, se debruçaram *indiretamente* sobre o *jus cogens* na *fundamentação* de suas deliberações. Assim, já há interessante manancial de decisões internacionais que possibilitam extrair as normas pertencentes ao *jus cogens*.

A origem, então, do *rol* das normas cogentes é o *costume internacional*, mas não é impossível que os Estados editem tratado com essa finalidade. Parte da doutrina sustenta posição contrária à existência de rol de *jus cogens* de origem convencional, pois esse tratado estaria sujeito à derrogação e outras condições do Direito dos Tratados[30]. Na realidade, nada impede que os Estados clarifiquem o rol de normas cogentes pela via convencional: o regime jurídico de regência desse tratado é que será especial, em virtude do seu conteúdo, tal qual ocorre nos tratados de direitos humanos ou com os tratados humanitários. As próprias negociações e a redação final do tratado estimulariam também a consolidação do costume internacional para os não contratantes.

Dessa prática internacional fica evidente a existência de *poucas* normas de *jus cogens* reconhecidas nessas quatro décadas após a Convenção de Viena. Podemos listar os seguintes conjuntos normativos, todos eles com relevância para a proteção internacional de direitos humanos: 1) proibição do uso ilegítimo da força, agressão e da guerra de conquista; 2) autodeterminação dos povos; 3) determinadas normas de direitos humanos, incluindo as que tratam de crimes internacionais, como o genocídio e a tortura.

2.3 A proibição do uso ilegítimo da força, agressão e da guerra de conquista

O artigo 2º, parágrafo 4º, da Carta da ONU proíbe a ameaça ou o uso da força contra a integridade territorial e a independência política por parte de qualquer Estado. Evidente que, indiretamente, busca-se a pro-

---

Law: theory and practice. *Essays in honour of Eric Suy.* Dordrecht: Martinys Nijhoff Publishers, 1998, p. 195-208, em especial p. 197.

30 Baptista é um dos que defendem a impossibilidade de tratado veicular norma de *jus cogens* (BAPTISTA, Eduardo Correia. Ius cogens *em direito internacional*. Lisboa: Lex, 1997, p. 375).

moção de direitos humanos pela manutenção de um cenário de paz nas relações internacionais.

Tal dispositivo consagra a evolução do Direito Internacional no século XX na busca da proibição do uso da força nas relações internacionais. Com efeito, o desenvolvimento do Direito Internacional gerou a importante proibição do recurso à força como mecanismo de solução de controvérsia entre Estados, sendo considerada a guerra e o recurso às "represálias armadas" ilegais. Esse desenvolvimento é claramente visto no início do século passado para se consolidar após a Segunda Grande Guerra[31]. De fato, o pós-1945 assistiu ao banimento do uso unilateral da força (com exceções que serão vistas abaixo) que foi consagrado pela Carta da ONU, sendo considerado hoje um *princípio geral do Direito Internacional*.

A Corte Internacional de Justiça consagrou tal entendimento no caso do Estreito de Corfu. A Corte considerou ilícita a chamada *Operation Retail* pela qual os navios de guerra do Reino Unido invadiram as águas territoriais da Albânia. Para a Corte, essa operação foi prova da manifestação da política da força bruta, que, no passado, originou diversos abusos e que, malgrado os defeitos das organizações internacionais, não tem mais lugar no estágio presente do Direito Internacional[32].

Assim, o dever legal dos Estados de não utilizar a força para solucionar suas controvérsias é visto em diversos diplomas normativos internacionais no pós-45[33]. Cite-se, por exemplo, a Resolução n. 188, de

---

31 Uma restrição ao uso legítimo da força pode ser encontrada já no artigo 1º da Convenção de Haia de 1907 relativa ao emprego da força para a cobrança de dívidas contratuais, quando o recurso à força foi condicionado ao prévio esgotamento dos procedimentos pacíficos de solução de controvérsia. O Pacto Briand-Kellogg, já citado, definiu o banimento da guerra de agressão em 1928. Em 1934, o Instituto de Direito Internacional editou resolução concernente às contramedidas (utilizou-se o termo "represálias") que, em seu artigo 4º, declarava a proibição do recurso às contramedidas envolvendo o uso da força armada. Ver em "Régime of reprisals in peace-time", *Annuaire de l'Institut de droit international*, 1934, v. 38, 2ª parte, p. 709.

32 Tais palavras, nos dias de hoje, apresentam infeliz atualidade. No original, a ação do Reino Unido foi considerada "manifestation of a policy of force, such as has, in the past, given rise to most serious abuses and such as cannot, whatever be the present defects in international organization, find a place in international law" (Corte Internacional de Justiça, *Corfu Channel* case (Merits), sentença de 9 de abril de 1949, *ICJ Reports* 1949, p. 35, tradução livre).

33 Assim, estabeleceu a Comissão de Direito Internacional: "Thus, a State which is the victim of a breach of an international obligation towards it cannot legitimately react by armed reprisals against the State which committed the breach, since inter-

186

1964, do Conselho de Segurança, que condenou o uso de contramedidas armadas[34]. Da Assembleia Geral da ONU cite-se a edição da Declaração dos Princípios de Direito Internacional relativos às relações amistosas e a cooperação entre os Estados, na qual foi proclamado que (Princípio I) os Estados não devem recorrer às sanções (contramedidas) envolvendo o uso da força[35].

No julgamento do litígio envolvendo Nicarágua e Estados Unidos em 1986, a Corte Internacional de Justiça, em virtude de reserva norte-americana à jurisdição da Corte em apreciar tratados multilaterais, foi obrigada a julgar o caso com base no direito internacional costumeiro. E, *em face do direito costumeiro, a Corte Internacional de Justiça reconheceu a existência da obrigação internacional de proibição do uso da força para a solução de controvérsia entre Estados*[36]. Para a Comissão de Direito Internacional, por outro lado, a proibição do uso da força no Direito Internacional pode ser considerada como parte integrante do *jus cogens*[37].

Há três exceções à proibição do uso da força no Direito Internacional contemporâneo: a legítima defesa (art. 51 da Carta da ONU[38]), a ação

---

national law now forbids individual States taking reprisals which involve the use of armed force against other States". Ver em *Yearbook of the International Law Commission* – 1979, "Report of the Commission to the General Assembly, v. II, State Responsibility", New York: United Nations, 1980, parágrafo 10º, p. 118.

34 Nos termos da Resolução: "Condena-se as represálias como incompatível com os objetivos e princípios das Nações Unidas". Conselho de Segurança, Resolução 188 (1964) de 9 de abril de 1964. Ver ainda sobre a impossibilidade do recurso à força como contramedida: BOWETT, D., "Reprisals involving recourse to armed force", 66 *American Journal of International Law* (1972), p. 33 e s.; BROWNLIE, Ian, *International Law and the Use of Force by States*. Oxford: Clarendon Press, 1963, p. 281 e s.

35 Resolução n. 2.625 (XXV), aprovada pela Assembleia Geral da ONU em 4 de novembro de 1970.

36 No texto original, os Estados Unidos "acted, against the Republic of Nicaragua, in breach of its obligation under customary international law not to use force against another State" (Corte Internacional de Justiça, "Military and Paramilitary Activities (Nicaragua/United States of America)", *ICJ Reports* 1986, p. 146-147).

37 Ver "Final Report" da Comissão no Yearbook of the International Law Commission – 1966, v. II, em especial p. 248. Disponível em: <http://untreaty.uorg/ilc/publications/yearbooks/Ybkvolumes(e)/ILC_1966_v2_e.pdf>. Acesso em: 25 jan. 2024.

38 Artigo 51. "Nada na presente Carta prejudicará o direito inerente de legítima defesa individual ou coletiva no caso de ocorrer um ataque armado contra um Membro das Nações Unidas, até que o Conselho de Segurança tenha tomado as medidas necessárias para a manutenção da paz e da segurança internacionais. As medidas do Conselho de Segurança da ONU adotando sanções coativas militares em casos de ameaças à paz, ruptura da paz e atos de agressão (art. 42 da Carta da ONU[39]) e o uso da força para assegurar o direito à autodeterminação dos povos.

A legítima defesa consiste na reação armada (individual ou coletiva) à agressão prévia também armada e foi prevista no artigo 51 da Carta da ONU (em seu alcance individual e coletivo[40]). Logo, o conceito de legítima defesa é estrito e de cautelosa aplicação, não se confundindo com o conceito mais amplo de contramedida. Ainda, a lógica que fundamenta a legítima defesa é a repulsa à agressão ou ameaça de agressão armada ao Estado[41].

Já a adoção de medidas que envolvem o uso da força por parte do Conselho de Segurança da ONU integra o sistema de segurança coletiva da Carta da ONU e tem como objetivo final a preservação da paz e segurança internacionais.

---

tomadas pelos Membros no exercício desse direito de legítima defesa serão comunicadas imediatamente ao Conselho de Segurança e não deverão, de modo algum, atingir a autoridade e a responsabilidade que a presente Carta atribui ao Conselho para levar a efeito, em qualquer tempo, a ação que julgar necessária à manutenção ou ao restabelecimento da paz e da segurança internacionais".

39 Artigo 42. "No caso de o Conselho de Segurança considerar que as medidas previstas no Artigo 41 seriam ou demonstraram que são inadequadas, poderá levar a efeito, por meio de forças aéreas, navais ou terrestres, a ação que julgar necessária para manter ou restabelecer a paz e a segurança internacionais. Tal ação poderá compreender demonstrações, bloqueios e outras operações, por parte das forças aéreas, navais ou terrestres dos Membros das Nações Unidas".

40 Artigo 51. Nada na presente Carta prejudicará o direito inerente de legítima defesa individual ou coletiva no caso de ocorrer um ataque armado contra um Membro das Nações Unidas, até que o Conselho de Segurança tenha tomado as medidas necessárias para a manutenção da paz e da segurança internacionais. As medidas tomadas pelos Membros no exercício desse direito de legítima defesa serão comunicadas imediatamente ao Conselho de Segurança e não deverão, de modo algum, atingir a autoridade e a responsabilidade que a presente Carta atribui ao Conselho para levar a efeito, em qualquer tempo, a ação que julgar necessária à manutenção ou ao restabelecimento da paz e da segurança internacionais.

41 No Parecer Consultivo da Corte Internacional de Justiça em relação à legalidade da ameaça ou uso de armas nucleares, a Corte considerou, na mesma linha já aceita anteriormente no caso das atividades paramilitares na Nicarágua, que a legítima defesa exige proporcionalidade e reação à anterior agressão armada (Corte Internacional de Justiça, *Advisory Opinion on the Legality of the Threat or Use of Nuclear Weapons*, parecer consultivo de 8 de julho de 1996, *ICJ Reports* 1996, parágrafo 41).

O uso da força para assegurar o direito à autodeterminação dos povos legitima a guerra de libertação nacional. A autodeterminação dos povos é tido como direito essencial, de feição difusa, previsto no artigo 1º tanto do Pacto Internacional sobre os Direitos Civis e Políticos quanto do Pacto Internacional sobre Direitos Econômicos, Sociais e Culturais, sendo também parte integrante do *jus cogens*, como se verá abaixo.

2.4 O princípio da autodeterminação dos povos

Após a 2ª Guerra Mundial, o processo de descolonização retomou o seu curso, após o interregno do entreguerras. Com a decadência e exaurimento das potências coloniais europeias e a emergência de potências tradicionalmente não coloniais (URSS e Estados Unidos), ficou aberto o caminho para o reconhecimento, no plano convencional e costumeiro, do princípio da autodeterminação dos povos. A Carta da ONU, em seu artigo 1º, numeral 2º, dispõe que, entre os propósitos da nova organização está o de "desenvolver relações amistosas entre as nações, baseadas no respeito ao princípio de igualdade de direitos e de autodeterminação dos povos". Ainda, no seu artigo 55, ficou disposto que a cooperação internacional econômica e social deve ter a finalidade de "criar condições de estabilidade e bem-estar, necessárias às relações pacíficas e amistosas entre as Nações, baseadas no respeito ao princípio da igualdade de direitos e da autodeterminação dos povos".

A autodeterminação dos povos consiste no direito à emancipação política de toda comunidade submetida à dominação estrangeira, jugo colonial, e, recentemente, com base na experiência de independência do Kosovo, à   grave situação de discriminação e violação de direitos humanos (nessa última hipótese, o entendimento é minoritário). Novamente, vê-se que esse novo exemplo de norma imperativa tem relação com a promoção de direitos humanos no plano internacional.

Na busca da implementação do princípio da autodeterminação dos povos, a Assembleia Geral da ONU (AGNU) editou dezenas de resoluções sobre o tema, contribuindo decisivamente para a construção consuetudinária do *jus cogens* nessa matéria. Entre as inúmeras resoluções sobre a temática, deve ser lembrada a Resolução n. 1.514 (XV) da AGNU, adotada em 14 de dezembro de 1960, que prega o respeito ao princípio da autodeterminação e pugna pelo fim do colonialismo e dominação estrangeira. Também a Resolução AGNU n. 2.625 (XXV), de 24 de outubro de 1970, sobre as relações amistosas e cooperação entre Estados,

189

determina que todo Estado tem o dever de abster-se de tomar qualquer ação que prive os povos do seu direito à autodeterminação, liberdade e independência.

Citem-se também os dois Pactos Internacionais de Direitos da ONU de 1966 (Direitos Civis e Políticos; Direitos Sociais, Econômicos e Culturais), que reconhecem, no artigo 1º de cada tratado, o direito à autodeterminação dos povos.

A Corte Internacional de Justiça reconheceu esse costume internacional no Caso do Timor Leste (Portugal *vs*. Austrália, 1995), bem como nos seus casos anteriores (Pareceres Consultivos sobre a Namíbia, 1971, e Saara Ocidental, 1975).

A consolidação consuetudinária do direito à autodeterminação não eliminou a dúvida sobre quem é que pode invocá-lo. A prática tradicional dos Estados indica que somente os povos sob dominação *estrangeira* ou *jugo colonial* é que estariam ao abrigo do *jus cogens*. Ocorre que, cada vez mais, há desejos de secessão, como se vê – com intensidades diferentes – no Quebec, País Basco, Catalunha, Geórgia e outros. O caso do Kosovo sugere que as minorias existentes podem buscar a emancipação excepcionalmente – comprimindo o direito à integridade territorial do antigo Estado – caso haja discriminação e violação grave e sistemática de direitos humanos, conforme consta do voto do Juiz Cançado Trindade no Parecer Consultivo da Corte Internacional de Justiça sobre a Independência do Kosovo, de 2010 (tese, contudo, que não foi aceita pela maioria dos juízes da CIJ). A Declaração de Viena de Direitos Humanos (1993) assinala uma conciliação entre a proteção de direitos humanos e o direito à emancipação de agrupamentos não submetidos à dominação estrangeira ou jugo colonial, pugnando pela inexistência do direito de secessão no plano internacional desde que o Estado possua "governo representativo de toda a população pertencente ao seu território, sem distinções de qualquer natureza", ou seja, desde que não haja discriminação odiosa que leve o grupo discriminado a buscar a emancipação[42].

---

[42] *In verbis*: "2. Em conformidade com a Declaração sobre os Princípios do Direito Internacional relativos às Relações Amistosas e à Cooperação entre Estados nos termos da Carta das Nações Unidas, tal não será entendido como autorizando ou encorajando qualquer acção que conduza ao desmembramento ou coloque em perigo, na totalidade ou em parte, a integridade territorial ou a unidade política de Estados soberanos e independentes que se rejam pelo princípio da igualdade de direitos e da autodeterminação dos povos e que, consequentemente, possuam um Governo representativo de toda a população pertencente ao seu território, sem distinções de qualquer natureza".

Por sua vez, como parte da doutrina denuncia, há impressionante omissão de outros diplomas internacionais que tratam de minorias, como a Resolução n. 47/135 da AGNU sobre a Declaração dos Direitos da Minoria, que não outorga o direito à emancipação. A resistência de Estados tidos como democráticos ao reconhecimento do direito de emancipação dos povos originários retrata bem a dificuldade de reconhecimento geral de um direito à autodeterminação de toda e qualquer minoria.

Mesmo sem expandir a definição do direito à autodeterminação dos povos, muito resta a fazer para que esse seu estatuto de *jus cogens* seja respeitado. Se a experiência do Timor Leste pode ser considerada uma vitória da autodeterminação dos povos, há vários casos ainda de descumprimento flagrante desse direito, sem reação expressiva da "comunidade internacional como um todo" (elemento-chave da definição de *jus cogens*) e até mesmo com indisfarçável apoio de alguns proeminentes Estados. Citem-se, entre outros, o caso dos Territórios Ocupados da Palestina, dos Curdos, do Tibet, da Chechênia, que envolvem diferentes potências hegemônicas no mundo.

2.5 As normas cogentes de direitos humanos

No âmbito da ONU, a Comissão de Direito Internacional já considerou, em várias ocasiões, que violações a direitos humanos de defesa (direitos de primeira geração) ofendem valores essenciais (ou seja, *jus cogens*) da sociedade internacional[43]. Como sustenta CORREIA BAPTISTA, a prática da Organização das Nações Unidas, ao condenar a violação de direitos humanos por parte de um Estado, confirma que se trata de uma questão de ordem pública internacional, ou seja, de uma questão relativa à norma imperativa internacional[44].

---

43 Por exemplo, no projeto de 1996 da Comissão de Direito Internacional (não adotado) sobre a responsabilidade internacional do Estado, constava, no parágrafo 3º do artigo 19, que seria lesão aos valores essenciais da comunidade internacional qualquer *violação grave do direito à autodeterminação dos povos*, tal como o estabelecimento ou manutenção pela força de dominação colonial, além da *violação maciça e grave de direito fundamental* do ser humano, tal qual a obrigação de proibição da *escravidão*, do *genocídio* e do *apartheid*. Ver mais sobre o desenvolvimento do projeto da CDI em CARVALHO RAMOS, André de. *Responsabilidade internacional por violação de direitos humanos*. Rio de Janeiro: Renovar, 2004.

44 BAPTISTA, Eduardo Correia. Ius cogens *em direito internacional*. Lisboa: Lex, 1997, p. 414.

Os tribunais internacionais caminham no mesmo sentido. A Corte Interamericana de Direitos Humanos, cuja jurisdição obrigatória o Brasil já reconheceu, possui jurisprudência constante no sentido de reconhecer a qualidade de *jus cogens* de determinados direitos fundamentais. Entre todas as passagens da Corte reconhecendo o caráter de *jus cogens* dos direitos humanos é digna de nota aquela mencionada no Parecer Consultivo n. 18 sobre a condição jurídica e direitos dos migrantes não documentados de 2003, no qual foi enfatizado que a Corte "considera que el principio de igualdad (...) y no-discriminación pertenece al jus cogens (...). Hoy día no se admite ningún acto jurídico que entre en conflicto con dicho principio fundamental, no se admiten tratos discriminatorios en perjuicio de ninguna persona (...). (...) El incumplimiento de estas obligaciones genera la responsabilidad internacional del Estado, y ésta es tanto más grave en la medida en que ese incumplimiento viola *normas perentorias* del Derecho Internacional de los Derechos Humanos"[45].

Esses casos, entre outros, evidenciam que há uma incessante atividade de reconhecimento da qualidade de *jus cogens* de diversos direitos fundamentais pelos tribunais internacionais criados pelos próprios Estados. Assim, pode-se vislumbrar que, no futuro, a natureza de norma imperativa será reconhecida a *todos* os direitos humanos, sem qualquer distinção.

Em paralelo, houve inconteste esforço da comunidade internacional de prevenir violações graves de direitos humanos desde o final da 2ª Guerra Mundial, o que culminou com a redação do Estatuto de Roma, que criou o primeiro tribunal internacional penal permanente da história da humanidade. Hoje, os direitos humanos protegidos pela tutela internacional penal *stricto sensu – v.g.*, crimes contra a humanidade, crimes de guerra, genocídio – são parte integrante do *jus cogens*, uma vez que a vontade de um Estado ou de Estados isolados não impedirão a ação punitiva dos tribunais internacionais penais, em especial o Tribunal Penal Internacional estabelecido pelo Estatuto de Roma. Os exemplos pululam. O Tribunal Internacional Penal da ex-Iugoslávia reconheceu a qualidade de *jus cogens* às normas de direitos humanos referentes à proibição da

---

45 Grifo meu. Ver Corte Interamericana de Direitos Humanos, Parecer Consultivo n. 18 sobre a condição jurídica e direitos dos migrantes não documentados de 2003, em especial os parágrafos 100, 101 e 106.

tortura, no caso *Prosecutor v. Furundzija*[46]. Por seu turno, CANÇADO TRINDADE, no seu voto como juiz da Corte Interamericana de Direitos Humanos no caso dos meninos de rua da Guatemala (Caso *Villagrán Moralles*), sustentou que o desaparecimento forçado de pessoas viola direitos humanos inderrogáveis (liberdade, integridade física e psíquica e direito à vida) e, por isso, pertencentes ao rol do *jus cogens*[47].

Conclui-se que os direitos humanos constituem o núcleo essencial de normas que compõe o ordenamento jurídico internacional contemporâneo[48] e, então, a norma de direitos humanos é norma hierarquicamente

---

46 Julgamento de 10 de dezembro de 1998, Caso n. IT-95-17/I-T. No original: "144. It should be noted that the prohibition of torture laid down in human rights treaties enshrines an absolute right, which can never be derogated from, not even in time of emergency ... This is linked to the fact, discussed below, that the prohibition on torture is a peremptory norm or jus cogens (...).151. Because of the importance of the values it protects, this principle has evolved into a peremptory norm or *jus cogens*, that is, a norm that enjoys a higher rank in the international hierarchy than treaty law and even 'ordinary' customary rules. The most conspicuous consequence of this higher rank is that the principle at issue cannot be derogated from by States through international treaties or local or special or even general customary rules not endowed with the same normative force". Ver 38 *International Legal Materials* (1999), p. 317. O Tribunal reiterou tal entendimento nos julgamentos: *Prosecutor v. Delacic and Others* (julgamento de 16 de novembro de 1998, Caso n. IT-96-21-T, § 454) e também em *Prosecutor v. Kunarac* (julgamento de 22 de fevereiro de 2001, Casos n. IT-96-23-T e IT-96-23/1, § 466).

47 Segundo o voto: "11. Permítome señalar, como una última reflexión, que, en casos de desaparición, como el presente, figuran, entre los derechos conexos, derechos fundamentales inderogables, lo que, a mi modo de ver, sitúa la prohibición de aquel delito en el dominio del jus cogens, de las normas imperativas del derecho internacional general" (Corte Interamericana de Direitos Humanos, Caso Villagrán Moralles, 2000, voto concorrente do Juiz Cançado Trindade, parágrafo 11).

48 Para José Carlos de Magalhães, "os Direitos Humanos e sua proteção constituem o cerne do Direito Internacional contemporâneo. Resultam da consciência da comunidade internacional de que é necessário evitar a repetição de atos e fatos que degradam a natureza humana. Foi a noção de que o Direito deve atender às aspirações da Humanidade, expressas em valores, princípios, normas e costumes dos mais diversos povos e civilizações que a compõem, que inspirou e inspira a multiplicidade de instrumentos legais nacionais e internacionais tendentes a resguardar os direitos fundamentais da pessoa humana, dentre os quais se incluem os que lhe asseguram a dignidade e os relativos à proteção ao meio ambiente, que procuram preservar a vida no planeta" (MAGALHÃES, José Carlos. "Prefácio", in CARVALHO RAMOS, André de. *Direitos humanos em juízo. Comentários aos casos contenciosos e consultivos da Corte Interamericana de Direitos Humanos.* São Paulo: Max Limonad. 2001).

193

superior no ordenamento, quer seja pelo critério material (conteúdo) ou pelo critério formal (norma de *jus cogens*). As consequências de tal qualidade de *jus cogens* das normas protetoras de direitos fundamentais não são meramente teóricas. Tratados tradicionais, como os de extradição, podem ser considerados ofensivos ao *jus cogens* por terem violado direitos fundamentais do extraditando. Mesmo condutas unilaterais dos Estados ou coletivas, adotadas no seio de organizações internacionais, podem ser confrontadas com o respeito às normas de *jus cogens*.

2.6 O que se espera dos Estados

Não resta dúvida da importante contribuição dada pela CVDT ao consagrar o conceito de *jus cogens*, que vem sendo utilizado pelos tribunais internacionais e pela doutrina até os dias de hoje, ultrapassando os limites do Direito dos Tratados.

De fato, é ilógico reduzir o conceito de *jus cogens* ao Direito dos Tratados. Se a comunidade internacional como um todo reconhece a existência de valores essenciais que não podem ser derrogados por outros tratados, a não ser que sejam também oriundos do *jus cogens*, é claro que esse reconhecimento se espalha para toda e qualquer conduta dos Estados, inclusive os atos unilaterais, a formação de costume etc.[49].

Entretanto, muito resta a ser feito, em especial quanto às exigências de respeito às normas cogentes por parte da *mesma comunidade internacional como um todo*.

Assim, não basta que seja reconhecido o estatuto de *jus cogens* de determinada regra internacional. O conceito de *jus cogens* exige que o Estado se comporte de modo a respeitar seu conteúdo, não o derrogando com sua conduta comissiva ou omissiva. Logo, o desrespeito ao direito à autodeterminação por parte de um Estado deveria gerar reação da comunidade internacional como um todo, para que essa derrogação não prospere.

Os deveres de todo Estado (Estado terceiro) diante de uma violação de *jus cogens* cometida por outro Estado são, em síntese, os seguintes: 1)

---

49 Ensina Cançado Trindade que "parece-nos uma consequência inelutável da própria existência de normas imperativas do Direito Internacional não se limitarem estas às violações resultantes de tratados, e se estenderem a toda e qualquer violação, inclusive as resultantes de toda e qualquer ação e quaisquer atos unilaterais dos Estados" (CANÇADO TRINDADE, Antônio Augusto. *Tratado de direito internacional dos direitos humanos*, v. II, Porto Alegre: Sérgio Antônio Fabris Editor, 1999, p. 416).

não pode auxiliar, de qualquer modo o Estado infrator, na prática de sua violação. Por exemplo, não pode auxiliar o Estado ocupante que ofende o direito à autodeterminação dos povos por meio de financiamento ou venda de armamento; 2) deve exigir reparação do Estado infrator, em especial a cessação do ilícito por todos os meios disponíveis (acesso às instâncias judiciais internacionais ou por meio de atos unilaterais); 3) caso não atendidas as reparações requeridas, pode adotar sanções lícitas contra o Estado infrator (retorsões ou contramedidas).

Infelizmente, mesmo Estados que aparentemente comungam com os conteúdos cogentes de hoje *não* agem com a coerência esperada, como se viu, por exemplo, no caso da invasão em 2003 do Iraque e de 2022 da Ucrânia (proibição do uso da força?), no caso dos Territórios Ocupados da Palestina e do Tibet (direito à autodeterminação dos povos?) e, finalmente, nos casos da "rendição extraordinária" e da prisão *sem acusações e sem prazo* em Guantánamo (normas cogentes de direitos humanos?)[50].

Como pugnamos em obra anterior, é necessário que o conceito de *jus cogens* gere o seu desdobramento lógico: permitir que os Estados possam, pacificamente, fazer valer seus conteúdos pelo acesso obrigatório aos tribunais internacionais, dispensando-se a anuência como requisito de acesso à jurisdição internacional[51]. De que adianta reconhecer uma norma como cogente, se o Estado faltoso nega violá-la e não se submete voluntariamente a um sistema pacífico de solução de controvérsias? A avaliação política de sua conduta (p. ex., a cargo do Conselho de Segurança da ONU) é claramente insuficiente, como se vê nas violações do *jus cogens* realizadas pelas potências hegemônicas.

---

50 Cabe citar o artigo de Peterke, que analisa, à luz do Direito Internacional, a inacreditável situação de Abdullah Al Mujahir, cidadão norte-americano, que estava, à época, preso sem julgamento ou acusações formalizadas em base militar da Carolina do Sul. Não lhe foi permitido o contato privado com advogado e não havia limite de tempo para sua detenção, ou para que fosse acusado formalmente ou até julgado algum dia (prisão sem processo *sine die*) (PETERKE, Sven. "Terrorism and Applicability of Humanitarian International Law: the Mujahir Case", 6 *Boletim Científico da Escola Superior do Ministério Público da União* (2003), p. 99-110).

51 CARVALHO RAMOS, André de. *Responsabilidade internacional por violação de direitos humanos.* Rio de Janeiro: Renovar, 2004, em especial p. 55 e s. Cabe lembrar que a Corte Internacional de Justiça desperdiçou a oportunidade de fazer valer o conceito de *"jus cogens" e obrigações "erga omnes"* em sua integralidade ao exigir o reconhecimento de sua jurisdição pela Indonésia, justamente a potência invasora, no caso Portugal *vs.* Austrália (1995), já citado.

3 Universalidade

3.1 O debate ainda em aberto: ser universal na diversidade

O Direito Internacional dos Direitos Humanos convive com um grande desafio, muitas vezes olvidado: criar, por meio de tratados e costumes internacionais, um rol amplo de direitos e um grupo de órgãos judiciais ou quase judiciais que, por sua vez, determinarão interpretações *comuns* dos mais importantes temas das *heterogêneas* sociedades humanas (direito à vida, aborto, pesquisa de célula-tronco, integridade física, tratamento desumano, pena de morte, *waterbording* – simulação de afogamento imposta ao detido para extrair confissões e informações –, verdade e memória, autoanistia, liberdade de informação, arquivos secretos, igualdade, ações afirmativas, união de homossexuais, espionagem em massa na Internet, entre outros temas dos dias atuais).

Esse desafio do Direito Internacional de Direitos Humanos – *ser universal na diversidade* – não é isento de polêmicas, que afloram em especial quando as decisões *nacionais* – muitas vezes apoiadas pelas *maiorias* locais e em práticas culturais arraigadas – são consideradas violações de direitos por poucos conhecidos órgãos internacionais, que se pautam pelos tratados e costumes *internacionais* de direitos humanos.

Nesse momento, surgem as dúvidas tradicionais: são os direitos humanos universais? Comporiam apenas um discurso ocidental ou ocidentalizado? A universalização dos direitos humanos não eliminará a diversidade cultural que marca a humanidade? A linguagem dos direitos humanos não é totalitária ao exigir padrões de comportamento que ignoram o multiculturalismo e as diferenças entre os povos?

Tais questões são ainda atuais, mesmo que haja a reiteração da chamada universalidade dos direitos humanos em diversos diplomas internacionais[1].

Tal reiteração, contudo, não faz calar as dúvidas, muitas delas fundadas em práticas culturais que somente agora são questionadas, gerando fortes críticas dos chamados *relativistas*. Na visão de DONOHO os defensores do *relativismo* adotam três preposições: 1) que é possível empiricamente observar divergências nos julgamentos morais entre as mais diversas sociedades devido às diferenças culturais, políticas e sociais; 2)

---

[1] Como veremos abaixo.

que tais divergências não possuem sentido ou validade fora do seu contexto social particular; 3) que não há julgamentos morais justificáveis fora de contextos culturais específicos[2].

Concluiu-se de tais preposições que, apesar de ser possível o compartilhamento de valores, *não há como justificar a superioridade de um valor de uma cultura sobre outra*. Logo, a alegação da unidade do ser humano e de seus direitos inerentes como verdade absoluta não faz, como é óbvio, desaparecer as alegações de imperialismo cultural e ingerência para fins de dominação, que margeiam o ataque ao universalismo dos direitos humanos.

Resta consagrado o conflito entre aqueles que defendem a *universalidade e aplicação geral dos direitos humanos* e aqueles que pregam a possibilidade de opção local ou particular para, assim, preservar determinadas condutas ou práticas.

Tal conflito ficou evidente já na elaboração da Declaração Universal dos Direitos Humanos (1948), quando alguns países questionaram a redação de determinados direitos, desqualificando pretenso consenso da humanidade. Desde então, uma das características dos direitos humanos mais questionada foi a universalidade. Contudo, depois de décadas de Guerra Fria e seletividade, nas quais as violações de direitos humanos do "outro lado" eram realçadas e as dos aliados eram olvidadas, foi realizada a Conferência Mundial sobre Direitos Humanos de Viena, em 1993, na qual se consagrou a universalidade dos direitos humanos[3].

Por isso, alguns autores consideram superado o debate: os direitos humanos, quer seja a partir da Declaração Universal dos Direitos Humanos ou a partir da Declaração de Viena são universais, pois contam com o apoio dos Estados de diferentes matizes da comunidade internacional.

BOBBIO, por exemplo, sustenta que a Declaração Universal dos Direitos Humanos "representa a manifestação da única prova através da qual um sistema de valores pode ser considerado humanamente fundado e, portanto, reconhecido: e essa prova é o consenso geral acerca da sua validade". Continua o citado autor salientando que, "pela primeira vez, um sistema de princípios fundamentais da conduta humana foi livre e

---

2 DONOHO, Douglas Lee. "Relativism versus universalism in human rights: the search for meaningful standards" in 27 *Stanford Journal of International Law* (1990-1991), p. 345-391, em especial p. 351-352.

3 Ver a seguir a análise sobre a Conferência de Viena.

expressamente aceito, através de seus respectivos governos, pela maioria dos homens que vive na Terra (...). Somente depois da Declaração Universal é que podemos ter a certeza histórica de que a humanidade – toda a humanidade – partilha alguns valores comuns"[4].

LINDGREN ALVES, por seu turno, vê a consagração da universalidade dos direitos humanos na Declaração de Viena de 1993, na qual ocorreu o "reconhecimento, desta feita por uma comunidade internacional representada em sua integralidade por Estados soberanos, da universalidade dos direitos definidos na Declaração Universal dos Direitos Humanos de 1948"[5].

Esse "consenso formal" entre os Estados não foi suficiente, porém, para encerrar o debate, uma vez que o questionamento da existência de direitos humanos ditos universais não é feito somente no *plano do reconhecimento de direitos*, mas também no *plano da interpretação* do conteúdo desses direitos e no *plano de* sua *implementação*[6].

Assim, países como Estados Unidos podem aceitar o direito à igualdade dos indivíduos sem discriminação de qualquer natureza, mas negar a interpretação de que tal igualdade exigiria o reconhecimento da isonomia de direitos da união homoafetiva. Ou, ainda, Brasil e Estados Unidos podem reconhecer o direito ao devido processo legal, mas se veem diferenças *marcantes* no conteúdo do direito de defesa, acesso aos autos, privilégios contra a autoincriminação, execução imediata da pena criminal após condenação em 2º grau (entre outras) entre estes dois ordenamentos jurídicos.

Por isso, neste ponto do livro, cabe estudar as etapas rumo à afirmação da universalidade dos direitos humanos, bem como as objeções mais frequentemente levantadas. Mais tarde, analisaremos as possibilidades de contorno de tais objeções e também de estabelecimento de um *diálogo multicultural* capaz de superação da própria dicotomia universalismo *versus* relativismo.

---

4 Desconsiderando, *tout court* e sem maiores comentários, as abstenções na aprovação da Declaração Universal dos Direitos Humanos e ausência de representantes dos territórios sob ocupação colonial e também da China comunista, o maior aglomerado populacional do mundo (BOBBIO, Norberto. *A era dos direitos*. Trad. Carlos Nelson Coutinho. Rio de Janeiro: Campus, 1992, p. 26 e 28).

5 LINDGREN ALVES, J. A. *Os direitos humanos como tema global*. São Paulo: Perspectiva e Fundação Alexandre de Gusmão, 1994, p. 139.

6 DONNELLY, Jack. "Cultural relativism and Human Rights", 6 *Human Rights Quarterly* (1985), p. 400-419.

3.2 Conceito e consagração

Em primeiro lugar, cabem algumas palavras sobre o que se entende por *universalidade* no campo dos direitos humanos. Com efeito, a universalidade dos direitos humanos pode ser entendida em três planos. O primeiro plano é o da titularidade. Assim, os direitos humanos são universais porque seus titulares são os seres humanos, sem distinção de qualquer ordem (religião, gênero, convicção política, raça, nacionalidade, entre outros). O segundo plano é o temporal, no qual os direitos humanos são universais, pois os homens os possuem em qualquer época da história. Por fim, há o plano dito cultural, no qual os direitos humanos são universais porque permeiam todas as culturas humanas, em qualquer parte do globo[7].

Os dois últimos planos advêm do reconhecimento do primeiro e é nesse primeiro plano que iremos indagar sobre a aceitação, hodiernamente, da universalidade dos direitos humanos, em especial sobre a titularidade de *quais* direitos, *de que forma* e com *quais condicionantes* ou *limites.*

A consagração filosófica dos direitos do homem tem antecedentes históricos remotos na Antiguidade grega e como expoentes mais recentes os iluministas de Locke a Rousseau, cujos ensinamentos relativos à liberdade dos homens até hoje repercutem em textos normativos de direitos humanos. Para mencionar um exemplo desse legado teórico, cite-se a primeira afirmação da longeva Declaração Universal dos Direitos Humanos (1948), pela qual *todos os homens nascem livres e iguais em dignidade e direitos,* o que é similar à frase inicial de Rousseau no clássico *O Contrato Social,* na qual afirmou que *o homem nasceu livre*[8].

Com isso, vê-se afirmado o coração da proteção dos direitos humanos: tais direitos consistem em um conjunto mínimo de direitos essencial para uma vida humana pautada na liberdade, igualdade e dignidade. Para seu exercício, basta a condição humana. Assim, são direitos *que todo ser humano* possui, não importando sua nacionalidade, etnia, credo, opção política, domicílio etc. Consequentemente, qualquer norma ou prática cultural local deveria ser subordinada a tais direitos oriundos da *condição humana.*

---

7 Ver em PECES-BARBA, Gregório et al. *Curso de derechos fundamentales. Teoría general.* Madrid: Universidad Carlos III e Boletín Oficial del Estado, 1999, p. 299.

8 ROUSSEAU, Jean Jacques. *O contrato social.* Trad. Mário Pugliesi e Norberto de Paula Lima. São Paulo: Hemus, 1996.

Após a aceitação filosófica destes direitos da pessoa humana, o rol de direitos humanos foi inserido nas Constituições e Declarações de Direitos. A concretização na vida cotidiana dos povos havia sido iniciada, mas trazia dentro de si a ameaça de sua limitação aos direitos expressos e reconhecidos pelo Estado-nação.

De fato, a consequência indireta da positivação dos direitos no século XIX, com a promulgação de Constituições em cada país, foi a restrição dos "direitos inerentes a todo ser humano" no estreito figurino dos "direitos postos" pelo ordenamento estatal.

Cabia ao Estado (por meio de sua Constituição) o reconhecimento e proteção de determinado direito. Ou seja, os direitos humanos eram *locais* e não universais, dependendo das normas internas de cada Estado. Assim, cada país poderia, a seu talante, conceder ou retirar direitos dos indivíduos em seu território.

A universalidade foi resgatada com a *internacionalização* dos direitos humanos. Com as sucessivas convenções e declarações internacionais de proteção aos direitos humanos, a positivação e a universalização[9] desses direitos são obtidas simultaneamente para toda a humanidade.

Para tanto, foi essencial a Segunda Conferência Mundial de Direitos Humanos convocada e gerida pela Organização das Nações Unidas (ONU), realizada em Viena, em 1993, a qual foi um marco para o Direito Internacional. Além de mais de 170 Estados, foram credenciadas como observadoras oficiais mais de oitocentas organizações não governamentais e cerca de duas mil reuniram-se no "Fórum das ONGs". Ao longo de quinze dias, aproximadamente, dez mil indivíduos, com experiência na proteção de direitos humanos ou representando seus Estados, dedicaram-se exclusivamente à discussão do tema[10]. O resultado foi a elaboração de uma *Declaração e um Programa de Ação* para a promoção e proteção de direitos humanos[11].

---

9 Entendemos que, hoje, os termos "universalidade" e "universalização" dos direitos humanos podem ser considerados como sinônimos, ambos denominando o caráter do que é universal (no caso, os direitos humanos).

10 Ver mais sobre o processo de negociação que envolveu a Conferência de Viena na excepcional obra de LINDGREN ALVES, José Augusto. *Relações internacionais e temas sociais:* a década das conferências. Brasília: IBRI, 2001.

11 A Declaração contém um preâmbulo de 17 parágrafos e uma parte principal de 39 artigos. O Programa de Ação contém 100 parágrafos com recomendações de condutas.

No artigo primeiro da Declaração de Viena estabeleceu-se que "a natureza universal desses direitos e liberdades não admite dúvidas"[12]. Já no seu parágrafo cinco da Declaração de Viena reconheceu-se a *universalidade* como característica marcante do regime jurídico internacional dos direitos humanos, afirmando que "todos os direitos humanos são universais".

Com isso, ficou estabelecido que os seres humanos, independentemente de sua origem étnica, credo, convicção política, nacionalidade e outras diferenças, são titulares desses direitos protegidos.

A Declaração de Viena admitiu que as particularidades locais devem ser levadas em consideração, assim como os diversos contextos históricos, culturais e religiosos, mas é dever do Estado promover e proteger *todos* os direitos humanos, independentemente de seus sistemas políticos, econômicos e culturais. Logo, peculiaridades locais ou ocasionais *não* poderiam justificar a violação ou amesquinhamento desses direitos. Essa universalidade, reconhecida pela doutrina desde a Antiguidade, encontra sua realidade nos diversos diplomas normativos do Direito Internacional dos Direitos Humanos do século passado até os dias de hoje, que prescrevem tanto um rol de direitos humanos reconhecidos quanto meios de proteção a tais direitos, pela criação de órgãos internacionais quase judiciais ou judiciais, que processam os Estados violadores e impõem reparações devidas.

Todavia, restam críticas a tal universalização. Em várias situações, parte da doutrina e Estados opõem-se à aplicação de determinados direitos, que seriam ofensivos às práticas culturais ou mesmo às opções legislativas locais. Cite-se o conhecido exemplo da *clitoridectomia* (mutilação da genitália feminina), tratado como violação da dignidade da mulher e de sua integridade física e defendida por alguns por ser tal prática uma tradição cultural. Por outro lado, há de ser lembrada a draconiana lei californiana do chamado *three strikes and you're out*, que pune severamente criminosos reincidentes, mesmo que os crimes sejam de menor potencial ofensivo, o que violaria o direito ao devido processo legal e à proporcionalidade entre crime e pena.

---

12 A própria Declaração Universal dos Direitos Humanos não contou, na sua redação, com tal participação, uma vez que a Assembleia Geral da ONU contava com apenas 58 Estados e boa parte da humanidade vivia sob o jugo colonial.

Na doutrina, D'AMATO enumera diversos casos nos quais há resistência local à aplicação universal dos direitos humanos[13]. A título de exemplificação, há de se mencionar um caso paradigmático de "invocação de particularidades locais" para vulnerar direitos humanos em plena Europa democrática, que é o caso do *Otto-Preminger Institut* apreciado pela Corte Europeia de Direitos Humanos (Corte EDH). Neste caso, ocorrido na Áustria, houve censura e confisco de filme considerado ofensivo à Igreja Católica. Surpreendentemente, a Corte EDH *não* condenou tal prática, pois considerou que o Estado austríaco possuía *margem de apreciação* para permitir a limitação da liberdade de expressão em nome do respeito à religião dominante (católica) daquele país. Esse claro exemplo de relativismo dos direitos humanos em nome de particularidade cultural nem recebeu destaque. Provavelmente, caso houvesse ocorrido no Irã ou em um país latino-americano, talvez existissem reações de vários Estados desenvolvidos contra tal obscurantismo.

De fato, é patente que há resistência local à aplicação universal dos direitos humanos, como nos mostram as dezenas e dezenas de casos da Corte Europeia dos Direitos Humanos, nos quais os Estados alegam "margem de apreciação" nacional, que pode ser considerada, pelos críticos, como disfarce teórico para o relativismo no campo dos direitos humanos.

Por outro lado, para alguns autores a universalidade dos direitos humanos é forma de colonialismo e a proteção de direitos humanos, uma indisfarçável ingerência estrangeira (ocidental) nos assuntos domésticos internos, cuja consequência seria a imposição de valores com o consequente sacrifício da diversidade cultural. Segundo BOAVENTURA

---

13 Afirma D'Amato, assim, que "the easy case by definition is uncontroversial. But for every easy case, there are hundreds of peripheral cases that might or might not fall within the broad prohibitions... Is human abortion, for example, an instance of genocide, as many right-to-lifers claim". Continua D'Amato assinalando que "is capital punishment a form of genocide? ...Capital punishment, barred in many countries but not in the United States, could be one prominent example of inhuman punishment...What about the provision in the most recent federal crime bill of 'three strikes and you're out' – creating the possibility of indefinitely long prison sentences even for minor crimes so long as a person has committed three of them?...Thus, we have an important definitional problem. It implies a second, related problem: where do the definitions come from? We can call this second problem the source problem" (D'AMATO, Anthony. "Human rights as part of customary international law: a plea for change of paradigm", 25 *Georgia Journal of International and Comparative Law* (1995/1996), p. 55).

SANTOS "se observarmos a história dos direitos humanos no período imediatamente a seguir à Segunda Grande Guerra, não é difícil concluir que as políticas de direitos humanos estiveram em geral ao serviço dos interesses econômicos e geopolíticos dos Estados capitalistas hegemônicos"[14].

Assim, é importante abordar as principais alegações contrárias à universalidade dos direitos humanos, até para que possamos justificar a existência de um *standard* mínimo de direitos titularizados por todos os seres humanos, não importando sua origem, etnia, religião, opção política e outros, que é a base de todo o Direito Internacional dos Direitos Humanos.

3.3 As objeções à universalidade dos direitos humanos

3.3.1 O argumento filosófico

Um primeiro argumento de cunho filosófico contrário à universalidade dos direitos humanos funda-se na existência de diversas percepções valorativas do mundo, típicas da comunidade humana, *na qual nada é universal.*

Nesta linha, PANNIKAR argumenta que o conceito de direitos humanos é fundado na visão antropocêntrica do mundo, desvinculada da visão cosmoteológica que ainda predomina em algumas culturas, o que contraria a sua alegada universalidade[15].

Por outro lado, aqueles que, como LE ROY[16] e DUNDES RENTELN[17], buscam elementos antropológicos e filosóficos comuns para formar o conjunto de direitos humanos, podem extrair apenas pouquíssimos direitos tidos como universais como o direito à vida e liberdade, o que torna a própria universalidade dos direitos humanos desprovida de significado na maioria dos casos[18].

---

14 BOAVENTURA SANTOS, "Por uma concepção multicultural de direitos humanos", 23 *Contexto Internacional* (2001), p. 7-34, em especial p. 17.

15 PANIKKAR, Raimundo. "Is the notion of human rights a western concept? in 120 *Diogenes* (1982), p. 75-102.

16 LE ROY, Etienne. "Les fondements anthropologiques et philosophiques des droits de l'homme", in *Recueil des Cours – Vingt-huitième Session d'Enseignement*. Estrasburgo: Institut International des Droits de l'homme, 1997, p. 28.

17 DUNDES RENTELN, Alison. *International human rights:* universalism versus relativism. Newbury Park: Sage Publications, 1990.

18 Como sustenta Bielefeldt, "não se trata de procurar estruturas de modernos direitos humanos na Bíblia, no Corão, nas sagradas escrituras do hinduísmo, nos ensina-

3.3.2   O argumento da falta de adesão dos Estados

Outro argumento utilizado questiona a pretensa adesão dos Estados à defesa dos direitos humanos como prova inequívoca do universalismo dessa temática no Direito Internacional atual, pugnando ora a *falta de adesão formal*, ora, na existência da adesão formal, a falta de *engajamento prático*, servindo a adesão apenas para efeito *publicitário* externo.

Os estudos de POLLIS e SCHWAB, dois dos mais agudos críticos do universalismo, explicitam tal crítica ao demonstrar que, embora a Declaração Universal dos Direitos Humanos tenha sido aprovada sem voto em sentido contrário sob a forma de resolução da Assembleia Geral da Organização das Nações Unidas, houve oito abstenções (Bielo-Rússia, Tchecoslováquia, Polônia, União Soviética, Ucrânia, Iugoslávia, Arábia Saudita e África do Sul)[19].

Além disso, lembram que as potências ocidentais possuíam colônias e diversos territórios dominados, em especial na Ásia e África, que não participaram da formulação da Declaração. Assim, concluem os autores citados[20] que o conceito de universalização dos direitos humanos foi expressão disfarçada do imperialismo cultural eurocêntrico[21].

Por outro lado, mesmo após a edição da Declaração Universal dos Direitos Humanos e da Declaração de Viena (essa, sim, como vimos, de adesão global), sustenta MAKAU WA MUTUA que vários Estados aderem a instrumentos internacionais de direitos humanos apenas para fins de política externa, sem que aceitem praticar a proteção de direitos humanos no cotidiano de seus povos. Cita, como exemplo dramático, a adesão do

---

mentos de Confúcio ou nas histórias dos povos africanos e, através disso, criar fundamentação religiosa ou cultural para eles. Nesse caso, haveria a ameaça de esses direitos desmantelarem-se em uma variedade de noções religiosas, de cosmovisão e culturais, que nada teriam em comum além do nome" (BIELEFELDT, Heiner. *Filosofia dos direitos humanos*. Trad. Dankwart Bernsmuller. São Leopoldo: Ed. Unisinos, 2000, p. 181).

19   CASSESE, Antonio. "The General Assembly: historical perspective 1945-1989" in ALSTON, Philip (org.). *The United Nations and Human Rights. A critical appraisal.* Oxford: Clarendon Press, 1996.

20   POLLIS, Adamantia e SCHWAB, Peter. "Human Rights: a western construct with limited applicability", in *Human Rights:* cultural and ideological perspectives. New York: Praeger, 1979, p. 1-18.

21   Ver ainda o artigo de Pollis, já na década de 1990, reafirmando sua crítica ao universalismo em POLLIS, Adamantia. "Cultural Relativism Revisited: Through a State Prism", 18 *Human Rights Quarterly* (1996), p. 316 e s.

Zaire da ditadura sanguinária de Mobutu a diversos tratados de direitos humanos[22].

3.3.3 O argumento geopolítico

Uma terceira objeção é de cunho geopolítico. Vários autores desconfiam do uso do discurso de proteção de direitos humanos como um elemento da política de relações exteriores de numerosos Estados, em especial dos Estados ocidentais, que se mostram incoerentes em vários casos, omitindo-se na defesa de direitos humanos na exata medida de seus interesses políticos e econômicos.

Por exemplo, CHARPENTIER admite que a política externa francesa das últimas décadas pautou-se pela defesa em primeiro plano dos interesses práticos da França, o que ocasionou, em algumas ocasiões, no relaxamento da defesa de direitos humanos de nacionais de outros Estados[23].

Outro exemplo estaria nas relações exteriores dos Estados Unidos, que demonstrariam ser a universalidade dos direitos humanos um instrumento de uso específico para o atingimento de fins econômicos e políticos, sendo descartável quando inconveniente. O caso sempre citado é o constante embargo norte-americano a Cuba, justificado por violações maciças de direitos humanos por parte do governo comunista local, e as relações amistosas dos Estados Unidos com a China comunista, sem contar o apoio explícito norte-americano a contumazes violadores de direitos humanos, como Israel nos territórios ocupados, Paquistão, Egito e Arábia Saudita[24].

---

22 MUTUA, Makau wa. "Ideology of Human Rights", in 36 *Virginia Journal of International Law* (1996), p. 589-657, em especial p. 599-600.

23 Nas palavras do mestre francês, "le souci, très compréhensible de la part d'autorités qui ont en charge la défense et la promotion des intérets de la France, de ne pas perturber par les démarches inconsidérées en faveur d'étrangers nos relations politiques et économiques internationales, qui restent des relations d'État" (CHARPENTIER, J. "La diplomatie bilatérale de la France", in THIERRY, H., DECAUX, E. (edits.), *Droit International et droits de l'homme. La pratique juridique française dans le domaine de la protection international des droits de l'homme*. Paris: Pedone, 1990, p. 74).

24 Nas palavras de Mutua, "human rights concerns, which have historically been used by the United States as a weapon of foreign policy, were trumped by the need for a better relationship with China (...) In any events, states that have committed egregious human rights violations such as Egypt, Israel in the Occupied Territories, Turkey, Vietnam, and Russia, have enjoyed U.S. support" (MUTUA, Makau wa. "Ideology of Human Rights", 36 *Virginia Journal of International Law* (1996), p. 589-657, p. 599).

BOAVENTURA SANTOS critica também o que denomina *supervisibilidade* de certas violações de direitos humanos e total *opacidade* de outras, a depender de critérios geopolíticos[25].

Para outros, a incoerência está na defesa de direitos humanos universais no plano externo e na preservação, do plano interno, da "margem de manobra" dos Estados, como já visto na análise da polêmica teoria da margem de apreciação nacional no sistema europeu de direitos humanos.

3.3.4 O argumento cultural

Outra objeção muito debatida diz respeito a diferenças culturais, focadas na relação do homem e sua comunidade existente na cultura ocidental e na cultura africana e asiática. De fato, um dos maiores estudiosos do tema, JOSIAH COBBAH, sustenta que há grande diferença entre a cultura africana e ocidental em relação à propriedade da terra (coletiva em face da individual) e também em relação à solução de controvérsia. Ainda segundo o seu estudo, na maioria das sociedades africanas, os direitos da comunidade precedem os direitos individuais, as decisões são tomadas por meio do recurso ao consenso do grupo e a riqueza também sofre formas de apropriação coletiva[26].

---

25 Para o professor Boaventura Santos, "um discurso generoso e sedutor sobre os direitos humanos permitiu atrocidades indescritíveis, as quais foram avaliadas de acordo com revoltante duplicidade de critérios. Escrevendo em 1981 sobre a manipulação da temática dos direitos humanos nos Estados Unidos pelos meios de comunicação social, Richard Falk identifica uma 'política de invisibilidade' e uma 'política de supervisibilidade'. Como exemplos da política de invisibilidade menciona Falk a ocultação total, pela mídia, das notícias sobre o trágico genocídio do povo Maubere em Timor Leste (que ceifou mais que 300.000 vidas) e a situação dos cerca de cem milhões de 'intocáveis' na Índia. Como exemplos da política de supervisibilidade, Falk menciona a exuberância com que os atropelos pós-revolucionários dos direitos humanos no Irão e no Vietname foram relatados nos Estados Unidos. A verdade é que o mesmo pode dizer-se dos países da União Europeia, sendo o exemplo mais gritante justamente o silêncio mantido sobre o genocídio do povo Maubere, escondido dos europeus durante uma década, assim facilitando o contínuo e próspero comércio com a Indonésia" (BOAVENTURA SANTOS, "Por uma concepção multicultural de direitos humanos", 23 *Contexto Internacional* (2001), p. 17).

26 Para o autor, "ultimately what is important to an international community of cultures is for all peoples to feel that all voices are genuinely being heard in the human rights discussion. I have attempted to point out that Africans do not espouse a philosophy of human dignity that is derived from a natural rights and individualist framework. African societies function within a communal structure whereby a person's

Por seu turno, BILAHARI KAUSIKAN sustenta que as sociedades asiáticas, em virtude de seu diferente desenvolvimento histórico, possuem valores culturais que não podem ser facilmente comparados com normas de direitos humanos promovidas pelo Ocidente[27]. Para NIARA SUDARKASA, renomada estudiosa neste campo, há de se mencionar a complexa relação entre o indivíduo e sua comunidade, baseada em quatro obrigações: respeito, responsabilidade, autorrestrição e reciprocidade, não sendo baseada, então, na noção de direito oriunda da tradição ocidental[28].

PANNIKAR também sustenta que, de acordo com a abordagem hindu, direitos humanos não pertencem somente a indivíduos (referindo-se à faceta comunitária vista acima) e não devem ser considerados de forma absoluta e sem deveres correlatos[29].

Outra objeção cultural, além daquela baseada na dicotomia indivíduo-comunidade, relaciona-se a específicos direitos que refletiriam um viés cultural ocidental e muitas vezes apenas de algumas de suas regiões. LINDGREN ALVES, embaixador brasileiro com ativa participação na Conferência Mundial de Viena, relatou que algumas delegações de Estados afirmaram em plenário e nas discussões de trabalho que a Conferência "correspondia a uma tentativa de imposição de valores ocidentais sobre o resto do mundo"[30].

A desigualdade dos sexos, a clitoridectomia já citada, os direitos sucessórios desiguais no mundo muçulmano, o dote obrigatório das noivas, os casamentos combinados, entre outros casos, são questões que

---

dignity and honor flow from his or her transcendental role as a cultural being. Within a changing world, we can expect that some specific aspects of African lifestyles will change. It can be shown, however, that basic Africentric core values still remain and that these values should be admitted into the international debate on human rights" (COBBAH, Josiah A. M. "African Values and the Human Rights Debate: an African Perspective, in 9 *Human Rights Quarterly* 309 (1987), p. 309-331, em especial p. 331).

27 A visão de Kausikan é adotada, em linhas gerais, por Cingapura (é o citado autor embaixador daquele país) e Malásia (KAUSIKAN, Bilahari. "Asia's different standard", 92 *Foreign Policy* (1993), p. 24-41). Ver crítica em NEIER, Aryeh. "Asia's Unacceptable Standard," 92 *Foreign Poli*cy (1993), p. 42-51.

28 SUDARKASA, Niara. *The Strength of Our Mothers: African & African American Women & Families Essays and Speeches.* Africa World Press, 1997.

29 PANIKKAR, Raimundo. "Is the notion of human rights a western concept?", 120 *Diogenes* (1982), p. 75-102.

30 LINDGREN ALVES, J. A. *Os direitos humanos como tema global.* São Paulo: Ed. Perspectiva e Fundação Alexandre de Gusmão, 1994, p. 27.

desafiam vários direitos previstos na Declaração Universal dos Direitos Humanos, mas que se encontram inseridos em práticas culturais tradicionais. É inegável que a universalidade dos direitos da mulher resta desafiada, por exemplo, em face de práticas culturais que veem no casamento não um acordo entre dois indivíduos, mas sim uma aliança entre famílias.

3.3.5 O argumento desenvolvimentista

Por fim e com extrema importância para os países latino-americanos e asiáticos, há de ser mencionada a objeção dita "desenvolvimentista", que sustenta que os direitos humanos exigem um estágio ulterior de desenvolvimento para sua correta proteção e implementação[31].

De fato, em diferentes fases da história latino-americana e até mesmo nos dias atuais, diversos governos justificaram o desrespeito a direitos humanos básicos, sob a alegação de falta de recursos econômicos suficientes.

Os direitos sociais, com isso, são sistematicamente violados, existindo, por exemplo, regiões no Brasil (em tese uma das maiores economias capitalistas do mundo) com índices de desenvolvimento humano que fariam corar Estados miseráveis da África.

Por outro lado, tais violações de direitos sociais não são, muitas vezes, levadas em consideração quando da análise da universalidade dos direitos humanos, ao contrário do desrespeito aos direitos civis e políticos, sempre lembrados como exemplos da polêmica universalismo *versus* relativismo.

Com efeito, esse esquecimento do desrespeito aos direitos sociais já foi objeto de crítica por parte de órgãos internacionais. Nesse sentido, o Comitê dos Direitos Econômicos, Sociais e Culturais apontou, em tom de lamento, perante a Conferência Mundial de Direitos Humanos de Viena em 1993 que a maciça violação de direitos econômicos e sociais teria provocado horror e ira internacional, caso tais violações houvessem ocorrido a direitos civis e políticos. O Comitê ressaltou que um quinto da população mundial sofre de pobreza extrema, fome, doenças já curá-

---

31 Christopher Reardon, por exemplo, menciona discurso de representante do governo da Ásia no qual se afirma que o desenvolvimento nacional deve prevalecer sobre os direitos do indivíduo (REARDON, C. "Ré-examen des droits de l'homme, une conférence internationale relance le débat", in *Choix*: la revue du développement humani du PNUD, janeiro de 1994).

veis, analfabetismo e insegurança, sem que haja grande esperança em reversão desse terrível quadro[32].

Essas são as principais objeções que devem ser respondidas para que reafirmemos o compromisso da universalidade dos direitos humanos, fundamento de todo o Direito Internacional dos Direitos Humanos.

3.4 A reafirmação da universalidade dos direitos humanos

As objeções filosóficas ao caráter universal dos direitos humanos são respondidas por SHASHI THAROOR, especialista de direitos humanos indiano, que sustenta que "é razoável afirmar que conceitos de justiça e Direito, legitimidade do governo, dignidade do ser humano, proteção contra a opressão ou arbítrio, participação na vida da comunidade, são encontrados em qualquer sociedade"[33].

A teoria geral dos direitos humanos não pretende ser uma cosmovisão ou abranger todas as facetas da vida social. Os direitos humanos não oferecem ritos ou símbolos: são conceitos jurídico-normativos, que estabelecem o *ethos* de liberdade no regramento da vida em sociedade, não competindo nem servindo como substitutos às convicções religiosas[34].

Em relação ao pretenso caráter ocidental (e consequentemente não universal) dos direitos humanos, observo que a origem europeia e antropocêntrica das primeiras cartas de direitos humanos não pode ser considerada para *além* de mero dado histórico.

Os direitos humanos não foram *sempre* integrados aos documentos religiosos, filosóficos e culturais ocidentais[35]. Mesmo em relação à origem histórica da proteção de direitos humanos, relacionada com as revoluções liberais nos Estados Unidos e Europa, há de se salientar que o momento

---

32 "Statement to the Word Conference on Human Rights on Behalf of the Committee on Economic, Social and Cultural Rights". UN ESCOR, 7th Sess., Sup. n. 2, Annex III, U.N. Doc E/1993/22 (1993).

33 THAROOR, Shashi. "The universality of human rights and their relevance to developing countries", 59 *Nordic Journal of International Law* (1990), p. 139-152, tradução minha.

34 Como argutamente observa Heiner Bielefeldt (BIELEFELDT, Heiner. *Filosofia dos direitos humanos* (trad. Dankwart Bernsmüller). São Leopoldo: Unisinos, 2000, p. 180-181).

35 BIELEFELDT, Heiner. *Filosofia dos direitos humanos*. Trad. Dankwart Bernsmüller. São Leopoldo: Unisinos, 2000, p. 158.

de tal época era marcado pela *crise* e *ruptura* com a *tradição* absolutista então reinante no solo ocidental.

Essa ruptura desenvolveu-se para além do imaginado pelos revolucionários de então (basta lembrar a ausência de igualdade entre os sexos nos primórdios das revoluções liberais), desenvolvimento este pautado na inviolabilidade da dignidade da pessoa humana. A proteção dos direitos humanos, tanto nas primeiras revoluções liberais, quanto nos dias atuais, continua sendo uma conquista, não pertencendo à determinada tradição cultural, mas sim objeto de permanente disputa política, durante a qual tradições culturais e religiosas podem se alterar e novas leituras dessas mesmas tradições podem aflorar.

Os direitos humanos e sua vocação universalista estão em nítida oposição a várias tradições religiosas e culturais nos dias de hoje, como já estiveram a outras tradições no passado, inclusive a tradição ocidental. Em solo europeu, por exemplo, o reconhecimento de determinados direitos humanos obrigou a Igreja Católica (tradição cristã ocidental) a rever suas posições tradicionais em relação à liberdade religiosa, à relação Estado-Igreja, e, nos dias atuais, tem levado a reflexões sobre os direitos reprodutivos e planejamento familiar. O mesmo pode ser dito sobre algumas tradições no mundo mulçumano ou no sistema de castas indiano.

Não se trata de buscar, assim, um denominador comum mínimo dos diversos valores culturais, que aceita diversas condutas humanas apenas por serem integrantes de tradições culturais, em sacrifício da dignidade da pessoa humana, mas de se afirmar que a pluralidade de culturas e orientações religiosas (ou de cosmovisões) deve ser respeitada com o reconhecimento da liberdade e participação com direitos iguais para todos.

THAROOR, em feliz síntese, considera que a aceitação de justificativas "culturais" a condutas violatórias a direitos humanos carrega forte acento totalitário, na medida em que pode significar a coerção daqueles que, embora membros da comunidade, não mais se identificam com seus valores[36]. Sempre é bom lembrar que o relativismo cultural da temática dos direitos humanos pode, à custa da liberdade, restringir os

---

36 THAROOR, Shashi. "The universality of human rights and their relevance to developing countries", 59 *Nordic Journal of International Law* (1990), p. 139-152.

indivíduos a papéis preestabelecidos, o que nos mostra o caráter libertário e de ruptura da temática dos direitos humanos[37].

O argumento cultural de relativização à universalidade dos direitos humanos somente pode ser aceito como cláusula de salvaguarda àqueles que assim desejarem exercer seus direitos de escolha, mas nunca para coagir outros a se submeterem a determinados comportamentos apenas por se tratar de "prática tradicional"[38].

Como sustenta BIELEFELDT, "contra a frequente censura levantada nos debates acerca dos direitos humanos, de que eles sejam a expressão de uma visão unilateral e individualista de ser humano, pode-se antepor o argumento de que esses direitos possibilitam a livre comunhão das pessoas, justamente por proporcionarem a cada indivíduo opções de isolar ou distanciar-se da sociedade. Nos direitos humanos não interessa a preferência abstrata de cada indivíduo em relação à comunidade ou até a dissolução da solidariedade comunitária em uma sociedade atomística, mas interessa, isso sim, a coerente imposição da liberdade política e jurídica. A reivindicação por liberdade dos direitos humanos refere-se tanto contra as imposições estatais e comunitárias, como contra a involuntária exclusão da sociedade"[39].

Em relação à objeção dita "geopolítica" (assinalando o uso seletivo e dúbio do discurso de direitos humanos para camuflar interesses econômicos ou políticos, ou mesmo a hipocrisia de defender algo externamente e não aplicar internamente), note-se que a mesma crítica pode ser feita em relação a qualquer tema do Direito Internacional. Não é somente o Direito Internacional dos Direitos Humanos que sofre com o uso seletivo e politicamente orientado de suas normas.

A história do Direito Internacional mostra que o direito dos tratados, a teoria da responsabilidade internacional, entre outros temas, já sofreram interpretações de modo a justificar o atingimento de fins políticos e econômicos por parte de Estados (em geral, os mais poderosos), da mesma forma que o Direito Internacional dos Direitos Humanos. Cite-se,

---

37 FINKIELKRAUT, Alain. *Die niederlage des denkens*. Reinbeck: Rowohlt, 1989 *apud* BIELEFELDT, Heiner. *Filosofia dos direitos humanos* (trad. Dankwart Bernsmüller). São Leopoldo: Unisinos, 2000.

38 THAROOR, Shashi. "The universality of human rights and their relevance to developing countries", 59 *Nordic Journal of International Law* (1990), p. 139-152.

39 BIELEFELDT, Heiner. *Filosofia dos direitos humanos* (trad. Dankwart Bernsmüller). São Leopoldo: Unisinos, 2000, p. 247.

por exemplo, a construção norte-americana da era Reagan da doutrina da "legítima defesa preventiva e ideológica", que ampliava o próprio conceito de legítima defesa previsto na Carta da Organização das Nações Unidas e que serviu para justificar agressões armadas durante a década de 1980.

Assim, a crítica deve recair não sobre o Direito Internacional dos Direitos Humanos, mas sim sobre as próprias características da sociedade internacional, cujos atores principais, Estados, são, ao mesmo tempo, produtores, destinatários e aplicadores da norma internacional, podendo, então, interpretá-la de modo *unilateral* para atingir seus fins.

Aliás, diga-se que é justamente no domínio dos direitos humanos que estão sendo desenvolvidos mecanismos coletivos de apuração de violações de direitos humanos, quase judiciais ou judiciais, o que representa um inegável progresso rumo ao banimento da seletividade e do *double standard* atacado pela objeção ora em comento. No caso específico da teoria da margem de apreciação nacional, há vários casos nos quais a Corte Europeia não acatou a alegação do Estado e consagrou a universalidade dos direitos humanos.

Quanto à crítica "desenvolvimentista" à universalidade dos direitos humanos resta ressaltar que tal argumento, em síntese, nos leva a postergar o gozo dos direitos humanos em nome da lógica da "razão de Estado", que teria maiores recursos para a obtenção de seu desenvolvimento. Assim, tal crítica decorre da perspectiva *ex parte principis* dos direitos humanos, que enfatiza a governabilidade em detrimento da exigência ética de respeito à dignidade da pessoa humana.

Além disso, esse argumento é falho por se basear na relação riqueza--proteção de direitos humanos, que é desmentida pela realidade. Aliás, o Brasil, com uma das maiores economias industriais do mundo, é amostra evidente que o aumento da riqueza não leva a maior proteção de direitos humanos. Muito pelo contrário: a lógica da postergação da proteção de direitos humanos e em especial dos direitos sociais faz com que o desenvolvimento econômico beneficie poucos, em geral àqueles que circundam a elite política dominante.

O voto conjunto dos juízes Trindade, Pacheco Gómez e Abreu Burelli, da Corte Interamericana de Direitos Humanos endossa tal posicionamento. *In verbis:* "En efecto, muchas son, en nuestros días, las sociedades multiculturales, y la atención debida a la diversidad cultural nos parece que constituye un requisito esencial para asegurar la eficacia de las normas de protección de los derechos humanos, en los planos nacional e internacional. Del mismo modo, consideramos que la invocación de las manifestaciones culturales no puede atentar contra los estándares universalmente reconocidos de observancia y respeto a los derechos fundamentales de la persona humana. Así, al mismo tiempo que afirmamos la importancia de la atención debida a la diversidad cultural, inclusive para el reconocimiento de la universalidad de los derechos humanos, rechazamos con firmeza las distorsiones del llamado 'relativismo' cultural"[40].

Superados esses argumentos, resta analisar a reafirmação da universalidade dos direitos humanos no século XXI, em face dos novos desafios da mundialização econômica e de valores que assola a humanidade.

3.5 Perspectivas interculturais no século XXI

Há uma tendência de um *shift of centre* no debate entre universalismo e relativismo, como reconhece MUSHKAT[41], visando construir bases teóricas para um diálogo intercultural. Neste sentido, em 2001, a Organização das Nações Unidas celebrou o Ano do "Diálogo entre as Civilizações", contrapondo-se, em especial, à tese de HUNTINGTON de que o século XXI será o século do choque de civilizações (sarcasticamente denominado "the West against the Rest")[42].

Tal diálogo se faz urgente, em especial após os ataques de 11 de setembro de 2001 nos Estados Unidos e a subsequente guerra ao terrorismo. O risco de surgimento de reações xenófobas e de intolerância com o *outro* é imenso.

Neste diapasão, AN-NA'IM propõe um novo paradigma que rompa a dicotomia universalismo *versus* relativismo. Para o citado autor, é necessário estabelecer um duplo diálogo: primeiramente, um diálogo interno no qual determinada cultura possa debater sua visão de dignidade da pessoa humana e dos direitos humanos; depois, um diálogo externo, igualitário e baseado

---

40 Corte Interamericana de Direitos Humanos, *Caso da Comunidade Mayagna (Sumo) Awas Tingni vs. Nicaragua*, sentença de 31 de agosto de 2001, voto conjunto dos juízes Cançado Trindade, Pacheco Gómez e Abreu Burelli.

41 MUSHKAT, Roda. "Culture and international law: universalism v. relativism" in 6 *Singapore Journal of International and Comparative Law* (2002), p. 1028-1042, em especial p. 1028.

42 HUNTINGTON, Samuel. "The clash of civilizations?", *Foreign Affairs*, Summer 1993, p. 22-49.

na reciprocidade, no qual as diversas concepções possam convergir[43].

O diálogo é possível a partir de premissas aceitas pelo autor. Em primeiro lugar, há de se reconhecer que todas as culturas e religiões comungam dos ideais gerais de igualdade e liberdade encontrados na Declaração Universal dos Direitos Humanos, mas divergem quanto à extensão e conteúdo dos direitos em concreto o que exigirá reinterpretação dos preceitos locais (ou "interpretação iluminista").

Em segundo lugar, tal reinterpretação é essencial, uma vez que a fórmula de organização europeia do Estado-nação espalhou-se pelo globo, e, assim, há a necessidade de mecanismos de proteção do indivíduo contra os abusos do Estado. Assim sendo, o diálogo interno é essencial para pôr em xeque determinados dogmas culturais, levando a releitura de concepções locais, agora à luz dos direitos humanos.

Em complemento, o diálogo externo (com outras culturas) acarreta a revaloração dos próprios padrões de direitos humanos, usados anteriormente como marcos hermenêuticos do diálogo interno. Ocorre o fenômeno da legitimação retrospectiva dos padrões universais, que, antes de rejeitar tais padrões, busca por meio desse diálogo multicultural revalidá-los[44].

---

43 Para o autor, professor da Emory University, "the assumption of universality should be substantiated through internal discourse within cultures, and cross-cultural dialogue between cultures (including religious traditions, ideologies, and legal systems) to broaden and deepen genuine consensus on the global validity and application of human rights standards" (ANNA'IM, Abdullahi A. "The contingent universality of human rights: the case of freedom of expression in African and Islamic contexts", 11 *Emory International Law Review* (1997), p. 29-66, em especial p. 41).

44 Nas palavras de An-Na'Im, "universal cultural legitimacy is essential for international standards of human rights. If international standards of human rights are to be implemented in a manner consistent with their own rationale, the people (who are to implement these standards) must perceive the concept of human rights and its content as their own. To be committed to carrying out human rights standards, people must hold these standards as emanating from their worldview and values, not imposed on them by outsiders. It would therefore necessarily follow that if, or to the extent that, the present concept and its content are not universally valid, we must try to make them so. Otherwise, those standards that are not accepted as culturally legitimate will remain ineffective unless we are prepared to contemplate attempts to impose those standards on people against their will!" (AN-NA'IM, Abdullahi Ahmed "Conclusion" in AN-NA'IM, Abdullahi Ahmed (org.). *Human Rights in Cross-Cultural Perspectives. A Quest for Consensus.* Philadelphia: University o Pennsylvania Press, 1995, em especial p. 431).

RACHEL FRANCISCO bem resume a visão de AN-NA'IM ao sustentar que "trata-se de uma legitimidade cultural que se desenvolve retrospectivamente, uma vez que parte do padrão universal ilegítimo em busca de uma legitimidade cultural local"[45].

Esse diálogo relegitimador dos direitos humanos não impõe a aceitação sem ressalvas dos marcos universais. ANN-BELINDA PREIS, de um ponto de vista crítico, sustenta que nada impede que a maioria da população, ao efetuar o diálogo interno e a interpretação iluminista, rejeite padrões universais de direitos humanos[46]. Mas esse procedimento gera reflexão e aceita o olhar externo sobre as práticas locais.

O diálogo e interpretação iluminista será útil nas constantes reinterpretações do conteúdo e sentido das normas de direitos humanos realizadas pelas Cortes Supremas em cada Estado, que são fruto da evolução social e da necessária textura aberta das normas de direitos humanos. No Brasil, é digno de nota a existência de valiosos institutos como os do *amicus curiae* e da *audiência pública*[47] que possibilitam ao Supremo Tribunal Federal travar um diálogo franco com a comunidade, evitando a aplicação mecânica e desconectada da norma. No plano internacional, impressiona a participação da sociedade civil organizada, como *amici curiae* ou ainda como observadoras internacionais, em foros judiciais ou políticos de promoção de direitos humanos. É claro que o rumo do diálogo intercultural é árduo e sua tarefa de densificar os direitos humanos é digna de Antonio Machado, que nos lembra, em uma de suas obras mais conhecidas utilizada na epígrafe deste livro,

---

45 FRANCISCO, Rachel Herdy de Barros. "Considerações sobre o diálogo intercultural dos direitos humanos", in *Direito, Estado e Sociedade*. v. 22/23, jan./dez. 2003, p. 212-231, em especial p. 219.

46 Para a autora: "While one can sympathize with a proposition that strives towards greater mutual comprehension and dialogue in the world, it is nevertheless difficult to see how this approach can ever become 'bottom up' as An-Na'Im wishes when it posits culture as an obstacle or as something outside human beings, their thoughts, and their actions. When culture is thus viewed as an externalised impediment to the struggle itself, we are prevented from seeing the various contradictions, inconsistencies, and disagreements as culture – and perhaps the culture of human rights itself. The result is that this cross-cultural approach can hardly become more than an idealistic, programmatic suggestion, characterised, more than anything else, by self-evidence" (PREIS, Ann-Belinda S. "Human Rights as Cultural Practice: An Anthropological Critique", 18 *Human Rights Quarterly* (1996), p. 286 e s., em especial p. 295).

47 Ver as Leis n. 9.868/99 e 9.882/99.

que *Caminante son tus huellas el camino y nada más, caminante, no hay camino, se hace camino al andar*[48].

Por outro lado, o século XXI conta com um instrumento eficaz para a superação da antiga dicotomia universalismo-relativismo: os *processos internacionais de direitos humanos*[49] perante os tribunais internacionais. A atividade das Cortes Europeia e Interamericana de Direitos Humanos permite avaliar as objeções locais à implementação universal de direitos humanos pela própria lógica dos direitos, graças ao reconhecimento de diversos direitos em conflito. Assim, aquilo que era visto como um conflito entre uma *opção cultural local* e um direito previsto em um tratado de direitos humanos passa a ser entendido como um conflito de direitos, entre o *direito cultural* e outro *direito essencial em tela*.

Migra-se para o *campo jurídico dos direitos humanos* a busca de uma solução para o conflito entre determinado direito reconhecido universalmente e uma determinada opção local. Esse conflito entre direitos será solucionado pelos tribunais internacionais por meio da ponderação e argumentação jurídica.

---

48 MACHADO, Antonio. "Proverbios y cantares", in *Poesías completas*. 14. ed. Madrid: Editorial Espasa-Calpe, 1973, p. 158.

49 CARVALHO RAMOS, André de. *Processo internacional de direitos humanos*. 7. ed. São Paulo: Saraiva, 2022.

4 Indivisibilidade

A indivisibilidade dos direitos humanos consiste no reconhecimento de que todos os diretos humanos devem ter a mesma proteção jurídica, uma vez que são essenciais para uma vida digna.

Assim, a classificação dos direitos humanos em direitos civis e políticos, de um lado, e direitos econômicos, sociais e culturais, de outro, perde a importância. A Declaração Universal dos Direitos Humanos de 1948 adotou a indivisibilidade, pois contém tanto os chamados direitos liberais quanto os direitos sociais. Consagrou, assim, a chamada concepção contemporânea de direitos humanos, conjugando o valor liberdade ao valor igualdade na seara dos direitos humanos.

A indivisibilidade dos direitos humanos no plano internacional também foi reconhecida na Primeira Conferência Mundial de Direitos Humanos em 1968, patrocinada pela Organização das Nações Unidas em Teerã, sendo reiterada como uma das mais importantes características do regime jurídico dos direitos humanos pela Segunda Conferência, já citada, realizada em 1993 em Viena.

A Conferência de Teerã de 1968 adotou a tese da impossibilidade da completa realização dos direitos civis e políticos sem o gozo dos direitos sociais, econômicos e culturais. Por seu turno, na Conferência de Viena declarou-se, no seu documento final, a *necessária indivisibilidade* de todo o conjunto de direitos humanos protegidos, para que não houvesse a desconsideração dos chamados direitos de conteúdo econômico, social e cultural[1].

A indivisibilidade possui duas facetas. A primeira implica reconhecer que o direito protegido apresenta uma unidade incindível em si. A segunda faceta, *mais conhecida*, assegura que não é possível proteger apenas alguns dos direitos humanos reconhecidos.

No tocante à primeira faceta, cite-se, como exemplo, o reconhecimento do direito à ampla defesa no processo criminal, o que implica assegurar, pelo caráter incindível do direito exposto, o direito ao recurso de apelação a todos.

---

1 Ver na Proclamação de Teerã, item 13, que estabelece "como os direitos humanos e as liberdades fundamentais são indivisíveis.."... Na Declaração e Programa de Ação de Viena, estipulou: "5. Todos os direitos humanos são universais, indivisíveis, interdependentes e inter-relacionados. A comunidade internacional deve tratar os direitos humanos de forma global, justa e equitativa, em pé de igualdade e com a mesma ênfase".

Quanto à segunda faceta da indivisibilidade, é conhecida a tese do caráter meramente programático dos direitos sociais. Ora, a proteção de direitos humanos orbita em torno da preservação da dignidade da pessoa humana, sendo impossível, então, cindir tal proteção por espécie de direito[2]. Assim, não há o direito a um recurso perante o Poder Judiciário para a proteção de direitos sem que se garanta também o direito à assistência jurídica gratuita.

---

2 A Delegação de Portugal na Conferência de Viena de 1993 manifestou-se pela indivisibilidade, pois os direitos humanos "formam um todo inseparável, ligado em conjunto à ideia da dignidade da pessoa humana. Não têm pois razão de ser as tentativas para separar estes direitos ou para justificar o não respeito de alguma categoria de direitos por exigências de outra natureza, como o sejam atrasos econômicos ou problemas sociais ou políticos" (CANÇADO TRINDADE, Antônio Augusto. *Tratado de direito internacional dos direitos humanos*. Porto Alegre: Sérgio Antônio Fabris Editor, 1997, v. 1, p. 227).

5 Interdependência

A interdependência dos direitos humanos caminha em conjunto com a sua indivisibilidade, sendo também adotada pela Conferência de Viena sobre Direitos Humanos.

Por interdependência entendo a mútua dependência entre os direitos humanos protegidos, pois o conteúdo de um pode vir a se vincular ao conteúdo de outro, demonstrando a interação e a complementaridade entre eles, bem como que certos direitos são desdobramentos de outros. Como exemplo, há clara complementaridade entre a liberdade de associação e o reconhecimento do direito de associação profissional ou sindical. A liberdade de expressão é também coadjuvada pela liberdade de informação, devendo, por outro lado, respeitar o direito à privacidade e intimidade

Nesse sentido, ensina ALEXANDRE DE MORAES que as previsões de direitos humanos, "apesar de autônomas, possuem diversas intersecções, para atingirem suas finalidades. Assim, por exemplo, a liberdade de locomoção está intimamente ligada à garantia do *habeas corpus*". Continua o autor citado, enfatizando que os direitos humanos "não devem ser interpretados isoladamente, mas sim de forma conjunta com a finalidade do alcance dos objetivos previstos pelo legislador"[1].

A ampliação acelerada do número de direitos protegidos fez nascer, por outro lado, a necessidade da sistematização dos mesmos em uma concepção lógica capaz de dar coerência ao conjunto de direitos humanos protegidos, em especial nos casos de colisão aparente e concorrência entre eles.

Nesse sentido, há de ser mencionada a atuação da Corte Interamericana de Direitos Humanos, que, ao interpretar o alcance de sua jurisdição, decidiu que seus pareceres consultivos podem abarcar a interpretação de todo tratado que porventura possua dispositivo de direitos humanos aplicável a Estado da Organização dos Estados Americanos (OEA), refutando a tese norte-americana, que pugnava pela autolimitação da Corte à edição de pareceres relativos a tratados regionais (interamericanos) de direitos humanos.

---

1 MORAES, Alexandre de. *Direitos humanos fundamentais*. São Paulo: Saraiva, 1997, p. 41.

Com tal decisão ampliativa da Corte, temos, então, um órgão judicial internacional capaz de analisar quer os instrumentos regionais, quer os instrumentos universais, desde que haja, em relação aos últimos, Estados americanos como contratantes (como existem em todos os instrumentos universais, tais como o Pacto Internacional sobre Direitos Civis e Políticos, o Pacto Internacional sobre Direitos Econômicos, Sociais e Culturais, a Convenção sobre a Prevenção e Repressão ao Crime de Genocídio etc.), e mesmo tratados diversos que possuam dispositivos de direitos humanos (como, por exemplo, a Convenção de Viena sobre Relações Consulares, cujo artigo 36 foi considerado um dispositivo de direitos humanos pela Corte Interamericana).

A interpretação em conjunto dos diversos instrumentos jurídicos internacionais pode auxiliar a coerência e a superação dos eventuais conflitos entre direitos pelo uso do princípio da proporcionalidade e da ponderação de interesses.

6 Autonomia e indisponibilidade

A autonomia consiste no reconhecimento da carga emancipatória dos direitos humanos, que exige respeito ao livre-arbítrio e à tomada de decisão do indivíduo sobre a condução de sua vida. Essa característica advém, de acordo com ROTHENBURG, da dignidade humana e se relaciona com a liberdade, a igualdade e a privacidade[1]. Em uma sociedade de seres livres e iguais, não cabe ao Estado ferir a autonomia da condução da vida privada de um indivíduo.

Contudo, há limites à autonomia que se relacionam com o dever de proteção do Estado (dimensão objetiva dos direitos humanos), mesmo contra a vontade do titular, o que implica reconhecer à indisponibilidade como parte do regime jurídico dos direitos humanos.

A indisponibilidade de um direito consiste na sua irrenunciabilidade ou, ao menos, no reconhecimento de que a vontade de seu titular no sentido de renúncia ou disposição somente pode ser manifestada sob certos parâmetros (renúncia controlada). O atributo de indisponibilidade vincul-se, é claro, às escolhas sociais daquilo que deve merecer proteção especial, evitando-se que venha a ser dilapidado, mesmo com a anuência de seu titular.

Inicialmente, a doutrina e a jurisprudência inseriam os casos de limitação da liberdade do titular de um direito na cláusula geral de "violação da ordem pública", da "moral" e dos "bons costumes". É tradicional que seja estabelecida, como condição de validade do negócio jurídico, a licitude de seu objeto, que não poderia contrariar a ordem pública, a moral e os bons costumes.

Essa ordem pública é entendida, em geral, como sendo o conjunto de princípios tidos como fundamentais e integrantes do sistema jurídico que não podem ser derrogados[2]. DOLINGER explica que a ordem pública é "o reflexo da filosofia sociopolítica-jurídica de toda a legislação, que representa a moral básica de uma nação e que atende às necessidades econômicas de cada Estado. A ordem pública encerra, assim, os planos político, jurídico, moral e econômico de todo Estado constituído"[3].

---

1 ROTHENBURG, Walter Claudius. *Direitos fundamentais*. Rio de Janeiro: Forense; e São Paulo: Método, 2014, em especial p. 11.

2 Ver mais sobre "ordem pública" em CARVALHO RAMOS, André de. *Curso de direito internacional privado*. 3. ed. São Paulo: Saraivajur, 2023.

3 Continua o autor, afirmando que "a ordem pública se afere pela mentalidade e pela sensibilidade médias de determinada época. Aquilo que for considerado chocan-

No tocante à lesão a direitos humanos, o respeito à ordem pública acarretou o reconhecimento da indisponibilidade de direitos oriunda da *qualidade especial* de seu titular (ex. incapazes, crianças e adolescentes), pelo seu *objeto* (bens fora do comércio, direitos fundamentais da pessoa humana, como, por exemplo, exposição a risco de morte, humilhações e tratamentos degradantes) e pelas *relações jurídico-institucionais* que encerram (casamento, família etc.).

Forçoso reconhecer que é comum concorrerem para a qualificação da indisponibilidade dos direitos humanos várias das causas supracitadas[4]. O direito ao desenvolvimento sadio da criança, por exemplo, é indisponível quer pela qualidade de seu titular, quer pelo objeto (direito fundamental), ou, ainda, pela relação jurídica que encerra (núcleo familiar).

Assim, tradicionalmente, a indisponibilidade de um direito fundamental dependia de sua inserção no contexto genérico de "respeito à ordem pública".

Essa inserção deixou de ter sentido com a consagração da dignidade da pessoa humana como valor supremo quer do Direito Interno (*vide* a nossa Constituição), quer do Direito Internacional. Como consequência, o ser humano não pode despir-se de sua condição humana, transformando-se em objeto. Não é necessário que tal disposição de direito seja mediada por uma pretensa ofensa à "ordem pública".

Para tanto, houve considerável evolução hermenêutica, pois a autonomia da vontade do titular do direito fundamental era valor consagrado do Estado Liberal, reflexo da igualdade formal das partes, a ser excepcionalmente superada pelo recurso à cláusula da "ordem pública". A consolidação do Estado do Bem-Estar Social e da contemporânea proteção internacional de direitos humanos resultaram em limites à autonomia da vontade, em nome da dignidade da pessoa humana e em face das desigualdades materiais dos indivíduos.

---

te a esta média será rejeitado pela doutrina e repelido pelos tribunais. (...) Daí ter sido a ordem pública comparada à moral, aos bons costumes, ao direito natural e até à religião" (DOLINGER, Jacob. *Direito internacional privado. Parte geral.* 6. ed. Rio de Janeiro: Renovar, 2001, p. 386-387). Conferir também o conceito de ordem pública em CARVALHO RAMOS, André de. *Curso de direito internacional privado.* São Paulo: Saraiva, 2018.

4 RODRIGUES, Geisa de Assis. *Ação Civil Pública e termo de ajustamento de conduta: teoria e prática.* Rio de Janeiro: Forense, 2002, p. 51.

Na prática internacional, há importante precedente que mostra a união entre o Direito Interno e o Direito Internacional no reconhecimento da indisponibilidade dos direitos fundamentais, que é o caso do "arremesso de pessoa com nanismo". Tal prática (arremesso de pessoa com nanismo – *lancer de nain*), ofertada por casa noturna, foi proibida pela Prefeitura de Morsang-sur-Orge (periferia de Paris, França), fundada no tradicional respeito à ordem pública.

O assunto não teria destaque, se não houvesse recurso contra tal decisão por parte do próprio indivíduo com nanismo, que alegou ter dado consentimento a tal prática, utilizar equipamento de segurança satisfatório e de ter direito ao trabalho. O Conselho de Estado francês, invocando o precedente da Corte Europeia de Direitos Humanos sobre tratamento degradante (Caso *Tyrer*, sobre castigo corporal na Ilha de Mann), decidiu que há limites à autonomia da vontade estribados na noção de *dignidade da pessoa humana*.

O requerente, Senhor Manuel Wackenheim, não satisfeito com a decisão, processou a França perante o Comitê de Direitos Humanos[5], órgão do Pacto Internacional sobre Direitos Civis e Políticos, alegando, entre outros, violação ao seu direito à liberdade, ao trabalho e à vida privada[6].

O Comitê arquivou o caso, por entender que a proibição da prática do "arremesso de anão" fora baseada no respeito à dignidade da pessoa humana, que, *per se*, limitava a autonomia de vontade do indivíduo[7].

Assim, a luta pela afirmação de todos os direitos humanos firma-se na busca pelo respeito à dignidade e à condição humana. Por consequência, a dignidade da pessoa humana é violada *sempre* que se reduz o indivíduo a mero objeto, *retirando-lhe sua condição humana*.

---

5 A França aderiu ao Primeiro Protocolo Facultativo ao Pacto, que dota as vítimas de violação de direitos humanos de um *direito de petição contra o Estado*.

6 O requerente apontou violação do parágrafo primeiro do artigo 2º, o parágrafo 2º do artigo 5º, o parágrafo 1º do artigo 9º, o artigo 16, artigo 17 e artigo 26, todos do Pacto Internacional de Direitos Civis e Políticos.

7 No original: "Le Comité considère que l'État partie a démontré, en l'espèce, que l'interdiction du lancer de nains tel que pratiqué par le requérant ne constituait pas une mesure abusive mais était nécessaire afin de protéger l'ordre public, celui-ci faisant notamment intervenir des considérations de dignité humaine qui sont compatibles avec les objectifs du Pacte" (Comité de Direitos Humanos, Communication n. 854/1999, parágrafo 7.4).

Tal redução do homem em objeto, como parâmetro de delimitação do conteúdo prático da dignidade da pessoa humana, foi adotada por vários tratados internacionais de direitos humanos, que estabeleceram a proibição de tratamento *desumano* ou *degradante*[8].

A fórmula ("homem-objeto") serve como critério de averiguação do respeito à dignidade da pessoa humana, em especial quando o próprio indivíduo dá sua anuência a eventual tratamento *indigno*, implicando a impossibilidade de o próprio indivíduo aceitar ser reduzido à condição de objeto[9].

Em que pese o reconhecimento internacional da indisponibilidade dos direitos humanos em abstrato, seu exercício pode ser facultativo, sujeito inclusive a negociação ou mesmo prazo fatal para seu exercício. Há, então, liberdade do titular de exercer – ou não – tais direitos e um prazo para tanto.

A indisponibilidade é de pouca utilidade no momento atual marcado pela expansão dos direitos humanos e seus choques. Atualmente, os conflitos entre direitos fazem com que a interpretação dos direitos humanos tenha que ser acionada para estabelecer os limites entre eles, sem que seja útil apelar à proteção da intangibilidade conferida genericamente a todos, pois todos os direitos em conflito também a terão.

Assim, no caso do arremesso de pessoa com nanismo, ocorreu o conflito entre a liberdade de se submeter a tal prática e a ofensa ao direito à igualdade (o uso da pessoa com nanismo para o arremesso, reforçando estereótipos negativos e preconceitos), que, ao final, prevaleceu.

---

8 Artigo 7º do Pacto Internacional de Direitos Civis e Políticos, Artigo 16 da Convenção contra a Tortura e outros Tratamentos ou Penas Cruéis, Desumanos ou Degradantes, o artigo 5º da Declaração Universal dos Direitos Humanos, entre outros. No Brasil, o artigo 5º, inciso III, da Constituição Federal também estabelece que *ninguém será submetido a tratamento desumano ou degradante*.

9 Ver mais sobre a fórmula "homem-objeto" em SARLET, Ingo Wolfgang. *Dignidade da pessoa humana e direitos fundamentais*. Porto Alegre: Livraria do Advogado, 2001, em especial p. 57-59.

7 Limitabilidade

7.1 Noções gerais

A limitabilidade consiste no reconhecimento de que a essencialidade dos direitos humanos e sua superioridade normativa não impedem a existência de limites impostos a um direito em nome da preservação de outro. A interação social é uma realidade, não sendo possível analisar os direitos humanos de forma abstrata e estanque.

A visão isolada e estática de um direito é irreal e, via de regra, fruto de uma opção ideológica do intérprete, ansioso por justificar sua posição jurídica graças ao apelo a um "direito fundamental", esquecendo, propositalmente, que outros direitos seriam afetados e mereceriam também proteção.

Esse cenário de interdependência e inter-relação dos direitos nos leva à seguinte dúvida: como justificar racionalmente a prevalência de um direito e o afastamento de outro? Devemos, assim, estudar como evitar o recurso retórico a fundamentações vazias, como o apelo à "dignidade humana" sem maior consideração sobre a existência, no outro polo, de direitos que serão afastados ou comprimidos.

Essa busca por uma argumentação jurídica racional, que seja transparente e convincente, é essencial para que se cumpra a promessa de supressão do arbítrio (mesmo que judicial), básica em qualquer regime democrático e igualitário.

No atual cenário de jusfundamentalização do Direito, no qual as mais *diversas e antagônicas* posições jurídicas são justificadas em nome da proteção de direitos humanos e da prevalência da dignidade humana, esse tema tem levado as Cortes Internacionais de Direitos Humanos e demais órgãos internacionais ao debate sobre os limites dos direitos humanos, em especial em relação ao princípio (ou regra) da proporcionalidade, abuso de direito e ainda o estado de emergência, como veremos abaixo.

7.2 O princípio da proporcionalidade

7.2.1 Conceito e origem

A formulação contemporânea do princípio da proporcionalidade é de uso frequente na motivação de decisões judiciais que analisam direitos fundamentais[1]. Antes de estudarmos o princípio da proporcionalidade no Direito Internacional dos Direitos Humanos cabe aqui uma introdução às principais características desse princípio.

Como ensina a doutrina, o princípio da proporcionalidade tem o seu desenvolvimento recente associado ao fortalecimento do Direito Administrativo do Estado Liberal[2]. No caso, a consagração do poder de polícia do Estado para restringir liberdades individuais fez nascer, como corolário, técnicas de aferição da legitimidade de tais restrições estatais. OTTO MAYER, um dos fundadores do Direito Administrativo alemão[3], preleciona sobre a transformação da proporcionalidade de um princípio de Direito Natural para um princípio limitador da ação pública, implícito a qualquer Estado de Direito.

Após a 2ª Guerra Mundial, o princípio da proporcionalidade é utilizado cada vez mais por tribunais nacionais para aferir a legitimidade de qualquer ato estatal limitador de direitos, não somente os atos oriundos do poder de polícia. O princípio da proporcionalidade ingressa, com força, no Direito Constitucional de vários países. Nesse diapasão, o Tribunal Constitucional alemão reconheceu, na década de 60, que a proibição do excesso (*Übermassverbot*) e o princípio da proporcionalidade (*Verhältnismässigkeitsprinzip*) são princípios gerais aplicáveis no controle da legitimidade das atividades estatais, estando implicitamente previstos na cláusula constitucional geral do Estado de Direito[4].

O princípio da proporcionalidade consiste na aferição da idoneidade, necessidade e equilíbrio da intervenção estatal em determinado direito fundamental. Origina-se da lógica da moderação e justiça que deve incidir

---

1 A proporcionalidade deve ser também levada em consideração pelo legislador e pelo administrador público, no exercício de suas competências próprias.

2 Sem contar outros antecedentes, em especial do Direito Penal (proporcionalidade das penas – em abstrato e em concreto). Conferir na obra essencial de BERNAL PULIDO, Carlos. *El principio de proporcionalidad y los derechos fundamentales*. Madrid: Centro de Estudios Políticos y Constitucionales, 2003. Ver também GONZÁLEZ, Markus. *El principio de proporcionalidad en la jurisprudencia del Tribunal Constitucional*. Elcano: Aranzadio-Thompson, 2003.

3 MAYER, Otto. *Derecho administrativo Alemán*. 4 volumes, Buenos Aires: Depalma, 1982.

4 *BVerfGE* 23,127 (133). KLUTH, Winfried. "Prohibición de exceso y principio de proporcionalidad en Derecho alemán" in 5 *Cuadernos de Derecho Publico* (1998), p. 219-238.

226

sobre toda intervenção estatal sobre direitos dos indivíduos, mesmo que o fim do ato restritivo seja evitar dano a outro direito individual. É uma técnica de controle do poder estatal (ou, como querem alguns doutrinadores, é o *limite dos limites* dos direitos fundamentais[5]), mas também é um controle indireto do conteúdo do próprio direito fundamental analisado.

Quanto à denominação, há frequente uso do termo "princípio da proporcionalidade"[6], ou "máxima da proporcionalidade"[7], "regra da proporcionalidade"[8], "postulado da proporcionalidade"[9] e ainda "critério da proporcionalidade"[10]. No plano internacional, a Carta dos Direitos Fundamentais da União Europeia faz uso do termo "princípio da proporcionalidade" de modo expresso (ver abaixo).

A doutrina e a jurisprudência habitualmente decompõem o princípio da proporcionalidade em três elementos ou subprincípios, a saber: a adequação (idoneidade) das medidas estatais à realização dos fins propostos, a necessidade de tais medidas e finalmente a ponderação (ou equilíbrio) entre a finalidade perseguida e os meios adotados para sua consecução (proporcionalidade em sentido estrito)[11].

Tal detalhamento do princípio da proporcionalidade garante transparência e coerência no controle dos atos estatais, que são efetuados em geral pelos Tribunais. Assim, busca-se evitar o decisionismo ou arbítrio

---

5 "Limite dos limites" ou *Schranken-Schranke*, na jurisprudência germânica.

6 Por todos, ver a defesa do uso do termo "princípio da proporcionalidade" em SARMENTO, Daniel. *Direito constitucional*. Teoria, história e métodos de trabalho. Belo Horizonte: Fórum, 2012, em especial p. 468-469.

7 ALEXY, Robert. *Teoria dos direitos fundamentais*. Trad. Virgilio Afonso da Silva. São Paulo: Malheiros, 2008, p. 117-118.

8 SILVA, Virgilio Afonso da. "O proporcional e o razoável". *Revista dos Tribunais*, São Paulo, n. 798, 2002, p. 23-50.

9 ÁVILA, Humberto Bergmann. *Teoria dos princípios*: da definição à aplicação dos princípios jurídicos. 4. ed. revista. São Paulo: Malheiros, 2005.

10 Utilizado por TAVARES, André Ramos. *Curso de direito constitucional*. 5. ed. São Paulo: Saraiva, 2007, p. 678; DIMOULIS, Dimitri; MARTINS, Leonardo. *Teoria geral dos direitos fundamentais*. São Paulo: Revista dos Tribunais, 2007, p. 177; ROTHENBURG, Walter Claudius. "O tempero da proporcionalidade no caldo dos direitos fundamentais", in *Princípios processuais civis na Constituição*, coord. por Olavo de Oliveira Neto e Maria Elizabeth de Castro Lopes, Rio de Janeiro: Elsevier, 2008, p. 283-319.

11 BERNAL PULIDO, Carlos. *El principio de proporcionalidad y los derechos fundamentales*, em especial p. 686-793.

judicial. Esse receio de um novo arbítrio, agora judicial (em geral de um tribunal superior ou de uma Corte Constitucional, mas também de um tribunal internacional), é explicado, porque o juízo de proporcionalidade avalia o próprio conteúdo do ato estatal, quer seja o conteúdo de uma lei, de uma decisão administrativa ou de uma decisão judicial.

Em relação aos elementos do princípio da proporcionalidade, observamos que o primeiro deles, o juízo de adequação ou idoneidade, exige que a medida estatal seja adequada para alcançar os fins almejados. Ou seja, combatem-se as medidas ineficazes ou inadequadas, que são *a priori* inúteis. Esse verdadeiro truísmo (se a medida é ineficaz ou inadequada ao fim proposto não deveria ser tomada, porque o sacrifício gerado é inútil) é de extrema importância para o controle de proporcionalidade das leis. Há vários casos de leis de intervenção no domínio econômico ou profissional que contém dispositivos ineficazes.

Por exemplo, determinada lei exige diploma específico de jornalismo para exercício da profissão de jornalista para assegurar a qualidade e a ética profissional. Sem contar outros argumentos contra tal exigência, tal lei é ineficaz e inadequada, pois nada garante que um jornalista diplomado em *profissão específica* será mais rigoroso ou mais ético na apuração e qualidade das matérias jornalísticas de que outro.

O Brasil, um dos poucos países do mundo que possuía legislação nesse sentido[12], por certo tinha numerosos exemplos de jornalistas diplomados em jornalismo que produziram matérias jornalísticas antiéticas ou desastrosas tanto quanto os não diplomados. Assim, tal exigência era *inútil* para o atingimento do fim proposto, impondo um sacrifício dispensável à liberdade de expressão e ao direito ao trabalho, que só serviu para afastar bons profissionais do exercício da profissão analisada ou para proteger cursos superiores de jornalismo (em geral, privados e de péssima avaliação pelo Ministério da Educação).

Assim, o subprincípio da idoneidade possui um *status* de um critério negativo, utilizável para afastar medidas *a priori* não idôneas.

Por seu turno, o juízo de necessidade exige que seja escolhida a medida menos gravosa ou restrita entre as de possível adoção. Ou seja, entre as

---

12   Tal exigência foi eliminada pelo STF, no bojo de Ação Civil Pública promovida pelo Ministério Público Federal (Procuradoria da República do Estado de São Paulo), com efeito nacional. Ver RE 511.961-SP, Relator Ministro Gilmar Mendes, julgamento em 17 de julho de 2009.

diversas medidas idôneas em abstrato, urge que seja escolhida aquela que menor gravame causará aos direitos humanos em análise. Afasta-se, assim, o perigo do *excesso, da restrição exagerada* e, com isso, desnecessária.

Nesse sentido, o Tribunal Constitucional alemão considerou *exagerada* medida administrativa de proibição da comercialização de doces que contivessem grande quantidade de *arroz* e pouco cacau e que, portanto, não seriam verdadeiros produtos de chocolate. A finalidade da medida administrativa era proteger os consumidores desavisados, que poderiam ser enganados por tais produtos. Na visão do Tribunal, existia medida menos restritiva e que atingiria o mesmo fim, que era a exigência de *etiquetagem chamativa* com aviso perceptível da composição do produto. Ou seja, havia medida igualmente eficaz, mas menos gravosa à liberdade de iniciativa. Assim, como sustenta ALEXY, o subprincípio da necessidade é reflexo do ótimo de Pareto[13], aplicado aos direitos fundamentais, pois, graças ao uso de meio mais benigno e menos gravoso, um indivíduo tem sua situação melhorada sem aumentar os custos para outrem[14].

Já o juízo de proporcionalidade em sentido estrito consiste na valoração comparativa entre, de um lado, as vantagens de uma medida e, de outro, o sacrifício exigido a um direito fundamental. A análise de custo e benefício tem que ser feita para evitar medidas *desequilibradas*, que geram mais transtornos aos titulares dos direitos restringidos que benefícios gerais.

Na crítica de HABERMAS, o subprincípio de proporcionalidade em sentido estrito careceria de mensuração racional, pois não seria possível estabelecer parâmetros objetivos para orientar a análise da legitimidade da compressão de um direito em favor de outro (custo e benefício)[15].

Em resposta, ALEXY sustenta que resulta plausível formular juízos racionais sobre as *intensidades* das intervenções nos direitos fundamentais

---

13 *Grosso modo,* uma medida é um ótimo de Pareto se, e somente se, nenhum agente pode estar em uma posição melhor sem fazer com que outro agente reste em uma posição pior.

14 *BVerfGE* 53,135 (146). Ver esse exemplo com maior detalhes em ALEXY, Robert. "Epílogo a la Teoría de los Derechos Fundamentales", 66 *Revista Española de Derecho Constitucional* (2002), em especial p. 28-29.

15 Para Habermas, a ponderação entre direitos se aplica "de forma arbitraria o irreflexiva, según estándares y jerarquías a los que se está acostumbrado" (HABERMAS, Jürgen. *Facticidad y validez. Sobre el Derecho y el Estado Democrático de Derecho en términos de teoría del discurso.* Madrid: Trotta, 1998, em especial p. 332).

e sobre os graus de realização de cada princípio envolvido. Como exemplo, cita a possibilidade de escalonar a intervenção em um direito fundamental em *grave, média e suave*[16], ao melhor estilo dos testes (escrutínios) da jurisprudência norte-americana (estritos, intermediários e suaves)[17].

Simultaneamente, deve-se escalonar também o peso das razões que justificam a intervenção. Assim, uma intervenção considerada leve e motivada por uma razão considerada forte é uma fórmula de proporcionalidade em sentido estrito *justificável racionalmente*, apta a fundamentar uma decisão judicial.

Nem é necessário dizer que esses graus de intensidade da intervenção e os diferentes pesos das razões justificadoras devem ser explicitados pelos tribunais em *marcos argumentativos ostensivos e transparentes*, justamente para evitar qualquer crítica sobre eventual decisionismo e arbítrio sem reflexão.

O uso da proporcionalidade em sentido estrito torna-se mais agudo com a inflação de direitos considerados fundamentais, pois surgem, cada vez mais, conflitos e colisões normativas. Os exemplos são inúmeros: colisão entre a liberdade de expressão e o direito à intimidade, entre o direito à vida e liberdade religiosa (o caso da transfusão de sangue em Testemunhas de Jeová), entre o direito de propriedade e direito à intimidade (casos de vigilância eletrônica em caixas bancários ou em computadores de empresas), liberdade de locomoção e direito de greve, liberdade de manifestação e liberdade de locomoção (manifestações em locais de grande circulação, feitas justamente para causar embaraços à locomoção e com isso chamar a atenção à causa) entre outros[18].

---

16 ALEXY, Robert. "Epílogo a la Teoría de los Derechos Fundamentales", 66 *Revista Española de Derecho Constitucional* (2002), p. 33. Ver também a tradução para o português de Luis Virgilio Afonso da Silva em ALEXY, Robert. *Teoria dos direitos fundamentais* (trad. de Virgilio Afonso da Silva). São Paulo: Malheiros, 2008.

17 Ver mais em TRIBE, Laurence H. *American Constitutional Law*. 3. ed. New York: The Foundation Press, 2000, 2 v.

18 Ver sobre a ponderação de interesses, SARMENTO, Daniel. *A ponderação de interesses na Constituição Federal*. Rio de Janeiro: Lumen Juris, 2000. Ver também FARIAS, Edilsom Pereira de. *Colisão de direitos*. Porto Alegre: Sérgio A. Fabris Editor, 2000; STEINMETZ, Wilson Antônio, *Colisão de direitos fundamentais e princípio da proporcionalidade*. Porto Alegre: Livraria do Advogado, 2001; BARROS, Suzana de Toledo. *O princípio da proporcionalidade e o controle de constitucionalidade das leis restritivas de direitos fundamentais*. 2. ed. Brasília: Brasília Jurídica, 2000.

Nesses casos, é impossível invocarmos o cânone de interpretação da primazia da norma mais favorável ao indivíduo, como já vimos acima.

Resta a análise da proporcionalidade entre a restrição de um direito (meio) e o benefício de outro (finalidade), utilizando-se os três elementos do juízo de proporcionalidade já vistos (idoneidade, necessidade e proporcionalidade em sentido estrito). Logo, na colisão entre direitos, deve-se impedir que um direito seja sacrificado *inutilmente, além* do estritamente *necessário* ou de forma *desequilibrada.*

O princípio da proporcionalidade possui ainda uma *dimensão positiva*, que consiste na proibição da proteção insuficiente a um determinado direito. Assim, ao mesmo tempo que o Estado não pode se exceder no campo dos direitos humanos (*dimensão negativa*, proibição do excesso ou *Übermassverbot*), também não pode se omitir ou agir de modo insuficiente (proibição da insuficiência ou *Untermassverbot*)[19]. Por exemplo, o Estado, ao descriminalizar graves ofensas a direitos humanos (por exemplo, tortura), agiria de modo *deficiente* e *desproporcional,* pois a tutela penal seria considerada essencial para a adequada proteção desses bens jurídicos, graças ao seu efeito dissuasório geral e específico.

A proibição da proteção insuficiente (ou deficiente) também utiliza os mesmos três subprincípios da proporcionalidade: em primeiro lugar, a *adequação* exige que se verifique se o meio a ser utilizado alcança, em abstrato, o objetivo proposto (implementar o direito em questão); a *necessidade* determina que se adote a medida que imponha sacrifício menos intenso a outros direitos; finalmente, a *proporcionalidade,* em sentido estrito, prescreve uma ponderação entre os benefícios alcançados pela proteção pretendida a um direito e os custos impostos a outros direitos, que serão comprimidos pela proteção ofertada.

7.2.2 O uso da proporcionalidade na jurisprudência internacional

Como visto acima, o princípio da proporcionalidade serve para coibir atos estatais de limitação a direitos fundamentais manifestamente *inúteis, excessivos ou desequilibrados.*

---

19 Para Virgilio Afonso da Silva foi Canaris o primeiro a utilizar o termo "Untermassverbot" (SILVA, Virgilio Afonso da. "O proporcional e o razoável". *Revista dos Tribunais,* São Paulo, n. 798, 2002, p. 23-50, em especial p. 27).

A mais expressiva jurisprudência internacional sobre o uso do princípio da proporcionalidade na interpretação de direitos humanos é a da Corte Europeia de Direitos Humanos, em que pese a Convenção Europeia de Direitos Humanos não possuir expressamente menção a esse princípio. Entretanto, há três grandes fundamentos implícitos reconhecidos pela Corte para o uso da proporcionalidade em seus julgamentos.

O primeiro fundamento consiste nos artigos da Convenção Europeia nos quais há a possibilidade de restrições por lei de direitos humanos, em especial nos *parágrafos segundos* dos artigos 8º (vida privada), 9º (liberdade de pensamento, consciência e religião), 10 (liberdade de expressão) e 11 (liberdade de reunião e associação). Nesses artigos, há dispositivos que permitem um limite aos direitos em questão, desde que baseados no *interesse público*, como, por exemplo, no artigo 8.2 que admite restrição fundada na "segurança nacional"[20] ou o artigo 9.2 que menciona a "proteção da ordem pública"[21].

Em segundo lugar, a Corte exercita o juízo de proporcionalidade ao exigir que as medidas restritivas sejam apenas aquelas "necessárias a uma sociedade democrática", que consta também nos artigos acima mencionados. É justamente essa cláusula de abertura (restrições necessárias a uma sociedade democrática) que utiliza a Corte Europeia como fundamento normativo para verificar a proporcionalidade das medidas estatais em um determinado caso concreto.

Nesse ponto, a Convenção Europeia reproduz a restrição tradicional dos direitos humanos também prevista na Declaração Universal dos Direitos Humanos, que em seu artigo 29 estabelece: "No exercício de seus direitos e no desfrute de suas liberdades, todas as pessoas estarão sujeitas às limitações estabelecidas pela lei com a única finalidade de assegurar o respeito dos direitos e liberdades dos demais, e de satisfazer as justas exigências da moral, da ordem pública e do bem-estar de uma sociedade democrática".

---

20 Art. 8.2. *Não pode haver ingerência da autoridade pública no exercício deste direito senão quando esta ingerência estiver prevista na lei e constituir uma providência que, numa sociedade democrática, seja necessária para a segurança nacional, para a segurança pública, para o bem-estar económico do país, a defesa da ordem e a prevenção das infracções penais, a protecção da saúde ou da moral, ou a protecção dos direitos e das liberdades de terceiros.*

21 Art. 9.2. *A liberdade de manifestar a sua religião ou convicções, individual ou colectivamente, não pode ser objecto de outras restrições senão as que, previstas na lei, constituírem disposições necessárias, numa sociedade democrática, à segurança pública, à protecção da ordem, da saúde e moral públicas, ou à protecção dos direitos e liberdades de outrem.*

Em terceiro lugar, a Corte Europeia utiliza o princípio da proporcionalidade para apreciar restrições a outros direitos da Convenção[22], mesmo que a redação original não tenha contemplado a possibilidade de restrição pelos Estados. Entende a Corte que não há direitos absolutos, assim é possível a intervenção estatal limitadora, mas mantém a averiguação da proporcionalidade das restrições[23].

A mecânica da aplicação do juízo de proporcionalidade pela Corte Europeia é a seguinte: em primeiro lugar, indaga se a intervenção estatal está prevista em lei e é eficaz em tese. Depois, comprova se tal intervenção está justificada pela busca de fins legítimos. E finalmente, analisa se a limitação ao direito era necessária em uma sociedade democrática. Em resumo, o uso da proporcionalidade concatena-se do seguinte modo: (i) legalidade e idoneidade, (ii) necessidade em uma sociedade democrática e (iii) justo equilíbrio entre o benefício e o sacrifício gerado.

Para fins de exemplificação da operação argumentativa da Corte, analisaremos alguns casos emblemáticos.

Em primeiro lugar, no caso *Dudgeon*, foi analisada a legislação (do século XIX, ainda vigente à época) da Irlanda do Norte que *criminalizava* a prática homossexual consentida entre adultos. De início, a Corte reconheceu a existência de uma intervenção estatal, estabelecida *em lei,* restringindo o artigo 8º da Convenção (direito à vida privada). Depois, a Corte apreciou a justificativa do Reino Unido, ou seja, a existência ou não de fins legítimos. Surgiram as alegações de sempre, da necessidade de proteger a decência e a eventual corrupção de crianças para práticas homossexuais, bem como responder aos anseios da maioria da população. Nesse ponto, a Corte identificou um fim ilegítimo e desnecessário a uma sociedade democrática (atender os anseios de uma suposta maioria intolerante e conservadora), bem como a desproporcionalidade em impor sanções criminais para atender a uma finalidade tão precária quanto o

---

22 Exs.: artigo 12 (direito ao matrimônio), artigo 14 (proibição de discriminação), entre outros.

23 Ver, entre outos, o Caso Abdulaziz, Cabales and Balkandali *v.* the United Kingdom, no qual a Corte Europeia decidiu que "a difference of treatment is discriminatory if it 'has no objective and reasonable justification', that is, if it does not pursue a 'legitimate aim' or if there is not a 'reasonable relationship of proportionality between the means employed and the aim sought to be realised'" (Corte Europeia de Direitos Humanos, *Caso Abdulaziz, Cabales and Balkandali v. the United Kingdom,* julgamento de 28 de maio de 1985, Série A, n. 94, parágrafo 72).

atendimento a um pretenso "clamor" da maioria[24]. A margem de apreciação, então, embora tenha sido alegada pelo Estado réu, não poderia, nesse caso, justificar a conduta desproporcional (criminalização) e que vulnerava aspecto íntimo da vida privada (*"most intimate aspect of private life"*)[25]. Assim, condenou o Reino Unido por ter violado à Convenção Europeia de Direitos Humanos[26].

Outro exemplo típico na jurisprudência internacional é o referente ao tradicional confronto entre a liberdade de expressão e o direito à honra e imagem. O *Caso Lingens* contra a Áustria é uma amostra dessa jurisprudência farta, tendo a Corte considerado *desproporcional* a condenação de um jornalista (Sr. Lingens) por ter criticado duramente, com vários depreciativos, o antigo Chanceler Bruno Kreiskys pela participação de antigos oficiais das SS nazista em seu governo. Considerou a Corte que, em uma sociedade democrática, a proteção da honra dos políticos deve ceder em face da necessidade de informação e crítica a seus atos[27].

Por sua vez, a Carta dos Direitos Fundamentais da União Europeia consolidou o entendimento de décadas da Corte Europeia de Direitos Humanos em seu artigo 52[28], que estabelece que as restrições aos direitos

---

24 Textualmente, no original em inglês: "Although members of the public who regard homosexuality as immoral may be shocked, offended or disturbed by the commission by others of private homosexual acts, this cannot on its own warrant the application of penal sanctions when it is consenting adults alone who are involved" (Corte Europeia de Direitos Humanos, Caso *Dudgeon* (Comissão *versus* Reino Unido), Série A, n. 45, parágrafo 60).

25 Corte Europeia de Direitos Humanos, *Caso Dudgeon* (Comissão *versus* Reino Unido), Série A, n. 45, parágrafo 52.

26 O voto discordante do Juiz M. Zekia revela a necessidade do contínuo reforço da proteção de direitos humanos para salvaguarda dos direitos das minorias. Para esse juiz, favorável à criminalização das práticas homossexuais consentidas entre adultos, "a democratic society is governed by the rule of the majority. It seems to me somewhat odd and perplexing, in considering the necessity of respect for one's private life, to underestimate the necessity of keeping a law in force for the protection of morals held in high esteem by the majority of people a change of the law so as to legalise homosexual activities in private by adults is very likely to cause many disturbances in the country in question". Seguindo esse raciocínio, os direitos humanos ficam ao sabor do vento das maiorias, mesmo que autoritárias e intolerantes, deixando de ser os triunfos da minoria (Dworkin).

27 Ver Corte Europeia de Direitos Humanos, *Caso Lingens Austria*, julgamento de 8 de junho de 1986, Série A, n. 103. Ver, também, *Caso Jersild v. Dinamarca, Caso Janowski v. Polônia* e *Caso Nilsen and Johnsen v. Noruega*.

28 Artigo 52º *Âmbito dos direitos garantidos.1. Qualquer restrição ao exercício dos direitos*

humanos devem ser *previstas por lei, necessárias e coerentes* com os objetivos gerais da União Europeia, respeitar o conteúdo essencial dos direitos, além de serem *proporcionais*.

Pela primeira vez, então, em um texto internacional de enumeração de direitos, há a expressa menção ao princípio da proporcionalidade.

Tais limitações, em virtude do dever de garantia de direitos humanos, são interpretadas restritivamente, sendo guiadas pela proporcionalidade, sem que seja eliminada a essência (núcleo) do direito atingido. Nesse diapasão, a Corte Interamericana de Direitos Humanos, ao interpretar o direito à livre expressão e pensamento constante do artigo 13, estabeleceu que eventuais restrições não podem ser *"suprimir um direito garantido pela Convenção"*[29].

Por outro lado, a jurisprudência internacional dos direitos humanos aplica também o princípio da proibição deficiente (dimensão positiva da proporcionalidade), considerando que a ausência de proteção a direitos humanos ou mesmo sua deficiência representa um agir *desproporcional* por parte do Estado. Nesse sentido, a Corte Europeia de Direitos Humanos interpretou o direito a remédio judicial previsto no artigo 13 da Convenção para nele incluir a obrigação do Estado de investigar e *punir criminalmente*. No caso *X e Y contra Países Baixos*, a Corte questionou a legislação criminal holandesa, que previa o direito de queixa penal exclusivamente pela vítima. Como a vítima era incapaz, a persecução penal tornou-se impossível. A Corte considerou que a ação cível (como alegava o Estado réu) *não* era um remédio adequado como reparação, após ofensa aos direitos humanos[30]. Logo, em face da Convenção Europeia de Direitos Humanos, uma das consequências da violação de direitos humanos é a necessidade da investigação e persecução penal, sendo considerada *desproporcional* a existência de uma proteção deficiente aos direitos humanos.

---

e liberdades reconhecidos pela presente Carta deve ser prevista por lei e respeitar o conteúdo essencial desses direitos e liberdades. Na observância do princípio da proporcionalidade, essas restrições só podem ser introduzidas se forem necessárias e corresponderem efectivamente a objectivos de interesse geral reconhecidos pela União, ou à necessidade de protecção dos direitos e liberdades de terceiros.

29 Corte Interamericana de Direitos Humanos, *Parecer Consultivo sobre a filiação obrigatória de jornalistas (artigos 13 e 29 da Convenção Americana de Direitos Humanos)*, Parecer n. 5, de 13 de novembro de 1985, Série A, n. 5, parágrafo 67.

30 Corte Europeia de Direitos Humanos, *X & Y vs. Netherlands*, sentença de 26 de março de 1985, Série A, n. 91, parágrafo 27.

Por outro lado, não basta uma declaração vazia de conteúdo do Estado de que *iniciará as investigações*[31]. De fato, no caso dos meninos de rua da Guatemala, a Corte Interamericana de Direitos Humanos condenou a Guatemala pela proteção deficiente de direitos humanos, pois houve vários assassinatos e torturas constatadas de crianças, sem que os responsáveis fossem punidos, em face da ausência de uma investigação séria por parte do aparato policial-judicial daquele Estado[32].

Deve-se evitar, então, que o ônus da prova do envolvimento de agentes públicos seja da vítima, pois o Estado deve possuir agentes independentes capazes de auxiliar a busca da verdade. Pelo contrário, deve ser estabelecido, sob pena de responsabilização internacional do Estado, um sistema interno eficiente de investigação, punição e indenização às vítimas[33]. Em resumo, o Direito Internacional dos Direitos Humanos exige que o *Estado infrator investigue em boa-fé todas as alegações de violação de tratados internacionais de direitos humanos*. A perda de cargos públicos e a impossibilidade de reocupar tais funções também devem ser impostas, de modo a impedir novas violações[34].

7.3 O abuso de direito

A limitação de direitos por meio da teoria do abuso do direito é fonte de muitas polêmicas na teoria geral dos direitos humanos, em especial na ordem internacional[35].

---

31 Como assinala Roht-Arriaza, é comum que o Estado requerido *esvazie* um processo de responsabilidade internacional do Estado por meio de notas oficiais do tipo *"estamos investigando esses lamentáveis fatos ('investigating these lamentable occurrences')"*. Ver em ROHT-ARRIAZA, Naomi (org.). *Impunity and human rights in international law and practice.* New York, Oxford: Oxford University Press, 1995, p. 7.

32 Ver Corte Interamericana de Direitos Humanos, *Caso Villagrán Morales y Otros*, sentença de mérito de 19 de novembro de 1999, Série C, n. 63, parágrafo 226.

33 Ver mais sobre impunidade e direitos humanos em JOCHNICK, Chris. "Confronting the impunity of non-state actors: new fields for the promotion of human rights", in *21 Human Rights Quarterly* (1999), p. 56 e s.

34 Ver in RAMCHARAN, B. G. "Sanctions for protection: international responsibility for violations of human rights obligations", in RAMCHARAN, B. G., *The concept and present status of international protection of human rights: forty years after the universal declaration*, Dordrecht: Martius Nijhoff Publishers, 1989, p. 288.

35 Ver, entre outros, ATIENZA, Manuel e MANERO, Juan Ruiz. *Ilícitos atípicos.* Madrid: Ed. Trotta, 2000, em especial p. 62-66; FLAUSS, Jean François. "L'abus de droit dans le cadre de la Convention Européenne des Droits de l'Homme", 46 *Revue Universelle des Droits de l'Homme* (2001), p. 461-468.

Esse instituto, originário do Direito Privado, consiste na proibição do exercício de determinado direito que tenha como objetivo a supressão de outros direitos humanos ou o regime democrático. Essa cláusula consta já da Declaração Universal dos Direitos Humanos, que em seu artigo 30 estabelece que nenhum dispositivo da Declaração poderá ser interpretado no sentido de conferir direito a outrem de realizar atividades *tendentes* a supressão de qualquer outro direito ou liberdade[36].

Assim, percebemos de início a polêmica. Não há proteção de direitos humanos para determinadas atividades que tenham como objetivo a destruição de outros direitos ou liberdades, em especial as referentes ao regime democrático. O passado totalitário europeu dos anos vinte e trinta (ascensão do nazismo, por meio de eleições na República de Weimar, entre outros) gerou a preocupação de evitar que o regime democrático cometesse suicídio ao proteger (graças à liberdade de associação partidária, reunião, expressão, entre outros) aqueles que querem sua destruição.

O risco latente é permitir que maiorias decidam que determinadas *ideologias* não possam ser livremente discutidas (e quiçá apoiadas) no seio da arena democrática, pois seriam "antidemocráticas"[37].

Ora, como já visto, a proteção internacional de direitos humanos visa, precipuamente, garantir direitos básicos aos seres humanos, mesmo contra Constituições ou leis locais. Como sustentei anteriormente, são as minorias que necessitam de proteção de direitos. Esse princípio *contramajoritário*, uma das peças angulares da proteção de direitos humanos, pode ser inócuo, caso a teoria do abuso de direito no campo dos direitos humanos seja constantemente invocada.

A prática da Corte Europeia de Direitos Humanos é valiosa, pois a Convenção Europeia de Direitos Humanos conta com dispositivo similar, a saber, o artigo 17, que estabelece a *proibição do abuso de direito*[38].

---

36 Pouco tempo depois, a Lei Fundamental de Bonn estabeleceria que não tem direito à proteção constitucional aquele que abusar de seus direitos para combater o regime democrático (artigo 18).

37 Ver mais em ROVIRA, José Antonio. *El abuso de los derechos fundamentales*. Barcelona: Peninsula, 1983.

38 Artigo 17º Proibição do abuso de direito. *Nenhuma das disposições da presente Convenção se pode interpretar no sentido de implicar para um Estado, grupo ou indivíduo qualquer direito de se dedicar a actividade ou praticar actos em ordem à destruição dos direitos ou liber-*

Nos primeiros anos de funcionamento do sistema europeu de direitos humanos, a Comissão Europeia manifestou-se, em 1957, sobre a dissolução do Partido Comunista Alemão (KPD) pelo Tribunal Constitucional (BVG) da República Federal da Alemanha em 1956. Dito partido foi dissolvido por ter sido considerada a ideologia marxista-leninista "antidemocrática". Seus bens foram confiscados e se proibiu a criação de outras associações que o substituíssem. Em sua defesa, o Estado alemão apelou ao artigo 21.2 da Lei Fundamental de Bonn, que permite a dissolução de partidos que atentem contra a ordem constitucional e ainda ao artigo 17 da Convenção Europeia.

Em plena Guerra Fria, a Comissão Europeia de Direitos Humanos julgou a demanda improcedente[39], considerando ser plenamente compatível com a Convenção esse tipo de restrição à liberdade de associação e expressão. Foi levado em consideração que, embora o Partido Comunista não realizasse atividades reais de destruição do regime democrático (pelo contrário, buscava o poder pelas vias eleitorais), não havia renunciado formalmente à "revolução bolchevique" ou à "ditadura do proletariado" do ideário comunista.

Assim, a Comissão não distinguiu atos materiais de discursos políticos (como tradicional na jurisprudência norte-americana sobre liberdade de expressão) e arquivou a demanda. Parte da doutrina criticou duramente essa decisão, por considerá-la desproporcional e destruidora do núcleo essencial da liberdade de expressão[40].

Mais tarde, no caso *Lawless* contra Irlanda, a Corte Europeia analisou a situação de um trabalhador de Dublin que havia estado preso durante quase seis meses em estabelecimentos militares, suspeito do crime de terrorismo, mas sem ser levado à presença de um juiz. O governo irlandês utilizou em sua defesa a "guerra contra o terrorismo" legitimada pelo artigo 17 da Convenção. Nesse caso, a Comissão Europeia decidiu processar o Estado e a Corte julgou desproporcionais as medidas da Irlanda,

---

dades reconhecidos na presente Convenção ou a maiores limitações de tais direitos e liberdades do que as previstas na Convenção.

39 Não havia ainda o direito de acesso direto da vítima à Corte Europeia de Direitos Humanos.

40 Ver mais em GARCIA ROCA, Javier. "La problematica disolución del Partido de la Prosperidad ante el TEDH: Estado constitucional y control de las actuaciones de partidos fundamentalistas", 65 *Revista Española de Derecho Constitucional* (2002), p. 295 e s.

pois a violação do devido processo legal em nada auxiliava a luta do Estado contra o IRA.

O raciocínio da Corte foi simples: a teoria do abuso de direito era inaplicável ao caso, pois o Sr. Lawless[41], em teoria, teria abusado da liberdade de expressão e de associação e o Estado restringiu direito totalmente diverso, o direito ao *devido processo legal.*

Em 1998, a Corte Europeia foi chamada a avaliar a conduta da França, que condenou, por apologia de crime de guerra e colaboração, os responsáveis pela publicação de anúncio pago no jornal *Le Monde,* no qual louvavam e pediam a reabilitação histórica e moral do Marechal Petáin, chefe do governo colaboracionista de Vichy na 2ª Guerra Mundial. O governo francês defendeu-se, alegando que teria existido abuso da liberdade de expressão. A França[42] invocou, então, aplicação do artigo 17 da Convenção que excluiria os demandantes da proteção do artigo 10, referente à liberdade de expressão[43].

A Corte reconheceu que os fatos narrados referiam-se à "página dolorosa" da história francesa, na qual um ex-herói da 1ª Guerra Mundial havia se transformado em colaborador nazista. Porém, para que o artigo 17 fosse aplicável seria necessário que os atos impugnados incitassem o ódio, violência ou meios ilegais para destruir os direitos previstos na Convenção, o que não havia se passado. Assim, para a Corte, a interpretação do artigo 17 deve ser estrita, pois as democracias devem tolerar visões díspares da história, sendo *desproporcional* o uso de sanções penais referentes ao crime de apologia de crime de guerra para punir a conduta em questão[44].

Já no Caso *Vogt,* a Corte reconheceu que o princípio da "democracia apta a se defender" (democracia militante; *wehrhafte Demokratie*) é acolhido pelo artigo 17 da Convenção, mas é necessário que o Estado prove

---

41 O sobrenome da vítima é uma incrível coincidência com os fatos em debate.

42 Como já abordei em obra própria, o Estado responde mesmo por atos de seu Poder Judiciário. Ver *Responsabilidade internacional por violação de direitos humanos,* Rio de Janeiro: Renovar, 2014.

43 Corte Europeia de Direitos Humanos, *Caso Lehideux e Isorni vs. França*, julgamento de 23 de setembro de 1998. Saliente-se que, de início, a Corte distinguiu o caso em análise dos chamados "casos de revisionismo", no qual a negação do holocausto judeu e dos campos de concentração não deveria merecer a proteção do artigo 10, pois a liberdade de expressão não garante a mentira histórica.

44 Cabe salientar que a decisão do caso "Petain" não foi unânime.

que suas medidas são coerentes com um juízo completo de proporcionalidade (idoneidade, necessidade e proporcionalidade em sentido estrito)[45].

Nos últimos anos, a Corte Europeia avaliou várias dissoluções de partidos fundamentalistas turcos[46]. Em, 2003, a Corte, por decisão unânime do Tribunal Pleno (17 juízes) considerou legítima a dissolução do Partido da Prosperidade (Refah Partisi) da Turquia, por ser fundamentalista islâmico e, com isso, atentar contra os fundamentos da República *laica* turca[47]. É interessante observar que a Corte praticamente não cita o artigo 17 (invocado pelo Governo turco) e se apoia nos limites do artigo

---

45 Corte Europeia de Direitos Humanos, *Caso Vogt vs. RFA*, julgamento de 23 de setembro de 1995, Série A, n. 323. Nesse caso, uma professora alemã ocidental, da rede pública, é afastada, em plena década de 80 e antes da queda do Muro de Berlim, após sofrer processo administrativo, pelo mero fato de pertencer a um partido político comunista, que diferentemente do antigo KPD, não havia sido banido pelo Tribunal Constitucional. De acordo com o rígido entendimento do governo alemão (apoiado pelo Tribunal Constitucional), essa postura de uma servidora pública era prova de deslealdade em face da Constituição alemã, pois o ideário comunista (mesmo de um partido legalizado) era contrário à Constituição. A Corte Europeia, por escassa maioria (um voto) considerou que a medida fora desproporcional, uma vez que a perda do emprego, a redução da pensão e todos os malefícios causados a uma professora com desempenho inatacável, em nome de uma rígida defesa em abstrato da ordem constitucional (herança do trauma da República de Weimar), significavam impor um sacrifício desproporcional ao ganho (uma vez que o risco à ordem constitucional era mínimo, se é que existia algum risco). O Professor Isi Foighel (Universidade de Copenhague), considerou o Caso Vogt o mais importante de todo seu período de vários anos como juiz da Corte Europeia. Para Foighel, ao longo da história da humanidade, muitos já foram considerados "inimigos do Estado" (cristãos na época romana, protestantes, judeus, homossexuais, ciganos e mais recentemente, nos Bálcãs, muçulmanos), mas no Caso Vogt, o mais poderoso Estado europeu (Alemanha) foi processado por uma professora do ensino médio e foi obrigado a justificar sua postura perante juízes internacionais. E não convenceu a Corte Europeia do acerto de sua decisão (FOIGHEL, Isi. "Three Judgments from European Court of Human Rights ", 20 *Magazine Justice* (2000), Revista da International Association of Jewish Lawyers and Jurists, p. 25-28).

46 *Vide* os Casos do Partido Comunista Unificado (TKBP), o Caso do Partido Socialista (SP), o Caso do Partido da Liberdade e Democracia (OZDEP), o Caso do Partido do Trabalho do Povo (HEP) todos contra a Turquia. Em todos eles, a linha de defesa do governo turco foi a luta contra o terrorismo curdo e o fundamentalismo islâmico (ALLUÉ BUIZA, Alfredo. "Pluralismo político en Turquia y el Tribunal Europeo de Derechos Humanos", 34 *Revista de Estudios Europeos* (2003), p. 131-153).

47 Tal Partido não era diminuto e contava, em 1996, com 156 dos 450 representantes da Assembleia Nacional. (Corte Europeia de Direitos Humanos, *Caso Refah Partisi v. Turkey*, julgamento de 13 de fevereiro de 2003).

11 (liberdade de reunião e associação), que não pode ser invocado por aqueles que não defendem a separação da Igreja e do Estado[48], tida como essencial para a garantia dos direitos humanos[49].

Esse julgamento reacendeu a polêmica da democracia militante e da visão *pro futuro* da eventual ameaça ao regime democrático. É certo que a teoria do abuso de direitos aplicada ao pluralismo político deve sofrer escrutínio estrito e ser considerada uma intervenção gravíssima nos direitos fundamentais, a ser justificada em poucas ocasiões, quiçá quando o partido for mera camuflagem de uma associação armada. Nem é preciso dizer que a dissolução de partidos políticos representativos de parcela da população frustra toda a esperança de tomada do poder por meios democráticos[50].

O papel da teoria do abuso de direito deve ser de reforço ao juízo de proporcionalidade das restrições *necessárias em uma sociedade democrática*, e nunca ser uma teoria autônoma ou um cheque em branco para que governos, mesmo que eleitos democraticamente, asfixiem ideologias minoritárias ou divergentes.

Contudo, é patente que os novos desafios às democracias não podem ser esquecidos, em especial o terrorismo e a ascensão do extremismo iliberal e antidemocrático do século XXI.

---

48 O que também é polêmico e parece se destinar apenas aos países islâmicos nos quais os fundamentalistas são apoiados por parcela do eleitorado, pois em vários países tidos como democráticos, a Igreja Católica ainda possui tratamento privilegiado, inclusive com educação católica em escolas públicas, como na Espanha. A própria Corte Europeia, no caso Otto-Preminger Institut, não condenou a Áustria por ter proibido a exibição de filme (*Das Liebeskonzil*, baseado em obra satírica de Oskar Panizza e seu julgamento por blasfêmia no século XIX)) considerado ofensivo à religião católica, alegando que a maioria católica austríaca deveria ter sua sensibilidade respeitada. Assim, para a Corte: "The Court cannot disregard the fact that the Roman Catholic religion is the religion of the overwhelming majority of Tyroleans. In seizing the film, the Austrian authorities acted to ensure religious peace in that region and to prevent that some people should feel the object of attacks on their religious beliefs in an unwarranted and offensive manner" (Corte Europeia de Direitos Humanos, *Caso Otto-Preminger Institut vs. Áustria*, julgamento de 20 de setembro de 1994, Série A, n. 295).

49 Um mês depois, a Espanha dissolve o Partido Henri Batasuna, considerado braço político do grupo terrorista ETA.

50 GARCIA ROCA, Javier. "La problematica disolución del Partido de la Prosperidad ante el TEDH: Estado constitucional y control de las actuaciones de partidos fundamentalistas", 65 *Revista Española de Derecho Constitucional* (2002), p. 295 e s.

No plano nacional, Barroso destaca o *constitucionalismo abusivo*, que consiste na edição de nova constituição ou na alteração da constituição vigente, para permitir a concentração de poder e uma agenda iliberal. Caso essa agenda seja feita por meio de leis, ocorre o *legalismo autocrático*, que utiliza a produção de leis para diminuir liberdades, minando o pacto constitucional[51]. Pode existir também um *infralegalismo autoritário*, no qual o projeto de erosão democrática é feito por intermédio de normas infralegais e pelo ataque constante aos demais Poderes do Estado pelos mais diversos meios (na era digital, por intermédio das redes sociais e das "milícias digitais")[52].

O que une essas três formas de abuso de direito e do poder é a criação de um risco existencial à democracia, que pode redundar inclusive em ataque físico às instalações das instituições e a seus integrantes.

Em reação, a Constituição brasileira aderiu à teoria do abuso de direito e admite a incidência da *democracia militante* ou *democracia defensiva*[53], o qual engloba um conjunto de atos e medidas que visam reprimir pessoas e grupos antidemocráticos. Como exemplo, o artigo 17 da CF/88 prevê a exigência da defesa de direitos fundamentais por parte dos partidos políticos.

Ou seja, os que utilizam os mecanismos democráticos para chegar ao poder devem estar comprometidos com a defesa de direitos. Uma das medidas possíveis consiste na punição – sob o devido processo legal – dos intolerantes antidemocráticos, sem que seja possível a invocação da liberdade de pensamento e expressão para considerar legítimos atos antidemocráticos e agressões das mais variadas aos Poderes constituídos.

Para Sarmento, a ideia subjacente à democracia militante é similar a do combate ao discurso de ódio. Nesse último caso, a liberdade de

---

51 STF, ADPF 622, rel. Min. Roberto Barroso, Plenário, Sessão Virtual de 19-2-2021 a 26-2-2021.

52 VIEIRA, Oscar Vilhena; GLEZER, Rubens; BARBOSA, Ana Laura Pereira. Supremocracia e Infralegalismo Autoritário. *Novos Estudos Cebrap*. São Paulo, v. 41, 2022, p. 591-604.

53 Loewenstein cunhou essa expressão "democracia militante" em artigo (escrito em duas partes) de 1937, no qual ele analisa as experiências de Estados contra o fascismo emergente. LOEWENSTEIN, Karl. Militant Democracy and Fundamental Rights, Part I e II. *The American Political Science Review*, jun., 1937, v. 31, n. 3 e 4 (Junho e Agosto 1937), p. 417-432 e p. 638-658.

expressão é manipulada para violar direitos, estimulando discriminação odiosa[54].

No Brasil, o ambiente de ataque ao Supremo Tribunal Federal e ao Tribunal Superior Eleitoral motivaram a instauração do "Inquérito das *Fake News*" (Inquérito n. 4.7841) e também do "Inquérito dos Atos Antidemocráticos" (Inquérito n. 4.879). Depois, em 8 de janeiro de 2023, em clara reação ao resultado das urnas das eleições presidenciais e visando destituir o novo presidente (tentativa de golpe antidemocrático), houve a invasão dos prédios do Palácio do Planalto, do Congresso Nacional e do Supremo Tribunal Federal, com depredação do patrimônio público, conforme amplamente noticiado pela imprensa nacional, bem como interrupção do tráfego nas estradas em todo o Brasil. Tudo isso com forte indício de omissão criminosa de encarregados de zelar pela ordem pública.

Para o Min. Alexandre de Moraes, tais invasões somente poderiam ocorrer com a anuência, e até participação efetiva, das autoridades competentes pela segurança pública e inteligência, uma vez que a organização das supostas manifestações era fato notório e sabido, que foi divulgado pela mídia brasileira[55].

Tais atos não podem ser confundidos com o regular exercício da liberdade de reunião, da liberdade de manifestação e da liberdade de expressão.

Esse cenário de contaminação do Estado a favor de atos antidemocráticos e de não aceitação do resultado das urnas aguça o ataque à democracia. Por isso, ficou demonstrada a necessidade de se levar em consideração a necessidade da proteção da democracia na interpretação das mais diversas facetas do ordenamento jurídico, desde o limite à liberdade de expressão, à liberdade de reunião e manifestação até a disciplina da jurisdição e seu caráter transfronteiriço.

Sedimentou-se um vetor de defesa da democracia no combate à indústria das *fake news* nas mais diversas mídias digitais, com imposição

---

54 SARMENTO, Daniel; PONTES, João Gabriel Madeira. "Democracia Militante e Imunidade Material dos Parlamentares: Limites Constitucionais aos Discursos de Deputados e Senadores". *Revista da AJURIS*, Porto Alegre, v. 47, n. 149, dez. 2020, p. 67-93, em especial p. 86.

55 Trecho de decisão do Min. Alexandre de Moraes. Decisão de 8 de janeiro de 2023. Inq. 4.879.

de multas, suspensões de serviço e proibição de uso das redes sociais por parte de agentes públicos ou privados. Também foram adotadas medidas de restrição ao direito de reunião e a liberdade de manifestação. Por exemplo, em 2021, o Min. Alexandre de Moraes proibiu a aproximação de investigados a um quilômetro de raio da Praça dos Três Poderes em Brasília (Inq. n. 4.879, decisão de 18-8-2021).

Por sua vez, a posição singular do STF como defensor de direitos humanos e da democracia permite que seja feita a distinção entre o exercício dos direitos e seus abusos. Por isso, a suspensão de sites e de páginas em redes sociais, bem como a proibição de repasses financeiros aos que propagam notícias falsas ou estimulam a violência e agressão, desnaturando o conteúdo da liberdade de expressão (que não abrange "liberdade de mentir" ou "liberdade de agredir").

Como destacou Loewenstein, no seu artigo (em duas partes) publicado em 1937 e motivado expressamente pela ascensão do fascismo em vários países do mundo, as democracias pesquisadas que foram bem sucedidas contra tentativas de implantação de ordens autocráticas *não* permaneceram inertes ("As shown by this survey, democracy in self--defense against extremism has by no means remained inactive")[56].

7.4 Estado de emergência

A limitação de um direito protegido pode ser fruto de restrições excepcionais e temporárias de defesa do próprio Estado de Direito[57].

O Pacto Internacional sobre Direitos Civis e Políticos admite tais restrições em seu artigo 4º, que possibilita a adoção de medidas de restrição e suspensão de direitos protegidos em face de situações excepcionais que ameacem a existência do Estado e sejam proclamadas oficialmente.

---

56 LOEWENSTEIN, Karl. Militant Democracy and Fundamental Rights, Part II. *The American Political Science Review*, jun., 1937, v. 31, n. 4 (Agosto 1937), p. 638-658, em especial p. 656.

57 CANÇADO TRINDADE, Antônio Augusto. "Los derechos no susceptibles de suspensión en la jurisprudencia de la Corte Internacional de Justiça", in CRUZ, Rodolfo C. (edit.). *Estudios de Derechos Humanos*, tomo 5, San José: Ed. Inst. Interamericano de Derechos Humanos, 1996, p. 19-39. Conferir em ROTHENBURG, Walter Claudius. "Direitos fundamentais e suas características", *Caderno de Direito Constitucional e Ciência Política*, n. 29, out./dez., 1999, p. 62.

Entretanto, há menção a um núcleo de direitos inderrogáveis, aos quais não se admite a aplicação das restrições típicas de situações anormais, que é composto dos seguintes direitos fundamentais: direito à vida, direito à integridade pessoal, proibição da escravidão, direito a não ser preso por inadimplemento contratual, direito à irretroatividade da lei penal, direito ao reconhecimento da personalidade jurídica, direito à liberdade de pensamento, de consciência e de religião.

O Comitê de Direitos Humanos (intérprete do Pacto Internacional de Direitos Civis e Políticos) salientou em seu Comentário Geral n. 29, referente ao artigo 4º do Pacto, que as medidas de emergência devem ser estritamente proporcionais.

Por outro lado, prevê o artigo 15 da Convenção Europeia de Direitos Humanos a possibilidade de derrogação de direitos humanos por emergência nacional, na *estrita medida necessária* pela situação. Logo, a Corte Europeia pode avaliar se o Estado agiu de modo desnecessário, ou seja, desproporcional[58].

Ainda a título de exemplo, cite-se o artigo 27 da Convenção Americana de Direitos Humanos. Este último, de interesse para o Brasil, dispõe que em período de guerra, de perigo público ou de outra emergência que ameace a independência ou a segurança do Estado-Parte, podem ser adotadas disposições que, na medida e pelo tempo estritamente limitados às exigências da situação, suspendam os direitos previstos na Convenção, sempre que tais disposições não sejam incompatíveis com as demais obrigações que se lhes imponha o direito internacional e não adotem discriminação alguma fundada em motivos de raça, cor, sexo, idioma, religião ou origem social.

O próprio artigo 27 da Convenção (no inciso 2º) estabelece que não é autorizada a suspensão dos direitos determinados nos seguintes artigos: 3º (direito ao reconhecimento da personalidade jurídica); 4º (direito à vida); 5º (direito à integridade pessoal); 6º (proibição da escravidão e da servidão); 9º (princípio da legalidade e da retroatividade); 12 (liberdade de consciência e de religião); 17 (proteção à família); 18 (direito ao nome); 19 (direitos da criança); 20 (direito à nacionalidade), e 23 (di-

---

58 Artigo 15.1. *Em caso de guerra ou de outro perigo público que ameace a vida da nação, qualquer Alta Parte Contratante pode tomar providências que derroguem as obrigações previstas na presente Convenção, na estrita medida em que o exigir a situação, e em que tais providências não estejam em contradição com as outras obrigações decorrentes do direito internacional.*

reitos políticos), nem das *garantias judiciais indispensáveis* para a proteção de tais direitos.

De acordo com uma interpretação pautada pela boa-fé, o citado artigo 27 contém preceitos aplicáveis apenas em situações excepcionais. Com efeito, cabe tal suspensão de direitos e garantias somente "em caso de guerra, de perigo público ou de outra emergência que ameace a independência ou segurança do Estado-Parte". Além dos rigorosos requisitos, a suspensão das garantias é limitada a alguns direitos, "na medida e pelo tempo estritamente limitados às exigências da situação", sem que se violem outras obrigações internacionais e sem que se pratique discriminações[59].

O espírito que rege a possibilidade de derrogação de direitos humanos em situações anormais é a prevalência do Estado Democrático de Direito, que deve possuir *mecanismos transitórios* que assegurem sua existência, em casos de perigos extremos. Há, no caso, apenas um *aparente* conflito de valores, que é resolvido pela certeza de que, somente com a permanência do Estado de Direito (que pode ser ameaçada pelas situações anormais) é que *todos os direitos humanos* serão efetivamente protegidos.

A possibilidade de derrogação da garantia de certos direitos deve ser interpretada somente no sentido de permitir a existência desses mesmos direitos através da defesa do Estado de Direito, ameaçado pelas circunstâncias excepcionais mencionadas nos tratados internacionais de direitos humanos e em várias Constituições[60].

Logo, a suspensão de parcela dos direitos humanos reconhecidos é justificada pelo fato de, em algumas hipóteses graves, ser o único meio para atender a situações de emergência pública e preservar os valores superiores da sociedade democrática.

Sabe-se, contudo, que ela pode abrir margem a abusos das mais diversas ordens, como demonstra a experiência histórica. Como assinalado pela Corte Interamericana de Direitos Humanos, a história política

---

59 Parecer n. 08, de 30 de janeiro de 1987, referente à interpretação dos artigos 27.2, 25.1 e 7.6 da Convenção Americana de Direitos Humanos.

60 Como afirma Pastor Ridruejo, "la derrogación general tiende a la salvaguarda del Estado de Derecho, que se supone es el garante primario de los derechos del hombre" (PASTOR RIDRUEJO, José Antonio. "La Convencion Europea de los Derechos del Hombre y el "jus cogens" internacional", *in Estudios de Derecho Internacional. Homenaje al Profesor Miaja de la Muela*. Madrid: Tecnos, 1979, p. 590).

246

recente da América Latina demonstra que, durante estados de exceção ou emergência, ocorreram violações bárbaras de direitos humanos[61].

Assim, é importante ressaltar que o Direito Internacional dos Direitos Humanos impõe limites a tais suspensões, limites *materiais* (alguns direitos são *inderrogáveis*, como vimos, por exemplo, na Convenção Americana de Direitos Humanos), *temporais* (a suspensão deve ser transitória) e *processuais* (os remédios judiciais básicos de garantia dos direitos humanos não podem ser suspensos).

Além disso, exige-se *proporcionalidade*, ou seja, que somente cabe suspender direitos que guardam relação com as medidas excepcionais necessárias para o atendimento da emergência pública[62].

Quantos aos limites processuais, ou seja, a impossibilidade de suspensão dos remédios judiciais, é justamente nos regimes excepcionais que o recurso ao Poder Judiciário é vital, pois caberá a este último analisar se os limites vistos acima estão efetivamente sendo cumpridos.

De fato, cumpre atentar para a função das chamadas *garantias de direitos humanos*, qual seja, a de *proteger, assegurar ou fazer valer a titularidade ou o exercício de um direito*. Como os Estados têm a obrigação de reconhecer e respeitar os direitos e liberdades da pessoa, também devem proteger e assegurar seu exercício através das respectivas garantias.

O Direito Internacional dos Direitos Humanos define *garantias judiciais de direitos humanos* como sendo todo instrumento que ordinariamente garante efetivamente o livre exercício de direitos e liberdades protegidos e cuja supressão ou restrição pode ameaçar seu livre gozo[63].

O adjetivo "judicial" a tais garantias implica o ativo envolvimento de um corpo judicial independente e imparcial que tenha o poder de avaliar a legalidade das medidas tomadas em um estado de emergência. No caso da Convenção Americana de Direitos Humanos, de acordo com o inciso 2º do Artigo 27, não é possível derrogar ou suspender as garantias judiciais durante um estado de emergência. Além disso, não é possível

---

61 Parecer Consultivo n. 09, de 8 outubro de 1987, referente à interpretação dos artigos 8º, 25 e 27.2 da Convenção Americana de Direitos Humanos.

62 NIKKEN, Pedro. "El concepto de derechos humanos", in CRUZ, Rodolfo C. (ed.), *Estudios de Derechos Humanos* – tomo I. San José: Ed. Inst. Interamericano de Derechos Humanos, 1994, p. 36.

63 Corte Interamericana de Direitos Humanos, Parecer n. 09/86, Série A, n. 9, parágrafo 20.

ainda suspender o *devido processo legal,* já que *são condições necessárias para que os institutos processuais regulados pela Convenção* possam ser considerados efetivamente como garantias judiciais[64].

As garantias judiciais podem ser os mais variados remédios ou ações constitucionais ou legais. No caso interamericano, a Corte Interamericana de Direitos Humanos já citou, como exemplos, o remédio do *habeas corpus* e o remédio do "amparo" (semelhante, embora diferente, ao nosso mandado de segurança), e outros assemelhados, considerando-os indispensáveis à proteção de direitos humanos e não sujeitos à derrogação mesmo em estados de emergência, devendo sempre ser informados pelos princípios do devido processo legal[65].

---

64 Corte Interamericana de Direitos Humanos, Parecer n. 09/86, Série A, n. 9.

65 Assim, conforme explicou a Corte, "aqueles que redigiram a Convenção conheciam estas realidades, o que bem pode explicar porque o Pacto de San José é o primeiro instrumento internacional de direitos humanos que proíbe expressamente a suspensão das 'garantias judiciais indispensáveis' para a proteção dos direitos que não podem ser suspensos" (Corte Interamericana de Direitos Humanos, Parecer Consultivo n. 08, de 30 de janeiro de 1987, Série A, n. 8, parágrafo 36).

8 Caráter *erga omnes*

O caráter *erga omnes* dos direitos humanos no plano internacional tem duas facetas. A primeira, estudada em capítulo próprio, consiste no reconhecimento do interesse de todos os Estados da comunidade internacional em ver respeitados os direitos protegidos pelo Direito Internacional.

A segunda faceta diz respeito à aplicação geral das normas protetivas a todos os seres humanos sob a jurisdição de um Estado. Assim, as normas internacionais de direitos humanos aplicam-se a todos os indivíduos, pela simples condição humana, sem qualquer consideração referente à nacionalidade, orientação política, etnia, credo e outras.

Essa aplicação a todos sob a jurisdição de um Estado das normas de direitos humanos é reconhecida pelos diversos instrumentos do Direito Internacional dos Direitos Humanos.

Como exemplo, o artigo 1º da Convenção Americana de Direitos Humanos estabelece que seus contratantes (Estados) comprometeram-se a respeitar os direitos nela reconhecidos e a garantir o livre e pleno exercício a toda pessoa que esteja sujeita à sua jurisdição, sem discriminação alguma, por motivo de raça, cor, sexo, idioma, religião, opiniões políticas ou de qualquer natureza, origem nacional ou social, posição econômica, nascimento ou qualquer outra condição social.

O impacto do caráter *erga omnes* da proteção internacional de direitos humanos é evidente, uma vez que todos sob a jurisdição de um Estado podem invocar tais direitos, não importando a nacionalidade ou estatuto jurídico.

Assim, um dos grupos mais vulneráveis no momento, os estrangeiros em situação irregular (veja-se a situação dos migrantes econômicos nos países do Primeiro Mundo, ou mesmo a situação de latino-americanos indocumentados em São Paulo), que, em determinada situação, não sejam protegidos pelo Direito Interno, não podem ter seus direitos básicos amesquinhados e têm acesso às instâncias internacionais de proteção de direitos humanos.

9 Exigibilidade

A Declaração da Conferência Mundial de Direitos Humanos de Viena de 1993 consagrou, se não a superação da fase legislativa da proteção internacional dos direitos humanos (na qual importava a adesão dos Estados às convenções internacionais e a menção aos direitos protegidos), mas, ao menos, a crescente preocupação com *a implementação dos direitos humanos*.

Com isso, é possível constatar que o problema grave de nosso tempo, de acordo com a feliz expressão de BOBBIO, não é mais declarar ou fundamentar os direitos humanos, mas sim de protegê-los com efetividade. Ou seja, implementá-los[1].

Essa implementação prática representa o estágio da dialética atual da proteção dos direitos humanos, que se iniciou com a universalidade abstrata e filosófica inicial, modificou-se para a positivação concreta e particularizada no Estado-nação e, finalmente, redundou na universalidade concreta dos direitos humanos internacionalmente protegidos[2].

Tal universalidade concreta desafia o Direito Internacional dos Direitos Humanos em virtude da ferida aberta que é a *contínua violação das normas internacionais*. E basta atentar para as *diversas situações de desrespeito* aos direitos humanos no mundo para constatar a amplitude da missão de implementação prática dos direitos humanos.

Esse novo foco (implementação dos direitos protegidos) da proteção internacional dos direitos humanos nos leva à análise da responsabilidade internacional do Estado. É graças ao instituto da responsabilidade internacional do Estado que *podemos observar como o Direito Internacional combate as violações a suas normas e busca a reparação do dano causado*. Caberia, logo, a implementação prática dos citados direitos universais e positivados por meio da *responsabilização do Estado infrator e de sua condenação à reparação do dano causado*[3].

---

1 De acordo com Bobbio, "não se trata de saber quais e quantos são esses direitos, qual é sua natureza e seu fundamento, se são direitos naturais ou históricos, absolutos ou relativos, mas sim qual é o modo mais seguro para garanti-los, para impedir que, apesar das solenes declarações, eles sejam continuamente violados" (BOBBIO, Norberto. *A era dos direitos*. Trad. Carlos Nelson Coutinho. Rio de Janeiro: Campus, 1992, p. 25).

2 BOBBIO, Norberto. *A era dos direitos*. Trad. Carlos Nelson Coutinho. Rio de Janeiro: Campus, 1992, p. 32.

3 Ver minha obra específica sobre os direitos humanos e a teoria geral da responsabilidade internacional. *Responsabilidade internacional por violação de direitos humanos*. Rio de Janeiro: Renovar, 2004.

Existem *dois modos* de se constatar a responsabilidade de um Estado pela violação de seus compromissos internacionais: o modo unilateral e o modo coletivo ou institucional.

O modo unilateral é aquele pelo qual o Estado dito ofendido afirma ter ocorrido violação de seu direito e exige reparação do Estado dito ofensor. Desse modo, o próprio Estado *analisa* o pretenso fato internacionalmente ilícito cometido e *requer* reparação ao Estado ofensor, podendo, se não atendido, *sancionar* unilateralmente esse Estado.

O pretenso Estado ofendido transforma-se em *juiz e parte*, o que acarreta perda de objetividade e de imparcialidade na aferição da conduta lesiva. Sem contar que o Estado violador também tem posição jurídica oposta e perfeitamente defensável com base no princípio da igualdade soberana entre os Estados.

Assim, o Estado lesado exige reparação e, ao não recebê-la, aplica sanções unilaterais ao Estado infrator, o qual, por seu turno, considera tais sanções injustificadas e ilegais, justamente por não reconhecer como ilícita sua conduta prévia impugnada, acarretando o uso de sanções unilaterais agora por parte do Estado pretensamente infrator. Nem é preciso dizer sobre os perigos que tais "escaladas de sanções" ocasionam para a paz mundial, ainda mais em um tema tão sensível como o dos direitos humanos. Esse mecanismo é obsoleto em uma era na qual, pretensamente, foi proibido o uso da força no Direito Internacional para reforçar a necessidade do uso de meios pacíficos de solução de controvérsia.

As formas pelas quais os Estados aferem unilateralmente o respeito por parte de outros Estados das obrigações internacionais contraídas *variam*, podendo ser utilizadas leis internas ou relatórios de órgão do Poder Executivo[4] ou mesmo ampliando-se a jurisdição dos tribunais *internos*, para julgar Estados estrangeiros violadores de direitos humanos de seus próprios nacionais. Como exemplo disto, cite-se o caso *Filártiga v. Peña-Irala*, no qual tribunal federal norte-americano considerou-se competente para conhecer

---

4 No caso da proteção internacional de direitos humanos, citem-se, por exemplo, os relatórios do Departamento de Estado dos Estados Unidos, submetido anualmente ao Congresso daquele país, para avaliar o respeito aos direitos humanos por parte de outros Estados. Este ato do Poder Executivo é fruto de lei interna (o *Foreign Assistance Act*, de 1961), que estabelece ser o incentivo ao respeito de direitos humanos *meta da política externa* do país e condicionante do fornecimento de assistência financeira e militar. Ver a legislação norte-americana sobre a assistência militar e econômica vinculada ao respeito aos direitos humanos (STEINER, Henry J. e ALSTON, Philip. *International Human Rights in Context*. Oxford: Clarendon Press, 1996, p. 822-836).

de ação de responsabilidade por torturas cometidas por órgãos de Estado estrangeiro em violação ao direito fundamental de integridade física. O tribunal dos Estados Unidos considerou, em que pese à nacionalidade paraguaia do *autor e do réu* e do local dos fatos *(Paraguai)*, ter sido violada obrigação *erga omnes,* podendo a jurisdição local (norte-americana) ser utilizada para obter reparação diante da conduta violadora[5].

Para evitar tais situações foram instituídos mecanismos coletivos (que são aqueles criados por tratados internacionais) nos quais órgãos compostos por pessoas independentes e imparciais analisam os fatos, ouvem os interessados e decidem sobre a responsabilidade internacional do Estado pretensamente infrator.

Os mecanismos coletivos ou institucionais de constatação da responsabilidade internacional do Estado são essenciais para o aprofundamento da defesa internacional dos direitos humanos, pois evitam a seletividade e a parcialidade típicas do mecanismo unilateral.

Cite-se, por exemplo, que, no caso do sistema interamericano de Direitos Humanos, foi criada uma Corte e reconhecida uma *parte acusadora independente* (a Comissão Interamericana de Direitos Humanos), fixando-se também todas as fases de um processo internacional de apuração da responsabilidade internacional do Estado.

Assim, fica clara a exigibilidade dos direitos previstos na Convenção Americana, pois esta definiu um verdadeiro *processo judicial internacional* voltado para a fixação da responsabilidade do Estado por violação de direitos humanos. A Comissão Interamericana, via de regra, é a Autora da ação de responsabilidade internacional do Estado e o Estado, o réu. Após a fase postulatória, inicia-se uma fase probatória e, finalmente, há a fase decisória, com a prolação da sentença da Corte.

As deliberações da Corte, por força da Convenção, têm força vinculante, sendo forma de restauração compulsória da legalidade internacional, tornando os direitos humanos inseridos na Convenção Americana normas de atendimento *obrigatório* e não meras exortações ou conselhos.

---

5 LILLICH, Richard B. "Damages for Gross Violations of International Human Rights Awarded by US Courts", 15 *Human Rights Quarterly* (1993), p. 209-299. Contudo, a jurisprudência norte-americana mostra-se cada vez mais restritiva, evitando conhecer tais ações. Sobre o tema, ver CARVALHO RAMOS, André de. *Curso de Direito Internacional Privado.* 3. ed. São Paulo: Saraivajur, 2023, em especial o capítulo sobre a teoria do "forum non conveniens".

10 Abertura

O processo de alargamento do rol dos direitos humanos explicita a sua não tipicidade e evidencia uma herança do jurisnaturalismo, na medida em que se protege um direito pelo seu *conteúdo* e não por constar de um rol de um instrumento constitucional ou internacional. Esse conteúdo consagra uma intenção de proteger um princípio maior que é a dignidade da pessoa humana, de um ponto de vista ético-valorativo. Com isso, verifica-se a existência de uma *cláusula aberta* ou mesmo um *princípio de não tipicidade* dos direitos humanos.

Há sempre a possibilidade de uma compreensão aberta do âmbito normativo das normas de direitos humanos, que fixa margens móveis para o conjunto de direitos humanos assegurados em uma determinada sociedade. Enquadra-se como *parte do conjunto dos direitos humanos*, então, aquele direito cujo conteúdo é decisivamente constitutivo da manutenção da dignidade da pessoa humana em determinado contexto histórico.

Esse filtro axiológico, que é a fundamentalidade material, existe mesmo com a *positivação constitucional e internacional dos chamados direitos humanos*, sendo também denominado *eficácia irradiante dos direitos fundamentais*. Assim, os direitos humanos são dotados de uma carga expansiva, devendo a sua interpretação ser ampliativa, de modo a favorecer o indivíduo.

Logo, como sustenta ROTHENBURG, "o catálogo previsto de direitos fundamentais nunca é exaustivo (inexauribilidade ou não tipicidade dos direitos fundamentais), a ele podendo ser sempre acrescidos novos direitos fundamentais"[1].

A própria Constituição brasileira de 1988, em seu art. 5º, § 2º, faz remissão a *outros direitos fundamentais não constitucionalizados*. Fica claro que a fundamentalidade formal (fruto da positivação) aceita a fundamentalidade material[2].

---

1 ROTHENBURG, Walter Claudius. "Direitos fundamentais e suas características", *Caderno de Direito Constitucional e Ciência Política*, n. 29, out./dez., 1999, p. 59.

2 Além da Constituição brasileira, várias outras Constituições reconhecem expressamente a abertura dos direitos humanos, dispondo que o rol de direitos nelas reconhecidos é apenas exemplificativo e não *taxativo*. Citem-se, por exemplo, a Constituição argentina (artigo 33), a Constituição da Colômbia (artigo 94), a Constituição da Costa Rica (artigo 74), a Constituição do Equador (artigos 19 e 44), a Constituição do Paraguai (artigo 80), entre outras. Já na IX Emenda à Constituição dos Estados Unidos, afirmava-se que a especificação de direitos pela Constituição não significaria a exclusão de outros

O Direito Internacional dos Direitos Humanos adota a mesma linha, ao estabelecer na Convenção Americana de Direitos Humanos, por exemplo, que não é possível interpretação que venha a excluir *outros* direitos e garantias que são *inerentes* ao ser humano (artigo 29, "c").

A generosidade normativa do termo ("inerente" ao ser humano), permite ampliação do catálogo de direitos, o que fornece verdadeira *cláusula de abertura ou não tipicidade* de Direito Internacional. Logo, como ensina BOBBIO, "não é difícil prever que, no futuro, poderão emergir novas pretensões que no momento nem sequer podemos imaginar"[3].

A Corte Europeia de Direitos Humanos tem reconhecido a eficácia irradiante dos direitos humanos em vários casos por meio da chamada interpretação *evolutiva* da Convenção Europeia de Direitos Humanos. No polêmico caso *Matthews*, a Corte reconheceu que o Reino Unido havia violado o direito de voto em eleições a órgãos legislativos (artigo 3º do Primeiro Protocolo à Convenção Europeia) por não ter organizado eleições em Gibraltar (território ocupado pelo Reino Unido) para o *Parlamento Europeu*, órgão da União Europeia[4].

O Reino Unido, em sua defesa, havia alegado que não era garantido o direito ao voto em eleições para órgãos de uma organização internacional (a União Europeia), mas apenas para órgãos legislativos locais. Contudo, a Corte Europeia, depois de salientar que a legislação da União Europeia abarca, em alguns casos, os habitantes de Gibraltar e que o Parlamento Europeu possui certo poder legislativo, concluiu que o direito ao voto deve acompanhar a cessão de competência a órgãos internacionais, não podendo ser restrito aos órgãos legislativos locais. Logo, a Corte estendeu o direito ao voto também às eleições para o Parlamento Europeu[5].

---

direitos do povo. Na Constituição portuguesa de 1976, em seu artigo 16, n. 1, estabeleceu-se que os direitos fundamentais consagrados na Constituição não excluem quaisquer outros constantes das leis e das regras aplicáveis de direito internacional.

3 BOBBIO, Norberto. *A era dos direitos* (trad. de Carlos Nelson Coutinho). Rio de Janeiro: Campus, 1992, p. 18.

4 Corte Europeia de Direitos Humanos, *Caso Matthews v. United Kingdom*, julgamento de 18 de fevereiro de 1999, Reports of Judgments and Decisions 1999-I.

5 Além disso, é interessante observar que a restrição ao direito de voto em eleições ao Parlamento Europeu constava, originalmente, de tratado celebrado pelo Reino Unido em 1976, no âmbito do processo de integração europeu. A Corte desconsiderou esse fato, consagrando a superioridade normativa dos tratados de direitos humanos. Ver Corte Europeia de Direitos Humanos, *Caso Matthews v. United Kingdom*, julgamento de 18 de fevereiro de 1999, Reports of Judgments and Decisions 1999-I. No mais, ver obra específica do autor: CARVALHO RAMOS, André de. *Direitos humanos na integração econômica*. Rio de Janeiro: Renovar, 2008.

11 Aplicabilidade imediata

11.1 Noções gerais

Para a melhor defesa dos direitos humanos adota-se a aplicabilidade imediata dos textos normativos às situações fáticas existentes, de modo que se reconhece que, sob o aspecto formal (jurídico-normativo), tais direitos são *tendencialmente completos*[1], ou seja, aptos a serem invocados desde logo pelo jurisdicionado.

A Constituição brasileira de 1988 expressamente estabelece, em seu artigo 5º, parágrafo primeiro, que as normas definidoras dos direitos e garantias fundamentais têm aplicação imediata. Assim, nesse caso, o próprio Direito interno brasileiro não exige a edição de normas a regulamentar os direitos e garantias fundamentais.

Para o Direito Internacional, há regra própria (sem referência ao Direito Constitucional interno) *para determinar a necessidade ou não de normas internas que regulamentem a obrigação internacional* no Direito interno. Essa regra consiste em diferenciar, na seara internacional, as normas internacionais *self-executing* (autoaplicáveis) e as normas *not-self executing*[2] (não autoaplicáveis).

A diferenciação entre normas autoaplicáveis e normas que carecem de intermediação legislativa ou administrativa interna é revelada pela própria redação da norma, que permitirá ou não a sua aplicação imediata pelo juiz nacional.

Para determinar se uma convenção internacional é autoaplicável internamente, vários critérios são utilizados. Assim, recorre-se ao tradicional uso da análise da *intenção* das Partes (*mens legislatoris*), ao critério gramatical, que enfatiza a terminologia utilizada pelo texto internacional, e finalmente a análise da existência dos necessários elementos de concretização já no texto internacional, que permitiria ao juiz nacional a aplicação imediata da norma suficientemente clara e precisa[3].

---

1 Para usarmos a feliz expressão de Walter Rothenburg (ROTHENBURG, Walter Claudius. "Direitos fundamentais e suas características", *Caderno de Direito Constitucional e Ciência Política*, n. 29, out./dez., 1999, p. 62).

2 Sobre a aplicabilidade direta das convenções internacionais de direitos humanos, ver BUERGENTHAL, T. "Self-executing and non-self executing treaties in national and international law", 235 *Recueil des Cours de l'Académie de Droit International de La Haye* (1992), p. 303-400.

3 Para Sciotti, "esses critérios cumulativos...nos parecem suficientes para permitir ao juiz decidir se a cláusula invocada diante dele é autoaplicável ou não" (SCIOTTI,

O conceito de "normas autoaplicáveis" pode ser estendido para normas internacionais *não convencionais*. No Direito Internacional costumeiro, a solução também dependerá do conteúdo da norma consuetudinária. Por exemplo, observo que, no caso do *Paquete Habana*, a Suprema Corte americana decidiu pela autoaplicabilidade da norma costumeira internacional que previa que os barcos pesqueiros estrangeiros não poderiam ser confiscados como presas de guerra[4].

É claro que exsurge dessa análise a relevante questão de saber se o Estado é *livre* para considerar uma determinada norma internacional autoaplicável.

Em importante parecer consultivo, a Corte Interamericana de Direitos Humanos estabeleceu que é admissível consulta relativa à autoaplicabilidade de norma constante da Convenção Americana de Direitos Humanos, *firmando sua competência para decidir sobre a autoaplicabilidade ou não de norma internacional*.

Aliás, frise-se que a Corte Interamericana de Direitos Humanos, em seu Parecer Consultivo 07/86, estabeleceu que a Convenção Americana de Direitos Humanos é *autoaplicável*. Uma vez em vigor a Convenção, os direitos protegidos devem ser aplicados perante todos os órgãos estatais (tribunais inclusive), sem que haja ainda a necessidade de novas leis ou atos de aplicação dos citados direitos.

Para a Corte, a correta interpretação do artigo 1º (obrigação de respeitar e garantir) e do artigo 2º (dever de adotar as medidas cabíveis) da Convenção Americana de Direitos Humanos consiste em reconhecer que o artigo 2º introduz *obrigação apenas complementar* à imediata obrigação internacional de respeitar e garantir diretamente os direitos reconhecidos pela Convenção[5].

Claudia. *La concurrence des traités relatifs aux droits de l'homme devant le juge national.* Bruxelles: Brylant, 1997, p. 19).

4 O caso era referente à apreensão de barco de pesca espanhol em plena guerra entre Estados Unidos e Espanha no final do século XIX. Ver o texto de HENKIN, L. et al. *International Law – cases and materials*. Saint Paul: West Publishing Co., 1993, p. 58 e s.

5 A Delegação norte-americana atuante nos trabalhos de elaboração da Convenção considerava que o principal efeito do artigo 2º da Convenção Americana era transformar os artigos convencionais em *normas not-self executing*. Caso o artigo em questão fosse efetivamente interpretado de acordo com o desejo da Delegação norte-americana, frustrar-se-ia a possibilidade de invocar a Convenção internamente perante os tribunais locais. Para Cançado Trindade, então, *"A Convenção se tornaria letra morta"*

O entendimento da Corte, em que pese a existência de votos vencidos[6], é o que mais se coaduna com o *espírito* da responsabilização internacional do Estado por violação de direitos humanos. De fato, caso algum tribunal local decida em dissonância com o entendimento internacional em relação à aplicabilidade da citada norma internacional, gera-se a responsabilidade internacional do Estado.

Assim, prevalece o entendimento do órgão internacional sobre a autoaplicabilidade ou não de norma internacional, não podendo ser este tema, então, considerado como um "tema de Direito Interno"[7].

11.2 Os direitos sociais são autoaplicáveis?

É importante lembrar que a aplicabilidade dos direitos humanos possui tratamento diferenciado quando se trata dos chamados direitos sociais, quer no plano interno (que foge ao escopo do livro), quer no plano internacional.

No Direito Internacional dos Direitos Humanos há ainda um longo caminho a ser percorrido para que se consagre a aplicabilidade plena e imediata dos direitos econômicos, sociais, culturais e ambientais (DESCAs), estatuto já atingido pelos direitos civis e políticos, o que, sem dúvida, viola a indivisibilidade dos direitos humanos vista acima.

(CANÇADO TRINDADE, Antônio Augusto. "A incorporação das normas internacionais de proteção dos direitos humanos no Direito brasileiro", in CANÇADO TRINDADE, Antônio Augusto (org.), *A incorporação das normas internacionais de proteção dos direitos humanos no Direito brasileiro*. Brasília/São José: IIDH, 1996, p. 221).

6 Com efeito, houve quem divergisse da posição majoritária. Para os juízes NIETO, NIKKEN e BUERGENTHAL a consulta versava sobre *tema típico do Direito Interno* dos Estados contratantes. Assim, caberia aos Estados, de acordo com essa visão minoritária, estabelecer se a norma internacional teria ou não aplicabilidade imediata *internamente*. Ver Corte Interamericana de Direitos Humanos, *Parecer Consultivo sobre a exigibilidade do direito de retificação ou resposta (arts. 14.1, 1.1 e 2)*, Parecer n. 7, de 29 de agosto de 1986, Série A, n. 7, 1986.

7 No mesmo sentido da Corte, expõe Jiménez de Aréchaga que, "a determinação do caráter autoexecutável (*self-executing*) de uma norma internacional constitui, em definitivo, uma questão regida pelo Direito Internacional, pois se trata nada menos que o cumprimento ou a violação de uma norma de Direito Internacional" (JIMÉNEZ DE ARÉCHAGA, Eduardo. "La Convención Interamericana de Derechos Humanos como Derecho Interno", 7 *Revista del Instituto Interamericano de Direitos Humanos* (1988), p. 38).

Para estudarmos tal situação é necessário que se indague, em face dos *direitos sociais em sentido amplo* (que abrangem os direitos econômicos, sociais, culturais e ambientais – DESCAs), sobre *quais são as obrigações dos Estados e qual é o alcance da aplicabilidade imediata de tais direitos*.

De início, saliente-se que o artigo 23 do Pacto Internacional das Nações Unidas sobre Direitos Econômicos, Culturais e Sociais estipula que "os Estados-Partes do presente pacto concordam em que as medidas de ordem internacional destinadas a tornar efetivos os direitos reconhecidos no referido Pacto incluem, sobretudo, a conclusão de convenções, a adoção de recomendações, a prestação de assistência técnica e a organização técnica e a organização, em conjunto com os governos interessados, e no intuito de efetuar consultas e realizar estudos de reuniões regionais e de reuniões técnicas".

Portanto, o dever maior do Estado contratante deste Pacto, que é o mais importante por ser fruto do sistema da Organização das Nações Unidas e contar com a pretensão de ser universal, *reduz-se à mera produção de relatórios*, contendo as principais realizações e o "progresso realizado com o objetivo de assegurar a observância dos direitos reconhecidos no Pacto"[8].

Os relatórios serão encaminhados ao Conselho Econômico e Social da ONU para fins de estudo e de recomendação de ordem geral. É claro que a recomendação geral evita a responsabilização de um Estado específico por violação destes direitos. Desse modo, cumpriu-se a vontade dos Estados, que temiam ser condenados ou sofrer os efeitos de uma recomendação específica.

Com efeito, os Estados, em geral, alegam a impossibilidade de ser obrigados juridicamente (no contexto de uma responsabilização internacional) a agir no campo social sem ter condições econômicas para tanto. Não seria possível a materialização do mínimo de dignidade humana em termos sociais somente com leis sem o substrato econômico favorável[9].

---

8 *Vide* artigo 16, *in fine*.

9 Há apoio doutrinário a tal tese. Citem-se Robertson e Merrils, que salientam: "With economic and social rights, however, it is different. Implementing the right to work depends on the general economic situation and if someone is unable to find a job, an order from a court of law will not change matters" (ROBERTSON, A. H; MERRILLS, J. G. *Human Rigts in Europe*. Manchester, Manchester United Press, 1993, p. 349). Entretanto, tais assertivas mascaram a existência de leis que *justamente mantêm as desigualdades*, em um estágio da economia no qual as normas de regulação orientam a atividade econômica e social.

Essas disposições amenas com os deveres sociais dos Estados-partes no Direito Internacional dos Direitos Humanos refletem a dita progressividade e adstrição à realidade dos direitos sociais e econômicos enquanto obrigações primárias, que seriam cumpridas de acordo com o máximo de recursos estatais disponíveis e de maneira progressiva[10].

No contexto interamericano, a situação é similar à do plano universal. De fato, aceitando a dualidade de instrumentos existentes no sistema da ONU, foi elaborado o Protocolo Adicional à Convenção Americana de Direitos Humanos em matéria de Direitos Econômicos, Sociais e Culturais (o chamado Protocolo de San Salvador) em 1988. Tal protocolo, já em vigor, reconhece a importância dos direitos econômicos e sociais para o exercício dos direitos civis e políticos, assumindo o princípio da indivisibilidade dos direitos humanos[11].

No artigo 1º do Protocolo encontra-se a *obrigação internacional geral* dos Estados em face dos direitos sociais, econômicos e culturais, que é o compromisso de adotar as medidas adequadas para efetivá-los, levando em consideração *os recursos disponíveis* e a *progressividade*, no mesmo diapasão do Pacto Internacional de Direitos Sociais, Econômicos e Culturais[12].

---

10 Artigo 2º, item 1, do citado Pacto, que estabelece: "Cada Estado-Parte do presente Pacto compromete-se a adotar medidas, tanto por esforço próprio como pela assistência e cooperação internacionais, principalmente nos planos econômicos e técnicos, até o máximo de seus recursos disponíveis, que visem assegurar, progressivamente, por todos os meios apropriados, o pleno exercício dos direitos reconhecidos no presente Pacto, incluindo, em particular, a adoção de medidas legislativas".

11 O Brasil aderiu ao Protocolo de San Salvador em 1996. O Protocolo conta com os seguintes Estados-Partes: Argentina, Brasil, Bolívia, Costa Rica, República Dominicana, Equador, El Salvador, Guatemala, Haiti, México, Nicarágua, Panamá, Peru, Suriname, Uruguai, Venezuela. Sobre o Protocolo e seus efeitos no Brasil, ver LEÃO, Renato Zerbini Ribeiro. *Os direitos econômicos, sociais e culturais na América Latina e o Protocolo de San Salvador.* Porto Alegre: Sérgio Antônio Fabris Editor, 2001.

12 Estabeleceu-se, ainda, o *dever de apresentação de relatórios periódicos*, a serem apreciados pelo atual Conselho Interamericano para o Desenvolvimento Integral, oriundo da fusão do Conselho Interamericano Econômico e Social e do Conselho Interamericano de Educação, Ciência e Cultura. Sem prejuízo dessa análise, pode a Comissão Interamericana de Direitos Humanos elaborar relatório sobre a situação dos chamados direitos sociais e econômicos, com posterior encaminhamento à Assembleia Geral da OEA, para decisão política. A única menção a um sistema de controle e supervisão internacional mais rígido é a do artigo 19, item 6, que estabelece uma ação de responsabilidade internacional do Estado por violação do direito à livre associação sindical e o direito à liberdade sindical (direitos mencionados no artigo 8, alínea *a* do Protocolo) e por violação ao direito à educação, nos termos do artigo 13 do Protocolo. Para tais direitos, admite-se o uso do sistema da Convenção Americana de Direitos

A aplicabilidade dos direitos sociais é menor da já reconhecida para os chamados direitos civis e políticos. De fato, é imenso o caminho a ser percorrido para que aplicabilidade dos direitos sociais seja *equivalente* à dos direitos civis e políticos. A postergação da efetivação de direitos sociais em sentido amplo é tida *como consequência de uma disponibilidade limitada, porém temporária, de recursos.* A lógica da postergação é sempre acompanhada da lembrança do caráter temporário das restrições para implementação destes direitos sociais, acenando-se com uma acumulação futura de recursos aptos a suprir as carências materiais da população.

Ora, essa *promessa de concretização futura* de direitos protegidos *não é aceita* nos chamados direitos civis e políticos. Como exemplo, cite-se o direito do detento a um tratamento digno, que exige prestações positivas do Estado para seu efetivo cumprimento. Entretanto, não é admitido que se condicione (e que se postergue) *o desfrute do direito a um tratamento prisional digno,* até o dia em que o Estado possua os recursos necessários para a manutenção de uma administração penitenciária na qual sejam respeitados os direitos do preso[13].

Esse exemplo evidencia a incoerência da tese da *progressividade dos direitos sociais,* já que *a falta de recursos não serve para justificar a inação estatal em garantir certos direitos civis e políticos.* Para BOLIVAR, esta incoerência é um produto da chamada Guerra Fria, refletindo o anseio pela caracterização dos direitos sociais em sentido amplo como meras *orientações programáticas,* que, se descumpridas, não ensejariam a responsabilidade internacional do Estado[14].

Humanos, *inclusive através do sistema de petições individuais e uso da solução judicial.* Apesar de serem poucos os direitos protegidos por sistema igual ao sistema que protege os direitos civis e políticos, *demonstrada está a possibilidade de uma maior efetividade aos direitos sociais e econômicos, com a responsabilização do Estado por violação a estes.* Ver mais em CARVALHO RAMOS, André de. *Processo internacional de direitos humanos.* 7. ed. São Paulo: Saraiva, 2022.

13 Para Nikken, então, "del mismo modo en que no es admisible que se imponga una tiranía con el pretexto de preparar a la población para disfrutar en el futuro de instituciones democráticas, es insostenible que se someta deliberadametne a la miseria a la mayoría de la población con la excusa de que ello garatiza el bienestar futuro o la supervivencia de un sector de la economía" (NIKKEN, Pedro. *En defensa de la persona humana.* Caracas: Editorial Juridica Venezuelana, 1988, p. 87-88).

14 Para Bolivar, "podemos concluir que las pretendidas diferencias entre ambos grupos de derechos son más un reflejo del debate ideológico, propio de los años de la guerra fría, que producto de un cuidadoso estudio sobre la complejidad jurídica y política de cada uno de los derechos humanos reconocidos por los instrumentos internacionales" (BOLIVAR, Ligia".Derechos económicos, sociales y culturales: derribar

No âmbito puramente empírico, observo que AMARTYA SEN, ao analisar casos históricos de fome maciça em um Estado (Etiópia, 1972-1974; Bangladesh, 1974, entre outros), comprovou que o principal problema não fora o da produção insuficiente de alimentos, mas sim o fracasso da elite governamental em distribuir os alimentos *existentes*. Assim, não houve carência de recursos, mas sim falta de políticas públicas de proteção do direito à alimentação. O mesmo pode ser dito do Brasil[15].

Portanto, o princípio do desenvolvimento progressivo no âmbito de direitos sociais *deve ser aplicado com parcimônia e restrições*, já que, em países como o nosso, o desenvolvimento é associado com políticas de concentração de renda, o que torna cada vez mais *distante* (e não mais próxima como seria natural) a concretização dos chamados direitos sociais[16].

Desse modo, o desenvolvimento progressivo dos chamados direitos sociais e a escassez de recursos não podem mais escusar os Estados de serem responsabilizados pela não implementação de condições materiais mínimas para as suas populações[17].

Com efeito, a recusa na aplicabilidade dos direitos sociais e na responsabilização do Poder Público pela omissão na implementação dos

---

mitos, enfrentar retos, tender puentes – uma visión desde la (in)experiencia de América Latina. *In Estudios Básicos de Derechos Humanos – V*, São José: IIDH, 1996, p. 103).

15 SEN, Amartya. *Poverty and famines*. Oxford: Clarendon Press, 1981. Ver sobre o Brasil e o direito à alimentação, o impressionante relatório de Jean Ziegler, relator especial do direito à alimentação, que esteve no Brasil em 2002. Ziegler denominou a situação da fome no Brasil de "genocídio silencioso".

16 Como salienta Paulo Sérgio Pinheiro, o "fator causal determinante em relação ao grau de graves violações de direitos humanos é a distribuição de recursos menores do que o próprio nível da renda econômica" (PINHEIRO, Paulo Sérgio. "O controle da violência do Estado e a incorporação das normas internacionais de direitos humanos: o caso brasileiro", in CANÇADO TRINDADE, Antônio Augusto (org.), *A incorporação das normas internacionais de proteção dos direitos humanos no Direito brasileiro*. Brasília/São José: IIDH, 1996, p. 302).

17 De maneira ponderada, no mesmo sentido, Bolivar, que afirma: "Si bien la denuncia y el trabajo de casos en materia de violaciones de derechos económicos, sociales y culturales no son suficientes para avanzar en un desarrollo, es indudable que son necesarios. El caso construye precedentes mediante el desarrollo de jurisprudencia permite ver dónde está ubicado el Estado; evidencia sus contradicciones; permite identificar patrones y avanzar en estrategias" (BOLIVAR, Ligia".Derechos económicos, sociales y culturales: derribar mitos, enfrentar retos, tender puentes – una visión desde la (in)experiencia de América Latina in *Estudios Básicos de Derechos Humanos – V*, São José: IIDH, 1996, p. 129).

mesmos não pode mais ser embasada na falta de recursos materiais por parte do Estado. Esta justificativa não é válida, sendo decorrente da perspectiva *ex parte principis* dos direitos humanos, que enfatiza a governabilidade em detrimento da exigência ética de respeito à dignidade da pessoa humana[18].

Pela perspectiva *ex parte populis,* pelo contrário, os direitos humanos são indivisíveis, *porque complementares.* Os direitos sociais, então, asseguram as condições para o exercício dos direitos civis e políticos[19]. Com isso, a responsabilidade internacional do Estado por violação de direitos sociais deve expor as omissões e fraquezas deste mesmo Estado[20] e obrigá-lo a executar as políticas públicas necessárias à correta implementação daqueles direitos[21].

Por outro lado, a divisão entre "direitos civis e políticos" e "direitos sociais" não é clara. Há facetas dos direitos civis e políticos que afetam direitos sociais, em especial no direito à vida.

De fato, o direito à vida engloba diferentes facetas, que vão desde o direito de nascer, de permanecer vivo e de defender a própria vida e ainda optar sobre a própria morte. Há discussões que envolvem aborto, pesquisas científicas, suicídio assistido e eutanásia, suscitando a neces-

---

18 Nesse sentido, registre-se o apelo de Cançado Trindade, que afirma: "Indivisíveis são todos os direitos humanos, tomados em conjunto, como indivisível é o próprio ser humano, titular desses direitos. Em época, como a presente, em que os Estados, autocomplacentes, tendem a descuidar da prevalência dos direitos econômicos, sociais e culturais, importa se afirmem e contraiam novos compromissos nessa área, em benefício dos seres humanos" (CANÇADO TRINDADE, Antônio Augusto. *A proteção internacional dos direitos humanos e o Brasil.* Brasília: Ed. Fundação Universidade de Brasília, 1998, p. 120).

19 Ver sobre o tema LAFER, Celso. *Ensaios liberais,* São Paulo: Siciliano, 1991. p. 33-46.

20 Como assinala Faria, analisando a situação brasileira e latino-americana, o enfraquecimento do Estado nacional nesta fase atual do capitalismo "dificulta o reconhecimento dos direitos mínimos de amplos contingentes... cujo denominador comum é a miséria" (FARIA, José Eduardo. "Os direitos humanos e o dilema latino-americano às vésperas do século XXI", in *Novos Estudos – Cebrap,* n. 38, 1994, p. 68).

21 Sobre as diversas estratégias de justiciabilidade dos direitos sociais, ver a magistral obra de COURTIS, Christian e ABRAMOVICH, Victor. *Los derechos sociales como derechos exigibles.* Madrid: Trotta, 2002. No Brasil, Jayme Benvenuto Lima Junior sustenta, com rigor, a necessidade de implementação dos direitos sociais. Ver LIMA Jr., Jayme Benvenuto. *Os direitos humanos econômicos, sociais e culturais.* Rio de Janeiro: Renovar, 2001.

sidade de dividir a proteção à vida em dois planos: a dimensão vertical e a dimensão horizontal.

A dimensão vertical envolve a proteção da vida nas diferentes fases do desenvolvimento humano (da fecundação à morte). Algumas definições sobre o direito à vida refletem essa dimensão, pois este direito consiste no "direito a não interrupção dos processos vitais do titular mediante intervenção de terceiros e, principalmente, das autoridades estatais".

A dimensão horizontal engloba a *qualidade* da vida fruída. Essa dimensão horizontal resulta na proteção do direito a saúde, educação, prestações de seguridade social e até mesmo meio ambiente equilibrado, para assegurar o direito à vida digna.

Para o Estado, a "inviolabilidade do direito à vida" resulta em três obrigações: (i) a obrigação de respeito; (ii) a obrigação de garantia; e (iii) a obrigação de tutela. A obrigação de respeito consiste no dever dos agentes estatais em não violar, arbitrariamente, a vida de outrem. Já a obrigação de garantia consiste no dever de prevenção da violação da vida por parte de terceiros e eventual punição àqueles que arbitrariamente violam a vida de outrem. Finalmente, a obrigação de tutela implica o dever do Estado de assegurar uma vida digna, garantindo condições materiais mínimas de sobrevivência.

Por isso, a estipulação do direito à vida nos tratados de direitos humanos fatalmente acarreta, por intermédio da interpretação, discussões sobre o direito a saúde, moradia, alimentação e outros direitos sociais envolvidos na dimensão horizontal vista anteriormente.

A Corte Interamericana de Direitos Humanos possui precedentes que exigem do Estado a promoção de direitos sociais, extraindo tal dever das dimensões sociais dos direitos civis e políticos da Convenção Americana de Direitos Civis e Políticos[22]. O marco dessa articulação entre a promoção de direitos sociais e a proteção da vida digna deu-se no caso Villagrán Morales *vs.* Guatemala (ou "Caso dos Meninos de Rua" ou "Niños de la Calle", sentença de 19 de novembro de 1999), no qual a Corte decidiu que as crianças em situação de rua não possuíam condições de vida digna.

---

22 A Convenção estabeleceu um rol de direitos civis e políticos, com referência escassa aos direitos econômicos, sociais e culturais (artigos 26 e 42 da CADH). Em 1988, foi editado o Protocolo Adicional à Convenção Americana de Direitos Humanos em matéria de direitos sociais, econômicos e culturais, mas que só permite o acesso à Corte IDH em caso de violação de direitos sindicais e do direito à educação fundamental (artigos 8º, *a*, 13 e 19.6).

Um dos melhores exemplos dessa guinada jurisprudencial da Corte IDH é vista nos casos envolvendo direitos indígenas. No caso Comunidade Indígena Sawhoyamaxa *vs*. Paraguai (sentença de 29 de março de 2006), a Corte condenou o Paraguai pela morte de vários membros da comunidade indígena pela falta de condições adequadas de vida, já que viviam às margens da rodovia pela falta de acesso à terra (parágrafo 166 da sentença).

Assim, a articulação entre a constatação de violação de direitos civis e políticos em virtude de condutas estatais (comissivas ou omissivas) que não implementaram direitos sociais é uma constante na jurisprudência da Corte IDH, superando o conceito de "desenvolvimento progressivo" previsto no próprio art. 26 da Convenção Americana, citado anteriormente.

Desse modo, desenvolveram-se, na jurisprudência internacional dos direitos humanos, dois modos de justiciabilidade dos direitos sociais: o modo *indireto* e, mais recentemente, o modo *direto*.

O modo *indireto* consiste na proteção dos direitos sociais como facetas dos direitos civis e políticos. A divisão entre "direitos civis e políticos" e "direitos sociais" é eliminada: há facetas dos direitos civis e políticos que afetam direitos sociais, e a violação dos direitos sociais é feita *por derivação* da justiciabilidade de um direito civil e político.

Pelo modo *direto*, a violação a direito social, econômico, cultural ou ambiental (DESCA) é reconhecida enquanto tal, de forma autônoma (por exemplo, violação ao direito à saúde, à educação ou ao trabalho). Trata-se de forma tradicionalmente reservada aos direitos civis e políticos, uma vez que os tratados que contêm direitos sociais em sentido amplo adotaram – como visto acima – somente o dever dos Estados em desenvolver progressivamente tais direitos.

O modo indireto é o mais usualmente encontrado na jurisprudência internacional de direitos humanos. No plano interamericano, em face da dificuldade de reconhecimento de uma violação direta às normas jurídicas delimitadoras dos DESCAs (em especial o art. 26 da CADH e os direitos do Protocolo de San Salvador), o modo indireto foi amplamente utilizado pela Corte Interamericana de Direitos Humanos (Corte IDH).

Nesse sentido, a Corte IDH reconheceu, em seus julgados, diferentes dimensões das violações derivadas de direitos civis e políticos, consagrando, simultaneamente, a indivisibilidade e a interdependência dos direitos humanos. Há duas críticas ao uso do modo indireto: (i) seu uso gera baixa visibilidade e reconhecimento dos DESCAs enquanto direitos

264

com força vinculante; bem como (ii) exige que violações a direitos difusos ou coletivos sejam traduzidas como violações de direitos individuais.

O modo direto de proteção de direitos humanos foi consagrado pela Corte IDH somente em 2017, no *Caso Lagos del Campo vs. Peru*[23]. Foi declarada, de ofício (sem pedido das vítimas ou da Comissão Interamericana de Direitos Humanos), a violação ao art. 26 da CADH. Foi a primeira vez que a Corte declarou violado pelo Estado o art. 26 da CADH, mantendo essa linha em julgados subsequentes, a saber: *Caso dos Trabalhadores Despedidos da Empresa Petroperú*[24] (2017), *Caso Poblete Vilches vs. Chile*[25] (2018) e *Caso San Miguel Sosa vs. Venezuela*[26] (2018).

A justiciabilidade direta dos direitos sociais implica o reconhecimento de direitos subjetivos oponíveis aos Estados (tais como os direitos civis e políticos), afastando-se a tese de que tais direitos representariam somente normas programáticas aos Estados.

Com a justiciabilidade direta, os DESCAs reafirmam-se como direitos humanos, com o mesmo *status* e hierarquia que os direitos civis e políticos. Com isso, os Estados devem tanto evitar medidas regressivas (*vide*, abaixo, capítulo sobre a proibição do retrocesso), quanto adotar medidas imediatas de respeito e garantia.

---

23 Corte IDH. *Caso Lagos del Campo Vs. Perú*. Exceções Preliminares, Mérito, Reparações e Custas. Sentença de 31 de agosto de 2017. Série C, n. 340.

24 Corte IDH. *Caso Trabalhadores Despedidos de Petroperú y otros Vs. Perú*. Exceções Preliminares, Mérito, Reparações e Custas. Sentença de 23 de novembro de 2017. Série C, n. 344.

25 Corte IDH. *Caso Poblete Vilches e outros Vs. Chile*. Mérito, Reparações e Custas. Sentença de 8 de março de 2018. Série C, n. 349.

26 Corte IDH. *Caso San Miguel Sosa e outras Vs. Venezuela*. Mérito, Reparações e Custas. Sentença de 8 de fevereiro de 2018. Série C, n. 348.

12 Dimensão objetiva

A dimensão objetiva dos direitos humanos implica reconhecer que os direitos humanos *não* devem ser entendidos apenas como um conjunto de posições jurídicas conferidas a seus titulares, mas *também* como um conjunto de regras impositivas de comportamentos voltadas à proteção e satisfação daqueles direitos subjetivos conferidos aos indivíduos. De fato, essa dimensão objetiva faz com que direitos humanos sejam regras de imposição de deveres, em geral ao Estado, de implementação e desenvolvimento dos direitos individuais.

Esses deveres geram a criação de procedimentos e também de entes ou organizações capazes de assegurar, na vida prática, os direitos fundamentais da pessoa humana. À dimensão subjetiva dos direitos humanos, soma-se essa dimensão objetiva, assim denominada pela sua característica organizacional e procedimental, independente de pretensões individuais[1].

Tal dimensão objetiva dos direitos humanos é complementar à visão dos direitos humanos como direitos subjetivos públicos ou sob uma ótica de direito individual. É nesse sentido o pensamento de PETER HÄBERLE, para quem os direitos fundamentais possuem um duplo conteúdo. De um lado apresentam um aspecto de direito individual; são direitos da pessoa. Titulares dos direitos fundamentais são, segundo a natureza do direito fundamental em questão, ora indivíduos singulares, ora grupos como associações e sindicatos[2]. De outro lado, os direitos fundamentais são caracterizados por um aspecto institucional (*institutionelle Seite*). Representam, também, a garantia de esfera de vida regulada e organizada segundo princípios de liberdade, que, devido ao seu significado objetivo-institucional, não se deixam fechar no esquema restrito da liberdade individual e de seus limites e fundar-se somente no indivíduo, ultrapassando assim a relação unidimensional indivíduo/Estado[3].

---

1 Para Willis Santiago Guerra Filho, "a dimensão objetiva é aquela onde os direitos fundamentais se mostram como princípios conformadores do modo como o Estado que os consagra deve organizar-se e atuar" (GUERRA FILHO, Willis Santiago. "Direitos fundamentais, processo e princípio da proporcionalidade", in GUERRA FILHO, Willis Santiago. *Dos direitos humanos aos direitos fundamentais*. Porto Alegre: Livraria do Advogado, 1997, p. 13).

2 HÄBERLE, Peter. *La libertà fondamentali nello Stato costituzionale* (trad. Alessandro Fusillo e Romolo W. Rossi). Roma: La Nuova Italia Scientifica, 1996, p. 115.

3 HÄBERLE, Peter. *La libertà fondamentali nello Stato costituzionale* (trad. Alessandro Fusillo e Romolo W. Rossi). Roma: La Nuova Italia Scientifica, 1996, p. 116.

Esse duplo caráter, prossegue o autor citado, caracteriza a própria essência dos direitos fundamentais. Ambos os aspectos, tanto de direito individual como institucional, formam no seu complexo o direito fundamental, reforçando-se reciprocamente. Assim, o aspecto institucional dos direitos fundamentais não pode ser colocado como secundário em relação ao aspecto dos direitos individuais, nem pode ser-lhe justaposto, isolando-o; não pode também ser reduzido a uma relação de meio/fim. O aspecto institucional se encontra antes em correlação e em posição de paridade de condição com o individual. Da mesma forma, não se pode degradar o aspecto individual à mera emanação do aspecto objetivo-institucional.

Saliente-se, ainda, que à dimensão objetiva dos direitos fundamentais não se acompanha, como podem pensar alguns, o enfraquecimento da liberdade individual. Ao contrário, a dupla abordagem dos direitos e garantias fundamentais impõe um reforço da liberdade. CANOTILHO, ao abordar em sua obra a dupla dimensão dos direitos humanos (ou duplo caráter), exemplifica esse conceito da seguinte forma: "O duplo caráter atribuído aos direitos fundamentais – individual e institucional – faz com que hoje, por exemplo, o direito de constituir família se deva considerar indissociável da proteção da família como tal"[4].

Esses deveres de proteção e a consequente dimensão objetiva dos direitos humanos já foram reconhecidos pelo Direito Internacional.

Como exemplo, cite-se o artigo 1.1 da Convenção Americana de Direitos Humanos que estabelece que o Estado fica obrigado a *zelar pelo respeito* dos direitos humanos reconhecidos e a *garantir o exercício* destes por parte de toda pessoa que é sujeita à sua jurisdição.

Essa obrigação de *respeito* concretiza uma obrigação de não fazer, que se *traduz na limitação do poder público em face dos direitos do indivíduo*. Como já assinalou a Corte Interamericana, o exercício da função pública tem limites que derivam dos direitos humanos, atributos inerentes à dignidade humana e, em consequência, superiores ao poder do Estado[5].

---

4 CANOTILHO, José Joaquim Gomes. *Direito constitucional*. Coimbra: Almedina, 1995, p. 521.

5 Nos termos da sentença, "o exercício da função pública tem limites que derivam do fato de que os direitos humanos são atributos inerentes à dignidade humana e, em consequência, superiores ao poder do Estado" (Corte Interamericana de Direitos Humanos, Caso *Velásquez Rodríguez*, sentença de 29 de julho de 1988, Série C, n. 4, parágrafo 165). Ver mais em CARVALHO RAMOS, André de. *Direitos humanos em Juízo. Comentários aos casos contenciosos e consultivos da Corte Interamericana de Direitos Humanos*. São Paulo: Max Limonad, 2001.

Ainda segundo a Corte Interamericana, trata-se de dever de caráter eminentemente negativo, um dever de abster-se de condutas que importem em violações de direitos humanos.

Já a obrigação de *garantia* concretiza *uma obrigação de fazer*, que consiste na organização, pelo Estado, de estruturas e procedimentos capazes de prevenir, investigar e mesmo punir toda violação, pública ou privada, dos direitos fundamentais da pessoa humana, mostrando a faceta objetiva desses mesmos direitos.

Para a Corte Interamericana de Direitos Humanos tal obrigação manifesta-se de forma preponderantemente positiva, tendo por conteúdo o dever dos Estados-Partes de organizarem o "aparato governamental e, em geral, todas as estruturas através das quais se manifesta o exercício do poder público, de maneira tal que sejam capazes de assegurar juridicamente o livre e pleno exercício dos direitos humanos"[6]. Assim, a Corte Interamericana de Direitos Humanos estabeleceu que o Estado responde internacionalmente quando não garante os direitos humanos, de modo a organizar um aparato estatal que seja capaz de assegurar juridicamente o gozo destes direitos.

A dimensão objetiva dos direitos humanos impõe aos Estados a criação de procedimentos e estruturas que previnam a ocorrência de violações de direitos protegidos. Esse *dever de prevenção*, nos dizeres da Corte[7], abarca todas aquelas medidas de caráter jurídico, político, administrativo e cultural que promovam a salvaguarda dos direitos humanos e que assegurem que as eventuais violações a estes sejam efetivamente consideradas e tratadas como um fato ilícito, que, como tal, é suscetível de provocar a punição de quem as cometa[8], assim

---

6 Corte Interamericana de Direitos Humanos, *Caso Velásquez Rodríguez – Mérito*, sentença de 29 de julho de 1988, Série C, n. 4, parágrafo 166.

7 Corte Interamericana de Direitos Humanos, *Caso Velásquez Rodríguez – Mérito*, sentença de 29 de julho de 1988, Série C, n. 4, parágrafo 175, repetido em diversos casos posteriores.

8 Especificamente sobre o dever de investigar as violações de direitos humanos, a Corte destacou *a necessidade de o Estado reparar a dita violação através da identificação e punição dos responsáveis*. Esse posicionamento da Corte tem se repetido nos casos seguintes. Cite-se a recente decisão relativa ao caso *Suarez Rosero*, na qual novamente a Corte estabeleceu o *dever do Estado equatoriano de investigar e punir* as pessoas responsáveis pelas violações de direitos humanos mencionadas na sentença. De acordo com a Corte, "107. Como consecuencia de lo dicho, la Corte considera que el Ecuador debe ordenar una investigación para identificar y, eventualmente, sancionar a las personas

como a obrigação de indenizar as vítimas por suas consequências prejudiciais[9].

Além disso, a dimensão objetiva, já reconhecida pelo Direito Internacional dos Direitos Humanos como vimos, revela um dever contraído pelos Estados de fornecer um amplo *arcabouço institucional* no qual os direitos humanos possam florescer[10].

---

responsables de las violaciones a los derechos humanos a que se ha hecho referencia en esta sentencia" (Corte Interamericana de Direitos Humanos, Caso *Suarez Rosero,* sentença de 12 de novembro de 1997, parágrafo 107, p. 31). Mais comentários sobre o dever de investigar e punir, ver CARVALHO RAMOS, André de. *Responsabilidade internacional por violação de direitos humanos.* Rio de Janeiro: Renovar, 2004.

9 CERNA, Christina "The Inter-American Court of Human Rights" in JANIS, Mark W. (edit.). *International courts for the twenty-first century,* Netherlands: Kluwer Academic Publishers, 1992, p. 146. Conferir sobre o tema BUERGENTHAL, T. e SHELTON, Dinah. *Protecting human rights in America – cases and materials.* Strasbourg: N. P. Engel Publisher, 1995.

10 No caso Velásquez Rodríguez, verdadeiro marco da proteção interamericana de direitos humanos, a Corte invocou, para fundamentar a decisão condenatória do Estado hondurenho, o já mencionado artigo 1.1 (obrigação de respeitar os direitos – qualquer violação a direitos humanos imputável aos Estados-Partes implica a violação deste dispositivo), apesar de a Comissão Interamericana de Direitos Humanos não tê-lo invocado (*iura novit curia*), interpretando-o como *irradiador de dois deveres*: o de respeitar os direitos e liberdades reconhecidos na Convenção, e o de garantir o livre e pleno exercício dos direitos reconhecidos na Convenção, independentemente das disposições internas sobre a matéria. A Corte fez questão ainda de assinalar que "na história dos direitos humanos, as desaparições não são uma novidade. Mas seu caráter sistemático e reiterado, sua utilização como técnica destinada a produzir não somente a própria desaparição, momentânea ou permanente, de determinadas pessoas, mas também um estado generalizado de angústia, insegurança e temor, é relativamente recente(...) A prática de desaparições, além de violar diretamente numerosas disposições da Convenção, como as assinaladas, significa uma ruptura radical deste tratado, na medida em que implica o crasso abandono dos valores que emanam da dignidade humana e dos princípios que mais profundamente fundamentam o sistema interamericano e a mesma Convenção. A existência dessa prática, ademais, supõe o desconhecimento do *dever de organizar o aparato do Estado* de modo que se garantam os direitos reconhecidos na Convenção (...)" – grifo do Autor (Corte Interamericana de Direitos Humanos, *Caso Velásquez Rodríguez – Mérito,* sentença de 29 de julho de 1988, Série C, n. 4, parágrafos 149-150, 153, 155-158). Para maiores comentários sobre esse caso da Corte Interamericana e suas repercussões no Direito brasileiro, ver CARVALHO RAMOS, André de. *Direitos humanos em Juízo*: comentários aos casos contenciosos e consultivos da Corte Interamericana de Direitos Humanos. São Paulo: Max Limonad, 2001.

13 A proteção penal dos direitos humanos

13.1 Origem e fundamentos

A dimensão objetiva dos direitos humanos consolidou uma característica que, aparentemente, não seria típica do regime jurídico de tais direitos: a busca pela proteção penal.

Como já visto, a dimensão objetiva dos direitos humanos gerou o dever dos Estados de criar um arcabouço institucional de proteção aos direitos humanos, o que, no plano internacional, inclui o uso do Direito Penal para punir os violadores de direitos humanos.

Há uma característica típica do Direito Internacional dos Direitos Humanos que hoje contamina os ordenamentos locais: desde sua origem, as normas internacionais preocuparam-se com a punição penal aos autores de violações de direitos humanos. De fato, os episódios bárbaros dos regimes totalitários na 2ª Guerra Mundial foram utilizados para mobilizar a sociedade internacional, reunida na então recém-criada Organização das Nações Unidas, em torno dos ideais de proteção dos direitos humanos. Tais episódios motivaram também a criação do Tribunal Militar Internacional de Nuremberg, que reforçou o desejo de combater a impunidade dos autores de tais condutas odiosas e gerou o chamado "Direito de Nuremberg", que consiste em um conjunto de resoluções da Assembleia Geral da ONU e de tratados internacionais voltados para a punição dos autores de crimes contra a humanidade[1]. Entre tais resoluções devem ser citadas as Resoluções n. 3 e 95 da Assembleia Geral da ONU de 1946, nas quais se reconheceram como princípios de direito internacional aqueles afirmados durante o processo de Nuremberg. Os Estados, então, apoiaram expressamente a possibilidade de afastar a tradicional imunidade dos agentes públicos para puni-los com severidade pelos crimes bárbaros e odiosos cometidos. Além disso, a Resolução n. 3.074 (XXVIII), de 3 de dezembro de 1973, da Assembleia Geral da ONU, estabeleceu regras internacionais de cooperação na detenção, extradição e punição dos acusados de crimes de guerra e crimes contra a humanidade e determinou a persecução criminal no país da detenção do acusado ou sua extradição para países cujas leis

---

1 Ver sobre o Direito de Nuremberg em ASCENSIO Hervé; DECAUX, Emmanuel e PELLET, Alain (orgs.). *Droit international pénal*. Paris: Centre de Droit International de l'Université Paris X: Éditions Pedone, 2000, p. 635 e s.

permitam a punição (*aut dedere aut judiciare*[2]). O direito internacional previu também a proibição da concessão de asilo a acusados de cometimentos de crimes contra a humanidade[3], bem como a impossibilidade de caracterização desses crimes como crimes políticos para fins de concessão da extradição[4]. Cabe ainda lembrar que a Convenção sobre a Imprescritibilidade dos Crimes contra a Humanidade (1973) estipulou a inaplicabilidade das chamadas "regras técnicas de extinção de punibilidade", as chamadas *statutory limitations*, o que acarreta a imprescritibilidade destes crimes, no que foi acompanhada pelo Estatuto de Roma, que criou o Tribunal Internacional Penal (TPI)[5].

Esse entrelaçamento entre a proteção de direitos humanos e o direito penal foi consagrado na Conferência Mundial de Direitos Humanos de Viena, de 1993. A Declaração e Programa de Ação da Conferência Mundial de Viena (1993) implantou, em definitivo, o dever dos Estados de punir criminalmente os autores de graves violações de direitos humanos para que seja consolidado o Estado de Direito, tendo sido estabelecido que os "Estados devem ab-rogar leis conducentes à impunidade de pessoas responsáveis por graves violações de direitos humanos, como a tortura, e punir criminalmente essas violações, proporcionando, assim, uma base sólida para o Estado de Direito" (item 60 da Declaração).

Assim, ficou consagrada uma nova forma de relacionamento entre a proteção dos direitos humanos e o direito penal, com foco, em especial, no revigorado desejo do direito internacional dos direitos humanos pela *repressão penal* aos violadores de direitos humanos.

A punição penal dos violadores de direitos humanos é benéfica, do ponto de vista do Direito Internacional dos Direitos Humanos, em virtude de dois fatores: (i) impede novas violações por parte do mesmo agente

---

2 O princípio do *aut dedere aut judicare* ("extraditar ou julgar") remonta a Grotius e tem como objetivo assegurar punição aos infratores destas normas internacionais de conduta, onde quer que eles se encontrem. Não estariam seguros, na expressão inglesa, *anywhere in the world*. Ver mais em CARVALHO RAMOS, André de. "O Caso Pinochet: passado, presente e futuro da persecução criminal internacional". *Revista Brasileira de Ciências Criminais*, São Paulo: Revista dos Tribunais, v. 25, 1999, p. 106-114.

3 Ver o § 7º da Resolução n. 3.074 (XXVIII) e também o artigo 1º, § 2º, da Declaração sobre Asilo Territorial da Assembleia Geral da ONU, adotada em 14 de dezembro de 1967 (Resolução n. 2.312 (XXII)).

4 Ver, por exemplo, o artigo VII da Convenção sobre Genocídio e o artigo XI da Convenção sobre o *Apartheid*.

5 Artigo 29: Imprescritibilidade. *Os crimes da competência do Tribunal não prescrevem.*

(prevenção específica) e (ii) inibe que a impunidade incentive novas violações de direitos humanos por parte de outros agentes (prevenção geral). Ou seja, é reproduzida a crença no *efeito de prevenção* (geral e específica) das penas criminais. Nessa linha, sustenta Cançado Trindade que "o dever dos Estados de investigação e punição dos responsáveis por violações de direitos humanos encontra-se relacionado com o dever de prover reparações devidas às vítimas de tais violações. É, ademais, dotado de caráter preventivo, combatendo a impunidade para evitar a repetição dos atos violatórios dos direitos humanos"[6].

Porém, é necessária cautela no uso do instrumento penal (associado a controle e repressão) na área dos direitos humanos. De fato, é inegável o uso em várias situações do direito penal como forma de controle social e combate ao "inimigo", em especial na era da expansão do direito penal, de cunho meramente simbólico. Mas o que se discute na proteção jurídico-penal dos direitos humanos é justamente o contrário: para que os direitos humanos sejam emancipatórios e universais é necessário que os autores das violações sejam punidos a fim de que seus exemplos não se propaguem ou os responsáveis não repitam a conduta em futuras ocasiões. Não é vingança ou retribuição, mas sim o desejo de implementação dos direitos humanos como vetor de tolerância e respeito, uma vez que a tutela penal dos direitos humanos aplica-se diretamente no cotidiano de pessoas vulneráveis a inúmeros abusos e violações.

Basta ver os casos de abuso de autoridade, tortura, execução sumária, desaparecimentos forçados, violência de gênero, discriminação e violência racial, entre outros, que, pela gravidade, não poderiam ter a tutela penal substituída por outra.

Além disso, o combate à impunidade dos violadores de direitos humanos relaciona-se com o respeito à *universalidade* e igualdade dos direitos humanos. A universalidade e a objetividade do ordenamento jurídico exigem que o Estado aplique a lei para todos, impedindo que alguns escapem da punição[7]. Por isso, a defesa do fim da impunidade

---

6 CANÇADO TRINDADE, Antônio Augusto. *Tratado de direito internacional de direitos humanos*. Porto Alegre: Sérgio Antônio Fabris Editor, 1999, p. 407.

7 Para José Reinaldo de Lima Lopes, "os traços da punição na sociedade democrática seriam sua universalidade e sua objetividade, significando que se estenderia de maneira geral a qualquer um que se encontrasse sob aquele sistema jurídico". LOPES,

dos autores de violações de direitos humanos, como nos casos emblemáticos do Carandiru, Eldorado dos Carajás, Febem de São Paulo (entre outros), transcende o desejo de impedir repetições da conduta violadora e vincula-se à exigência de tratamento isonômico e respeito ao Estado de Direito. Reforça-se a característica democrática da tutela penal, fraturada pela impunidade seletiva dos autores de violações de direitos humanos. Nesse sentido, sustenta LIMA LOPES que "quando os movimentos de defesa dos direitos humanos insistem na punição dos violadores de direitos fundamentais da pessoa humana estão reafirmando o poder do Estado em fazer valer universalmente a lei. Isto quer dizer garantir direitos e não privilégios, pois a rigor a lei beneficia a todos". Há uma espécie de "efeito carona" perverso da impunidade: ela aumenta o chamado "fardo da convivência", ou seja, faz com que a vida em sociedade se aproxime da lei da selva, uma vez que o exemplo da impunidade contamina e inspira novos comportamentos deletérios[8]. Na mesma linha, defende AMBOS que "a contemplação passiva por parte do Estado" das graves violações de direitos humanos representa a fratura do direito e incentivo à justiça pelas próprias mãos[9].

Do ponto de vista do tratamento isonômico, a impunidade dos violadores de direitos humanos é nefasta, pois o afastamento da tutela penal só ocorre para os privilegiados, com acesso a algum filtro da impunidade. Com isso, cria-se um *Estado dúbio*, no qual a tutela penal ora é ativada, quando os autores são dos grupos marginalizados, ora é impedida, quando os autores são agentes públicos graduados ou membros da elite econômico-social do país. Por mais esse fundamento, justifica-se a consolidação dessa nova característica dos direitos humanos no plano penal, que vem a ser a exigência da proteção penal.

José Reinaldo de Lima. "Direitos humanos e tratamento igualitário: questões de impunidade, dignidade e liberdade" (*Revista Brasileira de Ciências Sociais*, São Paulo: Associação Nacional de Pós-Graduação e Pesquisa em Ciências Sociais, v. 15, n. 42, fev. 2000, p. 77-100, em especial p. 80).

8 LOPES, José Reinaldo de Lima. "Direitos humanos e tratamento igualitário: questões de impunidade, dignidade e liberdade", cit., p. 77-100, em especial p. 82.

9 AMBOS, Kai. *Direito penal.* Fins da pena, concurso de pessoas, antijuridicidade e outros aspectos. Trad. e comentários de Pablo Rodrigo Alflen da Silva. Porto Alegre: Sérgio Antônio Fabris Editor, 2006, p. 23.

13.2 Os mandados internacionais expressos de criminalização

Por sua vez, a proteção penal dos direitos humanos no plano internacional é composta de duas facetas: (i) a obrigação dos Estados de criminalizar determinadas condutas ofensivas a direitos humanos e, ainda, (ii) a obrigação dos Estados de investigar, processar criminalmente e punir os autores das violações de direitos humanos.

Quanto à primeira obrigação (criminalizar condutas), os tratados de direitos humanos estipulam diversos *mandados internacionais expressos de criminalização*, que consistem em cláusulas previstas em tratados ordenando a tipificação penal nacional de determinada conduta, a imposição de determinada pena, a vedação de determinados benefícios (por exemplo, a proibição da prescrição penal) ou até o tratamento prisional específico.

São mandados internacionais expressos de criminalização:

(i) Tortura:

A proteção internacional ao direito à integridade física gerou o dever dos Estados em tipificar o crime de tortura. O artigo 4º da Convenção contra a Tortura e outros Tratamentos ou Penas Cruéis, Desumanos ou Degradantes dispõe que cada Estado-parte "assegurará que todos os atos de tortura sejam considerados crimes segundo a sua legislação penal"[10]. O mesmo aplica-se à tentativa de tortura e a todo ato de qualquer pessoa que constitua cumplicidade ou participação na tortura. Além disso, ficou estabelecido que cada Estado-parte punirá esses crimes com penas adequadas que levem em conta sua gravidade. A jurisdição universal também não foi esquecida pela Convenção e o artigo 5º preconiza que todos os Estados devem estabelecer sua jurisdição sobre tais crimes, nos casos em que o suposto autor se encontre em qualquer território sob sua jurisdição e o Estado não o extradite (*aut dedere aut judicare*). A Convenção Interamericana para Prevenir e Punir a Tortura de 1985 também dispôs, no seu artigo 1º, que os Estados-partes obrigar-se-ão a prevenir e a punir a tortura[11]. Já o Comitê estabelecido pela Convenção contra a Tortura, confrontado com as leis

---

10 Adotada pela Resolução n. 39/46 da Assembleia Geral das Nações Unidas, em 10 de dezembro de 1984, e ratificada pelo Brasil em 28 de setembro de 1989.

11 O Brasil é parte da citada Convenção. Ver o Decreto n. 98.386/89.

internas restringindo a persecução penal ou mesmo extinguindo a punibilidade dessas violações de direitos humanos, decidiu que a Convenção, quando abordar a proteção *penal* contra a tortura, incluirá a necessidade de investigação e punição. Concluiu o citado Comitê que os Estados deverão evitar leis de anistia a atos de tortura, pois tais leis violam o dever de investigar e *punir* o crime de tortura[12].

(ii) Discriminação racial, xenofobia e intolerância:

A Convenção Internacional sobre a Eliminação de Todas as Formas de Discriminação Racial expressamente ordenou a criminalização da discriminação racial. Seu artigo 4º dispõe que os Estados devem declarar, como delitos puníveis por lei, qualquer difusão de ideias baseadas na superioridade ou ódios raciais, qualquer incitamento à discriminação racial, assim como quaisquer atos de violência ou provocação a tais atos, dirigidos contra qualquer raça ou qualquer grupo de pessoas de outra cor ou de outra origem étnica, como também qualquer assistência prestada a atividades racistas, inclusive seu financiamento. A Conferência Mundial sobre Direitos Humanos de Viena também fez menção ao mandado de criminalização da discriminação racial, xenofobia e intolerância ao instar todos os Governos a "tomarem medidas imediatas e desenvolverem políticas vigorosas no sentido de evitar e combater todas as formas de racismo, xenofobia ou manifestação análogas de intolerância, onde seja necessário, promulgando leis adequadas, adotando medidas penais cabíveis e estabelecendo instituições nacionais para combater fenômenos dessa natureza" (item 20).

No Brasil, a Lei n. 7.716, de 5 de janeiro de 1989, também chamada de "Lei Caó", define os crimes de discriminação ou preconceito e suas punições, tendo revogado leis anteriores (Lei n. 7.438/85 e Lei n. 1.390/51, esta que tratava a matéria como contravenção penal – "Lei Afonso Arinos"). De acordo com seu artigo 1º, serão punidos, na forma desta lei, os crimes resultantes de *discriminação* ou *preconceito* de raça, cor,

---

12 De acordo com o Comitê: "The Committee has noted that some States have granted amnesty in respect of acts of torture. Amnesties are generally incompatible with the duty of States to investigate such acts; to guarantee freedom from such acts within their jurisdiction; and to ensure that they do not occur in the future". Conferir in ROHT-ARRIAZA, Naomi. "Sources in International Treaties of and Obligation to investigate and Prosecute", in ROHT- ARRIAZA, Naomi (org.). *Impunity and human rights in international law and practice.* New York; Oxford: Oxford University Press, 1995, p. 29.

etnia, religião ou procedência nacional (redação dada pela Lei n. 9.459/97).

Em 1994, a Lei n. 8.882 criminalizou a conduta de fabricar, comercializar, distribuir ou veicular símbolos, emblemas, ornamentos, distintivos ou propaganda que utilizem a cruz suástica ou gamada, para fins de divulgação do nazismo. Poderá o juiz determinar, ouvido o Ministério Público ou a pedido deste, ainda antes do inquérito policial, sob pena de desobediência, o recolhimento imediato ou a busca e apreensão dos exemplares do material respectivo, bem como a cessação das respectivas transmissões radiofônicas ou televisivas. A Lei n. 12.288, de 2010, ainda permite que o juiz determine, mesmo na fase do inquérito policial, a interdição das respectivas mensagens ou páginas de informação na rede mundial de computadores (internet).

O artigo 140, § 3º, do Código Penal (injúria qualificada por preconceito – acrescentado pela Lei n. 9.459/97) prevê um *tipo qualificado ao delito de injúria*, que comina a pena de reclusão, de um a três anos, e multa, se a injúria consistir na utilização de elementos referentes a *raça, cor, etnia, religião, origem ou a condição de pessoa idosa ou portadora de deficiência*. Em 2023, a Lei n. 14.532 tipificou como racismo o crime de injúria racial, agora inserido na Lei n. 7.716 (Lei do Crime Racial; Lei Caó). De acordo com a nova lei, a Lei Caó tem um novo dispositivo: "Art. 2º-A. Injuriar alguém, ofendendo-lhe a dignidade ou o decoro, em razão de raça, cor, etnia ou procedência nacional. Pena: reclusão, de 2 (dois) a 5 (cinco) anos, e multa. Parágrafo único. A pena é aumentada de metade se o crime for cometido mediante concurso de 2 (duas) ou mais pessoas". Assim, em casos de xingamentos, uso de expressões chulas, entre outros, pratica-se injúria racial, como subtipo do racismo.

(iii) Violência contra a mulher:

A Convenção Interamericana para Prevenir e Punir e Erradicar a Violência contra a Mulher (também chamada de Convenção de Belém do Pará) foi explícita em estabelecer mandados de criminalização de condutas de violência contra a mulher. De acordo com o artigo 7º da citada Convenção, os Estados-partes devem "adotar, por todos os meios apropriados e sem demora, políticas orientadas e prevenir, punir e erradicar a dita violência e empenhar-se em (...) incluir em sua legislação interna normas penais, civis e administrativas, assim como as de outra natureza que sejam necessárias para prevenir, punir e erradicar a violência contra a mulher". A Convenção de Belém do Pará distinguiu-se da Convenção sobre a Eliminação de Todas as Formas de Discriminação contra a Mulher das Nações Unidas, que tão somente dispôs que os Estados-partes deveriam tomar as medidas apropriadas para combater as diversas formas de exploração e discriminação contra a mulher.

Esses inúmeros deveres do Estado foram fundamentais para que o Brasil, finalmente, editasse uma lei específica de combate à violência doméstica, a Lei n. 11.340/2006, também denominada "Lei Maria da Penha". Tal lei criou mecanismos para coibir a violência doméstica e familiar contra a mulher, nos termos da Convenção sobre a Eliminação de Todas as Formas de Discriminação contra as Mulheres (CEDAW) e da Convenção Interamericana para Prevenir, Punir e Erradicar a Violência contra a Mulher.

(iv) Genocídio, crimes de guerra e crimes contra a humanidade:

O primeiro mandado de criminalização do Direito Internacional relativo a direitos humanos, no caso o direito à vida, foi previsto na Convenção para a Prevenção e Repressão do Crime de Genocídio. Essa Convenção dispôs que os Estados "confirmam que o genocídio, quer cometido em tempo de paz, quer em tempo de guerra, é um crime contra o Direito Internacional, o qual elas se comprometem a prevenir e a *punir*" (artigo 1º). Consequentemente, os Estados assumiram o compromisso de "estabelecer sanções penais eficazes aplicáveis às pessoas culpadas de genocídio" (artigo 5º). Fica claro, pela conjunção dos dois dispositivos da citada Convenção, que a criminalização do genocídio é uma ordem ao Estado no plano interno e, ainda, é o genocídio um crime internacional. Posteriormente, o crime de genocídio foi consagrado como um crime internacional pelo artigo 6º do Estatuto de Roma, que expressamente o lista como um dos crimes internacionais que impõe a tipificação interna. Já os crimes de guerra contam com mandado expresso de criminalização estabelecido em cada uma das Convenções de Genebra de 1949. Tais Convenções retomam a noção de jurisdição universal e estipulam que os Estados contratantes estão obrigados a perseguir criminalmente as pessoas acusadas de violações do Direito Humanitário Internacional ou, ao menos, entregar tais pessoas a outro Estado contratante para que seja feita a punição criminal. De acordo com os dispositivos convencionais, as partes contratantes de tais Convenções (o Brasil é parte em todas) estão obrigadas a localizar as pessoas que cometeram graves violações das Convenções, bem como processá-las, não importando a nacionalidade delas, ou, então, entregá-las para julgamento em outro Estado contratante. Tal disposição, com diferentes numerações mas com igual conteúdo, consta das quatro Convenções de Genebra de 1949.

Quanto aos crimes contra a humanidade, os horrores da 2ª Grande Guerra, que justamente motivaram (entre outras causas) o desenvolvimento do Direito Internacional dos Direitos Humanos, também acarretaram a criação de mandados de criminalização dessas condutas. O Estatuto de Roma, no seu artigo 7º, as define como um ato odioso especificado (por exemplo, o homicídio, a tortura, a perseguição etc.), quando cometido no quadro de um ataque, generalizado ou sistemático, contra qualquer população civil, havendo conhecimento desse ataque.

Por outro lado, o preâmbulo do Estatuto de Roma realça o vínculo entre o Direito Penal e a proteção de direitos humanos por meio do combate à impunidade e, consequentemente, pela obtenção do efeito de prevenção a novas violações. Com efeito, no preâmbulo, estabeleceu-se que é dever de cada Estado exercer a respectiva jurisdição penal sobre os responsáveis por crimes internacionais, pois crimes de tal gravidade constituem uma ameaça à paz, à segurança e ao bem-estar da humanidade. Logo, tais "crimes de maior gravidade, que afetam a comunidade internacional no seu conjunto, não devem ficar impunes e que a sua repressão deve ser efetivamente assegurada através da adoção de medidas em nível nacional e do reforço da cooperação internacional", uma vez que é imperioso "pôr fim à impunidade dos autores desses crimes e a contribuir assim para a prevenção de tais crimes"[13].

No Brasil, cumpriu-se o mandado de criminalização do genocídio por meio da Lei n. 2.889/56. No caso dos crimes de guerra e crimes contra a humanidade, ainda não foi aprovada a legislação interna de complemento ao Estatuto de Roma.

13.3 Os mandados internacionais implícitos de criminalização

Os mandados implícitos de criminalização consistem em deveres de criminalizar as condutas de violação aos direitos humanos fundados tão somente na menção ao direito protegido em determinado tratado internacional.

A justificativa para a existência de mandados *implícitos* de criminalização está na chamada dupla dimensão dos direitos humanos, já vista,

---

13 Ver mais sobre o combate à impunidade no Direito Internacional em ROBERTSON, Geoffrey. "Ending impunity: how international criminal law can put tyrants on trial", in 38 *Cornell International Law Journal* (2005), p. 649 e s.

e também no próprio princípio da proibição da insuficiência (faceta positiva da proporcionalidade).

Os mandados implícitos de criminalização pressupõem a atividade judicial de interpretação de textos normativos. No Direito Internacional dos Direitos Humanos, tais mandados foram extraídos de textos convencionais, em especial graças à atividade hermenêutica de duas Cortes regionais de direitos humanos: a Corte Interamericana de Direitos Humanos e a Corte Europeia de Direitos Humanos. Estas interpretaram, respectivamente, a Convenção Americana de Direitos Humanos e a Convenção Europeia de Direitos Humanos no sentido de reconhecer a necessidade de punição penal aos autores de violações de direitos humanos.

Como ambas as Convenções *não* possuem mandados de criminalização *expressos*, tal dever dos Estados de investigar, perseguir em juízo e punir os autores de tais violações foi decorrência de dois tipos de dispositivos convencionais. O primeiro tipo foi o que estabelecia os deveres genéricos dos Estados de garantia e respeito aos direitos humanos estatuídos nesses textos convencionais (por exemplo, o artigo 1.1 da Convenção Americana de Direitos Humanos). O segundo tipo de dispositivo foi aquele que contemplava o direito à proteção judicial e ao devido processo legal por parte de todos os indivíduos (por exemplo, o artigo 25 da Convenção Americana de Direitos Humanos).

Assim sendo, o Direito Internacional dos Direitos Humanos estipulou verdadeiros mandados *implícitos* de criminalização por meio do reconhecimento do dever de investigar e *punir criminalmente* os autores de violação de direitos humanos. De fato, para que se puna criminalmente é necessário que o Estado *tenha antes tipificado* a conduta em tela.

Por outro lado, os tribunais internacionais de direitos humanos decidiram que o direito de acesso à justiça e o direito ao devido processo legal não cabe somente ao acusado, mas também à vítima das violações e seus acusados. Assim, a vítima passou a ter, no *direito à proteção judicial*, a *justificativa* para exigir punição penal aos autores de violações de direitos humanos. Um notável *giro copernicano* na interpretação tradicional desse direito.

O caso Genie Lacayo (conhecido como *caso da comitiva de Ortega*) é paradigmático. Neste caso, a Nicarágua foi acusada pela Comissão Interamericana de Direitos Humanos de delonga injustificada na *punição penal* contra os responsáveis pelo assassinato de Jean Paul Genie Lacayo, jovem que morreu ao ter seu carro metralhado pelos acompanhantes militares da escolta do General Humberto Ortega. A Corte reconheceu que, além do direito à vida, havia sido violado o direito ao devido processo legal (artigo 8.1 da Convenção) e titularizado pelo pai da vítima (Sr. Raymond Genie Peñalba) no campo penal[14].

Assim, a Corte Interamericana de Direitos Humanos revelou a existência de *um novo papel da vítima no processo penal:* o de exigir a punição dos autores das violações de direitos humanos sem qualquer exigência de prova de interesse material ou indenização na esfera cível.

Na mesma toada, a Comissão Interamericana publicou o Informe n. 54/2001, no qual o Brasil foi condenado pela Comissão por violação de direitos humanos causada, basicamente, pela delonga do Tribunal de Justiça do Ceará em aplicar a lei penal *contra o acusado* em prazo razoável[15]. Nessa linha, DENISE ABADE sustenta a existência de um direito ao devido processo legal penal em prazo razoável quer para o acusado, quer para a *acusação*[16].

Com efeito, no chamado caso "Maria da Penha Maia Fernandes", a Comissão considerou que a delonga por mais de 17 anos em prestar justiça e punir o responsável por fatos graves de violência contra a mulher era atribuída ao Brasil, não importando, é claro, terem sido

---

14 Ver mais em CARVALHO RAMOS, André de. *Direitos humanos em juízo.* São Paulo: Max Limonad, 2001.

15 Foi estabelecida, no caso em questão, a omissão injustificável da República Federativa do Brasil para com a violência cometida contra Maria da Penha Maia Fernandes, que culminou numa tentativa de homicídio e novas agressões em maio e junho de 1983. Maria da Penha, em decorrência dessas agressões, sofre de paraplegia irreversível e outras enfermidades desde esse ano. A tolerância do Estado brasileiro foi estabelecida, uma vez que não houve efetivamente punição do agressor, apesar do transcurso de mais de 17 anos dos fatos. O Tribunal de Justiça do Ceará foi considerado responsável pela excessiva delonga do processo criminal. Outrossim, foi estabelecida a violação dos seguintes artigos da Convenção Americana de Direitos Humanos: 1(1) (Obrigação de respeitar os direitos); 8 (Garantias judiciais); 24 (Igualdade perante a lei); e 25 (Proteção judicial); bem como, em relação aos artigos II e XVIII da Declaração Americana dos Direitos e Deveres do Homem; e ainda os artigos 3, 4, a, b, c, d, e, f, g, 5 e 7 da Convenção de Belém do Pará. Cabe notar que o Estado brasileiro não apresentou defesa, apesar dos repetidos requerimentos da Comissão. Ver Relatório n. 54/2001, referente ao Caso 12.051, de 4 de abril de 2001.

16 Ver, ainda, o artigo 5º, inciso LXXVIII, da Constituição, que estabelece que a todos, no âmbito judicial e administrativo, são assegurados a razoável duração do processo e os meios que garantam a celeridade de sua tramitação. Ver mais em ABADE, Denise Neves. *Garantias do processo penal acusatório:* o novo papel do Ministério Público no processo penal de partes. Rio de Janeiro: Renovar, 2005, p. 199 e s.

os atos realizados pelo Poder Judiciário de ente federado (no caso, o do Ceará)[17].

Assim, o dever de punição dos autores de violações de direitos humanos está fundamentado no artigo 8.1 da Convenção Americana de Direitos Humanos (direito da vítima e dos parentes das vítimas ao devido processo legal), no artigo 25 (direito ao acesso à justiça ou proteção judicial) e, finalmente, no artigo 1.1 (obrigação de garantir os direitos humanos, por meio da punição aos autores das violações).

---

17 De acordo com a Comissão, então: "Dado que essa violação contra Maria da Penha é parte de um padrão geral de negligência e falta de efetividade do Estado para processar e condenar os agressores, a Comissão considera que não só é violada a obrigação de processar e condenar, como também a de prevenir essas práticas degradantes. Essa falta de efetividade judicial geral e discriminatória cria o ambiente propício à violência doméstica, não havendo evidência socialmente percebida da vontade e efetividade do Estado como representante da sociedade, *para punir esses atos*". Ver em Relatório n. 54/2001, referente ao Caso 12.051, de 4 de abril de 2001, parágrafo 56. Grifo meu.

14 Proibição do retrocesso

O Direito Internacional admite a possibilidade de novos marcos protetivos de direitos humanos, oriundos de novos tratados ou mesmo de diplomas internos. Como já mencionado, os tratados internacionais de direitos humanos contêm, como cláusula padrão, a menção à primazia da norma mais favorável ao indivíduo, impedindo que a interpretação de suas normas possa *diminuir* a proteção já alcançada.

Consequentemente, cristalizou-se, no plano internacional, a chamada *proibição do retrocesso* ou *efeito cliquet*, pelo qual é vedado aos Estados que diminuam ou amesquinhem a proteção já conferida aos direitos humanos[1]. Mesmo novos tratados internacionais não podem impor restrições ou diminuir a proteção de direitos humanos já alcançada.

Além disso, é importante mencionar a cláusula do "desenvolvimento progressivo" prevista em tratados internacionais sobre direitos sociais, que também incorpora a vedação do retrocesso como característica do regime jurídico dos direitos humanos na esfera internacional.

Tal cláusula pode ser vista no artigo 2.1 do Pacto Internacional de Direitos Sociais, Econômicos e Culturais e no artigo 1º do Protocolo de Direitos Sociais, Econômicos e Culturais da Convenção Americana de Direitos Humanos (Protocolo de San Salvador). De acordo com tais artigos, os Estados comprometem-se a adotar medidas, conforme os recursos disponíveis, para atingir, *progressivamente*, a plena efetividade dos direitos protegidos.

O conceito de "progressividade" abarca dois sentidos: por um lado, sugere-se a *gradualidade* da plena efetividade; de outro, impõe-se o dever ao Estado de garantir o *progresso,* ou seja, veda-se consequentemente o *regresso,* o amesquinhamento dos direitos sociais já concretizados no momento da ratificação de tais tratados[2].

---

1 A concepção da intangibilidade dos direitos humanos já concretizados também encontra apoio na doutrina constitucional, como exposta por Canotilho e Vital Moreira: "... as normas constitucionais que reconhecem direitos económicos, sociais e culturais de carácter positivo têm pelo menos uma função de garantia da satisfação adquirida por esses direitos, implicando uma 'proibição de retrocesso', visto que, uma vez dada satisfação ao direito, este 'transforma-se', nessa medida, em 'direito negativo' ou direito de defesa, isto é, num direito a que o Estado se abstenha de atentar contra ele" (CANOTILHO, José Joaquim Gomes; MOREIRA,Vital. *Fundamentos da Constituição*. Coimbra: Coimbra Editora, 1991, p. 129).

2 COURTIS, Christian; ABRAMOVICH, Victor. *Los derechos sociales como derechos exigibles*. Madrid: Trotta, 2002, em especial p. 92-101.

É claro que o Estado pode optar por políticas sociais menos onerosas ou políticas públicas mais eficientes, desde que o resultado final de maior efetividade dos direitos protegidos seja obtido.

A prática internacional endossa tal posicionamento. Por exemplo, observa-se que o Comitê de Direitos Sociais, Econômicos e Culturais adotou várias observações gerais, que aplicam a "proibição do retrocesso" na análise dos direitos protegidos pelo Pacto Internacional sobre Direitos Econômicos, Sociais e Culturais. Com efeito, a Observação Geral n. 12 ("direito à alimentação adequada"[3]), bem como a Observação Geral n. 13 ("direito à educação"[4]) e Observação Geral n. 14 ("direito ao mais alto padrão de saúde"), consideram violatórias *prima facie* ao Pacto as medidas regressivas.

O Comitê supramencionado admitiu, por outro lado, restrições a direitos sociais, desde que sejam feitos de modo a promover o bem-estar geral em uma sociedade democrática[5]. Cabe ao Estado, então, provar (ou seja, inverte-se o ônus da prova) que eventuais reformas das políticas de implementação dos direitos sociais acarretam um avanço na efetividade dos direitos protegidos como um todo[6].

Outro importante precedente na prática internacional é o voto em separado do Juiz Piza-Escalante, no caso do Parecer Consultivo n. 04/84 da Corte Interamericana de Direitos Humanos. No voto, o juiz Escalante reconheceu aplicável aos *direitos civis e políticos* a proibição de regressividade. No caso, referente à reforma da Constituição da Costa Rica no que tange ao direito à nacionalidade, houve expressa menção à impossibilidade de retrocesso no acesso à nacionalidade, em nome da vedação do retrocesso[7].

Atualmente, em plena era de rediscussão do papel do Estado e propostas de diminuição de prestações sociais, a proibição do retrocesso representa importante garantia para todos os indivíduos.

---

3 Ver ponto 19.

4 Ver ponto 45.

5 Ver Observação Geral n. 14, ponto 32.

6 Ver Observação Geral n. 13 ("direito à educação"), ponto 45: "Se deliberadamente adota alguma medida regressiva, o Estado-parte tem a obrigação de demonstrar que foi implementada depois da consideração cuidadosa de todas as alternativas e que se justifica plenamente em relação à totalidade dos direitos previstos no Pacto e no contexto do aproveitamento pleno do máximo dos recursos de que dispõem o Estado". Tradução livre.

7 Parecer consultivo sobre a proposta de alteração da Constituição da Costa Rica, Parecer n. 4, de 19 de janeiro de 1984, referente à interpretação dos artigos 17 (proteção à família), 20 (direito à nacionalidade) e 24 (direito à igualdade) da Convenção Americana.

15 Eficácia horizontal e eficácia diagonal

A *eficácia horizontal dos direitos humanos* consiste na aplicação, com ou *sem mediação de lei*, dos direitos fundamentais nas relações entre particulares[8].

É claro que a própria discussão da eficácia horizontal de direitos humanos pressupõe uma concepção ampliada desses direitos e incompatível com a tese liberal, que via nos direitos humanos apenas os chamados *direitos de defesa* contra o Estado e, assim, aplicava-os apenas nas relações dos particulares com o Estado[9]. Com isso, a eficácia vertical dos direitos humanos consiste na relação de oposição entre os direitos dos particulares e o Estado.

A doutrina alemã intitulou a aplicação direta dos direitos humanos nas relações entre particulares de "eficácia externa ou eficácia em relação a terceiros dos direitos fundamentais" (*Drittwirkung*). Outra denominação é "efeitos horizontais dos direitos fundamentais" (*Horizontalwirkung*) ou ainda o termo "eficácia dos direitos fundamentais na ordem jurídica privada" (*Geltung der Grundrechte in der Privatrechtsordnung*)[10].

De acordo com a teoria da eficácia horizontal dos direitos fundamentais, estes se aplicam *obrigatória* e *diretamente* na realização dos atos jurídicos entre pessoas e entes privados. Assim, adota-se a tese da eficácia plena dos direitos fundamentais, podendo cada indivíduo, sem qualquer necessidade de mediação concretizadora de atos normativos ou leis, invocar os direitos e garantias individuais nas suas relações privadas.

Forçoso reconhecer que há forte e tradicional corrente doutrinária que sustenta terem os direitos fundamentais apenas *eficácia mediata ou indireta* nas relações privadas, pois somente o legislador e o aplicador público das normas seriam vinculados à conformação constitucional dos direitos fun-

---

8 No Brasil, conferir SARMENTO, Daniel. *Direitos fundamentais e relações privadas*. Rio de Janeiro: Lumen Juris, 2004. Ver também CHAPHAM, Andrew. *Human Rights in the private sphere*. Oxford: Clarendon Press, 1993, e o fundamentado estudo de BILBAO UBILLOS, Juan María, *La eficacia de los derechos fundamentales frente a particulares. Análisis de la jurisprudencia del Tribunal Constitucional*. Madrid: CEPC-BOE, 1997.

9 MOREIRA, Vital; CANOTILHO, J. J. Gomes. *Constituição da República Portuguesa Anotada*, Coimbra: Almedina, 1978, p. 166.

10 A teoria da eficácia dos direitos constitucionais frente aos particulares encontrou forte repercussão na doutrina alemã (*Drittwirkung*, ou eficácia horizontal). Ver ALEXY, Robert. *Teoría de los derechos fundamentales*. Centro de Estudios Constitucionales, Madrid, 1997, p. 513.

damentais. Consequentemente, o particular, amparado pela sua autonomia de vontade, é livre para agir quando, pela omissão do legislador, existe lacuna legislativa que impeça determinado comportamento.

A tese da eficácia mediata dos direitos constitucionais, que só vinculariam os particulares se concretizados por comandos legais, obtém suporte na teoria dos direitos fundamentais dita liberal, *já que para tal corrente os direitos fundamentais são verdadeiras defesas contra o Estado e não contra os particulares*. Entre particulares imperaria o princípio da autonomia e da liberdade, através de suas inúmeras facetas, entre as quais a liberdade de agir e contratar.

A possível limitação do âmbito de alcance dos direitos fundamentais, restringindo-os somente para alcançar entes públicos, é verdadeiro resquício da origem dos direitos fundamentais. Com efeito, a citada limitação é uma consequência do antagonismo entre sociedade e Estado da primeira fase do constitucionalismo, pois se baseia no pressuposto de que a sociedade civil é separada da sociedade política organizada, que é o Estado, verdadeiro inimigo e mal necessário. Nesse ponto, CLAPHAM sustenta a necessidade de redefinição da clássica distinção entre o público e o privado, com a introdução do dado analítico novo, que vem a ser o surgimento do moderno Estado do Bem-Estar Social[11].

No caso do objeto de nosso estudo, observo que a proteção internacional dos direitos humanos não se descurou da análise da ação ou omissão de agentes privados[12].

Há, com efeito, duas modalidades de eficácia horizontal de normas de tratados internacionais de direitos humanos.

---

11 Nas palavras do autor: "Although this classical distinction gave way to one which identifies the public with the nation-state and the private with the free market, even this now has to be re-evaluated with the emergence of the Welfare State and the recognition of state intervention in the economy and the laws of contract. The latest criticism of the Welfare State do not help to define the parameters of public and private, but merely demonstrate that fixing the boundary is a normative act" (CLAPHAM, Andrew, *Human Rights in the private sphere*. Oxford: Clarendon Press, 1993, p. 137).

12 No Direito Comparado, cite-se a Constituição portuguesa de 1976, que estipulava literalmente em seu artigo 18º, item 1, que os dispositivos consagradores de direitos e garantias *"vinculam ... entidades privadas"*. Assim, sacramentou-se no Direito posto português o que vinha sendo admitido em doutrina e que se refere ao alargamento da eficácia dos direitos fundamentais às relações entre meros particulares.

A primeira modalidade consiste em reconhecer, no corpo do próprio tratado, a vinculação dos particulares aos direitos protegidos.

Nesse mister, a Convenção para a Eliminação de Todas as Formas de Discriminação Racial e a Convenção para a Eliminação de Todas as Formas de Discriminação contra a Mulher são emblemáticas. De fato, ambas regulam o dever do Estado de combater a discriminação praticada por "quaisquer pessoas, grupo ou organização" (respectivamente, artigo 2º, alínea *d*, e artigo 2º, alínea *e*). Fica clara, então, a restrição à liberdade dos particulares, que não podem, legitimamente, discriminar por motivo racial ou gênero.

A segunda modalidade, comum, diga-se, consiste em fiscalizar o cumprimento, pelo Estado, de sua obrigação de *garantia* de direitos humanos. Assim, genericamente e por construção jurisprudencial, busca-se impor o dever do Estado de *garantir* os direitos humanos, impedindo que particulares os violem.

Tal obrigação de garantia consiste, como visto acima[13], no dever do Estado de *prevenir* ou *reprimir* as violações de direitos humanos. Assim, no tocante ao direito à vida, por exemplo, deve o Estado *assegurar juridicamente o livre e pleno exercício dos direitos humanos*, impedindo que particulares o violem. Caso haja determinada violação, deve o Estado zelar pela punição dos autores do ilícito, impedindo que impunidade estimule novas violações do direito protegido.

No caso de convenções internacionais de direitos humanos, há exemplos cada vez mais numerosos de dispositivos que criam obrigações de garantia aos Estados. Citem-se a Convenção Americana de Direitos Humanos (artigo 2º), a Convenção Europeia de Direitos Humanos (artigo 1º), a Convenção contra a Tortura (artigos 2º e 4º), entre outros.

Com isso, a consolidação da eficácia horizontal dos direitos humanos no plano internacional é fruto da obrigação do Estado de garantir e as-

---

13 No mesmo sentido, sustenta Daniel Sarmento que "do reconhecimento dos deveres de proteção é possível extrair direitos subjetivos individuais à proteção, oponíveis em face do Estado, que terá a obrigação de, por meio de providências normativas, administrativas e materiais, salvaguardar os indivíduos de danos e lesões que podem sofrer em razão da atuação de terceiros" (SARMENTO, Daniel. "A dimensão objetiva dos direitos fundamentais: fragmentos de uma teoria", in SAMPAIO, José Adércio Leite. *Jurisdição Constitucional e Direitos Fundamentais*. Belo Horizonte: Del Rey, 2003, p. 251-314, p. 295).

segurar os direitos humanos[14]. Neste ponto, diante do dever de prevenir violações de direitos humanos, é necessário, para que ocorra a responsabilização internacional do Estado, que este, por sua omissão permita que um particular viole direitos de outro particular[15]. *A devida diligência deve ser aferida como uma obrigação de meio ou de conduta.* Caso o Estado tenha agido de modo razoável no sentido de garantir os direitos humanos, os atos de particulares rompem, de regra, o nexo causal, *já que não há omissão que tenha contribuído para a ocorrência do resultado lesivo.*

Nesse sentido, a jurisprudência internacional é farta. Existem vários casos da Corte Interamericana de Direitos Humanos e da Corte Europeia de Direitos Humanos que firmaram os contornos da obrigação de garantia de direitos protegidos, estabelecendo, então, a eficácia horizontal dos direitos humanos no plano internacional. Logo, a *omissão* do Estado em face de atos de particulares pode acarretar sua responsabilidade internacional por violação de direitos humanos. Entretanto, nesse caso, *não basta* a prova da violação do direito protegido. Como salientou NIETO NAVIA, juiz da Corte Interamericana de Direitos Humanos, em voto dissidente, "não basta que ocorra a violação para que se possa dizer que o Estado falhou em preveni-la"[16]. É necessário que o Estado não tenha desempenhado, de modo razoável, o seu dever de prevenir o resultado[17].

Foi o que decidiu a Corte Interamericana de Direitos Humanos no Caso *Godinez Cruz*[18]. Essa devida diligência constitui em um *agir razoável*

---

14   No mesmo sentido, afirma Clapham, em face da Convenção Europeia de Direitos Humanos, que "the state responsibility arises when the State has not fulfilled its positive obligation to secure the rights in the Convention to everyone within its jurisdiction" (CLAPHAM, Andrew, *Human Rights in the private sphere.* Oxford: Clarendon Press, 1993, p. 215).

15   Para o internacionalista Malcom Shaw, *"The state, however, is under a duty to show due diligence"* (SHAW, Malcolm. *International Law.* 3. ed. Cambridge: Grotius Publications – Cambridge University Press, 1995, p. 492).

16   Corte Interamericana de Direitos Humanos, *Caso Caballero Delgado y Santana,* sentença de 8 de dezembro de 1995, voto dissidente do Juiz Rafael Nieto Navia, Série C, n. 22, p. 44, tradução livre.

17   CARVALHO RAMOS, André de. *Responsabilidade internacional por violação de direitos humanos.* Rio de Janeiro: Renovar, 2004.

18   Para a Corte, então, "com efeito, um fato inicialmente não é imputável diretamente a um Estado, por exemplo, por ser obra de um particular..., pode acarretar a responsabilidade internacional do Estado, não por esse fato em si mesmo, mas por

para prevenir situações de violação de direitos humanos[19]. A prevenção consiste em medidas de caráter jurídico, político e administrativo, que promovam o respeito aos direitos humanos e que sancionem os eventuais violadores[20]. A *falta da devida diligência* para *prevenir* ou para *reprimir* e *reparar* as violações de direitos humanos realizadas por particulares pode ensejar a responsabilidade internacional do Estado. É *o caso de omissão na prevenção ou na repressão de atos ilícitos de particular*, ou, ainda, no estímulo ou na edição de medidas que encorajam particulares para a violação de direitos.

A Corte Europeia de Direitos já formou posição favorável à aplicação direta, às relações privadas, dos direitos contidos na Convenção Europeia de Direitos Humanos. Em vários julgados da Corte estabeleceu-se que os Estados são responsabilizados caso sejam *omissos* na prevenção e repressão de violações dos direitos humanos cometidas por particulares, devendo tomar todas as medidas para garantir o respeito aos direitos humanos, mesmo nas relações privadas[21].

---

falta da devida diligência para prevenir a violação..". (Corte Interamericana de Direitos Humanos, Caso *Godinez Cruz*, sentença de 20 de janeiro de 1989, Série C, n. 5, parágrafo 182, p. 74, tradução livre).

19 Este é o ensinamento mencionado no voto dissidente conjunto de Cançado Trindade, Aguiar-Aranguren e Picado Sotela, para os quais "a devida diligência impõe aos Estados o dever de prevenção razoável naquelas situações – como agora *sub judice* – que podem redundar, inclusive por omissão, na supressão da inviolabilidade do direito à vida" (Corte Interamericana de Direitos Humanos, *Caso Gangaram Panday*, Sentença de 21 de janeiro de 1994, Série C, n. 16, voto dissidente conjunto dos juízes Antônio Augusto Cançado Trindade, Asdrúbal Aguiar-Aranguren e Sonia Picado Sotela, p. 35, tradução livre).

20 Nesse diapasão, cite-se que, no Caso *Velásquez Rodríguez*, decidiu a Corte Interamericana de Direitos Humanos que "le deber de prevención abarca todas aquellas medidas de carácter jurídico, político, administrativo y cultural que promovan la salvaguarda de los derechos humanos y que aseguren que las eventuales violaciones a los mismos sean efectivamente consideradas y tratadas como un hecho ilicito que, como tal, es susceptible de acarrear sanciones para quien las cometa, asi como la obligacion de indemnizar a las victimas por sus consecuencias perjudiciales..". (Corte Interamericana de Direitos Humanos, Caso *Velásquez Rodríguez*, sentença de 29 de julho de 1988, Série C, n. 4, parágrafo 175, p. 71).

21 Por exemplo, Corte Europeia de Direitos Humanos, *Caso X e Y versus Países Baixos*, Série A, n. 91, parágrafo 23. No original: "The adoption of measures designed to secue respect for private life even in the sphere of the relations of individuals between themselves". Ver também o clássico caso sobre o *closed shops*, no qual a Corte decidiu que os acordos entre empregadores e sindicato de empregados, nos quais era pactu-

Cabe ao Estado, então, um papel *ativo* na promoção de direitos humanos, inclusive zelando para que particulares não violem os direitos protegidos, ou, caso isso aconteça, buscando imediatamente a reparação do dano sofrido.

Assim, devem ser retidas duas condições que acarretam a proteção dos direitos humanos na esfera privada: o reconhecimento da dignidade da pessoa humana e que essa dignidade tem que ser construída em sua integralidade. Ou seja, em um ambiente no qual se misturam agentes estatais e privados.

Por sua vez, a eficácia *diagonal* dos direitos humanos consiste na invocação de direitos nas relações entre os particulares nas quais uma das partes ostenta vulnerabilidade, fazendo nascer uma prevalência de determinado direito de um particular sobre o outro[22]. Por exemplo, nas relações envolvendo crianças, pessoas com deficiência, trabalhadores, consumidores etc., a eficácia diagonal é um subtipo da eficácia horizontal, acrescida do peso maior dado a um dos direitos em conflito.

---

ado que somente trabalhadores *sindicalizados* seriam contratados (por isso, *"closed" shops*), ofendiam a liberdade de associação em sua dimensão negativa (direito de não se associar). No caso, o Reino Unido foi condenado por ter se omitido e, consequentemente, não ter combatido essa prática entre agentes privados (Corte Europeia de Direitos Humanos, *Caso Young, James & Webster,* sentença de 13 de agosto de 1981, Série A, n. 44).

22   CONTRERAS, Sérgio Gamonal. *"Procedimiento de tutela y eficacia diagonal de los derechos humanos"*. *Revista Laboral Chilena*, nov. 2009, p. 72-76.

16 Interseccionalidade na temática dos direitos humanos

A interseccionalidade na temática dos direitos humanos consiste no estudo sistêmico das diferentes formas de opressão e tratamento discriminatório baseadas em raça, gênero, condição social, idade, orientação sexual, entre outras formas de identidade social, que se inter-relacionam e exigem, por isso, reparações que levem em conta essas especificidades de modo a fomentar a igualdade material e a justiça social. Sem o reconhecimento da interseccionalidade, a reparação eventualmente outorgada é insuficiente e, ainda, reforça-se a invisibilidade do atributo que não foi levado em consideração. Por isso, justifica-se o tratamento em separado do fenômeno.

CRENSHAW é considerada a pioneira na apresentação do conceito com foco na discriminação de gênero e de raça, tendo sustentado que não se pode desconsiderar a raça na análise da opressão e injustiça sobre a mulher. Não se trata de se somar violações por discriminação de raça e de gênero, mas sim de se considerar a identidade do indivíduo como sendo una, cujas especificidades são reconhecidas pela sociedade como um todo, reforçando-se e entrelaçando-se, e não como características independentes. Com isso, não se pode tratar a temática da incidência dos direitos humanos considerando que se trata de "mulher e negra", mas sim de "mulher negra"[1].

Por isso, a interseccionalidade na discriminação difere das chamadas *discriminações múltiplas*, que se constituem em qualquer distinção, exclusão ou restrição fundamentada em dois ou mais fatores de discriminação proibida, tal qual consta do artigo 5º da Convenção Interamericana sobre a proteção dos direitos humanos dos idosos (adotada em 2015). Nem toda discriminação múltipla gera uma discriminação interseccional: esta última tem como pressuposto a existência de diversos fatores de discriminação que interagem e reforçam a exclusão e a injustiça.

A discriminação interseccional tem como pressuposto a existência de múltiplos fatores referentes à identidade social do indivíduo que, interagindo em sinergia, criam uma carga de discriminação única e distinta da mera soma de discriminações. A singularidade da interseccionalidade na área dos direitos humanos é fruto de três elementos: (i) não

---

1 CRENSHAW, Kimberle. "Demarginalizing the intersection of race and sex: a black feminist critique of antidiscrimination doctrine, feminist theory and antiracist politics" in *University of Chicago Legal Forum* 1989, p. 139-167.

ser possível separar os fatores que geram a discriminação, pois há interação entre eles; (ii) o indivíduo que sofre tal discriminação passa por experiência única, qualitativamente diferente daquele que sofre uma discriminação isolada; e (iii) a reparação deve levar em conta tal sinergia entre os fatores de discriminação, devendo ser especificamente voltada à superação desses obstáculos sociais à igualdade e à justiça material.

Na jurisprudência internacional sobre a interseccionalidade na temática dos direitos humanos, destaca-se o caso Gonzales Lluy e outros *vs*. Equador da Corte Interamericana de Direitos Humanos (sentença de 1º de setembro de 2015). Tratou-se de caso de contágio pelo vírus do HIV da menina Talía Lluy, que, à época, possuía três anos, fruto de transfusão de sangue contaminado. Aos cinco anos, Talía foi impedida de ingressar na escola (por suposto risco aos demais estudantes).

A Corte IDH reconheceu que, no caso de Talía, confluíram, de modo *interseccional*, fatores múltiplos de vulnerabilidade e de discriminação associados à condição de criança, mulher, pessoa em situação de pobreza (condição econômica) e pessoa com HIV, que derivaram em uma *forma específica de discriminação*. A pobreza inicialmente gerou a deficiência no atendimento à saúde (sangue contaminado), impactando ainda no acesso ao sistema de ensino, no que contribuiu também sua situação de criança e pessoa com HIV; como mulher e pessoa com HIV há possibilidade de estigmatização futura. Em outras palavras, o caso de Talía demonstra que a *discriminação da pessoa com HIV* não impacta de modo homogêneo os indivíduos, mas possui efeitos mais gravosos em grupos que são vulneráveis (parágrafo 290 da sentença).

A interseccionalidade desses fatores de desigualdade, então, exige reparações específicas que devem servir para superar os obstáculos enraizados na sociedade, que mantém injustiças e vulnerabilidades de determinados grupos sociais.

17. A abordagem ecológica dos direitos humanos e sua natureza não antropocêntrica

O tratamento jurídico dado à natureza evolui constantemente no Direito. De início, o meio ambiente era tratado como *objeto do Direito*, composto por coisas não concatenadas, percebidas isoladamente e reguladas à luz da possibilidade ou não de apropriação privada, como se vê no Direito Civil tradicional ou no Direito Administrativo. Buscava-se o estudo da *coisa* ou *bem*, o qual poderia ser: (i) *res nullius*, (ii) *res communes*, ou, ainda, (iii) bem particular, que poderia ser utilizado ou destruído a depender da autonomia da vontade do proprietário. No plano dos direitos humanos, o centro do estudo era o direito de propriedade (e da posse), abarcando, com a consolidação do Estado Social, a função social da propriedade (rural e urbana).

A partir das últimas décadas do século XX, o Direito Nacional (no Brasil e em vários países) e Internacional (ver abaixo) reconheceram a autonomia e a unidade sistêmica da disciplina (Direito Ambiental), mostrando o aspecto *relacional* entre os elementos do meio ambiente, ressaltando seu caráter ecossistêmico e intangível.

Essa ruptura com o tratamento jurídico anterior foi feita com base em três modelos ético-jurídicos, propostos por Benjamin, a saber: (i) o modelo antropocêntrico puro; (ii) o modelo antropocêntrico mitigado ou reformado que se subdivide no (ii.1) modelo antropocêntrico do bem-estar dos seres vivos não humanos e no (ii.2) modelo antropocêntrico intergeracional; e o (iii) modelo ecocêntrico ou biocêntrico (não antropocêntrico).

O modelo do *antropocentrismo puro* defende que a tutela do meio ambiente protege exclusivamente o ser humano. Defende-se a fauna e a flora uma vez que o meio ambiente sadio é um instrumento para assegurar uma vida digna do ser humano. O modelo do *antropocentrismo reformado do bem-estar dos seres vivos não humanos* é impregnado pelo sentimento de respeito e bondade em relação aos seres vivos não humanos; já o *modelo intergeracional* é ainda antropocêntrico, porém introduz as necessidades das gerações futuras, a partir da ética da solidariedade. A tutela do meio ambiente recebeu peso maior, até porque os impactos no futuro são indefinidos e há a necessidade de se ter cautela e *prevenção*.

Finalmente, há o *modelo não antropocêntrico*, que vê o ser humano como *parte* da natureza, não existindo segregação entre os seres vivos (humanos e não humanos) e os seres inanimados que compõem o ecossistema da Terra. Não é um modelo *misantrópico* (contra o ser humano), mas busca reconhecer direitos a entidades não humanas, deixando de lado o tratamento da natureza como objeto para reconhecê-la como sujeito. Para Benjamin, esse último modelo não visa o reconhecimento de que os direitos dos animais e demais seres vivos são idênticos ou mesmo equivalentes aos dos seres humanos, pois "os direitos de não humanos não são menos flexíveis que os direitos humanos", mas se busca uma mudança de paradigma na dogmática jurídica[1].

O modelo não antropocêntrico impacta a gramática dos direitos humanos, fazendo nascer um paradigma biocêntrico ou ecocêntrico dos direitos humanos. Por tal paradigma, há uma abertura da gramática dos direitos humanos para abranger, como titulares de direitos, os seres vivos não humanos e, inclusive, a natureza como um todo. Nesse sentido, Rothenburg menciona a discussão sobre a titularidade de direitos fundamentais por outros seres vivos (fauna e flora). Como exemplo, o citado autor menciona o art. 71 da Constituição do Equador (2008), que prevê expressamente que "a *natureza ou Pacha Mama*, onde a vida se reproduz, tem *direito* a que se respeitem integralmente sua existência e a manutenção e regeneração de seus ciclos vitais, estrutura, funções e processos evolutivos"[2].

Esse novo paradigma (ecocêntrico), na linha do modelo não antropocêntrico do tratamento jurídico ao meio ambiente, tem os seguintes efeitos na gramática dos direitos humanos. Em primeiro lugar, consolida uma ampliação do conceito de dignidade humana rumo à dignidade ecológica, que exige a proteção não só do ser humano de todo tratamento degradante, mas também de toda a natureza. A dignidade ecológica, então, engloba duas facetas. A faceta negativa exige a proteção de toda a natureza (e não só do ser humano) contra todo tratamento degradante ou destruidor. A faceta positiva exige a promoção de um ecossistema equilibrado, não se reduzindo a assegurar condições materiais mínimas ao ser humano.

---

1 Conforme modelos propostos por BENJAMIN, Antonio Herman de Vasconcellos e. "A natureza no direito brasileiro: coisa, sujeito ou nada disso". *Revista do Programa de Pós-Graduação em Direito da UFC*, Fortaleza, v. 31, n. 1, jan./jun. 2011, p. 79-96, em especial p. 82 e s.

2 ROTHENBURG, Walter Claudius. *Direitos fundamentais*. São Paulo: GEN/Método, 2014, p. 71.

Em segundo lugar, o paradigma ecocêntrico assegura o reconhecimento *autônomo* do direito ao meio ambiente, que é fruto de faceta ecológica da dignidade humana (*dignidade humana ecológica*) e da especificidade da qualidade do meio ambiente para permitir o desenvolvimento de todas as potencialidades do ser humano. A extração do direito ao meio ambiente como oriunda do reconhecimento do direito à vida e do direito à saúde, também chamado de *reconhecimento derivado*, já não é suficiente, pois é fruto do paradigma antropocêntrico visto acima.

Em terceiro lugar, há o reconhecimento de direitos de titularidade de seres vivos não humanos e inclusive da própria natureza. Essa visão biocêntrica ou ecocêntrica é percebida em diplomas constitucionais como a Constituição do Equador (2008; arts. 71 e 72, em especial) e a Constituição da Bolívia (art. 14, em especial). No caso brasileiro, o art. 225 da CF estipula que "todos têm direito ao meio ambiente ecologicamente equilibrado, bem de uso comum do povo e essencial à sadia qualidade de vida, impondo-se ao Poder Público e à coletividade o dever de defendê-lo e preservá-lo para as presentes e futuras gerações".

Tal redação não é restritiva, mas, ao contrário, enfatiza a essencialidade do meio ambiente, tido como indispensável à vida. Por isso, não há excludente constitucional em se aceitar um modelo ecocêntrico, que reconheça parcial ou totalmente direitos aos demais seres vivos. Como aponta Benjamin: "Vale dizer, mesmo que, no contexto da geração atual, não valorizemos adequada e suficientemente o meio ambiente ou seus elementos (como algo que ultrapasse a noção de *res*), ainda assim haveríamos de protegê-los, porque as gerações futuras podem vir a estimá-lo de modo diverso do nosso (= menos antropocentricamente), inclusive conferindo-lhes a posição de *sujeito de direitos*"[3]. Em 2021, o Tribunal de Justiça do Estado do Paraná reconheceu animais como sujeitos ativos de direitos humanos e, por consequência, possuidores da capacidade de ser parte em litígios, desde que devidamente representados[4].

Em 20 de outubro de 2021, foi editada a Lei n. 14.228, que proíbe a eliminação da vida de cães e de gatos pelos órgãos de controle de zoonoses, canis públicos e estabelecimentos oficiais congêneres, com ex-

---

3   BENJAMIN, op. cit, p. 87.

4   TJ – Paraná. Agravo de Instrumento n. 0059204-56.2020.8.16.0000 1. 0059204-56.2020.8.16.0000. Relator: Marcel Guimarães Rotoli de Macedo, Juiz de Direito Substituto em Segundo Grau. Processo: 0059204-56.2020.8.16.0000. Órgão Julgador: 7ª Câmara Cível. Data do Julgamento: 14-9-2021.

ceção da *eutanásia* nos casos de males, doenças graves ou enfermidades *infectocontagiosas incuráveis* que coloquem em risco a saúde humana e a de outros animais.

Com tal ressalva (doença infectocontagiosa incurável, que caracterize risco à saúde pública), o animal pode ser disponibilizado para entidade de proteção dos animais.

Em quarto lugar, o paradigma ecocêntrico reconhece a *fundamentalidade material* do direito ao meio ambiente (indispensável à vida do ser humano pautada na liberdade, igualdade e dignidade). Por isso, o *direito ao meio ambiente* consiste na exigência de existência do ser humano em um ambiente equilibrado, sadio (ou saudável) e seguro. Mas não se trata de mais uma expansão da gramática dos direitos humanos (abrangendo mais um direito ou direitos). Trata-se de uma verdadeira irradiação ecológica, que contamina, como característica indispensável, toda a intepretação e alcance dos demais direitos. Tal qual a eficácia horizontal (que ampliou a incidência dos direitos humanos, abrangendo as relações entre particulares), há uma eficácia ecológica, pela qual há uma dimensão ecológica que deve ser levada em consideração em todas as relações sociais, envolvendo o Estado e também os particulares.

Como exemplo dessa irradiação ecológica no direito à igualdade encontra-se o conceito de *injustiça ambiental*. A degradação ambiental atinge com maior virulência as pessoas em situação de vulnerabilidade e também populações de determinadas regiões. Forma-se a *injustiça ambiental*, que tem duas formas presentes de emanação: (i) o racismo ambiental e o (ii) neocolonialismo ambiental.

O *racismo ambiental* consiste na existência de impactos negativos de maior força, oriundos da devastação ambiental, incidentes sobre as pessoas em situação de vulnerabilidade, mantendo ou agravando sua situação de inferiorização. Utiliza-se aqui o conceito de *racismo em sua dimensão social*, o qual se projeta para além de aspectos estritamente biológicos ou fenotípicos.

Nessa linha, diversos órgãos voltados à proteção internacional de direitos humanos, como o Conselho de Direitos Humanos[5] e a Corte

---

5 Conselho de Direitos Humanos, Res. 16/11: "Direitos Humanos e o Meio Ambiente", de 24-3-2011, no qual ficou estabelecido que: "Reconhecendo que, embora estas implicações afectem indivíduos e comunidades em todo o mundo, os danos ambientais são sentidos com mais intensidade pelos segmentos da população que já se encontram em situações vulneráveis" (*in verbis*: "Recognizing that, while these implications affect individuals and communities around the world, environmental damage

Interamericana de Direitos Humanos[6], reconhecem que os danos ambientais incidem com mais força nos setores da população que já se encontram em situações de vulnerabilidade, como as mulheres, os povos indígenas, as crianças, as pessoas vivendo em situação de extrema pobreza, as pessoas com deficiência, os afrodescendentes, entre outros.

Com isso, os Estados devem adotar medidas de proteção ambiental, que levem em consideração o impacto diferenciado dos danos ambientais sobre certos segmentos sociais, de modo a assegurar o gozo integral dos direitos humanos, sem *discriminação ecológica*[7].

Do ponto de vista interestatal, há também o impacto diferenciado da degradação do meio ambiente em relação a Estados subdesenvolvidos ou em vias de desenvolvimento que não (i) conseguem regular de maneira satisfatória a proteção do meio ambiente, aceitando atividades econômicas nocivas e poluentes (que não têm mais guarida nos países desenvolvidos), bem como não conseguindo impor medidas de restauração e prevenção de novas violações e também em relação a Estados que (ii) sofrem mais com os danos ambientais – em virtude da localização geográfica – como se vê nos Estados insulares. Esse impacto diferenciado nas relações internacionais constitui uma certa forma de *neocolonialismo ambiental*[8].

---

is felt most acutely by those segments of the population already in vulnerable situations").

6 Corte Interamericana de Direitos Humanos. Opinião Consultiva n. 23 (2017), sobre as obrigações de proteção do meio ambiente no marco da proteção internacional de direitos humanos, parágrafo 67.

7 Corte Interamericana de Direitos Humanos. Opinião Consultiva n. 23 (2017), sobre as obrigações de proteção do meio ambiente no marco da proteção internacional de direitos humanos, parágrafo 68.

8 STOLL, Mary Lyn. Environmental Colonialism. *The SAGE Encyclopedia of Business Ethics and Society*, 2018. Acesso em: 11 jan. 2024.

PARTE III

O BRASIL E O DIREITO INTERNACIONAL DOS DIREITOS HUMANOS

1 A importância dos direitos humanos internacionais no Brasil

O corpo de normas internacionais de direitos humanos cresce continuamente: o Brasil ratificou vários tratados de direitos humanos nesses últimos anos, sem contar as inúmeras declarações e resoluções internacionais sobre direitos humanos que também foram aplicadas nos casos submetidos ao Supremo Tribunal Federal. O auge dessa disposição brasileira em aceitar tratados de direitos humanos ocorreu em 2009, quando o Brasil incorporou internamente, após aprovação pelo rito especial do artigo 5º, § 3º, da Constituição, dois tratados agora com *estatuto constitucional indiscutível*, a Convenção sobre os Direitos das Pessoas com Deficiência e o seu Protocolo Facultativo.

Além disso, os litigantes aproveitam a redação genérica das normas de direitos humanos e a força expansiva de seus comandos para consagrar uma jusfundamentalização das lides, nas quais os direitos humanos são constantemente invocados, forçando os Tribunais (e, em especial, o STF) a apreciá-los.

Por sua vez, a aplicação de dispositivos internacionais de direitos humanos ficou valorizada pela revisão da jurisprudência tradicional do Supremo Tribunal Federal sobre o estatuto normativo desses tratados no final de 2008, o que estimulou a menção, pelos litigantes, de normas de hierarquia, no mínimo, superior à das leis[1].

Essa valorização dos direitos humanos internacionais cumpre a vontade da Constituição, mais de trinta e cinco anos depois de sua edição. De fato, sempre é bom lembrar que a Constituição acolhe os direitos humanos internacionais nas suas duas vertentes: a material e a processual (mecanismos de interpretação internacionalista).

Quanto à vertente material, a Constituição faz expressa menção aos tratados de direitos humanos nos parágrafos segundo e terceiro do artigo 5º já amplamente mencionados acima.

Na vertente processual, que leva à interpretação internacional dos direitos protegidos, a Constituição estabelece, no artigo 7º do Ato das Disposições Constitucionais Transitórias (ADCT), que "o Brasil propugnará pela formação de um tribunal internacional dos direitos humanos".

Cabe agora realizar uma breve análise sobre a aplicação do Direito Internacional dos Direitos Humanos no Brasil, o que será feito a seguir.

---

1 Como veremos a seguir.

2 Como o Direito Interno vê o Direito Internacional e como o Direito Internacional vê o Direito Interno: uma relação conturbada

2.1 Como o Direito Internacional vê o Direito Interno: o unilateralismo internacionalista

A prática reiterada dos Estados e a jurisprudência das Cortes Internacionais consideram o Direito Interno um mero fato, que expressa a vontade do Estado. Não se reconhece sequer o caráter jurídico das normas nacionais, uma vez que o Direito Internacional possui suas próprias fontes normativas e o Estado (sujeito primário do Direito Internacional, por possuir, além da personalidade jurídica, também capacidade legislativa) é considerado *uno* perante a comunidade internacional.

Assim, a discussão sobre o estatuto normativo local dos tratados internacionais ou ainda a fórmula de recepção interna de tratados válidos internacionalmente são matérias estranhas ao Direito Internacional. Para o Direito Internacional, cabe analisar se o Estado cumpriu (ou não) seus compromissos internacionais, não aceitando escusas típicas do Direito interno, como, por exemplo, superioridade da Constituição sobre os tratados. Verdadeiro unilateralismo internacionalista.

Neste sentido, cite-se o célebre *Caso Relativo ao Tratamento de Nacionais Poloneses e Outras Pessoas de Origem Polonesa no Território de Danzig* no qual a Corte Permanente de Justiça Internacional (antecessora da Corte Internacional de Justiça) afirmou que "according to generally accepted principles, a State cannot rely, as against another State, on the provisions of the latter's Constitution, but only on international law"[1]. Na mesma linha, em outra decisão histórica, a Corte Permanente de Justiça Internacional decidiu que "from the standpoint of International Law and of the Court which is its organ, municipal laws are merely facts which express the will and constitute the activities of States, in the same manner as do legal decisions or administrative measures"[2].

---

1 Corte Permanente de Justiça Internacional, *"Treatment of Polish Nationals and Other Persons of Polish Origin or Speech in the Danzig Territory"*, opinião consultiva de 4 de fevereiro de 1932, P.C.I.J., Séries A/B, n. 44, p. 24-25.

2 Corte Permanente de Justiça Internacional. *"Certain German interests in Polish Upper Silesia* (Merits)", julgamento de 25 de maio de 1926, P.C.I.J., Série A, n. 7, p. 19.

300

O direito interno só será utilizado se a norma internacional lhe fizer remissão. Conforme ensina Guido Soares, "os tribunais internacionais e os árbitros somente aplicarão normas dos sistemas jurídicos nacionais à medida que elas sejam integrantes do sistema normativo internacional, em virtude da operação das fontes do direito internacional "[3].

Esse anseio de *primazia internacionalista* é bem resumido no artigo 27 da Convenção de Viena sobre Direito dos Tratados que estabelece que o Estado não pode deixar de cumprir norma prevista em tratado internacional alegando óbice de direito interno. Em outro artigo, o artigo 46, a Convenção de Viena sobre Direito dos Tratados faz remissão ao Direito Interno, prevendo que um Estado *não* pode invocar o fato de que seu consentimento em obrigar-se por um tratado foi expresso em *violação de uma disposição* de seu direito interno sobre *competência* para concluir tratados, a não ser que essa violação for *manifesta* e diga respeito a uma norma de seu direito interno de importância *fundamental*. O mesmo artigo 46 esclarece que uma violação é "manifesta" somente se for objetivamente evidente para qualquer outro Estado de boa-fé.

Com isso, o Direito Internacional permite que seja alegada violação do direito interno como escusa para o descumprimento de um tratado somente em hipótese especialíssima: 1) a norma de direito interno é referente à competência em celebrar tratados (transgressão orgânica-formal, no linguajar do Supremo Tribunal Federal brasileiro), 2) de *fundamental* importância e 3) for "manifesta", ou seja, os demais Estados já a conheciam (não podem alegar boa-fé – caso os demais Estados tenham agido em boa-fé, nem a transgressão à regra de competência fundamental pode ser invocada). Mas, repita-se, é o próprio Direito Internacional que permite – com duríssimas restrições – que norma interna seja invocada para tornar nulo um tratado.

Logo, para o Direito Internacional, os atos normativos internos (leis, atos administrativos e mesmo decisões judiciais) são expressões da vontade de um Estado, que devem ser compatíveis com seus engajamentos internacionais anteriores, sob pena de ser o Estado responsabilizado internacionalmente. Consequentemente, um Estado não poderá justificar o descumprimento de uma obrigação internacional em virtude de mandamento interno, podendo ser coagido (com base na contemporânea teoria da responsabilidade internacional do Estado) a reparar os danos causados.

---

3 SOARES, Guido Fernando Silva. *Curso de direito internacional público*. São Paulo: Atlas, 2002, v. I, em especial p. 203.

No que tange ao Direito Internacional dos Direitos Humanos, cite-se o *Caso Open Door and Dublin Well Woman* no qual a Corte Europeia de Direitos Humanos foi obrigada a ponderar o direito à liberdade de expressão (publicidade do aborto legal inglês dirigida a irlandesas) e a proibição ao aborto previsto no art. 40.3.3 da Constituição da Irlanda, tendo de julgar decisão da Corte Constitucional irlandesa (em favor da restrição da citada publicidade). A Corte Europeia de Direitos Humanos considerou a citada decisão uma ofensa ao direito à informação e expressão[4].

Em relação à jurisprudência da Corte Interamericana de Direitos Humanos, cabe mencionar o Caso *Cesti Hurtado* (contra o Peru). O Estado réu (Peru) alegou que o processo movido pela Comissão "desestabilizaria instituições constitucionalmente vigentes como o foro privativo militar e o foro comum", o que se chocaria com a *Carta da OEA*. Aduziu ainda o Estado que um organismo integrado por pessoas estranhas à sociedade peruana *não poderia questionar o ordenamento jurídico interno*, reestruturado a partir de 1992. A Corte Interamericana de Direitos Humanos, laconicamente, limitou-se a afirmar que tais argumentos não eram compatíveis com as obrigações internacionais contraídas pelo Peru, mostrando que as normas internas são fatos, que, se ofensivos às obrigações internacionais, ensejam pronta reparação dos danos causados[5].

Tal entendimento deve estar na mente de todos os operadores do Direito interno, em especial os membros dos órgãos de cúpula do Estado brasileiro.

2.2 Como o Direito brasileiro vê o Direito Internacional: os processos de formação, incorporação e impregnação das normas internacionais

As regras de como o Direito brasileiro vê o Direito Internacional estão na própria Constituição. Trata-se de um dos temas fundamentais

---

4 SUDRE, F. "L'interdiction de l'avortement: le conflit entre le juge constitutionnel irlandais et la Cour européenne des droits de l'homme", *Revue Française de Droit Constitutionnel*, 13, 1993, p. 216 e s. *Vide* também COEHEN-JONATHAN, G. Article 10. In: PETTITI, L-E.; DECAUX, E.; IMBERT, P. *La Convention européenne des droits de l'homme. Commentaire article par article*. Paris: Economica, 1995, p. 367-408.

5 Ver mais comentários sobre o *Caso Cesti Hurtado* em CARVALHO RAMOS, A. de. *Direitos humanos em juízo. Comentários aos casos contenciosos e consultivos da Corte Interamericana de Direitos Humanos*. São Paulo: Max Limonad, 2001, p. 307 e s.

do ordenamento e que, portanto, possui inserção no texto constitucional. Não que essa inserção tenha sido feita com destaque: pelo contrário, a atual Constituição nem sequer possui um capítulo específico sobre o tema. Restaram apenas alguns artigos que, depois, interpretados pelo Supremo Tribunal Federal, constituem-se na essência dessa visão do Direito brasileiro sobre o Direito Internacional.

Porém, cabe um alerta: as normas internacionais são oriundas de diversas fontes, como bem estabelece o artigo 38 do Estatuto da Corte Internacional de Justiça. Não é possível, então, reduzir a visão do Direito Constitucional sobre o Direito Internacional às normas previstas em tratados tão somente. Devemos, ainda, analisar a relação do Direito brasileiro com as chamadas fontes extraconvencionais, com foco, em especial, no chamado costume internacional. Como a Constituição possui alguns artigos sobre tratados e nenhuma menção sequer a costume internacional, a posição do Supremo Tribunal Federal acabou sendo distinta para esses dois tipos de normas internacionais.

Por isso, identificamos dois fenômenos ao longo dos anos na prática constitucional brasileira, a saber: o processo de *formação* e *incorporação* desses tratados ao direito brasileiro e o processo de *impregnação* do direito brasileiro pelas normas internacionais extraconvencionais.

Quanto aos tratados internacionais de direitos humanos é ainda necessário estudar a batalha da hierarquia normativa antes e depois da Emenda Constitucional n. 45/2004.

Depois, veremos a visão brasileira sobre as demais normas internacionais (costume, princípios gerais do Direito Internacional, atos unilaterais e resoluções das organizações internacionais), esclarecendo ao leitor o lento processo de *impregnação* aceito pelo Supremo Tribunal Federal.

3 Os tratados de direitos humanos antes da EC n. 45/2004

3.1 A formação e incorporação dos tratados de direitos humanos antes da EC n. 45/2004

Antes da EC n. 45/2004 os tratados de direitos humanos seguiam o *iter* de aprovação dos demais tratados. As bases constitucionais são o artigo 84, inciso VIII, que estabelece que compete ao Presidente da República celebrar tratados, convenções e atos internacionais, sujeitos a referendo do Congresso Nacional e, ainda, o artigo 49, inciso I, que dispõe que é da competência exclusiva do Congresso Nacional resolver definitivamente sobre tratados, acordos ou atos internacionais que acarretem encargos ou compromissos gravosos ao patrimônio nacional.

A participação dos dois Poderes na formação da vontade brasileira em celebrar definitivamente um tratado internacional consagrou a chamada teoria da junção de vontades positiva ou teoria dos atos complexos: para que um tratado internacional seja formado é necessária a conjunção de vontades do Poder Executivo e do Poder Legislativo.

Primeiramente, após uma negociação bem-sucedida, o Estado realiza a *assinatura* do texto negociado, pela qual manifesta, em geral, sua predisposição em celebrar, no futuro, o texto do tratado. Por sua vez, há ainda a possibilidade de *adesão* a textos de tratados já existentes, dos quais o Brasil não participou da negociação. A assinatura é de atribuição do Chefe de Estado, fruto do disposto no artigo 84, inciso VIII, que utiliza o vocábulo "celebrar" em sentido impróprio: a assinatura, em geral, não vincula o Estado brasileiro[1]. Antes, é necessário, de acordo com o próprio art. 84, inciso VIII, o referendo do Congresso Nacional. Após a assinatura, então, cabe ao Poder Executivo encaminhar o texto assinado do futuro tratado ao Congresso, no momento em que julgar oportuno. A segunda etapa do *iter* de formação dos tratados no Brasil é a da aprovação congressual ou fase do decreto legislativo.

Cabe ao Congresso Nacional resolver definitivamente sobre tratados, acordos ou atos internacionais que acarretem encargos ou compromissos gravosos ao patrimônio nacional (artigo 49, inciso I). Note-se que a

---

1 Com a exceção dos chamados tratados em forma simplificada (ou acordo-executivo) (ACCIOLY, Hildebrando. "A ratificação e a promulgação dos tratados em face da Constituição Federal brasileira". *Boletim da Sociedade Brasileira de Direito Internacional*, Rio de Janeiro, n. 7, p. 11-15, jan./jun. 1948).

expressão latina "ad referendum", tradicional nas Constituições anteriores, foi substituída pelo equivalente "sujeitos a referendo". A inovação foi quanto ao conteúdo dos tratados sujeitos à aprovação: aqueles que acarretam encargos ou compromissos gravosos ao patrimônio nacional deveriam ser aprovados.

O trâmite da aprovação congressual é o seguinte: o Presidente encaminha mensagem presidencial ao Congresso Nacional, fundamentada (a exposição de motivos é feita pelo Ministro das Relações Exteriores), solicitando a aprovação congressual ao texto do futuro tratado, que vai anexado na versão oficial em português. Inicia-se o trâmite de um projeto de *decreto legislativo*, que deve ser aprovado nas duas Casas do Congresso, sendo promulgado e publicado pelo Presidente do Senado. Caso aprovado, o texto do tratado internacional é publicado no anexo ao Decreto Legislativo no *Diário do Congresso Nacional*.

A fórmula usual de redação do Decreto Legislativo é concisa, com dois artigos e um parágrafo: no primeiro, fica expressa a vontade congressual em aprovar o texto do tratado ("Fica aprovado"), contendo as *ressalvas* eventualmente impostas de artigos; em seu parágrafo único, repete-se, em clara redundância, a fórmula do artigo 49, inciso I, dispondo que ficam sujeitos à aprovação do Congresso Nacional quaisquer atos que impliquem revisão do tratado, bem como quaisquer atos que, nos termos do inciso I do *caput* do artigo 49 da Constituição Federal, acarretem encargos ou compromissos gravosos ao patrimônio nacional; o segundo artigo dispõe que o Decreto Legislativo entra em vigor na data de sua publicação. Com isso, fica o Presidente da República autorizado a celebrar em definitivo o tratado por meio da ratificação ou ato similar.

Aprovado o Decreto Legislativo, o Presidente da República, querendo, pode, em nome do Estado, celebrar em definitivo o tratado. Para a Convenção de Viena sobre Direito dos Tratados, a celebração definitiva de um tratado pode manifestar-se pela assinatura, troca dos instrumentos constitutivos do tratado, ratificação, aceitação, aprovação ou adesão, ou por quaisquer outros meios, se assim acordado (artigo 11). Com a exceção da assinatura (caso dos acordos-executivo), todas essas formas de manifestações expressam o consentimento definitivo exarado pelo Chefe de Estado após a aprovação congressual. Em geral, a ratificação em tratados bilaterais ocorre pela via da troca de notas; já os tratados multilaterais ou plurilaterais são ratificados pelo depósito do instrumento de ratificação perante um dos Estados parte ou organização internacional, designados para tal mister pelo próprio tratado.

Temos, após a ratificação, o fim do ciclo de formação de um tratado para o Brasil. Porém, a norma, válida internacionalmente, não será válida internamente até que seja editado o Decreto de Promulgação (também chamado de Decreto Executivo ou Decreto Presidencial) pelo Presidente da República e referendado pelo Ministro das Relações Exteriores (artigo 87, inciso I, da Constituição).

Há a necessidade de *incorporação do tratado já válido internacionalmente* (foi ratificado) no plano doméstico. Essa fase de incorporação só tem uma etapa: a edição do decreto de promulgação.

Esse Decreto *inova* a ordem jurídica brasileira, tornando válido o tratado no plano interno. Para o Supremo Tribunal Federal, a incorporação dos tratados internacionais conclui-se com a expedição do decreto de promulgação (decreto executivo ou decreto presidencial), que gera três efeitos: "(a) a promulgação do tratado internacional; (b) a publicação oficial de seu texto; e (c) a executoriedade do ato internacional, que passa, então, e somente então, a vincular e a obrigar no plano do direito positivo interno"[2].

Não há prazo para sua edição e até lá o Brasil está vinculado internacionalmente, mas não internamente: esse descompasso enseja a óbvia responsabilização internacional do Brasil. De fato, há casos de edição de decreto executivo anos após a entrada em vigor internacional do tratado.

Em 2018, o Tribunal Superior Eleitoral utilizou a ausência de decreto de promulgação do Primeiro Protocolo Facultativo ao Pacto Internacional de Direitos Civis e Políticos como um dos motivos para negar efeito à medida provisória (medida cautelar; *interim measure*) do Comitê de Direitos Humanos, que determinava a manutenção da candidatura presidencial de Luiz Inácio Lula da Silva. Para o Min. Roberto Barroso, "(...) Embora ratificado internacionalmente e aprovado pelo Decreto Legislativo n. 311/2009, referido protocolo não foi promulgado e publicado por meio de Decreto Presidencial. De acordo com a jurisprudência ainda prevalente no Supremo Tribunal Federal, trata-se de etapa indispensável à incorporação dos tratados internacionais no âmbito interno, conferindo-lhes publicidade e executoriedade"[3].

---

2 Supremo Tribunal Federal, ADI 1.480/MC, rel. Min. Celso de Mello, j. 4-9-1997, Plenário, *DJ* de 18-5-2001.

3 Tribunal Superior Eleitoral, Registro de Candidatura (11532) n. 0600903-50.2018.6.00.0000, rel. Min. Roberto Barroso, por maioria, julgamento em 31 de

No caso dos tratados de direitos humanos, corrente doutrinária pregava, desde 1988, que a Constituição atual teria determinado a incorporação automática das normas de tratados internacionais de direitos humanos ratificados pelo Brasil por força do artigo 5º, § 1º[4]. A incorporação *automática* dos tratados de direitos humanos, para essa parte da doutrina, viria da letra do artigo 5º, § 1º, que, ao dispor sobre a aplicabilidade imediata dos direitos e garantias fundamentais, levaria à dispensa do *decreto de promulgação*. Bastaria o ato de ratificação e a entrada em vigor, no plano internacional, do tratado de direitos humanos para que esse fosse, automaticamente, válido internamente[5]. O Supremo Tribunal Federal, contudo, interpretou o artigo 5º, § 1º, restritivamente, pois este regeria somente a *aplicação interna dos direitos e garantias fundamentais*, sem relação, então, com a necessidade ou não de decreto executivo na incorporação de tratados.

Nossa posição é pela desnecessidade do Decreto de Promulgação, para *todo e qualquer tratado*. A publicidade da ratificação e entrada em vigor internacional deve ser apenas atestada (efeito meramente declaratório) nos registros públicos dos atos do Ministério das Relações Exteriores (*Diário Oficial da União*). Bom exemplo é o da Constituição de Portugal, que, em seu artigo 119, inciso 1, alínea *b*, dispõe que devem ser publicados no jornal oficial, Diário da República, as convenções internacionais e os respectivos avisos de ratificação, bem como os restantes avisos a elas respeitantes. Assim, teríamos a publicação do aviso de ratificação e o aviso de entrada em vigor para o Brasil. Esse aviso, de caráter declaratório, em nada afetaria o disposto no artigo 84, inciso VIII, e ainda asseguraria *publicidade* – desejável em nome da segurança jurídica – e *sintonia* entre a validade internacional e a validade interna dos tratados.

Para que essa seja a nova praxe na observância dos tratados, não é necessária nenhuma alteração constitucional: como já mencionado, a Constituição é cumprida pela observância das fases de formação de um

---

agosto de 2018. Em 9-11-2023, finalmente foi editado o Decreto n. 11.777, que promulgou o citado Protocolo.

4 No texto da Constituição: "Art. 5º, § 1º As normas definidoras dos direitos e garantias fundamentais têm aplicação imediata".

5 PIOVESAN, F. *Direitos humanos e o direito constitucional internacional*. 7. ed. São Paulo: Saraiva, 2006, p. 71.

tratado; a incorporação pelo Decreto Executivo é reprodução de um costume analogicamente criado, sem apoio no texto constitucional.

O voto vencido do Min. Fachin (no TSE) no caso da candidatura de Luiz Inácio Lula da Silva em 2018 apontou que "(...) É incompatível com o texto constitucional condicionar a produção de efeitos internos dos tratados de direitos humanos à promulgação presidencial". Para a Constituição brasileira, para que um tratado obrigue o Brasil basta que o Estado brasileiro seja *parte*, o que ocorre com a ratificação[6].

A nova interpretação que se oferece aqui tem a vantagem de evitar a responsabilização internacional do Brasil e ainda impedir que a desídia do eventual responsável pelo setor de publicação dos avisos de ratificação reste impune (há a sua responsabilidade funcional de atestar a ratificação e entrada em vigor).

No caso da interpretação vigente atualmente, a publicação do Decreto é de alçada discricionária do Presidente da República e, por isso, pode demorar meses ou anos. No máximo, poder-se-ia pensar na hipótese de crime de responsabilidade do Presidente (artigo 85 da Constituição) uma vez que o Brasil seria penalizado internacionalmente, mas seria ainda caso de apreciação política, pelo Congresso, de uma questão que deveria ser jurídica (validade internacional de um tratado em sintonia com a validade interna).

Essa prática – diga-se, novamente, não albergada de maneira expressa em qualquer das Constituições brasileiras – potencializa o risco da responsabilização internacional do Estado brasileiro, caso o Decreto de Promulgação não seja editado, por desídia ou outro motivo.

Por outro lado, o Decreto de Promulgação não cumpre nenhuma função que não possa ser substituída pelo mero Aviso de Ratificação e Entrada em Vigor, o que sintonizaria a validade internacional do tratado com sua validade interna, novamente, sem nenhuma outra consequência negativa para o Brasil. Qual seria o prejuízo de tal sintonia? Se o tratado é inconveniente, nem deveria ter sido aprovado e ratificado (fases de formação do tratado). Assim, a exigência Decreto de Promulgação é supérflua e perigosa, podendo ser eliminada.

---

6 Voto vencido do Ministro Edson Fachin. Tribunal Superior Eleitoral, Registro de Candidatura (11532) n. 0600903-50.2018.6.00.0000, rel. Min. Roberto Barroso, por maioria, julgamento em 31 de agosto de 2018.

3.2 A hierarquia normativa dos tratados de direitos humanos antes da EC n. 45/2004

Sem sombra de dúvida, o maior tema na doutrina brasileira referente ao Direito Internacional dos Direitos Humanos nos últimos anos foi o do estatuto normativo interno dos tratados internacionais de direitos humanos incorporados.

Por se tratar de tema afeto à hierarquia das normas, está previsto na Constituição e depende da interpretação final do Supremo Tribunal Federal (STF). Apesar dos ventos da redemocratização e do apelo da Constituição de 1988 à promoção da dignidade humana (um dos fundamentos da República, *ex vi* o artigo 1º, inciso III) não houve mudança da orientação do STF nos primeiros anos subsequentes à edição da nova Constituição. A antiga orientação, consagrada no Recurso Extraordinário n. 80.004, de 1977, determinava que os tratados internacionais (inclusive os de direitos humanos) incorporados internamente eram *equivalentes* à lei ordinária federal.

Consequentemente, não havia a prevalência automática dos atos internacionais em face da lei ordinária, já que a ocorrência de conflito entre essas normas deveria ser resolvida pela aplicação do critério cronológico (a normatividade posterior prevalece – *later in time*) ou pela aplicação do critério da especialidade.

O maior exemplo desse estatuto de mera lei ordinária ocorreu no caso da prisão civil do depositário infiel, expressamente proibida pela Convenção Americana de Direitos Humanos, que, em seu artigo 7º[7], veda a prisão civil com exceção da decorrente de obrigação alimentar. Ainda na década de 1990, o Supremo Tribunal Federal decidiu que o dispositivo mencionado teria *status* de mera lei ordinária e deveria ser *subordinado* ao texto constitucional brasileiro, que, em seu artigo 5º, inciso LXVII, menciona, além da prisão civil decorrente do inadimplemento de obrigação alimentar, a hipótese da prisão civil do depositário infiel. Mas, houve divisão de votos no julgamento do HC 72.131[8], *leading*

---

7 "Art. 7º Ninguém deve ser detido por dívidas. Este princípio não limita os mandados de autoridade judiciária competente expedidos em virtude de inadimplemento de obrigação alimentar".

8 BRASIL. Supremo Tribunal Federal. *Habeas Corpus* 72.131/RJ. Paciente: Lairton Almagro Vitoriano da Cunha. Impetrante: Marcello Ferreira de Souza Granado. Coator: Tribunal de Justiça do Estado do Rio de Janeiro. Impetrado: Sateplan Consórcios Ltda. Relator: Min. Moreira Alves. Brasília, 23/11/1995. Publicado em 1º-8-2003.

case do tema à época: os Ministros Marco Aurélio, relator originário, Francisco Rezek, Carlos Velloso e Sepúlveda Pertence votaram pela concessão da ordem, ou seja, pela prevalência da *Convenção Americana de Direitos Humanos*; já pelo indeferimento votaram os Ministros Moreira Alves, Maurício Corrêa, Ilmar Galvão, Celso de Mello, Octavio Gallotti, Sydney Sanches e Néri da Silveira, formando-se a maioria. O relator para o acórdão foi o Min. Moreira Alves.

Para reforçar tal visão, o STF comparou a CF/88 com a Constituição argentina, a qual, depois da reforma de 1994, consagrou expressamente a *hierarquia constitucional* dos tratados de direitos humanos. Para a Corte Suprema brasileira, a diferença entre as duas Constituições demonstrava que, quando o constituinte almeja estabelecer um *status* normativo diferenciado aos tratados de direitos humanos, ele assim o faz expressamente[9].

Todavia, tal entendimento do STF sempre possuiu ferozes críticos.

Em primeiro lugar, houve quem defendesse o estatuto supraconstitucional dos tratados internacionais de direitos humanos[10]. Essa visão é decorrência da primazia do Direito Internacional defendida pelos diplomas[11] e órgãos internacionais. Mas ainda não há consenso na classe política para a alteração – via emenda constitucional – da conveniente ambiguidade brasileira sobre o Direito Internacional: nos comprometemos, às vezes profundamente, no plano internacional e não nos preparamos internamente para fazer valer a predominância desses compromissos no plano doméstico.

---

9 Nos termos da decisão do Excelso Pretório: "Diversa seria a situação, se a Constituição do Brasil – à semelhança do que hoje estabelece a Constituição argentina de 1853, no texto emendado pela Reforma Constitucional de 1994 (art. 75, n. 22) – houvesse outorgado hierarquia constitucional aos tratados celebrados em matéria de direitos humanos" (BRASIL. Supremo Tribunal Federal. Recurso Extraordinário 249.970/RS. Recorrente: Banco Bradesco S/A. Recorrido: José Luiz Rechini Greco. Relator: Min. Celso A. de Mello. Brasília, 4-8-1999. Publicado em 27-8-1999).

10 MELLO, Celso A. de. "O § 2º do art. 5º da Constituição Federal", in TORRES, Ricardo Lobo. *Teoria dos direitos fundamentais*. 2. ed. Rio de Janeiro: Renovar, 2001, p. 1-33, em especial p. 25.

11 A Convenção de Viena sobre Direito dos Tratados estabelece em seu art. 27 que "Uma parte não pode invocar as disposições de seu direito interno para justificar o descumprimento de um tratado. Esta regra não prejudica o artigo 46". Ver acima maiores detalhes de como o Direito Internacional vê o Direito Interno.

Em segundo lugar, encontravam-se aqueles que defendiam, desde a edição da Constituição de 1988, o estatuto constitucional dos tratados de direitos humanos por força do artigo 5º, § 2º, da própria CF/88[12]. O artigo 5º, § 2º, asseguraria, para parte da doutrina, a hierarquia de norma constitucional a tratados de direitos humanos ratificados pelo Brasil, pois sua redação ("Os direitos e garantias expressos nesta Constituição não excluem outros decorrentes ... dos tratados internacionais..".) em cláusula de abertura forneceria aos direitos previstos nos tratados de direitos humanos a almejada estatura constitucional[13].

Para conciliar a visão majoritária do Supremo Tribunal Federal (com apoio em alguns doutrinadores) de estatura equivalente a mera lei ordinária federal com a visão doutrinária de natureza constitucional dos tratados de direitos humanos, o então Ministro Sepúlveda Pertence, em *obiter dictum* no Recurso em *Habeas Corpus* n. 79.785-RJ[14], sustentou que deveríamos "aceitar a outorga de força supralegal às convenções de direitos humanos, de modo a dar aplicação direta às suas normas – até, se necessário, contra a lei ordinária – sempre que, sem ferir a Constituição, a complementem, especificando ou ampliando os direitos e garantias dela constantes". Essa posição conciliatória de PERTENCE externada em seu voto do ano 2000 (tratados de direitos humanos ficariam acima das leis e abaixo da Constituição) não logrou inicialmente apoio no STF até a aposentadoria do Ministro.

Assim sendo, até a edição da Emenda Constitucional n. 45/2004 havia intenso debate doutrinário sobre a posição hierárquica dos tratados internacionais de direitos humanos especialmente em virtude do disposto no artigo 5º, § 2º, da Constituição. Tal caos sobre a hierarquia normativa dos tratados de direitos humanos pode ser resumido em quatro posições de maior repercussão: natureza supraconstitucional, em face de sua

---

12 No texto da Constituição: "Art. 5º, § 2º Os direitos e garantias expressos nesta Constituição não excluem outros decorrentes do regime e dos princípios por ela adotados, ou dos tratados internacionais em que a República Federativa do Brasil seja parte".

13 CANÇADO TRINDADE, A. A. "A interação entre direito internacional e o direito interno na proteção dos direitos humanos". *Arquivos do Ministério da Justiça,* 182, 1993, p. 27-54.

14 BRASIL. Supremo Tribunal Federal. Recurso Ordinário em *Habeas Corpus* 79.785. Recorrente: Jorgina Maria de Freitas Fernandes. Recorrido: Ministério Público Federal. Relator Ministro Sepúlveda Pertence, julgamento em 29-3-2000, publicado no *DJ* de 23-5-2003.

origem internacional (MELLO), natureza constitucional (TRINDADE, PIOVESAN, entre outros), natureza equiparada à lei ordinária federal (REZEK e maioria dos Ministros do STF da época[15]), natureza supralegal (acima da lei e inferior à Constituição, voto do Min. SEPÚLVEDA PERTENCE).

---

15 REZEK, Francisco. *Direito internacional público:* curso elementar. 7. ed. São Paulo: Saraiva, 1998, em especial p. 104.

4 Os tratados internacionais de direitos humanos após a EC n. 45/2004

4.1 O novo § 3º do artigo 5º: muito foi feito por nada?

Em face desse caos e da resistência do Supremo Tribunal Federal em dotar os tratados de direitos humanos de hierarquia diferenciada, o movimento de direitos humanos buscou, via emenda constitucional, a consagração da hierarquia constitucional dos tratados de direitos humanos. Convencida a classe política, foi, então, aprovada a EC n. 45/2004, que introduziu o § 3º ao artigo 5º, com a seguinte redação: "Artigo 5º, § 3º Os tratados e convenções internacionais sobre direitos humanos que forem aprovados, em cada Casa do Congresso Nacional, em dois turnos, por três quintos dos votos dos respectivos membros, serão equivalentes às emendas constitucionais".

A redação final aprovada do dispositivo foi recebida com pouco entusiasmo pelos defensores de direitos humanos, pelos seguintes motivos: 1) condicionou a hierarquia constitucional ao rito similar ao das emendas constitucionais, aumentando o *quorum* da aprovação congressual futura e estabelecendo dois turnos, tornando-a mais dificultosa; 2) sugeriu, ao usar a expressão "que forem", a existência de dois tipos de tratados de direitos humanos no pós-emenda: os aprovados pelo rito equivalente ao da emenda constitucional e os aprovados pelo rito comum (maioria simples e em turno único); 3) nada mencionou quanto aos tratados anteriores à Emenda.

CANÇADO TRINDADE, em contundente voto em separado no Caso Damião Ximenes, da Corte Interamericana de Direitos Humanos, criticou duramente o citado parágrafo, que seria, na sua visão, "mal concebido, mal redigido e mal formulado, representa um lamentável retrocesso em relação ao modelo aberto consagrado pelo § 2º do artigo 5º da Constituição Federal de 1988". Para o atual Juiz da Corte Internacional de Justiça, a redação do parágrafo terceiro, no tocante aos tratados anteriormente aprovados, criou "um imbróglio tão a gosto de publicistas estatocêntricos, insensíveis às necessidades de proteção do ser humano". Para sintetizar, CANÇADO TRINDADE o denomina "aberração jurídica"[1].

Após a EC n. 45/2004, houve quem defendesse a inconstitucionalidade do citado § 3º, por ter reduzido a hierarquia dos tratados de direitos humanos e, assim, violado cláusula pétrea (artigo 60, § 4º, inciso IV,

---

1 Corte Interamericana de Direitos Humanos, *Caso Damião Ximenes Lopez vs. Brasil*, sentença de 4 de julho de 2006, parágrafos 30 e 31 do citado voto em separado.

referente à proibição de emenda que tenda a abolir direitos e garantias individuais). Esse posicionamento foi baseado na crença da existência anterior do estatuto constitucional dos tratados internacionais de direitos, fundado no alcance do artigo 5º, § 2º, não aceita pelo STF. Essa suposta inconstitucionalidade também não foi aceita pelo próprio STF, que, em mais de uma ocasião, fez referência ao artigo 5º, § 3º, sem qualquer alegação de inconstitucionalidade, que poderia ter sido provocada *ex officio* ou por provocação das partes ou do Procurador-Geral da República (controle difuso de constitucionalidade).

Por outro lado, parte da doutrina entendeu que a batalha pela natureza constitucional de todos os tratados internacionais estaria perdida; somente alguns seriam equivalentes à emenda constitucional, a saber, os que fossem aprovados pelo rito especial recém-criado. Nessa linha, SILVA atestou que há, após a EC n. 45/2004, dois tipos de tratados de direitos humanos: os aprovados pelo rito especial do artigo 5º, § 3º, e os não aprovados (quer por serem anteriores à EC 45/2004 ou, se posteriores, terem sido aprovados pelo rito simples). Os últimos teriam estatuto equivalente à lei ordinária federal e somente os primeiros teriam estatura constitucional[2].

Por sua vez, houve aqueles que sustentaram que o estatuto constitucional se estenderia ao menos aos tratados de direitos humanos aprovados anteriormente, graças ao instituto da recepção formal, aceito pelo constitucionalismo brasileiro, tal qual leis ordinárias preexistentes que foram consideradas leis complementares em face do novo posicionamento hierárquico da matéria pela nascente ordem constitucional (*vide* o clássico exemplo do Código Tributário Nacional, lei ordinária no nascimento – 1965 – e hoje tido como equivalente à lei complementar). Essa posição restou fragilizada em face – novamente – da redação do artigo 5º, § 3º, que aceita a possibilidade de tratados no pós-Emenda serem aprovados pelo rito simples. Assim, os tratados anteriores seriam recepcionados com qual hierarquia, se a EC n. 45/2004 usou a expressão "que forem" no parágrafo terceiro do artigo 5º, abrindo uma alternativa ao Congresso Nacional para aprovar os tratados pelo mesmíssimo rito simples?

Além desses posicionamentos, floresceu visão doutrinária defendida, entre outros, por PIOVESAN, que fez interessante compatibilização entre

---

2 SILVA, José Afonso da. *Comentário contextual à Constituição*. 2. ed. São Paulo: Malheiros, 2006, p. 179.

a visão doutrinária minoritária de outrora (estatuto constitucional dos tratados de direitos humanos) e a redação peculiar do rito especial do parágrafo terceiro e sua expressão "que forem". Nem o parágrafo terceiro do artigo seria inconstitucional, nem os tratados de direitos humanos aprovados pelo rito simples (quer anteriores ou posteriores à EC n. 45/2004) seriam equivalentes à lei ordinária federal.

Nessa linha conciliatória, todos os tratados de direitos humanos – incorporados antes ou depois da EC n. 45/2004, teriam estatuto constitucional, com base no artigo 5º, § 2º. Na visão de PIOVESAN, todos seriam *materialmente* constitucionais. O rito especial do artigo 5º, § 3º, somente daria uma consequência adicional aos tratados de direitos humanos: a impossibilidade de denúncia, pois tais tratados seriam material e *formalmente* constitucionais. Assim, teríamos tão somente a petrificação dos tratados de direitos humanos que fossem aprovados de acordo com o rito especial, eis que não seriam sujeitos à denúncia (ato unilateral pelo qual o Estado brasileiro manifesta sua vontade de não mais se engajar perante determinado tratado)[3].

Ocorre que os tratados de direitos humanos em geral *possuem* cláusula de *denúncia* e o Brasil não tem o hábito de estabelecer reserva (ato unilateral pelo qual o Brasil, no momento da celebração, manifesta sua vontade de excluir ou modificar determinada cláusula do tratado) sobre tal cláusula de denúncia (p. ex., manifestando sua vontade de nunca denunciar o tratado).

Um dos quatro tratados aprovados pelo rito especial até o momento – Convenção das Nações Unidas sobre os Direitos das Pessoas com Deficiência – demonstra certa precariedade dessa interessante tese doutrinária. De fato, o Congresso Nacional poderia ter manifestado seu desejo de excluir a possibilidade de denúncia prevista no texto daquela Convenção (reserva ao artigo 48), mas não o fez[4].

---

3 Ver, na defesa dessa outra consequência do uso do rito especial do artigo 5º, § 3º (impossibilidade da denúncia), PIOVESAN, F. *Direitos humanos e o direito constitucional internacional.* 7. ed. São Paulo: Saraiva, 2006, p. 77.

4 Artigo 48. Denúncia. *Qualquer Estado-parte poderá denunciar a presente Convenção mediante notificação por escrito ao Secretário-Geral das Nações Unidas. A denúncia tornar-se-á efetiva um ano após a data de recebimento da notificação pelo Secretário-Geral.* Decreto Legislativo n. 186, de 9 de julho de 2008, conforme o procedimento do § 3º do artigo 5º da Constituição, que aprovou a Convenção sobre os Direitos das Pessoas com Deficiência e seu Protocolo Facultativo, assinados em Nova York, em 30 de março de

Agora, entendemos ser inegável o estatuto diferenciado dos tratados internacionais de direitos humanos, em face do disposto especialmente no artigo 1º, *caput*, e inciso III (estabelecimento do Estado Democrático de Direito e consagração da dignidade humana como fundamento da República), e ainda em face do artigo 5º, § 2º. Assim, os tratados de direitos humanos possuem natureza constitucional.

Contudo, para que o rito especial do artigo 5º, § 3º, não seja considerado um retrocesso e mantendo a premissa (todos os tratados de direitos humanos são equiparados a normas constitucionais), temos que o uso do rito especial do artigo 5º, § 3º, faz nascer a exigência de idêntico *quorum* para sua denúncia, caso essa seja permitida pelo próprio tratado, como veremos em item próprio (sobre a denúncia de tratados de direitos humanos).

4.2 A teoria do duplo estatuto dos tratados de direitos humanos

O artigo 5º, § 3º, da Constituição motivou a revisão do posicionamento majoritário no STF. No julgamento do RE 466.343[5], simbolicamente também referente à prisão civil do depositário infiel, a maioria de votos sustentou novo patamar normativo para os tratados internacionais de direitos humanos, *inspirada* pelo § 3º do artigo 5º da CF/88 introduzido pela EC n. 45/2004[6].

2007. O segundo tratado aprovado pelo rito especial é justamente o retromencionado Protocolo Facultativo à Convenção dos Direitos da Pessoa com Deficiência. O terceiro tratado aprovado pelo rito especial é o Tratado para facilitar o acesso às obras publicadas às pessoas cegas, com deficiência visual ou com outras dificuldades para ter alcance ao texto impresso, concluído no âmbito da Organização Mundial de Propriedade Intelectual e celebrado em 27 de junho de 2013, em Marraqueche, no Marrocos. O Tratado de Marraqueche foi aprovado nos termos do § 3º, do artigo 5º, da CF/88 (com estatuto equivalente ao de emenda constitucional), por meio do Decreto Legislativo n. 261, de 25 de novembro de 2015. A ratificação brasileira deu-se em 11 de dezembro de 2015. O referido tratado foi promulgado pelo Decreto n. 9.522, de 8 de outubro de 2018. O quarto tratado aprovado pelo rito especial é a Convenção Interamericana contra o Racismo, a Discriminação Racial e Formas Correlatas de Intolerância, promulgada pelo Decreto n. 10.932/2022.

5 BRASIL. Supremo Tribunal Federal. Recurso Extraordinário 466.343. Recorrente: Banco Bradesco S/A. Recorrido: Luciano Cardoso Santos. Relator Ministro Cezar Peluso. Brasília, julgamento em 3-12-2008, *DJe* de 5-6-2009.

6 Ver também BRASIL. Supremo Tribunal Federal. Recurso Extraordinário 349.703/RS, Recorrente: Banco Itaú S.A. Recorrido: Armando Luiz Segabinazzi. Relator Ministro Carlos Britto, maioria, julgamento em 3-12-2008, *DJe* de 5-6-2009.

A nova posição prevalecente no STF foi capitaneada pelo Min. Gilmar Mendes, que, retomando a visão pioneira de Sepúlveda Pertence (em seu voto no HC 79.785-RJ[7]), sustentou que os tratados internacionais de direitos humanos – anteriores ou posteriores à EC n. 45/2004 –, que não forem aprovados pelo Congresso Nacional pelo rito especial do artigo 5º, § 3º, da CF/88, têm natureza *supralegal*: abaixo da Constituição, mas acima de toda e qualquer lei[8].

Foram votos parcialmente vencidos, no tocante ao estatuto normativo dos tratados de direitos humanos, os ministros Celso de Mello, Eros Grau e Ellen Gracie, que sustentaram a hierarquia constitucional de *todos* os tratados sobre direitos humanos, aprovados ou não pelo rito especial do artigo 5º, § 3º. De fato, para Celso de Mello trata-se de adaptar a CF/88, pela via interpretativa, ao novo contexto social de aceitação da internacionalização dos direitos humanos. Assim, Celso de Mello, revendo sua posição anterior a favor do mero estatuto *legal* dos tratados de direitos humanos, sustentou que os tratados internacionais de direitos humanos ratificados pelo Brasil integram o ordenamento jurídico como norma de estatura constitucional. De acordo ainda com a posição do citado Ministro, a CF/88 em sua redação original determina a prevalência dos direitos humanos (artigo 4º, inciso II, da CF/88) e reconhece o estatuto constitucional dos tratados internacionais de direitos humanos (artigo 5º, § 2º, da CF/88). Dessa forma, os tratados de direitos humanos, mesmo que anteriores à EC n. 45/2004, seriam normas consideradas constitucionais. Essa posição, entretanto, ainda é minoritária.

Consagrou-se no STF a *teoria do duplo estatuto* dos tratados de direitos humanos: *supralegal* para os que não foram aprovados pelo rito especial do artigo 5º, § 3º, quer sejam anteriores ou posteriores à EC n. 45/2004 e *constitucional* para os aprovados de acordo com o rito especial.

4.3 A denúncia dos tratados de direitos humanos após a ADI n. 1.625

A denúncia no Direito Internacional consiste em ato unilateral pela qual o Estado (ou outra parte) manifesta sua vontade em não mais se

---

7 BRASIL. Supremo Tribunal Federal. Recurso Ordinário em *Habeas Corpus* 79785. Recorrente: Jorgina Maria de Freitas Fernandes. Recorrido: Ministério Público Federal. Relator Ministro Sepúlveda Pertence, julgamento em 29 de março de 2000, publicado no *DJ* de 23-5-2003.

8 Ver o voto do Ministro Gilmar Mendes no RE 466.343-SP, Relator Cezar Peluso.

engajar perante determinado tratado. Pode ser regrada pelo próprio tratado, contendo inclusive o chamado prazo de aviso prévio, pelo qual o Estado denunciante continua a ser obrigado a cumprir o tratado por certo lapso temporal, até que a denúncia surta efeito.

A existência de cláusula de denúncia é comum nos tratados de direitos humanos. Demonstra que os Estados, ao negociarem tais tratados, desejam deixar em aberto a possibilidade de não mais cumprir as obrigações lá previstas. No caso do sistema interamericano de direitos humanos, a Convenção Americana de Direitos Humanos possui cláusula de denúncia, com aviso prévio de 1 ano (art. 78[9]), que já foi utilizada por 2 Estados (Trinidad e Tobago em 1998; Venezuela em 2012).

No caso brasileiro, há registro importante de denúncia de tratado de direitos humanos na área trabalhista, realizada pelo Brasil (Governo Fernando Henrique Cardoso), que denunciou por "Nota do Governo brasileiro", de 26-11-1996, a Convenção n. 158 da Organização Internacional do Trabalho (OIT), a qual tratava do término da relação de trabalho por iniciativa do empregador e veda a dispensa injustificada.

Na época, havia divisões na doutrina sobre o rito da terminação dos tratados em pelo menos três correntes principais. Para os que defendiam o *predomínio do Poder Executivo* na condução das relações internacionais, a existência de denúncia permitida pelo tratado já autorizava o Poder Executivo a ofertá-la *sem necessidade* de autorização do Poder Legislativo (o qual havia inclusive aprovado a cláusula de denúncia, no momento da aprovação congressual). Por sua vez, havia quem defendesse a *obrigatória autorização prévia* do Congresso Nacional antes do ato ser realizado internacionalmente pelo Brasil. Deveria existir, então, o encaminhamento de mensagem presidencial e apresentação de projeto de decreto legislativo contendo *autorização de denúncia* pelo Congresso, para que este pudesse aprová-la. Nessa corrente, havia posição intermediária pela qual defendeu-se que somente *alguns tipos de tratados* exigiriam a autorização prévia do Congresso Nacional antes da terminação pela denúncia (entre

---

9 *In verbis*: Art. 78. 1. Os Estados-Partes poderão denunciar esta Convenção depois de expirado um prazo de cinco anos, a partir da data de entrada em vigor da mesma e mediante aviso prévio de um ano, notificando o Secretário-Geral da Organização, o qual deve informar as outras Partes. 2. Tal denúncia não terá o efeito de desligar o Estado-Parte interessado das obrigações contidas nesta Convenção, no que diz respeito a qualquer ato que, podendo constituir violação dessas obrigações, houver sido cometido por ele anteriormente à data na qual a denúncia produzir efeito.

eles, os tratados de direitos humanos). Finalmente, a terceira corrente sustentava a *possibilidade de rescisão unilateral* tanto por vontade do Poder Executivo (sem autorização prévia do Congresso) como por provocação do Poder Legislativo. Para Rezek, como a celebração de determinado tratado exigiu (em geral) a junção da vontade dos Poderes Legislativo (aprovação congressual) e Executivo (assinatura e, após a aprovação congressual, a ratificação), bastaria que um dos Poderes retirasse o seu apoio para que a denúncia fosse viável. Assim, caso o Poder Legislativo mudasse de posição, teria que aprovar uma lei exigindo a denúncia (eventual veto do Presidente da República seria superável pela maioria absoluta de cada casa do Congresso Nacional), cuja concretização seria feita pelo Presidente da República (Chefe de Estado). Caso o Poder Executivo mudasse de posição, bastaria que fosse feita a denúncia no plano internacional[10].

Essa polêmica sobre o rito da denúncia de tratados foi apreciada no Supremo Tribunal Federal na ADI n. 1.625, proposta em 1997, na qual a Confederação Nacional dos Trabalhadores da Agricultura (Contag) questionou o Decreto n. 2.100/96, pelo qual o Presidente da República da época (Fernando Henrique Cardoso) promulgou internamente a denúncia (ato internacional que já havia sido realizado) da Convenção n. 158 da OIT[11]. Questionou-se na ADI o poder unilateral do Presidente da República para denunciar tratados (primeira corrente vista acima), sendo defendida a necessidade de obtenção prévia da anuência do Congresso Nacional. Em 2023, no final desse *maduro julgamento* (foram 26 anos de trâmite da ação), o STF decidiu, por maioria, ser imprescindível a anuência do Congresso Nacional para a operacionalização de denúncia

---

10 REZEK, Francisco. *Direito Internacional Público – Curso Elementar*. 8. ed. São Paulo: Saraiva, 2000, p. 108. Trazendo todas as correntes doutrinárias, em acurada pesquisa, ver a indispensável obra sobre a terminação dos tratados no Brasil de Márcio Pereira Pinto Garcia. GARCIA, Márcio Pereira Pinto. *A terminação do tratado e o Poder Legislativo à vista do Direito Internacional, do Direito Comparado e do Direito Constitucional Internacional Brasileiro*. Rio de Janeiro: Renovar, 2011, em especial p. 373 e s.

11 Para registro, eis o singelo conteúdo do Decreto impugnado: "O PRESIDENTE DA REPÚBLICA, torna público que deixará de vigorar para o Brasil, a partir de 20 de novembro de 1997, a Convenção da OIT n. 158, relativa ao Término da Relação de Trabalho por Iniciativa do Empregador, adotada em Genebra, em 22 de junho de 1982, visto haver sido denunciada por Nota do Governo brasileiro à Organização Internacional do Trabalho, tendo sido a denúncia registrada, por esta última, a 20 de novembro de 1996".

319

de qualquer tratado pelo Presidente da República (segunda corrente vista acima).

Com isso, além da teoria da junção de vontade positiva para a celebração dos tratados, há o reconhecimento da teoria da junção de vontade negativa na terminação dos tratados. Assim, os dois Poderes têm que estar de acordo com o fim (denúncia) de tratado já celebrado.

No caso concreto (Convenção n. 158 da OIT), foi decidida a improcedência do pedido, devendo o novo entendimento do STF (a favor da teoria da junção de vontades negativa) ter *efeito prospectivo*, ou seja, vale somente a partir da publicação da *ata de julgamento* da ADI (2-6-2023), preservando-se a eficácia das denúncias realizadas até esse marco temporal.

Tendo em vista o "paralelismo das formas" entre o processo de incorporação e o processo de denúncia de um tratado internacional, deve ser observado, ainda, no caso dos tratados de direitos humanos aprovados pelo rito especial do art. 5º, §3º, o quórum qualificado de 3/5 para aceitação, pelo Congresso, da denúncia.

Além disso, em qualquer hipótese, a denúncia de um tratado de direitos humanos submete-se ao crivo da *proibição do retrocesso*, ou seja, deve existir motivo para a denúncia que *não* acarrete diminuição de direitos. Cabe, consequentemente, controle judicial para verificação da constitucionalidade da denúncia. Assim, o Congresso e o Poder Executivo devem levar também em consideração a impossibilidade de diminuir a proteção já outorgada aos indivíduos, graças à incorporação dos citados tratados ao bloco de constitucionalidade[12].

A denúncia, então, não pode ser baseada pautada no desejo ideológico de diminuir a proteção já alcançada. Pelo contrário, a *justificativa constitucionalmente adequada* para a denúncia seria a ocorrência de desvios na própria condução dos tratados (p. ex., politização dos órgãos de controle, ausência de interpretação *pro persona* dos tratados etc.), o que conspiraria contra a defesa dos direitos humanos. O controle, então, do respeito ao efeito *cliquet* pode ser feito pelo Poder Judiciário.

Com isso, não se nega a possibilidade de denúncia, até porque existente nesses tratados, mas se impõe uma aprovação congressual prévia e ainda *respeito* à proteção geral de direitos humanos.

---

12 Ver a seguir.

4.4 As outras consequências: a fase de formação e incorporação dos tratados de direitos humanos após a EC n. 45/2004

Antes da EC n. 45/2004, como já vimos, o rito de formação e incorporação dos tratados de direitos humanos era *idêntico ao rito dos demais tratados*.

Porém, após a Emenda, surgiram novas dúvidas sobre o rito de formação e incorporação dos tratados de direitos humanos no Brasil.

Em primeiro lugar, cabe indagar: o rito especial do artigo 5º, § 3º, é obrigatório e deve ser sempre seguido pelo Poder Executivo e pelo Poder Legislativo, cuja tradicional junção de vontades acarreta a formação e posterior incorporação de um tratado ao ordenamento brasileiro?

A redação do dispositivo, inicialmente, abre a porta para a existência da possibilidade de os tratados de direitos humanos serem aprovados pelo rito comum (maioria simples), pois o artigo 5º, § 3º, usa a expressão "que forem". Para os defensores dessa fórmula redacional, não se poderia exigir que todo e qualquer tratado de direitos humanos possuísse o quórum expressivo de 3/5 previsto no artigo 5º, § 3º, pois assim dificultaríamos sua aprovação e teríamos uma situação pior à anterior à EC n. 45/2004.

Em face dessa redação, concluímos que o rito especial pode ser pedido pelo Presidente da República, em sua mensagem de encaminhamento do texto do tratado ao Congresso ou ainda pode ser o rito especial adotado pelo próprio Congresso *sponte sua*. Nem se diga que a vontade presidencial de adoção do rito simples vincularia o Congresso. É que, nesse caso, o Presidente é o senhor da oportunidade de envio da mensagem, mas a adoção do rito especial é tema que envolve matéria eminentemente congressual, de acordo com o artigo 49, inciso I. Logo, cabe ao Congresso decidir sobre o *quorum* de aprovação e os dois turnos de votação. O Congresso pode ser provocado, mas pode também adotar o rito *ex officio*, pois não podemos concluir que esse tema dependa da iniciativa privativa do Presidente, sem que a Constituição tenha expressamente assim estatuído. A iniciativa do Presidente é concorrente, referente tão somente ao papel de provocar a manifestação do Congresso sobre o rito especial: este pode inclusive rejeitar o pedido inserido na mensagem presidencial e aprovar o tratado de acordo com o rito simples (por exemplo, caso seja politicamente impossível aprová-lo pelo quórum qualificado).

Em segundo lugar, há ainda o questionamento de eventual alteração do rito geral de incorporação de um tratado internacional de direitos humanos ao ordenamento interno, inspirado também na redação do artigo 5º, § 3º. Será que o rito especial do artigo 5º, § 3º, não levaria à dispensa da *ratificação* e do *Decreto de Promulgação*, usando como analogia o rito da emenda constitucional, que dispensa a chamada fase da deliberação executiva (sanção ou veto presidencial)? Em primeiro lugar, entendemos que o uso analógico do rito da emenda constitucional não pode servir para transformar a aprovação do futuro tratado em uma PEC – Proposta de Emenda Constitucional. O rito especial do artigo 5º, § 3º, considera que o tratado de direitos humanos deve ser considerado *equivalente* à emenda constitucional: sua natureza de tratado internacional não é afetada. Assim, resta ainda ao Presidente da República *ratificar* o tratado de direitos humanos, pois esse ato internacional é que, em geral, leva à celebração definitiva dos tratados.

Quanto ao Decreto de Promulgação, entendemos que sua existência deve ser questionada em relação a *todos* os tratados e não somente em relação aos tratados de direitos humanos. No nosso entender, não deve ser a incorporação automática (leia-se dispensa do decreto de promulgação) defendida com base no artigo 5º, § 1º, mas sim com base na *ausência de dispositivo constitucional* que faça expressa menção ao decreto presidencial de incorporação dos tratados. Assim, nossa posição é pela desnecessidade do Decreto de Promulgação, para todo e qualquer tratado, inclusive os tratados de direitos humanos aprovados pelo rito especial do artigo 5º, § 3º. A publicidade da ratificação e entrada em vigor internacionalmente deve ser apenas atestada (efeito meramente declaratório) nos registros públicos dos atos do Ministério das Relações Exteriores (*Diário Oficial da União*). Contudo, a praxe republicana de exigência do Decreto de Promulgação é resistente: o primeiro tratado internacional de direitos humanos a ser aprovado pelo rito do artigo 5º, § 3º, foi promulgado pelo Decreto Presidencial n. 6.949, de 25 de agosto de 2009.

Em terceiro lugar, cabe ressaltar que a adoção pelo STF da teoria dos dois estatutos (*supralegal* e *constitucional*) dos tratados de direitos humanos merece revisão. Como os votos da minoria demonstram, a hierarquia constitucional de *todos* os tratados de direitos humanos (e não somente os aprovados pelo rito especial) atende melhor a interpretação em conjunto dos dispositivos constitucionais, em especial o artigo 1º, inciso III, e o artigo 5º, § 2º, além de ser mais um passo na consolidação do Estado Democrático de Direito (artigo 1º, *caput*) e da afirmação dos direitos de todos, superadas as desigualdades sociais e regionais que ainda assolam o país. Ocorre que a EC n. 45/2004, ao invés de auxiliar na reorientação do STF a favor do estatuto constitucional dos tratados de direitos humanos, permitiu, ao usar a expressão "que forem", o fortalecimento da tese de que há duas espécies de tratados de direitos humanos.

Caso essa minoria não consiga se afirmar no STF, a solução mais adequada é revisar o texto da Constituição e deixar claro o estatuto constitucional de todos os tratados internacionais de direitos humanos, eliminando a expressão "que forem", que enfraquece, inclusive, a adoção de uma teoria de recepção formal dos tratados de direitos humanos anteriores.

5 As fontes extraconvencionais de direitos humanos e o Brasil

A doutrina brasileira não tratou, com a mesma intensidade, da incorporação e do estatuto normativo das fontes não convencionais de normas internacionais de direitos humanos. Não que tais fontes não existam: como vimos, os tribunais internacionais há muito reconhecem a existência de *um costume internacional de proteção de direitos humanos*. A própria Declaração Universal dos Direitos Humanos é um dos exemplos de diplomas normativos que espelham o costume internacional de proteção de direitos humanos.

A explicação da ausência de maiores estudos sobre tais fontes é justamente a omissão da Constituição brasileira, que, ao tratar do Direito Internacional, restringiu-se a poucos artigos que envolvem *tratados* internacionais. Entretanto, o artigo 38 do Estatuto da Corte Internacional de Justiça, que é considerado rol autêntico das fontes do Direito Internacional, estabelece que o costume internacional e os princípios gerais de Direito são fontes principais do Direito Internacional, ao lado dos tratados. Além disso, são fontes do Direito Internacional, apesar de não mencionadas no artigo 38 acima citado, os atos unilaterais e as resoluções vinculantes das organizações internacionais.

Essa omissão não impediu, contudo, que o Supremo Tribunal Federal (entre outros Tribunais) aplicasse *diretamente* o costume internacional nos processos internos, como se fosse *law of the land*. Denomino essa aplicação direta de normas internacionais extraconvencionais de "fenômeno da impregnação", pelo qual tais normas são aplicadas diretamente no ordenamento brasileiro, sem qualquer medição do Congresso Nacio-

323

nal (ausência de Decreto Legislativo), e sem qualquer promulgação por Decreto Executivo.

Um dos casos paradigmáticos é o litígio entre a Síria e o Egito (logo após a dissolução da República Árabe Unida), referente à propriedade de imóvel no Rio de Janeiro, que, antes da transferência da Capital para Brasília, sediava a antiga embaixada comum. Para o Supremo Tribunal Federal, o costume internacional da *imunidade absoluta* de jurisdição deveria ser aplicado (*par in parem non habet imperium*), mesmo contrariando o preceito da Lei de Introdução às Normas do Direito Brasileiro (artigo 12, parágrafo único) e ainda o disposto no artigo 89, inciso I, do Código de processo Civil, que estabeleciam ser o juízo brasileiro o único competente para conhecer de ações reais sobre imóveis situados no Brasil[13]. Um dos votos vencidos, o do Min. Néri da Silveira, curiosamente aponta a negativa de processamento do feito no Brasil uma ofensa ao artigo VIII da Declaração Universal dos Direitos Humanos, referente ao direito fundamental de acesso à justiça. Porém, o Min. Clóvis Ramalhete sustentou que se tratava de uma impossibilidade jurídica (o juiz brasileiro dirimir questão nascida da dissolução e posterior sucessão internacional de Estados) e não haveria denegação de justiça, uma vez que as partes – Egito e Síria – teriam ainda acesso aos meios internacionais de solução de controvérsias (meios judiciais, arbitrais etc.). A inaplicabilidade dos dispositivos legais mencionados acima foi discutida no STF, pois não se tratava de dirimir questão de propriedade e posse com base no direito interno, mas sim com base nas normas internacionais regentes da sucessão fruto da dissolução da República Árabe Unida.

Já em 1989, houve caso no qual o STF decidiu pela supremacia do novo costume internacional da *imunidade de jurisdição relativa* e permitiu o trâmite de reclamação trabalhista contra a então existente República Democrática Alemã. Importa mencionar que a Constituição de 1988, no seu artigo 114, determinou que a Justiça do Trabalho é competente para conhecer causas inclusive contra "entes de direito público externo"[14]. Mas,

---

13   Supremo Tribunal Federal, Ação Civil Originária n. 298-DF, Pleno, maioria, Rel. para o acórdão Min. Decio Miranda, julgamento em 12-4-1982. Disponível em: <http://redir.stf.jus.br/paginador/paginador.jsp?docTP=AC&docID=266059&pgI=1&pgF=100000>. Acesso em: 27 jan. 2024.

14   Redação original: "Art. 114. Compete à Justiça do Trabalho conciliar e julgar os dissídios individuais e coletivos entre trabalhadores e empregadores, abrangidos os

como observou o Min. Rezek em seu voto na Apelação Cível 9.696, esse dispositivo apenas assegura a *competência* em casos nos quais o Brasil possui *jurisdição*. Se o Direito Internacional negar jurisdição ao Brasil, o artigo 114 queda inócuo. Mas, no caso concreto, foi considerado o novo costume internacional da imunidade de jurisdição relativa, que possibilitava o processamento de ações trabalhistas contra Estados estrangeiros[15].

No caso da proteção internacional de direitos humanos, há também vários exemplos de invocação de normas extraconvencionais de direitos humanos como se veem na ADIn 3.741, Rel. Min. Ricardo Lewandowski (Declaração Universal de Direitos do Homem); HC 81.158-2, Rel. Min. Ellen Gracie (Declaração Universal dos Direitos da Criança – 1959); HC 82.424-RS, Relator para o Acórdão Min. Maurício Corrêa (Declaração Universal dos Direitos Humanos); RE 86.297, Rel. Min. Thompson Flores (menção à Declaração Universal dos Direitos do Homem); ADIn 3.510, Rel. Min. Carlos Britto (no voto do Min. Ricardo Lewandowski menção à Declaração Universal sobre Bioética).

Na HC 91.952, o Min. Carlos Britto invocou a Resolução de Prevenção ao Crime e Justiça Penal da ONU (resolução não vinculante da Assembleia Geral), para "conforto, no mínimo, intelectual de todos". O Min. Peluso, em seu voto, salientou ter sido indicado Presidente de comissão da ONU para reforma da sua resolução sobre regras mínimas para tratamento de preso e ainda ter o artigo 5º, III, reproduzido o artigo V da Declaração Universal dos Direitos Humanos[16]. Na ADIn 1.969, o Min. Relator Lewandoswki invocou, em apoio à sua tese, o artigo XX da Declaração Universal dos Direitos Humanos, que trata da liberdade de manifestação[17].

---

entes de direito público externo e da administração pública direta e indireta dos Municípios (...)". Hoje, a redação é a seguinte (mantido o termo "ente de direito público externo"): "Art. 114. Compete à Justiça do Trabalho processar e julgar: I – as ações oriundas da relação de trabalho, abrangidos os entes de direito público externo e da administração pública direta e indireta da União, dos Estados, do Distrito Federal e dos Municípios", após a EC n. 45/2004.

15 AC 9.696/SP, Rel. Min. Sydney Sanches, Pleno, unânime. Disponível em: <http://redir.stf.jus.br/paginador/paginador.jsp?docTP=AC&docID=25118&pgI=1&pgF=100000>. Acesso em: 27 jan. 2024.

16 HC 91.952/SP – São Paulo, Relator: Min. Marco Aurélio, julgamento em 7-8-2008. Órgão Julgador: Tribunal Pleno.

17 ADI 1.969 / DF. Relator: Min. Ricardo Lewandowski, julgamento em 28-6-2007. Órgão Julgador: Tribunal Pleno.

Chega-se ao ponto de existirem exemplos de invocação, como vinculantes, de diplomas internacionais da *soft law*[18], que, em tese, não vinculariam o Brasil. O Min. Ricardo Lewandowski na Ação Direta de Inconstitucionalidade 3.510-0 decidiu que a Declaração Universal sobre Bioética e Direitos Humanos da UNESCO, diploma não vinculante, deveria ser respeitada, uma vez que "o Brasil, pois, como membro da Organização das Nações Unidas para a Educação, Ciência e Cultura e signatário da Declaração elaborada sob seus auspícios, está obrigado a dar concreção a seus preceitos no âmbito dos três poderes que integram sua estrutura estatal, sob pena de negar consequência jurídica à manifestação de vontade, formal e solene, que exteriorizou no âmbito internacional"[19].

Apesar dessas potentes menções, não há ainda um caminho seguro para o intérprete no que tange ao alcance do processo de impregnação. O costume internacional tem sido aproveitado de forma errática no STF, mais como reforço às normas claramente abertas da Constituição (como o princípio da promoção da dignidade humana), sem maior previsibilidade.

Também não há uma praxe de perscrutar a vontade do Estado brasileiro na aceitação do costume internacional. Em várias passagens de votos, o STF dá a impressão de considerar o costume internacional uma realidade que se impõe ao Estado brasileiro, não levando em consideração a necessidade de prova da aquiescência do Brasil, como ente soberano que é.

---

18 Para maior detalhe sobre a *soft law* e os direitos humanos, ver CARVALHO RAMOS, André. *Direitos humanos na integração econômica*. Rio de Janeiro: Renovar, 2008, p. 101-102.

19 Continua o Ministro, salientando: "Em outras palavras, a produção legislativa, a atividade administrativa e a prestação jurisdicional no campo da genética e da biotecnologia em nosso País devem amoldar-se aos princípios e regras estabelecidas naquele texto jurídico internacional, sobretudo quanto ao respeito à dignidade da pessoa humana e aos direitos e garantias fundamentais, valores, de resto, acolhidos com prodigalidade pela Constituição de 1988". Disponível em: <http://www.stf.jus.br/arquivo/cms/noticiaNoticiaStf/anexo/adi3510RL.pdf>. Acesso em: 28 jan. 2024.

6 O bloco de constitucionalidade

6.1 O bloco de constitucionalidade amplo

O bloco de constitucionalidade consiste no reconhecimento, ao lado da Constituição, de outros diplomas normativos de estatura constitucional.

No Direito Comparado, o marco do reconhecimento da existência do bloco de constitucionalidade foi a Decisão n. 71-44 DC, de 16-7-1971, do Conselho Constitucional francês, relativa à liberdade de associação, que consagrou o valor constitucional do preâmbulo da Constituição francesa de 1958, que, por sua vez, faz remissão ao preâmbulo da Constituição de 1946 e à Declaração de Direitos do Homem e do Cidadão de 1789. Em 2005, houve alteração do preâmbulo da Constituição francesa e foi agregada remissão à Carta do Meio Ambiente (*Charte de l'environnement*), todos agora fazendo parte do bloco de constitucionalidade.

No Supremo Tribunal Federal em 2002, Celso de Mello constatou a existência do debate sobre o bloco de constitucionalidade, que amplia o parâmetro de controle de constitucionalidade, devendo abarcar os dispositivos do bloco como paradigma de confronto das leis e atos normativos infraconstitucionais[1].

No texto constitucional, o artigo 5º, § 2º, permite, ao dispor sobre os "direitos decorrentes" do regime, princípios e tratados de direitos humanos, o reconhecimento de um bloco de constitucionalidade amplo, que alberga os direitos previstos nos tratados internacionais de direitos humanos.

Contudo, até a edição da EC n. 45/2004, o estatuto desses tratados, na visão do STF, era equivalente à mera lei ordinária, como visto acima. Assim, no máximo, a doutrina e jurisprudência majoritárias reconheciam o valor constitucional apenas às normas expressas ou implícitas previstas na Constituição, devendo até mesmo serem levados em consideração os valores mencionados no preâmbulo[2].

Com a introdução do artigo 5º, § 3º, o STF modificou sua posição, mas ainda situou os tratados aprovados sem o rito especial do citado parágrafo no patamar da supralegalidade.

---

1 Supremo Tribunal Federal, ADI 595/ES, Relator Celso de Mello, 2002.

2 Supremo Tribunal Federal, ADI 2.649, voto da Ministra Cármen Lúcia, 2008, atualizando o entendimento anterior, de ausência de força vinculante do Preâmbulo, visto na ADI 2.076-AC de 2002.

Restam, então, os tratados aprovados pelo rito especial do artigo 5º, § 3º, como parte integrante de um bloco de constitucionalidade restrito.

6.2 O bloco de constitucionalidade restrito

Em que pese nossa posição de ter a redação originária da Constituição de 1988 adotado o conceito de um bloco de constitucionalidade amplo, ao dotar os tratados de direitos humanos de estatuto equivalente à norma constitucional (de acordo com o artigo 5º, § 2º), essa posição é minoritária até o momento. Assim, resta a aceitação – plena, ao que tudo indica – de um bloco de constitucionalidade restrito, que só abarca os tratados aprovados pelo rito especial do artigo 5º, § 3º, introduzido pela EC n. 45/2004.

Logo, todos os demais artigos da Constituição que tratam do princípio da supremacia da norma constitucional, como, por exemplo, os referentes ao controle difuso e concentrado de constitucionalidade (arts. 102 e 103) devem agora ser lidos como sendo componentes do mecanismo de preservação da supremacia do bloco de constitucionalidade como um todo e não somente da Constituição.

A filtragem constitucional do ordenamento, ou seja, a exigência de coerência de todo o ordenamento aos valores da Constituição passa a contar também com o *filtro internacionalista* oriundo dos valores existentes nesses tratados aprovados pelo rito especial do art. 5º, § 3º, da CF/88. Consequentemente, as normas paramétricas de confronto no controle de constitucionalidade devem levar em consideração não só a Constituição, mas também os tratados celebrados pelo rito especial. Portanto, cabe acionar o controle abstrato e difuso de constitucionalidade, em todas as suas modalidades, para fazer valer as normas previstas nesses quatro tratados aprovados até o momento (janeiro de 2024) pelo rito especial.

Os dois primeiros tratados que foram aprovados de acordo com esse rito foram a: 1) Convenção das Nações Unidas sobre os Direitos das Pessoas com Deficiência; e 2) seu Protocolo Facultativo, assinados em Nova Iorque, em 30 de março de 2007. Além de robusto rol de direitos previsto na Convenção, houve a submissão brasileira ao sistema de petição das vítimas de violação de direitos previstos ao Comitê sobre os Direitos das Pessoas com Deficiência, de acordo com o Protocolo Facultativo.

O rito especial foi seguido em sua inteireza. O Presidente, na mensagem presidencial de encaminhamento do texto do futuro tratado, solicitou o rito especial. O Decreto Legislativo n. 186 foi aprovado, por maioria de 3/5 e em dois turnos em cada Casa do Congresso Nacional e publicado em 10 de junho de 2008. O Brasil depositou o instrumento de ratificação dos dois tratados (a Convenção e seu Protocolo Facultativo) junto ao Secretário-Geral das Nações Unidas em 1º de agosto de 2008 e estes entraram em vigor para o Brasil, no plano internacional, em 31 de agosto de 2008. O Decreto Presidencial n. 6.949 promulgou os textos dos dois tratados no âmbito interno, tendo sido editado em 25 de agosto de 2009, quase um ano após a validade internacional dos referidos tratados para o Brasil.

Em 2015, foi aprovado o "Tratado de Marraqueche para Facilitar o Acesso a Obras Publicadas às Pessoas Cegas, com Deficiência Visual ou com outras Dificuldades para ter Acesso ao Texto Impresso", concluído no âmbito da Organização Mundial da Propriedade Intelectual (OMPI), celebrado em Marraqueche, em 28 de junho de 2013, que passou a ser o *terceiro* tratado de direitos humanos sob o rito do art. 5º, § 3º, da CF/88.

No caso do Tratado de Marraqueche, a adoção do rito especial foi recomendada pela Exposição de Motivos conjunta ministerial (EMI n. 00004/2014 MRE SDH MinC – Ministério das Relações Exteriores, Turismo e Secretaria de Direitos Humanos, então com *status* ministerial), uma vez que o tratado em questão tem como objetivo favorecer a plena realização dos direitos das pessoas com deficiência, em consonância com as normativas internacionais de direitos humanos. Na mensagem presidencial n. 344, de 3 de novembro de 2014, não é feito nenhum pedido referente ao rito especial, mas é encaminhada, assim mesmo, a exposição de motivos conjunta. O Congresso Nacional *adotou o rito especial* do art. 5º, § 3º, redundando na aprovação do Decreto Legislativo n. 261, de 25 de novembro de 2015.

Esses três tratados, interligados, constituem-se então no *arco internacional de inclusão da pessoa com deficiência* no Brasil, sendo coerente que tenham o mesmo estatuto normativo (equivalente à emenda constitucional).

O quarto tratado aprovado pelo rito especial do art. 5º, § 3º, foi a Convenção Interamericana contra o Racismo, a Discriminação Racial e Formas Correlatas de Intolerância. Na Mensagem Presidencial n. 237/16 (assinada pela Presidente Dilma Rousseff em 10-5-2016) consta da Exposição de Motivos a sugestão de que o texto fosse encaminhado ao Congresso Nacional com a menção ao interesse do Poder Executivo em vê-lo aprovado de acordo com o rito especial do art. 5º, § 3º, da CF/88. A convenção foi aprovada pelo Decreto Legislativo n. 1, de 18-2-2021, o qual obedeceu ao rito especial do art. 5º, § 3º, da CF/88, dotando-a de hierarquia normativa interna equivalente à emenda constitucional. O Brasil realizou o depósito do ato internacional de ratificação em 28-5-2021, tendo sido o tratado promulgado internamente pelo Decreto n. 10.932/22.

Logo, todos os demais artigos da Constituição que tratam do princípio da supremacia da norma constitucional, como, por exemplo, os referentes ao controle difuso e concentrado de constitucionalidade (artigos 102 e 103) devem agora ser lidos como componentes do mecanismo de preservação da supremacia do bloco de constitucionalidade como um todo e não somente da Constituição.

Assim, várias são as consequências.

Em primeiro lugar, a constitucionalização do Direito, fenômeno pelo qual todas as normas do ordenamento sofrem influência dos comandos constitucionais, é agora regida pelas normas da Constituição e ainda pelas *normas dos tratados de direitos humanos* celebrados sob o rito especial. A filtragem constitucional do ordenamento, ou seja, a exigência de coerência de todo o ordenamento aos valores da Constituição passa a contar também com o filtro dos valores existentes nesses tratados de rito especial.

Consequentemente, as *normas paramétricas* de confronto no controle de constitucionalidade devem levar em consideração não só a Constituição mas ainda os tratados de direitos humanos celebrados pelo rito especial. Portanto, cabe acionar o controle abstrato de constitucionalidade, em todas as suas modalidades, para fazer valer as normas previstas nesses tratados. Por exemplo, cabe arguição de descumprimento de preceito fundamental quer de preceito fundamental previsto na Constituição, quer nesses tratados. Em terceiro lugar, cabe recurso extraordinário quando a decisão impugnada contrariar dispositivo da Constituição ou dos tratados celebrados sob o rito especial.

De qualquer forma, agora temos, além da Constituição, *quatro* tratados de estatura constitucional e três intérpretes: 1) o Supremo Tribunal Federal, *guardião do bloco de constitucionalidade*; 2) o Comitê sobre os Direitos das Pessoas com Deficiência, que pode exarar recomendações gerais e específicas ao Brasil sobre a interpretação e implementação dos direitos da Convenção e do Protocolo Facultativo; bem como a 3) Comissão Interamericana de Direitos Humanos, no caso da Convenção Interamericana contra o Racismo, a Discriminação Racial e Formas Correlatas de Intolerância. O Brasil não reconheceu a jurisdição da Corte Interamericana de Direitos Humanos para apreciar casos envolvendo a

Convenção Interamericana contra o Racismo (tal reconhecimento pode ainda ser feito, à luz do art. 15[3]). Contudo, a Corte Interamericana de Direitos Humanos pode levar em consideração essa Convenção Interamericana no momento de interpretar artigos da Convenção Americana de Direitos Humanos em casos contra os Estados.

Cabe ao Supremo Tribunal Federal levar em consideração os tratados internacionais – agora constitucionalizados na visão majoritária do próprio Tribunal – e apreciar as causas envolvendo seus dispositivos de acordo com a interpretação dada pelos órgãos internacionais. Desvincular o texto do tratado da interpretação dada pelos órgãos internacionais significa correr o risco da adoção de interpretação divergente, implicando a violação de direitos protegidos (sob a ótica internacional).

---

3 Convenção Interamericana contra o Racismo, a Discriminação Racial e Formas Correlatas de Intolerância. Art. 15. (iii) qualquer Estado Parte poderá, ao depositar seu instrumento de ratificação desta Convenção ou de adesão a ela, ou em qualquer momento posterior, declarar que reconhece como obrigatória, de pleno direito, e sem acordo especial, a competência da Corte Interamericana de Direitos Humanos em todas as matérias referentes à interpretação ou aplicação desta Convenção. Nesse caso, serão aplicáveis todas as normas de procedimento pertinentes constantes da Convenção Americana sobre Direitos Humanos, bem como o Estatuto e o Regulamento da Corte.

7 O controle de convencionalidade

O controle de convencionalidade consiste na análise da compatibilidade dos atos internos (comissivos ou omissivos) em face das normas internacionais (tratados, costumes internacionais, princípios gerais de direito, atos unilaterais, resoluções vinculantes de organizações internacionais). Esse controle pode ter efeito negativo ou positivo: o efeito negativo consiste na invalidação das normas e decisões nacionais contrárias às normas internacionais, no chamado *controle destrutivo ou saneador de convencionalidade*; o efeito positivo consiste na interpretação adequada das normas nacionais para que estas sejam conformes às normas internacionais (efeito positivo do controle de convencionalidade), em um *controle construtivo de convencionalidade*[1].

Há duas subcategorias: (i) o controle de convencionalidade de matriz internacional, também denominado controle de convencionalidade autêntico ou definitivo; e (ii) o controle de convencionalidade de matriz nacional, também denominado provisório ou preliminar.

O controle de convencionalidade de matriz internacional é atribuído a órgãos internacionais, compostos por julgadores independentes, criados por normas internacionais, para evitar que os próprios Estados sejam, ao mesmo tempo, *fiscais e fiscalizados*, criando a indesejável figura do *judex in causa sua*. Na seara dos direitos humanos, exercitam o controle de convencionalidade internacional os tribunais internacionais de direitos humanos (Corte Europeia, Interamericana e Africana), os comitês onusianos, entre outros.

Há ainda o controle de convencionalidade *nacional*, que vem a ser o exame de compatibilidade do ordenamento interno às normas internacionais feito pelos Tribunais internos. Esse controle nacional foi consagrado na França, em 1975 (decisão sobre a lei de interrupção voluntária da gravidez), quando o Conselho Constitucional, tendo em vista o artigo 55 da Constituição francesa sobre o estatuto supralegal dos tratados,

---

1 SAGÜES, Nestor Pedro. "El 'control de convencionalidad' en el sistema interamericano, y sus antecipos en el ámbito de los derechos económicos-sociales. Concordancias y diferencias con el sistema europeo", in BOGDANDY, Armin Von; FIX-FIERRO, Héctor; ANTONIAZZI, Mariela Morales; MAC-GREGOR, Eduardo Ferrer (orgs.). *Construcción y Papel de los Derechos Sociales Fundamentales. Hacia un ius constitucionale commune en América Latina*. Universidad Nacional Autônoma de México: Instituto de Investigaciones Jurídicas, 2011. Disponível em: <http://biblio.juridicas.unam.mx/libros/7/3063/16.pdf>. Acesso em: 30 jan. 2024.

decidiu que não lhe cabia a análise da compatibilidade de lei com tratado internacional. Essa missão deve ser efetuada pelos juízos ordinários, sob o controle da Corte de Cassação e do Conselho de Estado.

O controle de convencionalidade internacional é fruto da ação do intérprete autêntico – os órgãos internacionais. Exemplo disso é a apreciação pelo STF da compatibilidade da Lei da Anistia brasileira (Lei n. 6.683/79) com a Convenção Americana de Direitos Humanos[2], que não vincula a Corte Interamericana de Direitos Humanos. A Corte de San José, então, faz o controle de convencionalidade autêntico, que pode coincidir ou não com a posição nacional.

Por sua vez, há diferenças entre o controle de convencionalidade internacional e o controle de convencionalidade nacional.

A primeira diferença é quanto ao *parâmetro de confronto e objeto do controle*. O parâmetro de confronto no controle de convencionalidade internacional é a norma internacional, em geral um determinado tratado. Já o objeto desse controle é *toda* norma interna, não importando a sua hierarquia nacional. Como exemplo, o controle de convencionalidade internacional exercido pelos tribunais internacionais pode inclusive analisar a compatibilidade de uma norma oriunda do Poder Constituinte Originário com as normas previstas em um tratado internacional de direitos humanos. No caso do *controle de convencionalidade nacional*, os juízes e os tribunais internos não ousam submeter uma norma do Poder Constituinte Originário à análise da compatibilidade com um determinado tratado de direitos humanos. O Supremo Tribunal Federal, em precedente clássico, sustentou que "o STF não tem jurisdição para fiscalizar a validade das normas aprovadas pelo poder constituinte originário"[3]. Assim, há limite de objeto do controle de convencionalidade nacional, o que o restringe.

A segunda diferença é quanto à *hierarquia do tratado-parâmetro*. No controle de convencionalidade nacional, a hierarquia do tratado-parâmetro depende do próprio Direito Nacional, que estabelece o estatuto dos tratados internacionais. No caso brasileiro, há tratados de direitos humanos de estatura *supralegal e constitucional*, na visão atual do Supremo Tribunal Federal, como vimos acima. Já no controle de convencionali-

---

2   ADPF n. 153, Rel. Min. Eros Grau, 2010.

3   ADI 815, Rel. Min. Moreira Alves, julgamento em 28-3-1996, Plenário, *DJ* de 10-5-1996.

dade internacional, o tratado de direitos humanos é *sempre* a norma paramétrica *superior*. Todo o ordenamento nacional lhe deve obediência, inclusive as normas constitucionais *originárias*. Por isso, o chamado controle de convencionalidade de matriz nacional é, na realidade, um controle *nacional* de *legalidade, supralegalidade* ou *constitucionalidade*, a depender do estatuto dado aos tratados incorporados.

O autêntico controle de convencionalidade de tratado internacional é aquele realizado no plano *internacional*. O controle dito nacional nem sempre resulta em preservação dos comandos interpretados das normas paramétricas contidas nos tratados. Isso desvaloriza a própria ideia de primazia dos tratados, implícita na afirmação da existência de um controle de *convencionalidade*.

O uso da expressão "controle de convencionalidade", aliás, na França, em 1975, para se referir ao controle doméstico de supralegalidade dos tratados, explica-se pela fraqueza do controle de convencionalidade internacional na época. Por exemplo, o sistema europeu de direitos humanos não havia atingido a grandeza de hoje: era a época da Comissão Europeia de Direitos Humanos sem acesso direto das vítimas à Corte Europeia de Direitos Humanos. Os casos julgados até 1998 na Corte Europeia de Direitos Humanos atingiam poucas centenas, desde o primeiro em 1960 (Caso *Lawless*[4]). Após as sucessivas alterações da Convenção Europeia de Direitos Humanos, e, em especial, com a extinção da Comissão Europeia e com o acesso direto da vítima à Corte Europeia (Protocolo n. 11), essa realidade foi alterada substancialmente[5]. Cabe o lembrete que, mesmo se o juiz nacional realizar o controle de convencionalidade dito nacional, este não vincula o juiz internacional. Assim, é óbvio que *nem sempre os resultados do controle de convencionalidade internacional coincidirão com os do controle nacional*. Por exemplo, um Tribunal interno pode afirmar que determinada norma legal brasileira é compatível com um tratado de direitos humanos; em seguida, um órgão internacional de direitos humanos, ao analisar a mesma situação, pode chegar à conclusão que a referida lei *viola* o tratado.

A terceira diferença é quanto à *interpretação*. A interpretação do que é compatível ou incompatível com o tratado-parâmetro não é a mesma. Há

---

4 CARVALHO RAMOS, André de. *Processo internacional de direitos humanos*. 7. ed. São Paulo: Saraiva, 2022.

5 Ver os detalhes do acesso direto da vítima à Corte Europeia de Direitos Humanos em CARVALHO RAMOS, André de. *Processo internacional de direitos humanos*. 7. ed. São Paulo: Saraivajur, 2022.

tribunais internos que se socorrem de normas previstas em tratados sem sequer mencionar qual é a interpretação dada a tais dispositivos pelos órgãos internacionais, levando a conclusões divergentes. O controle de convencionalidade nacional pode levar à violação das normas contidas nos tratados tal qual interpretadas pelos órgãos internacionais. Isso desvaloriza a própria ideia de primazia dos tratados de direitos humanos, implícita na afirmação da existência de um controle de *convencionalidade*.

Em virtude de tais diferenças, na sentença contra o Brasil no Caso *Gomes Lund* (Caso da "Guerrilha do Araguaia"), na Corte Interamericana de Direitos Humanos, o juiz *ad hoc* indicado pelo próprio Brasil, ROBERTO CALDAS, em seu voto concordante em separado, assinalou que "se aos tribunais supremos ou aos constitucionais nacionais incumbe o controle de constitucionalidade e a última palavra judicial no âmbito interno dos Estados, à Corte Interamericana de Direitos Humanos cabe o controle de convencionalidade e a última palavra quando o tema encerre debate sobre direitos humanos. É o que decorre do reconhecimento formal da competência jurisdicional da Corte por um Estado, como o fez o Brasil"[6].

Ou seja, o verdadeiro controle de convencionalidade, *em última análise*, é internacional, por isso também denominado controle de convencionalidade autêntico ou definitivo.

É claro que o *controle nacional é importante*, ainda mais se a hierarquia interna dos tratados for equivalente à norma constitucional ou quiçá supraconstitucional. Porém, esse controle nacional deverá obedecer à interpretação ofertada pelo controle de convencionalidade internacional, para que possamos chegar à conclusão de que os tratados foram efetivamente cumpridos. Assim, a interpretação do conteúdo das normas sempre será uma fissura aberta entre os controles judiciais nacionais e o controle de convencionalidade internacional.

Defendemos, então, que os controles nacionais e o controle de convencionalidade internacional interajam, permitindo o diálogo e a *fertilização cruzada* entre o Direito Interno e o Direito Internacional, em especial quanto às interpretações fornecidas pelos órgãos internacionais cuja jurisdição o Brasil reconheceu.

---

6 Voto concordante do Juiz *ad hoc* Roberto Caldas, Corte Interamericana de Direitos Humanos, *Caso Gomes Lund e outros vs. Brasil*, julgamento de 24 de novembro de 2010.

8 O Brasil e os mecanismos de controle pertencentes ao Direito Internacional dos direitos humanos

8.1 Os mecanismos aceitos pelo Brasil

Como visto anteriormente, o Direito Internacional dos Direitos Humanos é hoje uma impressionante realidade. Consequentemente, eventual *alegação* de "competência exclusiva dos Estados" ou mesmo de "violação da soberania estatal" no domínio da proteção dos direitos humanos encontra-se ultrapassada, após anos de aquiescência pelos Estados, inclusive o Brasil, da normatização internacional sobre a matéria.

Retrato acabado da internacionalização da temática dos direitos humanos é a crescente adesão dos Estados a mecanismos internacionais judiciais ou quase judiciais, que *analisam* petições de vítimas de violação de direitos humanos, *interpretam* o direito envolvido e *determinam* reparações adequadas, que devem ser cumpridas pelo Estado.

O Brasil é um dos Estados que aderiu a tais mecanismos internacionais de proteção de direitos humanos, mesmo que de forma *tardia*. De fato, inicialmente, o Brasil utilizou a possibilidade, tradicional no Direito Internacional, de *não* se submeter à jurisdição plena de determinado órgão criado por um tratado de direitos humanos no momento da ratificação. No máximo, o Brasil aceitava submeter relatórios a órgãos internacionais de supervisão e controle ou acatava como meras recomendações os pronunciamentos não vinculantes desses órgãos.

Apenas anos depois da ratificação destes tratados, após mobilização da sociedade civil após o retorno à democracia, o Brasil aderiu a alguns mecanismos de controle que emitem *deliberações internacionais* ou até *sentenças internacionais* cogentes ao Estado.

Em 2024, a situação brasileira é a seguinte: 1) em 1998, o Estado brasileiro reconheceu a jurisdição obrigatória e vinculante da Corte Interamericana de Direitos Humanos, órgão da *Convenção Americana de Direitos Humanos*[1]; 2) em 2002 o Brasil aderiu ao *Protocolo Facultativo à Convenção para a Eliminação de Todas as Formas de Discriminação contra a Mulher*, conferindo, então, poder ao seu Comitê para receber petições de vítimas de violações de direitos protegidos nesta Convenção[2]; 3) além

---

1 Decreto n. 4.463, de 8 de novembro de 2002.
2 Decreto n. 4.316, de 30 de julho de 2002.

336

disso, o Brasil também reconheceu a competência do Comitê para a Eliminação de Toda a Forma de Discriminação Racial para receber e analisar denúncias de vítimas de violação de direitos protegidos pela Convenção sobre a Eliminação de Todas as Formas de Discriminação Racial, por ato internacional depositado junto à Secretaria Geral da ONU em 17 de junho de 2002[3]; 4) em 2006, no Dia Internacional de Apoio às Vítimas de Tortura (27 de junho), o Brasil depositou a declaração facultativa reconhecendo a competência do Comitê contra a Tortura para receber petições de vítimas de tortura, tratamento desumano, degradante ou cruel; 5) também o Brasil adotou o Protocolo Facultativo à Convenção contra a Tortura e Outros Tratamentos ou Penas Cruéis, Desumanos ou Degradantes, que estabelece a competência, para fins preventivos, do Subcomitê de Prevenção da Tortura e Outros Tratamentos ou Penas Cruéis, Desumanos ou Degradantes do Comitê contra a Tortura[4]; 6) o Brasil reconheceu a competência do Comitê dos Direitos das Pessoas com Deficiência para receber petições de vítimas de violações desses direitos[5]; e, finalmente, 7) em 2002, o Brasil ratificou o *Estatuto de Roma*, o que implica o reconhecimento da jurisdição, sem reservas (porque o tratado não as admitia), do Tribunal Penal Internacional, que julga, em síntese, crimes graves contra os direitos humanos (crimes de guerra, genocídio, crimes contra a humanidade e, após definição dos Estados na Conferência de Kampala em 2010, crime de agressão[6]).

Em 2017, o Brasil ratificou o Protocolo Facultativo à Convenção sobre os Direitos da Criança relativo aos procedimentos de comunicação, dando poder ao Comitê dos Direitos das Crianças para apreciar petições individuais. Além disso, o Brasil ratificou (em 2009) o Primeiro Protocolo Facultativo ao Pacto Internacional de Direitos Civis e Políticos, permitindo a proposta de petições de vítimas de violações de direitos protegidos no citado Pacto ao Comitê de Direitos Humanos[7].

---

3 Apenas em 12 de junho de 2003 (quase um ano depois) houve a internalização do referido ato, por meio da edição de Decreto n. 4.738.

4 Decreto n. 6.085, de 19 de abril de 2007.

5 Decreto n. 6.949, de 25 de agosto de 2009.

6 Ver mais em CARVALHO RAMOS, André. *Processo internacional de direitos humanos.* 7. ed. São Paulo: Saraiva, 2022.

7 Em 9 de novembro de 2023, foi editado o Decreto n. 11.377, que promulgou o: 1) Protocolo Facultativo ao Pacto Internacional sobre Direitos Civis e Políticos; e o 2) Segundo Protocolo Facultativo ao Pacto Internacional sobre Direitos Civis e Políticos com vistas à Abolição da Pena de Morte.

Resta analisar os passos para cumprimento das obrigações internacionais de direitos humanos, em especial em um Estado Federal como o nosso, como veremos abaixo.

8.2 A implementação das obrigações internacionais: a federalização das graves violações de direitos humanos

A busca pela aceitação do controle de convencionalidade internacional pelo ordenamento brasileiro deu um passo importante com a EC n. 45/2004 e a introdução da chamada "federalização das graves violações de direitos humanos".

A origem dessa alteração constitucional está na jurisprudência constante da Corte Interamericana de Direitos Humanos e dos demais tribunais internacionais, que não admite que o Estado justifique o descumprimento de determinada obrigação em nome do respeito a "competências internas de entes federados".

O controle de convencionalidade de matriz internacional há muito exige o cumprimento fiel das normas internacionais, tal qual interpretadas internacionalmente, sem aceitar que a repartição constitucional de competências em Estados Federais possa ser usada para legitimar a violação do Direito Internacional.

O Estado Federal é uno para o Direito Internacional e passível de responsabilização, mesmo quando o fato internacionalmente ilícito seja da atribuição interna de um Estado-membro da Federação[8]. Assim, a Federação responde pela conduta de seus entes internos. Esse entendimento é parte integrante do Direito dos Tratados[9] e do Direito Internacional costumeiro. A ausência de "competência federal" é matéria de Direito interno e não de Direito Internacional. O Estado Federal responde pelo fato internacionalmente ilícito da mesma maneira que responde por atos ou omissões efetuadas por seu agente, mesmo quando este age

---

8 CARVALHO RAMOS, André de. *Responsabilidade internacional por violação de direitos humanos*. Rio de Janeiro: Renovar, p. 192 e s.

9 A *Convenção de Viena sobre Direito dos Tratados* estabelece em seu art. 27 que "uma parte não pode invocar as disposições de seu direito interno para justificar o descumprimento de um tratado. Esta regra não prejudica o artigo 46". Ainda, estipula o art. 29 que um tratado, em geral, é aplicável em todo o território de um Estado, o que também é válido para os Estados Federais.

em cumprimento estrito do Direito interno. Alegar obediência ao Direito interno (por exemplo, o governo federal afirma não poder "invadir" esfera de atribuição de outro ente federado) não é aceito como excludente da responsabilidade internacional do Estado.

Nos tratados internacionais de direitos humanos, então, observa-se a regra pela qual um Estado-Parte, ao aderir ao tratado, deve ter ciência da impossibilidade de justificar, com base em sua forma interna de organização, violações de direitos humanos. Há diversos casos na Comissão Interamericana de Direitos Humanos e agora na Corte Interamericana de Direitos Humanos *contra* o Brasil por ato de ente federado. Por exemplo, no *Caso Maria da Penha*, o Brasil foi condenado pela Comissão Interamericana de Direitos Humanos por violação de direitos humanos das vítimas causada, basicamente, pela delonga do Tribunal de Justiça do Ceará em aplicar a lei penal em prazo razoável[10]. Além deste caso, emblemático por ter influenciado a elaboração da Lei n. 11.340, citem-se ainda os acordos perante a Comissão Interamericana de Direitos Humanos aceitos pelo Brasil nos *Casos José Pereira*[11], *das Crianças Emasculadas no Maranhão e da Morte do Jovem Indígena Macuxi no Município de Normandia, no Estado de Roraima.*

Já perante a Corte Interamericana de Direitos Humanos, cabe mencionar o *Caso Damião Ximenes Lopes* no qual o Brasil foi condenado por conduta do Poder Judiciário do Ceará[12]. No mesmo diapasão, as decisões cautelares (medidas provisórias) adotadas pela Corte Interamericana de Direitos Humanos nos *Casos Penitenciária Urso Branco, Penitenciária Araraquara* e do *Complexo Tatuapé da FEBEM* têm relação direta com atos de Estados-membros de nossa Federação.

Porém, no plano internacional, compete à União Federal (e não aos entes federados) apresentar a defesa do Estado brasileiro e tomar as providências para a implementação da deliberação internacional, inclusive quanto às garantias de não repetição da conduta. Assim, as obrigações de

---

10 Ver Relatório 54, referente ao Caso 12.051, de 4 de abril de 2001.

11 Tal acordo gerou a edição da Lei 10.706/2003, que assegurou o pagamento de R$ 52.000,00 de indenização ao trabalhador José Pereira, pela redução à condição análoga à de escravizado.

12 CARVALHO RAMOS, André de. "Análise crítica dos casos brasileiros Damião Ximenes Lopes e Gilson Nogueira de Carvalho na Corte Interamericana de Direitos Humanos" in BRAND, Leonardo Nemer Caldeia (org.). *II Anuário Brasileiro de Direito Internacional*. 2007, v. 1, p. 10-31.

reparar os danos e prevenir novas condenações internacionais comprovam o interesse jurídico da União Federal para agir no plano interno.

Esse interesse jurídico motivou a elaboração da proposta de emenda à CF/88 de n. 368/96, que propunha que fossem acrescentados dois incisos no rol do artigo 109 (competência dos juízes federais), para dar competência do julgamento de crimes contra os direitos humanos à Justiça Federal.

Após longo trâmite, foi aprovada a EC n. 45/2004, que introduziu novo inciso (V-A) no artigo 109, dotando os juízes federais de competência para julgar "as causas relativas a direitos humanos a que se refere o § 5º deste artigo" e ainda foi criado o novo § 5º do mesmo artigo, que estabelece: "Nas hipóteses de grave violação de direitos humanos, o Procurador-Geral da República, com a finalidade de assegurar o cumprimento de obrigações decorrentes de tratados internacionais de direitos humanos dos quais o Brasil seja parte, poderá suscitar, perante o Superior Tribunal de Justiça, em qualquer fase do inquérito ou processo, incidente de deslocamento de competência para a Justiça Federal".

Ficou consagrado, então, um instrumento que, ao lado da intervenção federal por violação dos direitos da pessoa humana (artigo 34, VII, *b*, da CF/88) e da autorização prevista na Lei n. 10.446/2002 para atuação da Polícia Federal em investigações de crime de competência estadual, possibilitam à União Federal fazer cumprir obrigações internacionais de defesa de direitos humanos.

Com isso, na medida em que haja inércia ou dificuldades materiais aos agentes locais, pode o Chefe do Ministério Público Federal, o Procurador-Geral da República, requerer ao Superior Tribunal de Justiça (STJ) o deslocamento do feito, em qualquer fase e de qualquer espécie (cível ou criminal) para a Justiça Federal.

Apesar de ter sido julgado improcedente, o primeiro Incidente de Deslocamento de Competência (IDC) requerido pela Procuradoria-Geral da República, o IDC n. 01 referente ao homicídio de Dorothy Stang, é fonte preciosa para análise do novel instituto. Em primeiro lugar, o STJ conheceu o pedido e assim confirmou sua constitucionalidade. Citando expressamente a *Convenção Americana de Direitos Humanos* decidiu o STJ que "todo homicídio doloso, independentemente da condição pessoal da vítima e/ou da repercussão do fato no cenário nacional ou internacional, representa grave violação ao maior e mais importante de todos os direitos do ser humano, que é o direito à vida, previsto no artigo 4º, n. 1, da Convenção Americana sobre Direitos Humanos, da qual o Brasil é signatário"[13].

Ainda neste mesmo caso decidiu-se que o deslocamento de competência exige "demonstração concreta de risco de descumprimento de obrigações decorrentes de tratados internacionais firmados pelo Brasil, resultante da inércia, negligência, falta de vontade política ou de condições reais do Estado-membro, por suas instituições, em proceder à devida persecução penal" (a chamada "Doutrina Stang" – ver crítica abaixo)[14].

Em 2010, o STJ decidiu a primeira federalização de grave violação de direitos humanos relacionada ao homicídio do defensor de direitos humanos Manoel Mattos, assassinado em janeiro de 2009 após ter incessantemente noticiado a atuação de grupos de extermínio na fronteira de Pernambuco e Paraíba. A Procuradoria-Geral da República requereu ao Superior Tribunal de Justiça (STJ) a federalização do caso (IDC), tendo o STJ, por maioria (Relatora Ministra Laurita Vaz), acatado o pleito[15].

Em 2014, a 3ª Seção do Superior Tribunal de Justiça (STJ) determinou a federalização do inquérito policial sobre o assassinato de promotor de justiça, ocorrido em 2013, no interior de Pernambuco (transferência do inquérito para a Polícia Federal).

O relator deste IDC proposto pelo Procurador-Geral da República, Ministro Rogerio Schietti Cruz, salientou que "a demora no esclarecimento do crime representa grave violação dos direitos humanos e pode resultar na impunidade dos seus mandantes e executores". Ainda segundo o relator, "o julgamento justo, imparcial e em prazo razoável é, por seu turno, garantia fundamental do ser humano, e dele é titular *não somente* o acusado em processo penal, mas *também as vítimas* do crime

---

13 BRASIL. Superior Tribunal de Justiça. Incidente de Deslocamento de Competência n. 1/PA. Relator Ministro Arnaldo Esteves. Brasília, 8-6-2005. Publicado em 10-10-2005.

14 Disponível em: <http://www.stj.gov.br/SCON/pesquisar.jsp?newsession= yes&tipo_visualizacao=RESUMO&b=ACOR&livre=stang>. Acesso em: 7 jan. 2024.

15 Em 8 de setembro de 2010, a 3ª Seção do STJ, ao julgar o IDC 2, por cinco votos a dois, acolheu parcialmente o pedido da PGR e deferiu o deslocamento da competência do caso para a Justiça Federal do Estado da Paraíba, ratificando todos os atos que já haviam sido praticados. Ver em "Extermínio em Pernambuco e Paraíba: chega ao STJ pedido para federalizar questão". STJ, 26 jun. 2009. Disponível em: <http://www.stj.jus.br/portal_stj/publicacao/engine.wsp?tmparea=398&tmp.texto=92636&tmpárea_anterior=44&tmpargumento_pesquisa=manoel mattos>. Acesso em: 24 jan. 2024.

objeto da persecução penal". Foi invocada a jurisprudência da Corte IDH, tendo reconhecido o relator que "o Estado não somente incorre em responsabilidade internacional por violação ao direito à vida quando seus agentes privam alguém de tal direito, mas também quando, apesar de não ter violado diretamente tal direito, não adota as medidas de prevenção necessária e/ou não efetua uma investigação séria, por um órgão independente, autônomo e imparcial, de privações do direito à vida cometidas seja por seus agentes ou por particulares"[16].

Porém, em que pese o posicionamento do STJ favorável ao uso do IDC (nas balizas vistas acima), houve a propositura de duas Ações Diretas de Inconstitucionalidade perante o STF, a *ADI 3.493* e a *ADI 3.486* (julgadas em setembro de 2023), promovidas por entidades de classe de magistrados, ainda em curso na data da revisão final deste artigo. Na visão de seus críticos, a federalização das graves violações de direitos humanos gera amesquinhamento do pacto federativo, em detrimento ao Poder Judiciário Estadual e ainda violação do princípio do juiz natural e do devido processo legal.

Contudo, o federalismo brasileiro não é imutável: ofende as cláusulas pétreas de nossa Constituição a emenda que *tenda a abolir* o pacto federativo, mas não emenda que apenas torne *coerente* o seu desenho. Seria incoerente permitir a continuidade da situação anterior: a CF/88 reconhecia a existência de órgãos judiciais internacionais de direitos humanos (ver o artigo 7º do Ato das Disposições Constitucionais Transitórias), mas tornava missão quase que impossível a defesa brasileira e a implementação das decisões destes processos internacionais. Houve caso em que o Brasil nem defesa apresentou perante a Comissão Interamericana de Direitos Humanos, pela dificuldade da União Federal em obter informações dos entes federados... No que tange à prevenção, o desenho anterior impedia uma ação preventiva que evitasse a responsabilização internacional futura do Brasil, uma vez que os atos danosos eram dos entes federados. Assim, a EC n. 45/2004 apenas aperfeiçoou o desenho do federalismo brasileiro, adaptando-o às exigências da proteção internacional de direitos humanos (proteção essa desejada pela CF/88).

Além disso, defendo a inexistência de ofensas ao devido processo legal e juiz natural pelo "deslocamento" uma vez que o próprio texto

---

16 Informações disponíveis em: <http://stjnoticias.tumblr.com/post/94668358068/morte-de-promotor-em-pernambuco-sera-investigada-pela>. Acesso em: 27 jan. 2024.

constitucional original convive com tal instituto. De fato, há a previsão de "deslocamento de competência" na ocorrência de *vício de parcialidade* da magistratura: é o caso do artigo 102, inciso I, da CF/88, que permite deslocar ao STF processo no qual juízes de determinado tribunal local sejam alegadamente suspeitos.

No mesmo diapasão, no caso de descumprimento de obrigações internacionais de direitos humanos pelos juízos estaduais, pode o STJ julgar procedente o IDC para deslocar o feito para a Justiça Federal. Para UBIRATAN CAZETTA, em excepcional dissertação sobre o IDC, o referido instituto apenas "distribui, por critérios assumidos pelo Texto Constitucional, interpretados pelo STJ, a competência entre as justiças comum estadual e federal"[17].

Como pontua UBIRATAN CAZETTA, "o objetivo do IDC não é, apenas, de buscar alterar a situação de lides internacionais já instaladas ou de descumprimento já configurado, mas, sim, de estabelecer um mecanismo preventivo, para evitar a própria configuração da responsabilidade internacional ou, em outros termos, garantir que a efetivação dos direitos humanos seja plena em território nacional, afastando a crítica internacional"[18].

No julgamento da ADI n. 3.486/DF (proposta pela AMB – Associação dos Magistrados Brasileiros) e da ADI n. 3.493/DF (proposta pela ANA-MAGES – Associação Nacional dos Magistrados Estaduais), o STF julgou, à unanimidade, as ações improcedentes, confirmando a constitucionalidade do IDC, seguindo, em linhas gerais, o entendimento doutrinário visto acima.

Contudo, além dessa importante consolidação do instituto, o Min. Relator Dias Toffoli expressamente *afastou*, como *requisito de deferimento* do IDC, a comprovação da inércia, negligência, falta de vontade política ou de condições das instituições do sistema policial e de justiça do ente federado. Foi feito um notável avanço rumo ao "IDC preventivo ou imediato", o que aumentaria em muito o alcance do instrumento.

Tal requisito *não* consta da EC n. 45/2004, mas foi imposto pela prática do STJ desde o IDC n. 01 (a chamada "Doutrina Stang"). Além de não constar do texto da EC n. 45, tal requisito desconsidera que o risco de violação das obrigações internacionais possa decorrer de *outros*

---

17 CAZETTA, Ubiratan. *Direitos humanos e federalismo:* o incidente de deslocamento de competência. São Paulo: Atlas, 2009.

18 Idem, ibidem.

343

fatores, como, por exemplo, a existência de caso na iminência de ser apreciado em um Tribunal internacional.

Nesse sentido, o Min. Toffoli apontou que o IDC pode ser manejado de forma *preventiva*, ou seja, antes mesmo que haja a constatação da ineficiência ou inércia das autoridades policiais, ministeriais ou judiciais do ente federado. Em sentido oposto, a Ministra Rosa Weber concordou com esse requisito criado pelo STJ, o qual seria fruto da observância do *princípio da proporcionalidade* no uso do IDC.

Essa modalidade de IDC (o IDC imediato ou preventivo) é hoje impossível. Desde o Caso Dorothy Stang (IDC n. 1), o STJ indeferiu em vários casos o deslocamento justamente por considerar que a PGR *não* havia provado a desídia ou incapacidade dos órgãos do sistema policial ou de justiça do ente federado, como ocorreu no Caso Marielle Franco e Anderson Gomes (IDC n. 24). Porém, essa posição do Min. Toffoli, em que pese não ser decisiva na afirmação da constitucionalidade do IDC e ter recebido oposição no voto da Ministra Rosa Weber, merece acolhida (ou no mínimo, maior debate entre os Ministros) no futuro.

Isso porque a "Doutrina Stang" exige que a PGR tenha que *aguardar* um lapso temporal razoável para a comprovação da inércia, desídia ou falta de condições concretas do ente federado, mesmo quando haja forte *prognose* de ineficiência e risco de impunidade (por exemplo, pela constatação comprovada de falta de investimento e *precariedade* da força policial local, bem como falhas de apuração em casos similares no passado).

Após tal lapso temporal imprescindível a ser aguardado pela PGR, há de ser provada ainda tal inércia ou ineficiência depois no STJ. Finalmente, após anos da grave violação de direitos humanos, pode existir o deslocamento.

Contudo, esses anos de espera acarretarão – ironicamente – enorme risco de fracasso das investigações futuras da Polícia Federal ou da persecução criminal do Ministério Público Federal, pela dificuldade de obtenção das provas graças ao decurso de tempo (o chamado "cold case"), frustrando a finalidade precípua do IDC de promoção de direitos humanos e de afirmação dos direitos à verdade e à justiça.

Assim, o IDC imediato ou preventivo proposto expressamente pelo Min. Toffoli (ADI n. 3.486/DF e ADI n. 3.493/DF, Plenário Virtual, julgamento terminado em 12-9-2023) pode gerar uma mudança na jurisprudência do STJ.

Uma alternativa seria, por exemplo, exigir do Autor (PGR) prognose razoável da melhor posição do sistema de investigação e persecução federais para que sejam cumpridas as obrigações internacionais de direitos humanos do Brasil, ao invés de se exigir a comprovação da inércia e ineficiência no caso concreto após largo lapso temporal (em geral, anos).

Com isso, nesse momento de reanálise do Direito Internacional dos Direitos Humanos pelo STF, devemos valorizar a inovação trazida pelo Poder Constituinte Derivado, que reconheceu a fragilidade normativa anteriormente existente, na qual atos de entes federados eram apreciados pelas instâncias internacionais de direitos humanos sem que a União, em seu papel de representante do Estado Federal, pudesse ter instrumentos para implementar as decisões internacionais ou mesmo para prevenir que o Brasil fosse condenado internacionalmente.

O novo § 5º do artigo 109, então, está em plena sintonia com os comandos de proteção de direitos humanos da CF/88 e ainda com a visão dada ao instituto da responsabilidade internacional dos Estados Federais pela Corte Interamericana de Direitos Humanos.

Pelo que foi acima exposto, a reforma constitucional não ofendeu o federalismo: antes permitiu o equilíbrio, por meio de um instrumento processual, cuja deliberação está nas mãos de tribunal de superposição, o STJ, e ainda assegurou que o Estado Federal tivesse mecanismos para o correto cumprimento das obrigações internacionais contraídas.

9 Pluralidade das ordens jurídicas e a defesa universal dos direitos humanos

9.1 A nova fase do Direito Internacional

O Direito Internacional é uma realidade impressionante no Brasil do século XXI. Do ponto de vista da produção normativa, o Brasil aderiu a centenas de tratados nos mais diversos planos (universal, regional) e temas (gerais, setoriais), bem como tem invocado, internamente, inúmeros diplomas normativos de *soft law*. A cada ano, novas demandas são traduzidas em textos internacionais e o Brasil é um dos países mais receptivos a essa produção normativa. Do ponto de vista do *alcance,* a influência do Direito Internacional atinge todos os temas da conduta social nacional, mostrando uma impressionante força expansiva de suas normas.

Esse inesgotável fôlego normativo associado à sua força expansiva insere o direito internacional no epicentro da temática da pluralidade de ordens jurídicas que disputam a regência da vida social no século XXI.

A temática – ordens jurídicas plurais[1] – é fruto justamente da expansão do Direito Internacional, com várias ramificações e subsistemas (Direito da Integração, Direito Internacional dos Direitos Humanos, etc.), que ocupa temáticas outrora reservadas ao Direito Nacional.

Essa "geografia expansiva" do Direito Internacional é digna de nota: nada, hoje, escapa ao furor normativo internacional, que possui normas que abrangem todos os ramos do Direito Interno (Direito Penal, Processual, etc.).

Porém, essa "geografia expansiva" não gerou regras claras de convivência entre o Direito Internacional atual (incluindo o Direito da Integração) e o Direito Interno. Pelo contrário, possuímos ainda um cenário no qual não há claramente um *primus inter pares* e os desejos de supremacia de todas as ordens jurídicas envolvidas não são abandonados.

Exemplo disso é a relação do Direito Internacional com as Constituições dos Estados. Com efeito, o pilar dos ordenamentos dos Estados de Direito é o princípio da supremacia da Constituição. Por sua vez, o Direito Internacional adota um "unilateralismo internacionalista": não admite que suas normas sejam descumpridas sob a escusa de óbices

---

1 DELMAS-MARTY, Mireille. *Le pluralisme ordonné.* Paris: Seuil, 2004.

internos, como se vê da leitura do artigo 27 da Convenção de Viena sobre Direito dos Tratados (1969)[2]. Essa supremacia internacionalista é garantida pela interpretação ofertada pelos órgãos internacionais judicias e quase-judiciais. Desde a redemocratização, o Brasil ratificou centenas de tratados e se submeteu à interpretação de vários órgãos internacionais, como, por exemplo, o Tribunal Permanente de Revisão do Mercosul, a Corte Interamericana de Direitos Humanos, o Tribunal Penal Internacional, o Órgão de Solução de Controvérsias da Organização Mundial do Comércio, entre outros.

Consequentemente, o Brasil – por sua livre vontade – possui agora textos normativos de ordens diversas (de matriz constitucional, de matriz internacional e de matriz regional, no caso do Mercosul) que podem colidir e, para piorar, pode existir interpretação diversa sobre o mesmo diploma (o Supremo Tribunal Federal interpretando as normas internacionais incorporadas internamente de modo dissonante dos órgãos criados pelos próprios tratados). Se não avançarmos na análise do fenômeno da pluralidade das ordens jurídicas surge o risco do "choque das placas tectônicas", com danos a todos os ordenamentos envolvidos.

Fica estabelecido o cerne das discussões envolvendo a pluralidade de ordens jurídicas: qual é o modo de convivência entre as normas e decisões de diferentes origens normativas (nacional e internacional)? É possível o diálogo? É possível retroceder a um mundo no qual o Estado é o "senhor dos tratados", cabendo-lhe interpretar ao seu gosto suas normas, inclusive ditando a subordinação dos tratados às normas internas? Caminhamos para a mutilação da supremacia da Constituição, que cederia às normas e decisões de órgãos judiciais e quase-judiciais internacionais? Em resumo, os ordenamentos podem se chocar, tal qual as placas tectônicas, com decisões contraditórias oriundas do plano doméstico e do plano internacional.

Para resolver tais dúvidas, cabe uma análise do conceito de pluralidade das ordens jurídicas e suas diferentes terminologias.

9.2 O conceito de pluralidade das ordens jurídicas

A temática da pluralidade das ordens jurídicas é investigada há muito pela doutrina constitucionalista, com várias denominações, como, por

---

2 Já ratificada e incorporada internamente. *In verbis*: Art. 27. Uma parte não pode invocar as disposições de seu direito interno para justificar o inadimplemento de um tratado. Esta regra não prejudica o artigo 46.

exemplo, "constitucionalismo multinível" (PERNICE[3], ao que tudo indica um dos pioneiros), "pluralismo constitucional" (WALKER[4]), "interconstitucionalidade" (CANOTILHO[5]), "transconstitucionalismo" (NEVES[6]), "cross-constitucionalismo" (RAMOS TAVARES[7]), "constitucionalismo transnacional" (ARAGÓN REYES[8]), "constitucionalismo global" (KUMM[9]) entre os mais diversos autores estrangeiros e nacionais que trataram sobre o tema recentemente.

No plano interamericano, destaco ainda BOGDANDY[10] e PIOVESAN[11] que abordam a interação entre as ordens jurídicas nacionais e o sistema interamericano no chamado constitucionalismo latino-americano transformador (*ius constitutionale commune*).

Essas denominações explicitam a *ótica de partida*, que é o direito constitucional e demonstram a busca de um *novo* constitucionalismo, que abarque – além do estudo tradicional das normas constitucionais e das decisões dos Tribunais Constitucionais – também as normas internacionais (incluindo aqui também as normas dos processos de integração

---

3   Ver entre outros, PERNICE, Ingolf. "*Multilevel* constitutionalism and the Treaty of Amsterdam: European constitution-making revisited", 36 *Common Market Law Review*, 1999, p.703-750. PERNICE, Ingolf. "The Treaty of Lisbon: Multilevel Constitutionalism in Action", in *The Columbia Journal of European Law*, v. 15, n. 3, Summer, 2009, p. 350-407.

4   WALKER, Neil. "The Idea of Constitutional Pluralism", 65 *The Modern Law Review*, 2002, p. 317 *et seq*, em especial p. 339.

5   CANOTILHO, José Joaquim Gomes. "*Brancosos" e Interconstitucionalidade. Itinerários dos Discursos sobre a Historicidade Constitucional*. Coimbra: Almedina, 2008.

6   NEVES, Marcelo. *Transconstitucionalismo*. São Paulo: Martins Fontes, 2009.

7   TAVARES, André Ramos. "Modelos de uso da jurisprudência constitucional estrangeira pela justiça constitucional". *Revista Brasileira de Estudos Constitucionais*, Belo Horizonte, ano 3, n.12, p. 17-55, 2009.

8   ARAGÓN REYES, Manuel. La Constitución como paradigma, in CARBONELL SÁNCHEZ, Miguel. *Teoría del neoconstitucionalismo: ensayos escogidos*. Madrid: Trotta, 2007, p. 29-40.

9   KUMM, Mattias. "Global Constitutionalism: History, Theory and Contemporary Challenges". *Rev. Direito e Práx.*, Rio de Janeiro, v. 13, n. 04, 2022, p. 2732-2773.

10   BOGDANDY, Armin von. "*Ius Constitutionale Commune* na América Latina. Uma reflexão sobre um constitucionalismo transformador". *Revista de direito administrativo*, Rio de Janeiro, v. 269, maio/ago. 2015, p. 13-66.

11   PIOVESAN, Flávia. "*Ius constitutionale commune* latino-americano em Direitos Humanos e o Sistema Interamericano: perspectivas e desafios". *Revista Direito e Práxis*, Rio de Janeiro, v. 8, n. 2, 2017, p. 1356-1388.

econômica, para alguns de natureza supranacional[12]) quanto às decisões internacionais.

Partindo da ótica mais próxima do Direito Internacional, há aqueles que usam a denominação *"internacionalização do Direito"*, que consiste em expressão doutrinária que retrata a impregnação de normas internacionais em todos os ramos do direito nacional, gerando o *pluralismo das ordens jurídicas* (DELMAS-MARTY[13]).

Em essência, o pluralismo das ordens jurídicas consiste na coexistência de normas e decisões de diferentes matrizes (constitucional, internacional) com ambição de regência do mesmo espaço social, gerando uma série de consequências relacionadas à convergência ou divergência de sentidos entre as normas e decisões de origens distintas. As ordens jurídicas internacional e nacional, então, *convergem e concorrem* na regência jurídica de um mesmo espaço (a sociedade nacional).

Esse fenômeno é fruto de evento antigo e consistente: a expansão quantitativa e qualitativa do Direito Internacional, que convive com o ordenamento nacional, outrora regente quase exclusivo da vida social. Ao mesmo tempo, esse pluralismo advém das mudanças profundas no seio do constitucionalismo contemporâneo, em plena época de abertura do Direito Constitucional ao Direito Internacional.

Surgem, então, influências recíprocas, diálogo e, eventualmente, dissonâncias. Esses eventos associados à "pluralidade das ordens jurídicas" ganharam visibilidade e importância nos últimos vinte anos, embora o Direito Internacional esteja em convívio com o Direito Constitucional há séculos. Porém, existem motivos *recentes*, de matriz internacional e de matriz constitucional, que explicam o crescimento exponencial das consequências associadas à pluralidade das ordens jurídicas nos últimos anos, como veremos a seguir.

9.3 A constitucionalização do Direito Internacional como impulsionador do fenômeno da "pluralidade das ordens jurídicas"

O fenômeno da pluralidade das ordens jurídicas ganha importância

---

12 Ver sobre a supranacionalidade e a proteção de direitos humanos na integração econômica em CARVALHO RAMOS, André de. *Direitos Humanos na Integração Econômica*. Rio de Janeiro: Renovar, 2008.

13 DELMAS-MARTY, Mireille. *Le pluralisme ordonné*. Paris: Seuil, 2004.

no final do século XX e início do século XXI graças ao fortalecimento do Direito Internacional como meio de regência das condutas humanas. Presenciamos a *juridificação das relações internacionais*, fenômeno que consiste na formatação jurídica das relações internacionais outrora dominadas pelas injunções de força[14]. Para assumir o papel de regulador das tensões internacionais, no pós-guerra fria e em plena "era da globalização", o Direito Internacional sofreu uma forte "expansão quantitativa" e, ainda, uma "expansão qualitativa".

A "expansão quantitativa" do Direito Internacional consiste no aparentemente inesgotável manancial de produção de normas internacionais sobre os mais diversos campos da conduta social. Esse furor normativo criou obrigações invasivas, aptas a reger a conduta das sociedades internas (e não somente a conduta dos Estados no campo diplomático, interestatal), como é o caso das obrigações de direitos humanos.

Já a "expansão qualitativa" consiste no fortalecimento de procedimentos internacionais de interpretação e cumprimento de suas próprias normas, superando, em vários sub-ramos do Direito Internacional, a tradicional descentralização e fragilidade na implementação das obrigações internacionais. De acordo com a visão tradicional do Direito Internacional, a sociedade internacional seria uma sociedade paritária e descentralizada, na qual o Estado era o produtor, destinatário e intérprete das normas. Assim, o Estado poderia violar as normas internacionais, ao mesmo tempo em que alegava estar cumprindo-as, em um verdadeiro "truque de ilusionista"[15]. Isso era possível por ser o Estado o "senhor dos tratados", apto a interpretar seu real alcance e sentido. Com esse *judex in causa sua*, o Estado poderia comprometer-se perante o Direito Internacional, violar repetidamente suas normas, mas protestar – em sua defesa – que estaria cumprindo tais normas *sob a sua peculiar ótica*.

Contudo, o alargamento normativo no Direito Internacional convenceu os Estados sobre os benefícios do abandono do "truque de ilusionista", pelo qual os Estados descumpriam uma obrigação internacional, mas alegavam que estavam cumprindo-a, de acordo com sua

---

14 CARVALHO RAMOS, André de. *Rule of law* e a judicialização do Direito Internacional: da mutação convencional às guerras judiciais. In: BEDIN, Gilmar Antonio. (Org.). *Estado de Direito, Jurisdição Universal e Terrorismo*. 1. ed. Ijui: Unijui, 2009, v. 1, p. 85-122.

15 CARVALHO RAMOS, André de. "Responsabilidade Internacional do Estado por Violação de Direitos Humanos". *Revista CEJ* (Brasília), Brasília, v. 29, 2005, p. 53-63.

(própria) interpretação. Esse alargamento gerou uma crescente complexidade das normas internacionais, com obrigações cada vez mais invasivas e reguladoras das mais diversas facetas da vida social doméstica. Ao aceitar tais obrigações, os Estados – ao mesmo tempo – exigiram um sistema que assegurasse que os demais Estados parceiros não iriam adotar o "truque de ilusionista". Assim, a desconfiança entre os Estados fez nascer uma aceitação galopante de sistemas de solução de controvérsias, nos quais se obtém uma *interpretação internacionalista* das normas.

Em síntese, os Estados, pressionados pelos desafios transfronteiriços da globalização e, no caso específico dos direitos humanos, pelos motivos já estudados nesta obra, aceitaram a "expansão quantitativa" do Direito Internacional, mas exigiram, desconfiados e temendo "falsos comprometimentos", que houvesse procedimentos *internacionais* que assegurassem a correta interpretação e implementação das normas produzidas.

Esses sistemas internacionais de solução de controvérsias servem tanto para garantir a plena efetividade das normas internacionais quanto para assegurar o seu pleno desenvolvimento por meio de uma intensa atividade de interpretação judicial.

Consequentemente, a expansão "quantitativa" do Direito internacional engendrou uma expansão "qualitativa", com a criação de inúmeros tribunais internacionais e órgãos quase judiciais que fornecem uma interpretação imparcial e concretizam o dever de cumprimento das normas internacionais. Há, na atualidade, uma proliferação dos próprios mecanismos de solução de controvérsia[16], gerando a "constitucionalização do Direito Internacional".

A *constitucionalização do Direito Internacional* consiste em um fenômeno pelo qual o Direito Internacional mimetiza institutos outrora reservados ao Direito Constitucional, como, por exemplo, criação de tribunais, proteção de direitos essenciais, consagração da *rule of law*, acesso direto de indivíduos, julgamento de indivíduos no campo penal (até com pena de caráter perpétuo), entre outros.

Como expõe ROTHENBURG, transporta-se para o Direito Internacional a chamada "lógica do constitucionalismo", pela qual há (i) documentos jurídicos vinculantes, (ii) portadores de direitos humanos (fun-

---

16 ROMANO, Cesare. The proliferation of international judicial bodies: the pieces of the puzzel, 31 *New York University Journal of International Law and Politics* (1999), p. 710-751, em especial p.728-729.

damentais), com (iii) instituições e procedimentos estruturais da organização, (iv) assegurados judicialmente por tribunais internacionais[17].

Uma das mais evidentes provas dessa nova fase do Direito Internacional é o crescimento exponencial de tribunais internacionais nos últimos tempos, como se viu nesta obra na área da proteção de direitos humanos. Tais órgãos, compostos por especialistas independentes, analisam petições ou mesmo ações contra Estados e determinam a compatibilidade ou não de determinada conduta estatal com seus compromissos internacionais.

Assim, fica claro o quadro do pluralismo de ordens jurídicas no mundo: de um lado, temos as normas e intérpretes internacionais; de outro, há as normas internas e seus intérpretes tradicionais, como os juízes e Supremas Cortes. Ocorre que essas normas internacionais e nacionais se reúnem no âmbito do Estado Nacional, gerando uma série de fenômenos que refletem *harmonia* e *dissonância*[18].

No campo da *harmonia*, podemos listar os seguintes fenômenos: a) a abertura do ordenamento interno às fontes internacionais (convencionais ou extraconvencionais); b) reconhecimento de um estatuto superior das normas internacionais ou das decisões internacionais, com a consagração do "bloco de constitucionalidade em sentido estrito" composto por normas internacionais agora com hierarquia constitucional; c) uso retórico e argumentativo da *ratio decidendi* internacional para fundamentar a decisão nacional, incrementando seu poder de convencimento, especialmente útil nas "rupturas hermenêuticas" promovidas pelos Tribunais nacionais; d) influência dos avanços nacionais na redação e interpretação do Direito Internacional, especialmente vista na interpretação de direitos humanos nos órgãos internacionais, sempre abertos a novos marcos de proteção (mesmo de origem nacional).

A primeira modalidade de dissonância entre as ordens jurídicas internacional e nacional é o uso doméstico deturpado de tratados e demais normas internacionais graças ao hábito da "interpretação nacional de tratados", sem conexão com a interpretação internacional.

No Brasil, essa modalidade fez surgir uma nova espécie de norma: os tratados internacionais "nacionais". O modo de criação dessa espécie

---

17 ROTHENBURG, Walter Claudius. *Direito Constitucional*. São Paulo: Verbatim, 2010, p. 30.

18 NEUMAN, Gerald L. "Human Rights and Constitutional Rights: Harmony and Dissonance", 55 *Stanford Law Review* (2003), p. 1863-1900.

352

tipicamente brasileira é o seguinte: o Brasil ratifica tratados e reconhece a jurisdição de órgãos internacionais encarregados de interpretá-los; porém, subsequentemente, o Judiciário nacional continua a interpretar tais tratados *nacionalmente*, sem qualquer remissão ou lembrança da jurisprudência dos órgãos internacionais que os interpretam.

Porém, o reconhecimento da interpretação internacional dos tratados ratificados pelo Brasil é consequência óbvia dos vários comandos constitucionais que tratam de "tratados". De que adiantaria a Constituição pregar o respeito a tratados internacionais se o Brasil continuasse a interpretar os comandos neles contidos nacionalmente?

Essa "consequência natural" da aceitação de tratados pelos diversos Estados foi detectada pela Suprema Corte de Justiça da Argentina no emblemático julgamento de 2005 sobre as leis de "punto final" e "obediencia debida", que assim se pronunciou: "De nada serviría la referencia a los tratados hecha por la Constitución si su aplicación se viera frustrada o modificada por interpretaciones basadas en uno u otro derecho nacional"[19].

A segunda modalidade de dissonância consiste na existência de decisão judicial interna que invalida tratados internacionais sem qualquer modulação temporal. Essa possibilidade foi reconhecida pelo STF, em precedente clássico, no qual ficou exposto que "(...) Os tratados celebrados pelo Brasil estão subordinados à autoridade normativa da CF. Nenhum valor jurídico terá o tratado internacional, que, incorporado ao sistema de direito positivo interno, transgredir, formal ou materialmente, o texto da Carta Política"[20].

Só que essa declaração de inconstitucionalidade não afeta a validade internacional dos tratados. Ficamos expostos, então, a responsabilização internacional por descumprimento de um tratado. É imprescindível, caso imperiosa a constatação da inconstitucionalidade, a aplicação do instituto da modulação de efeitos da declaração de inconstitucionalidade, de uso jurisprudencial consolidado e previsto na Lei n. 9.868/99 (art. 27).

Assim, ao declarar a inconstitucionalidade do tratado internacional incorporado, e tendo em vista o interesse social em não expor o Brasil

---

19 Sentencia de la Suprema Corte de Justicia de la República de Argentina, S. 1767. XXXVIII, Causa n. 17.768, 14 de junho de 2005, parágrafo 14.

20 Supremo Tribunal Federal, MI 772-AgR, Rel. Min. Celso de Mello, julgamento em 24-10-2007, Plenário, *DJE* de 20-3-2009.

353

à sua responsabilização internacional, o Supremo Tribunal Federal, por maioria de dois terços de seus membros, deve limitar os efeitos daquela declaração para determinar que só tenha eficácia a partir da denúncia ou extinção por qualquer meio do tratado, podendo, em nome da segurança jurídica, ser fixado prazo máximo para a ação do Chefe de Estado. Essa modulação deve abarcar o chamado prazo de aviso prévio, comum em vários tratados, pelo qual a denúncia unilateral só produzirá a extinção das obrigações do Estado denunciante após o decurso de lapso temporal no qual os demais parceiros se adaptam à nova situação. Esse instituto é essencial para sincronizar a validade interna e internacional dos tratados e pode ser utilizado em qualquer uma das espécies de controle de constitucionalidade. Caso não seja invocada a modulação, teremos mais um caso de *dissonância* entre as ordens internacional e nacional.

O último exemplo de *dissonância* entre as ordens internacional e nacional diz respeito ao uso de ordem judicial nacional para descumprir decisões internacionais. Essa hipótese é fruto do vício nacional de criar os "tratados internacionais nacionais" e pode ser particularmente desastroso no tocante à resolução vinculante do Conselho de Segurança da ONU ou sentença definitiva da Corte Interamericana de Direitos Humanos. Ficaremos, de novo, expostos a sanções internacionais, pela incapacidade de criarmos mecanismos de conciliação nesse mundo de pluralidade de ordens normativas.

Por isso, é necessário superar as possibilidades de dissonância, em especial pelo uso do (i) diálogo das Cortes e, no seu insucesso, pela invocação da (ii) teoria do duplo controle, conforme veremos abaixo.

10 A visão estática e a visão dinâmica da relação entre o direito interno e o direito internacional: a interpretação internacionalista dos direitos no Brasil

Há dois modos pelos quais é possível o estudo da relação entre o direito interno e o internacional: o modo (ou visão) estático e o modo (ou visão) dinâmico.

O modo estático foca-se no estudo (i) do mecanismo de formação e incorporação e (ii) da hierarquia nacional das normas internacionais de direitos humanos.

Já o modo dinâmico, sem desprezar a importância inicial do debate sobre a incorporação e a hierarquia das normas internacionais, concentra-se na maneira pela qual é feita a *interpretação* das normas internacionais pelos órgãos internos[1].

A diferença entre as duas visões é justamente o foco no cumprimento *aparente* ou *real* das obrigações internacionais assumidas pelo Estado. Na área dos direitos humanos, a internacionalização cumpre o ideal universalista da matéria, pelo qual as opções locais que violem esses direitos essenciais não podem prosperar. Os localismos das proteções nacionais de direitos são combatidos, impedindo que um Estado justifique determinado tratamento ofensivo por apelo (i) à hierarquia superior de determinada norma nacional, (ii) à falta de incorporação interna de norma internacionalmente válida ou, ainda, (iii) à interpretação nacional das normas internacionais.

No Brasil, a visão estática é bem estudada, com discussões longevas sobre o modo de formação e incorporação de tratados[2] ao nosso ordenamento. No que tange aos tratados de direitos humanos, a temática da formação e incorporação cristalizou a chamada teoria da junção de vontades, na qual o Supremo Tribunal Federal exige as chamadas quatro fases: a fase da assinatura, a fase da aprovação congressual, a fase da celebração e a fase da incorporação estrito senso (ou fase da promulgação; fase do decreto executivo ou decreto presidencial).

---

1 CARVALHO RAMOS, André de. *Teoria Geral dos Direitos Humanos na Ordem Internacional*. 8. ed. São Paulo: Saraiva, 2024, p. 302 e s.

2 Como já vimos no estudo nesta obra sobre os processos de formação e incorporação dos tratados, bem como de impregnação dos costumes internacionais ao ordenamento brasileiro.

Já no que tange à hierarquia, após o R.E n. 466.343[3], o STF consagrou o chamado "duplo estatuto" dos tratados de direitos humanos, pelo qual os tratados que foram aprovados de acordo com o rito especial do art. 5º, § 3º, da CF/88 serão equivalentes às emendas constitucionais; mas os tratados que foram aprovados de acordo com o rito simples (ou seja, não correspondente ao rito do art. 5º, § 3º), mesmo após a Emenda Constitucional n. 45/04, terão natureza supralegal.

No que tange à visão dinâmica, sua essência está relacionada à aceitação – ou não – da interpretação internacionalista das normas de direitos humanos, que pode inclusive auxiliar na superação de eventual fragilidade na hierarquia interna de norma internacional.

Por exemplo, na discussão do estatuto normativo da *Convenção Americana de Direitos Humanos* (se equivalente a lei ordinária federal, supralegal ou de natureza constitucional), a visão dinâmica imporia o respeito à *Opinião Consultiva n. 14* da Corte Interamericana de Direitos Humanos, que afirma que a *Convenção Americana de Direitos Humanos* deve ser cumprida, em qualquer hipótese, mesmo que contrarie dispositivo constitucional fruto do Poder Constituinte Originário[4].

O estudo da visão dinâmica é imprescindível no atual momento da proteção de direitos no Brasil porque (i) o Brasil ratificou dezenas de tratados de direitos humanos e (ii) reconheceu a jurisdição obrigatória contenciosa da Corte Interamericana de Direitos Humanos, sem contar sua aceitação da jurisdição do Tribunal Penal Internacional ou ainda de diversos órgãos quase judiciais de direitos humanos, aos quais o Brasil acatou a análise de petições de vítimas de violações de direitos.

Assim, a existência de obrigações internacionais (direito material) interpretadas internacionalmente (processos internacionais) gera um potencial conflito entre a interpretação judicial nacional e a interpretação internacional dos direitos previstos nessas mesmas normas.

Não seria razoável, por exemplo, que, ao julgar a aplicação de determinado artigo da *Convenção Americana de Direitos Humanos*, o Poder Judiciário nacional optasse por interpretação não acolhida pela própria Corte Interamericana de Direitos Humanos (Corte IDH), abrindo a pos-

---

3 STF, RE 466.343, rel. Min. Cezar Peluso, j. 3-12-2008, Plenário, *DJe* de 5-6-2009, com repercussão geral.

4 Ver o conteúdo e comentários à Opinião Consultiva n. 14 em CARVALHO RAMOS, André de. *Direitos Humanos em Juízo*. São Paulo: Max Limonad, 2001.

sibilidade de eventual sentença desta Corte *contra* o Brasil. Seria replicado um cenário da *"internacionalização ambígua ou imperfeita"*: os Estados ratificam os tratados de direitos humanos, mas desejam interpretá-los *nacionalmente,* criando o "tratado internacional nacional".

Como vimos, desde 1988 há vigoroso debate entre os Ministros do STF sobre o estatuto normativo dos tratados de direitos humanos no Brasil, em especial agora após a edição da EC n. 45/2004. O debate sobre o estatuto interno dos tratados de direitos humanos também trouxe à tona várias ilações sobre a controvérsia entre os *monistas* e *dualistas* na história do Direito Internacional[5].

Apesar de ser um tema importante na aplicação interna dos tratados, no plano internacional *não importa qual é a visão brasileira* sobre o estatuto normativo interno de um tratado internacional de direitos humanos.

Reiteradamente os órgãos judiciais e quase judiciais internacionais impõem o que denomino de "unilateralismo internacionalista radical" que se sobrepõe à *discussion d'école* entre monistas e dualistas: os tratados de direitos humanos devem ser cumpridos, sem considerar qualquer outro argumento de Direito interno.

Adota-se o princípio da primazia do Direito Internacional.

No Direito Internacional dos Direitos Humanos há ainda uma "terceira via". Os conflitos entre normas são superados pela possibilidade, prevista nos próprios tratados de direitos humanos, de recurso à norma mais favorável aos indivíduos, não importando sua origem. Também como já visto, o artigo 29 da *Convenção Americana de Direitos Humanos* prevê que nada nesta Convenção pode amesquinhar proteção maior já conferida ao indivíduo por norma interna ou outra norma internacional. Tal comando, repetido em outros tratados, consagrou o princípio da aplicação da norma mais favorável ao indivíduo.

Como vimos acima, esse princípio ficou superado pela força expansiva dos direitos humanos, que contaminou todas as facetas da vida social e tornou impossível identificar qual é a "norma mais favorável", uma vez que uma norma mais protetiva a determinado indivíduo pode *desproteger* outro indivíduo ou mesmo a comunidade (caso de violação de

---

5 CARVALHO RAMOS, André de. *"O impacto da Convenção Americana de Direitos Humanos na relação do direito internacional e do direito interno". Boletim Científico da Escola Superior do Ministério Público da União,* Brasília – DF, v. 4, p. 51-71, 2002.

direitos difusos e coletivos), como nos mostram os clássicos conflitos entre a proteção do meio ambiente e o direito de propriedade ou entre a liberdade de informação e a privacidade.

Mesmo no seio do Direito Penal e Processual Penal, tradicional reduto da defesa dos interesses dos indivíduos acusados, os tribunais internacionais de direitos humanos valorizam o direito das *vítimas* de acesso à justiça penal, condenando, por exemplo, as leis de autoanistia. No Caso *Gomes Lund e outros contra o Brasil*, a Corte Interamericana de Direitos Humanos decidiu que a proporcionalidade deve levar em conta os direitos das vítimas e seus familiares à verdade e justiça e os direitos dos autores das violações bárbaras de direitos humanos[6].

Como falar em "primazia da norma mais favorável ao indivíduo" no caso da revisão da lei da anistia brasileira? Qual seria o indivíduo a ser favorecido: o torturador beneficiado pela anistia penal ou a vítima ou seus familiares que clamam pelo direito de acesso à justiça penal[7]?

Nesse ponto, deve-se valorizar a atividade de ponderação de interesses que é desenvolvida, sem maiores traumas, pelos órgãos internacionais judiciais ou quase judiciais de direitos humanos.

Mas, chegamos ao ponto do problema: não é suficiente assinalar, formalmente, os direitos previstos no Direito Internacional, registrar, com júbilo, seu estatuto normativo de cunho constitucional e usar, no limite, fórmulas de primazia da norma mais favorável. Esse esquema tradicional de aplicação do Direito Internacional dos Direitos Humanos *não é mais adequado* para levarmos os direitos humanos internacionais a sério. É necessário que avancemos na *aceitação da interpretação* desses direitos pelo Direito Internacional, ou, como defendi em livro anterior, que se inicie um diálogo e uma fertilização cruzada entre os tribunais internos e os tribunais internacionais[8].

---

6 Corte Interamericana de Direitos Humanos, *Caso Gomes Lund versus o Brasil*, julgamento de 24 de novembro de 2010.

7 Sobre a exigência de punição penal aos violadores de direitos humanos, ver CARVALHO RAMOS, André de. "Mandados de Criminalização no Direito Internacional dos Direitos Humanos: novos paradigmas da proteção das vítimas de violações de Direitos Humanos". *Revista Brasileira de Ciências Criminais*, v. 62, 2006, p. 9-55.

8 Ver minha proposta de fertilização cruzada entre os tribunais internos, tribunais internacionais de direitos humanos e os tribunais de integração econômica, em: CARVALHO RAMOS, André de. *Direitos humanos na integração econômica*. Rio de Janeiro: Renovar, 2008, em especial p. 454 e s.

Importante mencionar que a interpretação internacionalista assegura a universalidade dos direitos humanos prometida no momento da ratificação dos tratados pelos Estados.

De fato, de nada adiantaria advogar a adesão formal brasileira a tais tratados e, ao mesmo tempo, exigir que a *interpretação* desses tratados seja realizada por órgãos nacionais.

O universalismo dos direitos humanos, como já mencionado acima, fatalmente seria perdido e teríamos novamente os direitos humanos *locais*, a depender da maré da proteção nacional, em idêntica situação à pré-2ª Guerra Mundial.

Em 2024, já existem vários casos nos quais o Supremo Tribunal Federal abre as portas para o diálogo com a interpretação dos Tribunais internacionais de direitos humanos e, em especial, com a Corte Interamericana de Direitos Humanos.

A discussão sobre a aplicação dos tratados internacionais de direitos humanos no STF exige, então, que seja agregada ao debate a discussão sobre a interpretação dos tratados pelos órgãos em relação aos quais o Brasil já reconheceu a jurisdição obrigatória.

11 Pelo diálogo das Cortes e a superação da era da ambiguidade

O uso de tratados internacionais de direitos humanos para a fundamentação de decisões do STF não é novidade. Após a redemocratização e a edição da CF/88, o Brasil ratificou diversas convenções internacionais de direitos humanos, entre elas a *Convenção Americana de Direitos Humanos* (incorporada internamente em 1992) e o *Pacto Internacional de Direitos Civis e Políticos* (incorporado internamente em 1992).

Além disso, a redação do artigo 5º, § 2º, da CF/88 levou parte da doutrina a reconhecer a natureza constitucional destes tratados, o que motivou os operadores do Direito a invocarem o seu uso perante o Poder Judiciário e, naturalmente, perante o STF.

Assim, colacionam-se diversos casos envolvendo a interpretação destes tratados internacionais de direitos humanos nas mais variadas matérias jurídicas no STF.

Para comprovar tal afirmação, bastou o uso singelo da ferramenta de pesquisa no *site* do STF, com o tema "convenção americana de direitos humanos", e obtivemos acórdãos sobre: prisão do depositário infiel, duplo grau de jurisdição, uso de algemas, crimes hediondos e individualização da pena, presunção de inocência, videoconferência no processo penal, direito a recorrer em liberdade no processo penal, duração prolongada e abusiva da prisão cautelar, direito de audiência e o direito de presença do réu, entre outros[1].

Por outro lado, é mais raro encontrar repercussão no STF das decisões internacionais de direitos humanos oriundas de órgãos em relação aos quais o Brasil reconhece a jurisdição. Mesmo quando se discute o alcance e sentido de determinada garantia da *Convenção Americana de Direitos Humanos* não se busca sempre verificar qual é a posição de seu intérprete, a saber, a Corte Interamericana de Direitos Humanos, cuja jurisdição obrigatória o Brasil já reconhece desde 10 de dezembro de 1998.

Como exemplo, cite-se o HC 82.959[2], no qual se discutiu a mudança de orientação do STF e foi decidida a inconstitucionalidade do art. 2º, §

---

1 Disponível em: <www.stf.gov.br>.

2 BRASIL. Supremo Tribunal Federal. *Habeas Corpus* 82.959/SP. Paciente: Oseas de Campos. Impetrante: Oseas de Campos: Coator: Superior Tribunal de Justiça. Relator: Min. Marco Aurélio. Brasília, 23-2-2006. Publicado em 1º-9-1996.

360

1º, da Lei 8.072/90. Várias foram as decisões citadas, entre elas, os casos *Plessy vs. Ferguson, Brown vs. Board of Education, Mapp vs. Ohio, Linkletter vs. Walker,* da Suprema Corte dos Estados Unidos da América e o *Caso Markx* da Corte Europeia de Direitos Humanos. Contudo, em que pese a Corte Interamericana de Direitos Humanos já possuir vasto repertório sobre o devido processo legal e os cânones de interpretação *pro persona,* raramente seus casos são mencionados.

Mesmo quando se discute o estatuto normativo da *Convenção Americana de Direitos Humanos* (equivalente à lei ordinária federal, supralegal ou natureza constitucional), não se menciona a *Opinião Consultiva n. 14* da Corte Interamericana de Direitos Humanos, que afirma que a *Convenção Americana de Direitos Humanos* deve ser cumprida, em qualquer hipótese, em nome da proteção de direitos humanos, mesmo que contrarie dispositivo constitucional originário. Ou seja, não se menciona, até o momento, o *garante* maior das normas internacionais de direitos humanos impostas ao Estado, que é a *Corte de San José,* a cuja jurisdição o Brasil aderiu.

A situação é mais dramática nos casos da Corte Interamericana de Direitos Humanos, do Tribunal Internacional Penal, da Comissão Interamericana de Direitos Humanos, do Comitê de Direitos Humanos, do Comitê pela Eliminação de Toda Forma de Discriminação contra a Mulher, do Comitê pela Eliminação de Toda Forma de Discriminação Racial e o Comitê dos Direitos das Pessoas com Deficiência. É que, nestes casos, o Brasil expressamente reconheceu a competência de órgãos judiciais ou quase judiciais internacionais em apreciar casos de violação aos tratados respectivos. Não seria razoável, por exemplo, que, ao julgar a aplicação de determinado artigo da *Convenção Americana de Direitos Humanos,* o STF optasse por interpretação não acolhida pela própria Corte Interamericana de Direitos Humanos, abrindo a possibilidade de eventual sentença desta Corte *contra* o Brasil.

De fato, não atenderia aos comandos dos próprios tratados ignorar a posição dominante dos órgãos encarregados justamente da interpretação de seus dispositivos; o mesmo ocorre no Judiciário brasileiro: não atende aos encômios da boa jurisdição o comportamento de alguns juízos que ignoram a posição consolidada do STF, o que só onera a parte prejudicada, que por certo recorrerá e ganhará naquele Tribunal.

Em estudo publicado em 2009, colacionei algumas decisões do STF que buscam fundamentar a interpretação dos direitos humanos nas decisões e pareceres consultivos da Corte Interamericana de Direitos Humanos. Mas, tais casos são ainda poucos[3]. A menção aos precedentes desses órgãos internacionais de direitos humanos na jurisprudência do STF é mais um passo a ser dado na valorização do Direito Internacional dos Direitos Humanos perante nossa Suprema Corte.

Desde 2001, com nosso livro *Direitos humanos em Juízo*: comentários aos casos contenciosos e consultivos da Corte Interamericana de Direitos Humanos[4], buscamos iniciar a discussão sobre casos concretos e opiniões consultivas da Corte Interamericana de Direitos Humanos, que contou até, por muitos anos, com a ativa participação do jurista brasileiro Antônio Augusto Cançado Trindade (que foi inclusive seu presidente).

Por isso pugnamos por um *diálogo entre as Cortes,* uma vez que ambas – STF e Corte Interamericana de Direitos Humanos – cumprem a mesma missão de assegurar o respeito à dignidade humana e aos direitos fundamentais.

No caso das decisões da Corte Interamericana de Direitos Humanos (e, por extensão, dos informes e medidas cautelares da Comissão Interamericana de Direitos Humanos) sugere-se a instalação de foro ou secretaria permanente sobre o Direito Internacional dos Direitos Humanos unindo os Poderes Legislativo, Executivo e Judiciário, além do Ministério Público Federal, Conselho Federal da Ordem dos Advogados do Brasil (OAB), Conselhos Nacionais do Ministério Público e da Justiça, de modo a instar os responsáveis pela implementação dos comandos internacionais a agir.

Assim, a postura do STF será plenamente condizente com os compromissos internacionais de adesão à jurisdição internacional de direitos humanos assumidos pelo Brasil, superando a tradicional fase da "ambiguidade", na qual o Brasil ratifica os tratados de direitos humanos, mas *não consegue cumprir* seus comandos normativos *interpretados* pelos órgãos internacionais.

---

3 CARVALHO RAMOS, André de. "O Diálogo das Cortes: o Supremo Tribunal Federal e a Corte Interamericana de Direitos Humanos" in AMARAL JUNIOR, Alberto do e JUBILUT, Liliana Lyra (orgs.). *O STF e o Direito Internacional dos Direitos Humanos.* 1. ed. São Paulo: Quartier Latin, 2009, v. 1, p. 805-850.

4 CARVALHO RAMOS, André de. *Direitos humanos em Juízo:* comentários aos casos contenciosos e consultivos da Corte Interamericana de Direitos Humanos. São Paulo: Max Limonad, 2001.

Em síntese, o Direito Internacional dos Direitos Humanos no Brasil está *manco:* formalmente, o Brasil está plenamente engajado; na aplicação prática, há quase um total silêncio sobre a interpretação dada pelo próprio Direito Internacional (na voz de seus intérpretes autênticos, como, por exemplo, a Corte Interamericana de Direitos Humanos), o que pode gerar a responsabilização internacional do Brasil por violação de direitos humanos.

Há exceções, como se viu no voto do Min. Gilmar Mendes, citando longamente a Opinião Consultiva n. 5 da Corte Interamericana de Direitos Humanos, na interpretação da liberdade de expressão e informação, no RE 511.961 (caso do diploma de jornalista). Esses exemplos, que denominei "Diálogo das Cortes"[5], pavimentam o caminho adequado rumo à maturidade na análise do Direito Internacional dos Direitos Humanos no Brasil.

Com efeito, após a adesão brasileira a mecanismos internacionais de averiguação de respeito a normas de direitos humanos, cabe agora compatibilizar a jurisprudência do STF sobre os diversos direitos protegidos com a posição hermenêutica dos citados órgãos internacionais.

Por isso, é extremamente importante a continuidade da divulgação do conteúdo das deliberações internacionais de direitos humanos e da possibilidade de seu uso nos diversos processos judiciais relativos a direitos humanos em curso no Brasil.

Contudo, não basta reconhecer a pluralidade das ordens jurídicas e pugnar pela harmonia e pelo diálogo sem avançar na discussão do modo pelo qual esse diálogo deve ser travado, com estabelecimento de parâmetros que devem servir para sindicar se, em determinado caso, houve – ou não – o diálogo.

Parametrizar a harmonia e o diálogo entre as ordens internacional e nacional serve para desnudar as efetivas opções dos julgadores nacionais, às vezes distintas das veiculadas em discursos para a mídia e para o público em geral. Além disso, tais parâmetros servem também para evitar que a mera "colagem" e transcrição de precedentes internacionais propositalmente escolhidos por reforçarem a posição do julgador (des-

---

5 Ver mais sobre essas exceções em CARVALHO RAMOS, André de. "O Diálogo das Cortes: o Supremo Tribunal Federal e a Corte Interamericana de Direitos Humanos", in AMARAL JUNIOR, Alberto do; JUBILUT, Liliana Lyra (orgs.). *O STF e o Direito Internacional dos Direitos Humanos.* São Paulo: Quartier Latin, 2009, v. 1, p. 805-850.

cartando-se os precedentes internacionais contrários) sejam considerados exemplos de diálogo.

Nesse sentido, sugiro os seguintes parâmetros:

1) menção à existência de dispositivos internacionais convencionais ou extraconvencionais vinculantes ao Brasil sobre o tema;

2) menção à existência de caso internacional contra o Brasil sobre o objeto da lide e as consequências disso reconhecidas pelo Tribunal nacional;

3) menção à existência de jurisprudência anterior sobre o objeto da lide de órgãos internacionais aptos a emitir decisões vinculantes ao Brasil;

4) peso dado aos dispositivos e à jurisprudência internacionais.

Caso a decisão nacional tenha preenchido os quatro parâmetros, houve efetivamente um "Diálogo das Cortes".

O primeiro parâmetro é descritivo e exige transparência. O órgão judicial nacional reconhece a incidência de normas internacionais ao caso, fazendo nascer o debate sobre a interpretação destes.

O segundo parâmetro é referente à coerência e à harmonia. O Estado adere a tribunais internacionais e isso exige dos órgãos nacionais ao menos o reconhecimento do trâmite de casos perante o sistema internacional.

O terceiro parâmetro é um atestado da pluralidade normativa dos dias de hoje, concretizando a "fertilização cruzada" vista anteriormente.

Finalmente, o quarto parâmetro dá publicidade à sociedade brasileira do conteúdo da jurisprudência internacional, óbvia consequência da internacionalização da temática envolvida no caso concreto. Esse parâmetro exige dos julgadores nacionais um esforço argumentativo para convencer a sociedade dos motivos pelos quais o Tribunal nacional contrariou, eventualmente, a interpretação internacional sobre o caso.

No caso do "Diálogo das Cortes" inexistir ou ser insuficiente para obtermos a convergência das ordens jurídicas plurais, é necessário que se investigue uma alternativa para a preservação da harmonia entre as ordens jurídicas justapostas, como se segue abaixo no estudo da "teoria do duplo controle" feito com base na análise do caso *Gomes Lund*, o mais rumoroso caso de conflito no Brasil entre órgãos judiciais nacionais e internacionais, envolvendo o Supremo Tribunal Federal e a Corte Interamericana de Direitos Humanos (Corte IDH).

12 A superação dos "tratados internacionais nacionais" e a teoria do duplo controle

O Estado brasileiro reconheceu a jurisdição, após a redemocratização, de vários mecanismos judiciais ou quase judiciais internacionais nas suas mais diversas áreas. Corte Interamericana de Direitos Humanos, Tribunal Penal Internacional, Comitês diversos de tratados internacionais de direitos humanos, Órgão de Solução de Controvérsias da Organização Mundial do Comércio, Tribunal Permanente de Revisão do Mercosul, são alguns exemplos de como o Brasil avançou no trato do Direito Internacional. A existência desses tribunais internacionais é de extrema valia para eliminarmos o que já chamei de "truque de ilusionista" dos Estados no plano internacional[1]: eles assumem obrigações internacionais, as descumprem com desfaçatez, mas alegam que as estão cumprindo, de acordo com *sua própria interpretação*.

No campo dos direitos humanos era fácil o "ilusionismo" e talvez isso tenha distorcido a aplicação dos tratados dessa matéria no Brasil. Por exemplo, era possível a um determinado Tribunal Superior brasileiro invocar repetidamente a Convenção Americana de Direitos Humanos e sequer citar um precedente de interpretação da Corte Interamericana de Direitos Humanos (Corte de San José), criando uma "Convenção Americana de Direitos Humanos Paralela" ou ainda uma verdadeira "Convenção Americana de Direitos Humanos Brasileira".

Grosso modo, isso seria o mesmo se ocorresse a aplicação por anos a fio da Constituição brasileira *sem* menção a qualquer precedente do Supremo Tribunal Federal. É claro que teríamos uma "Constituição do B", alternativa e totalmente diferente daquela aplicada pelo Supremo Tribunal Federal.

Se for mantido o caminho de ausência de diálogo, a internacionalização dos direitos humanos no Brasil ficará restrita aos textos dos tratados: a *interpretação* deles continua a ser *nacional*.

Esse uso da interpretação nacional dos direitos humanos internacionais consagra o que denomino "internacionalização ambígua ou imperfeita dos direitos humanos": os Estados ratificam os tratados de direitos humanos, mas continuam a interpretá-los localmente. Verda-

---

1 CARVALHO RAMOS, André de. "Responsabilidade Internacional do Estado por Violação de Direitos Humanos". *Revista CEJ*, Brasília, n. 29, p. 53-63, abr./jun. 2005.

deira pseudointernacionalização, pois a interpretação final continua sendo nacional.

Esse caminho "nacionalista" nega a universalidade dos direitos humanos e transforma os tratados e a Declaração Universal dos Direitos Humanos em peças de retórica, pois permite que cada país interprete ao seu talante os direitos universais, gerando riscos de abuso e relativismo puro e simples.

No caso brasileiro, esse caminho nacionalista é, além disso, um "beco sem saída", pois o Brasil já reconheceu a jurisdição da Corte Interamericana de Direitos Humanos, do Tribunal Internacional Penal (TPI), bem como se submeteu a diversos Comitês estabelecidos em tratados de direitos humanos celebrados sob os auspícios da Organização das Nações Unidas[2].

Caso paradigmático do "beco sem saída" *da interpretação nacionalista dos tratados* ocorreu recentemente, no chamado "Caso da Guerrilha do Araguaia". Pela primeira vez, um tema (superação – ou não – da anistia a agentes da ditadura militar brasileira) foi analisado pelo Supremo Tribunal Federal *e* pela Corte Interamericana de Direitos Humanos. No âmbito do STF, foi proposta, em outubro de 2008, pelo Conselho Federal da Ordem dos Advogados do Brasil (OAB), uma Arguição de Descumprimento de Preceito Fundamental (ADPF n. 153), pedindo que fosse interpretado o parágrafo único do artigo 1º da Lei n. 6.683, de 1979 (Lei da Anistia), conforme a Constituição de 1988, de modo a declarar que a anistia concedida pela citada lei aos crimes políticos ou conexos *não* se estende aos crimes comuns praticados pelos agentes da repressão (civis ou militares) contra opositores políticos, durante o regime militar.

Por sua vez, em 26 de março de 2009, a Comissão Interamericana de Direitos Humanos (Comissão IDH) processou o Brasil perante a Corte Interamericana de Direitos Humanos (Corte IDH, sediada em San José, guardiã da Convenção Americana de Direitos Humanos), no chamado *Caso Gomes Lund e outros contra o Brasil*, invocando, ao seu favor (entre outros argumentos), a copiosa jurisprudência da Corte IDH *contrária* às leis de anistia e favorável ao dever de investigação, persecução e punição penal dos violadores bárbaros de direitos humanos.

A ADPF n. 153 foi julgada em 28 de abril de 2010, tendo o STF decidido que a lei da anistia *alcança os agentes da ditadura militar*, tornando

---

2 Ver em CARVALHO RAMOS, André de. *Processo internacional de direitos humanos.* 7. ed. São Paulo: Saraiva, 2022.

impossível a persecução criminal pelas graves violações de direitos humanos ocorridas na época dos "anos de chumbo". Chama a atenção que, novamente, ignorou-se a *interpretação internacional* da Convenção Americana de Direitos Humanos, de responsabilidade da Corte Interamericana de Direitos Humanos (Corte IDH).

Contudo, em 24 de novembro de 2010, meses após a decisão do STF, a Corte IDH *condenou* o Brasil no Caso *Gomes Lund*, exigindo que fosse feita completa investigação, persecução e punição criminal aos agentes da repressão política durante a ditadura militar, mandando o Brasil desconsiderar, então, a anistia para tais indivíduos[3]. Como cumprir a decisão da Corte IDH?

Inicialmente, parto da seguinte premissa: não há conflito insolúvel entre as decisões do STF e as da Corte IDH, uma vez que ambos os tribunais têm a grave incumbência de proteger os direitos humanos. Adoto assim a *teoria do duplo controle ou crivo de direitos humanos*, que reconhece a atuação em separado do controle de constitucionalidade (STF e juízos nacionais) e do controle de convencionalidade (Corte de San José e outros órgãos de direitos humanos do plano internacional).

Os direitos humanos, então, no Brasil possuem uma *dupla* garantia: *o controle de constitucionalidade nacional e o controle de convencionalidade internacional*. Qualquer ato ou norma deve ser aprovado pelos dois controles, para que sejam respeitados os direitos no Brasil. Esse *duplo controle* parte da constatação de uma verdadeira separação de atuações, na qual inexistiria conflito real entre as decisões porque cada Tribunal age em esferas distintas e com fundamentos diversos.

De um lado, o STF, que é o guardião da Constituição e exerce o controle de *constitucionalidade*. Por exemplo, na ADPF n. 153 (controle abstrato de constitucionalidade), a maioria dos votos decidiu que o *formato amplo de anistia* foi recepcionado pela nova ordem constitucional. Por outro lado, a Corte de San José é guardiã da Convenção Americana de Direitos Humanos e dos tratados de direitos humanos que possam ser conexos. Exerce, então, o controle de *convencionalidade*. Para a Corte IDH, a Lei da Anistia *não é passível* de ser invocada pelos agentes da ditadura.

Com base nessa separação, é possível dirimir o conflito aparente entre uma decisão do STF e da Corte de San José. Assim, ao mesmo

---

3 Corte Interamericana de Direitos Humanos, *Caso Gomes Lund e outros vs. Brasil*, Mérito, sentença de 24 de novembro de 2010.

tempo que se respeita o crivo de *constitucionalidade* do STF, deve ser *incorporado* o crivo de *convencionalidade* da Corte Interamericana de Direitos Humanos. Todo ato interno (não importa a natureza ou origem) deve obediência aos dois crivos. Caso não supere um deles (por violar direitos humanos), deve o Estado envidar todos os esforços para cessar a conduta ilícita e reparar os danos causados. No caso da ADPF n. 153, houve o controle de constitucionalidade. No Caso *Gomes Lund*, houve o controle de convencionalidade. A anistia aos agentes da ditadura, para subsistir, deveria ter sobrevivido intacta aos dois controles, mas só passou (com votos contrários, diga-se) por um, o controle de constitucionalidade. Foi destroçada no controle de convencionalidade. Cabe, agora, aos órgãos internos (Ministério Público, Poderes Executivo, Legislativo e Judiciário) cumprir a sentença internacional.

A partir da teoria do duplo controle, agora deveremos exigir que todo ato interno se conforme não só ao teor da jurisprudência do STF, mas também ao da jurisprudência interamericana, cujo conteúdo deve ser estudado já nas Faculdades de Direito.

Em 2014, a teoria do duplo controle foi expressamente invocada em parecer do Procurador-Geral da República na Arguição de Descumprimento de Preceito Fundamental n. 320.

Para o PGR, "em segundo lugar, porque, como observou André de Carvalho Ramos, não existe conflito entre a decisão do Supremo Tribunal Federal na ADPF 153 e a da Corte Interamericana no caso *Gomes Lund*. O que há é exercício do sistema de duplo controle, adotado em nosso país como decorrência da Constituição da República e da integração à Convenção Americana sobre Direitos Humanos: o controle de constitucionalidade nacional e o controle de convencionalidade internacional. "Qualquer ato ou norma deve ser aprovado pelos dois controles, para que sejam respeitados os direitos no Brasil"[4]. Só assim será possível evitar o antagonismo entre o Supremo Tribunal Federal e os órgãos internacionais de direitos humanos, impedindo-se a ruptura e estimulando-se a convergência em prol dos direitos humanos[5].

---

4   Ver Parecer do Procurador-Geral da República na ADPF n. 320, de 28-8-2014. Disponível em: <http://noticias.pgr.mpf.mp.br/noticias/noticias-do-site/copy_of_pdfs/ADPF%20000320.pdf/>. Acesso em: 18 set. 2018.

5   CARVALHO RAMOS, André de. "Crimes da ditadura militar: a ADPF n. 153 e a Corte Interamericana de Direitos Humanos", in GOMES, Luiz Flávio; MAZZUOLI, Valério de Oliveira (orgs.). *Crimes da ditadura militar*: sua análise à luz da jurisprudência interamericana. São Paulo: Revista dos Tribunais, 2011, p. 174-225.

CONSIDERAÇÕES FINAIS: OS DESAFIOS DO SÉCULO XXI

O objetivo da presente obra é tecer breves considerações sobre a teoria geral dos direitos humanos no plano internacional.

O terreno é fértil, pois o Direito Internacional dos Direitos Humanos mostra impressionante vitalidade, com o surgimento de novos tratados, novas interpretações e decisões que aumentam a proteção à dignidade da pessoa humana.

Mas o cenário internacional não é pautado apenas pelo desenvolvimento da proteção de direitos humanos. Infelizmente, nesses últimos cinquenta anos, o mundo conheceu a "guerra na paz", ou seja, ao mesmo tempo que se consagrou o objetivo de paz e promoção de direitos humanos na Carta da ONU e outros tratados, a prática dos Estados contrariou seus discursos.

Mesmo após o fim da Guerra Fria, a realidade de conflitos armados, como o da Chechênia, Kosovo e Iraque e, recentemente, a invasão da Ucrânia pela Rússia e o ataque do Hamas a Israel, bem como a ofensiva israelense na Faixa de Gaza e a manutenção dos assentamentos em território palestino ocupado, continua a cobrar elevada dívida de sangue dos seres humanos.

O terrorismo continua a ser utilizado, como se viu no ataque do dia 11 de setembro de 2001 em Nova York e 11 de março de 2004 em Madri e, mais recentemente, no ataque do Hamas com a matança de civis israelenses. Por outro lado, a resposta ao terrorismo choca, como demonstra a manutenção *sine die* dos prisioneiros de guerra na base militar norte-americana de Guantánamo, sem julgamento ou direitos protegidos, violando-se o Direito Internacional Humanitário em seu coração[1].

Além disso, a miséria extrema de milhões envergonha uma humanidade que gasta bilhões de dólares em armas por ano. Percentual do portentoso orçamento militar dos Estados Unidos já seria suficiente para transformar a realidade social do mundo.

Em tal cenário desolador, típico sintoma da insegurança de uma sociedade de risco ou pós-moderna, surge a esperança na *humanização*

---

1 PETERKE, Sven. "Terrorism and Applicability of Humanitarian International Law: the Mujahir Case", 6 *Boletim Científico da Escola Superior do Ministério Público da União* (2003), p. 99-110.

do Direito Internacional gerada pela proteção de direitos humanos, pela qual o foco das normas internacionais passa a ser não a razão de Estado, mas sim o indivíduo.

O reconhecimento das obrigações *erga omnes* e do acesso à jurisdição internacional como garantia ao indivíduo previstos nos tratados de direitos humanos já são sinais da prevalência de uma incipiente "razão de humanidade" sobre a habitual razão de Estado. Nas palavras de CANÇADO TRINDADE, "não se pode visualizar a humanidade como sujeito de direito a partir da ótica do Estado; o que se impõe é reconhecer os limites do Estado a partir da ótica da humanidade"[2].

Resgatam-se as lições dos primeiros doutrinadores do Direito Internacional, como Vitória e Suárez, que pugnavam pelo ideal da *civitas maxima gentium*, que significava que nenhum Estado estava acima do Direito Internacional, cujas normas têm como finalidade o bem comum dos seres humanos[3].

O desafio do século XXI é reconhecer a centralidade do tema dos direitos humanos e sua proteção na agenda do Direito Internacional. De fato, a segurança dogmática passada, que possuía como reflexo jurídico o positivismo normativista, é substituída pela insegurança e o reconhecimento de que o Direito Internacional deve superar o voluntarismo de uma sociedade descentralizada e supostamente paritária rumo à realização de *valores comuns* da sociedade humana.

A consolidação desses valores comuns é um processo em curso na atividade dos vários órgãos internacionais de direitos humanos. Esse livro não seria possível sem os inúmeros casos da Corte Europeia de Direitos Humanos, da Corte Interamericana de Direitos Humanos e dos diversos Comitês das Nações Unidas. Esse imenso repertório de hermenêutica de direitos humanos tem revolucionado ordenamentos jurídicos, impondo modificações em Constituições, legislações nacionais e mesmo interpretações judiciais internas[4].

---

2 CANÇADO TRINDADE, Antônio Augusto. *O direito internacional em um mundo em transformação*. Rio de Janeiro: Renovar, 2002, p. 1109.

3 Conferir em CANÇADO TRINDADE, Antônio Augusto. *O direito internacional em um mundo em transformação*. Rio de Janeiro: Renovar, 2002, p. 1039-1109. Ver ainda a obra de CASELLA, Paulo Borba. *Direito internacional no tempo antigo*. São Paulo: Atlas, 2012.

4 No que toca à contribuição da Corte Europeia de Direitos Humanos, ver a excelente coletânea de Lawson e Schermers (LAWSON, R. A. e SCHERMERS, H. G., *Leading Cases of the European Court of Human Rights*. Nijmegen: Ars Aequi Libri, 1997).

370

É claro que muito resta a fazer. O cenário de violência e desrespeito aos direitos humanos no Brasil mostra isso. Cada capítulo foi escrito com essa realidade em mente e por isso espero que esta obra sirva de auxílio ao operador do Direito brasileiro na sua luta por mudança, pois os elementos da teoria geral dos direitos humanos na ordem internacional são perfeitamente aplicáveis ao contexto brasileiro, desde os critérios interpretativos e contramajoritários da parte primeira da obra até as características da parte segunda e o apelo à interpretação internacionalista da parte terceira.

Salta aos olhos a importância da invocação em vários casos do cotidiano jurídico brasileiro da proibição do retrocesso, da indivisibilidade, da interdependência, da eficácia horizontal dos direitos humanos, bem como do princípio da proporcionalidade e da interpretação internacionalista, entre outros. Ou seja, na omissão do Estado-administrador, que não cumpre seus compromissos internacionais, devemos provocar o Estado-juiz e exigir a aplicação interna da mesma proteção de direitos humanos já alcançada externamente.

Imagino também que a faceta *contramajoritária* dos direitos humanos internacionais revolucionarão algumas interpretações tradicionais sobre direitos no Brasil, revelando às maiorias os pleitos (até o momento) pouco atendidos de minorias.

Mesmo que a interpretação contramajoritária internacional seja desconcertante para aqueles acostumados com a visão "final" de órgãos internos e ainda existam dúvidas sobre a legitimidade do juiz internacional, teríamos o efeito salutar de sair de nossa "zona de conforto", pois os órgãos máximos do Brasil saberiam que há uma "vigilância internacional de direitos humanos", apta a condenar o Brasil mesmo após o esgotamento dos recursos perante a instância judicial máxima do país.

Logo, a *teoria geral dos direitos humanos na ordem internacional* tem importante papel na transformação da realidade, no combate às desigualdades e na afirmação de um Direito não dos Estados, mas dos povos[5].

Além disso, essa teoria geral dos direitos humanos nos mostra, como ensina COMPARATO, uma das mais belas lições de toda a História: "A revelação de que todos os seres humanos, apesar das inúmeras diferenças

---

5 Ver o conceito de direito dos povos em RAWLS, John. *O direito dos povos* (trad. de Luís Carlos Borges). São Paulo: Martins Fontes, 2001.

biológicas e culturais que os distinguem entre si, merecem igual respeito, como únicos entes no mundo capazes de amar, descobrir a verdade e criar a beleza"[6].

Resta aplicar esses conceitos e instrumentos no cotidiano do povo brasileiro, tão sofrido e carente. Eis o desafio do estudioso do novo Direito Internacional. Eis a nossa tarefa.

---

6 COMPARATO, Fábio Konder. *A afirmação histórica dos direitos humanos*. São Paulo: Saraiva, 2000, p. 1.

REFERÊNCIAS

I Livros, artigos e participações em coletâneas

ABADE, Denise Neves. *Direitos fundamentais na cooperação jurídica internacional.* São Paulo: Saraiva, 2013.

ACCIOLY, Hildebrando. "A ratificação e a promulgação dos tratados em face da Constituição Federal brasileira". *Boletim da Sociedade Brasileira de Direito Internacional*, Rio de Janeiro, n. 7, p. 11-15, jan./jun. 1948.

ACCIOLY, Hildebrando; NASCIMENTO E SILVA, G. E.; CASELLA, P. B. *Manual de direito internacional público.* 16. ed. São Paulo: Saraiva, 2008.

ALEINIKOFF, T. Alexander. "Protected characteristics and social perceptions: analysis of the meaning of 'membership of a particular group'". In: FELLER, Erika; TURK, Volker; NICHOLSON, Frances (eds.). *Refugee Protection in International Law.* Cambridge: Cambridge University Press, 2003, p. 264-311.

ALEXY, Robert. "Epílogo a la Teoría de los Derechos Fundamentales", 66 *Revista Española de Derecho Constitucional* (2002), p. 43-64.

_____. *Teoría de los derechos fundamentales.* Centro de Estudios Constitucionales. Madrid, 1997.

_____. *Teoria dos direitos fundamentais.* Trad. Virgilio Afonso da Silva. São Paulo: Malheiros, 2008.

ALLUÉ BUIZA, Alfredo. "Pluralismo político en Turquia y el Tribunal Europeo de Derechos Humanos", 34 *Revista de Estudios Europeos* (2003), p. 131-153.

AMARAL JUNIOR, Alberto do; JUBILUT, Liliana Lyra (orgs.). *O STF e o Direito Internacional dos Direitos Humanos.* São Paulo: Quartier Latin, 2009.

AMBOS, Kai; CHOUKR, Fauzi Hassan (orgs.). *Tribunal Penal Internacional.* São Paulo: Revista dos Tribunais, 2000.

ANDRADE, José Henrique Fischel de. *Direito Internacional dos Refugiados. Evolução histórica (1931-1952).* Rio de Janeiro: Renovar, 1996.

_____. "Regional policy approaches and harmonization: a latin american perspective", *International Journal of Refugee Law*, Oxford, v. 10, 1998, p. 389-409.

ANNACKER, Claudia. "The Legal Regime of *Erga Omnes* Obligations in International Law", 46 *Austrian Journal of Public and International Law* (1994), p. 131-166.

AN-NA'IM, Abdullahi A. "Conclusion". In: AN-NA'IM, Abdullahi Ahmed (org.). *Human Rights in Cross-Cultural Perspectives. A Quest for Consensus.* Philadelphia: University o Pennsylvania Press, 1995.

_____. "The contingent universality of human rights: the case of freedom of expression in African and Islamic contexts", 11 *Emory International Law Review* (1997), p. 29-66.

AÑÓN ROIG, Maria José. "Fundamentación de los Derechos Humanos y Necesidades Básicas". In: BALLESTEROS, Jesús. *Derechos Humanos.* Madrid: Tecnos, 1992, p. 100-115.

ARAGÃO, Eugênio José Guilherme de. "A Declaração Universal dos Direitos Humanos: mera declaração de propósitos ou norma vinculante de direito internacional?", in *Custos Legis – Revista Eletrônica da Procuradoria da República do Estado do Rio de Janeiro*, v. I, 2009. Disponível em: <http://www.prrj.mpf.mp.br/custoslegis/revista_2009/2009/aprovados/2009a_Dir_Pub_Aragao%2001.pdf>. Acesso em: 1º nov. 2015.

ARAGÓN REYES, Manuel. La Constitución como paradigma, in CARBONELL SÁNCHEZ, Miguel. *Teoría del neoconstitucionalismo: ensayos escogidos.* Madrid: Trotta, 2007, p. 29-40.

ARAUJO, Nadia de. *Direito internacional privado. Teoria e prática brasileira.* Rio de Janeiro: Renovar, 2003.

ARENDT, Hannah. *As origens do totalitarismo* (Trad. Roberto Raposo). São Paulo: Companhia das Letras, 1997.

ATIENZA, Manuel. *El sentido del derecho.* Barcelona: Ariel, 2003.

ATIENZA, Manuel; MANERO, Juan Ruiz. *Ilícitos atípicos.* Madrid: Trotta, 2000.

BAEHR, Peter R. "The Security Council and Human Rights". In: LAWSON, Rick; BLOIS, Matthijs de (eds.). *The Dynamics of the Protection of Human Rights in Europe – Essays in Honour of Henry G. Schermers.* v. III, London/Boston/Dordrecht: Martinus Nijhoff Publishers, 1994, p. 15-33.

BAGAMBIIRE, Davies B. N. "Terrorism and Convention Refugee Status in Canadian Immigration Law: the social group category according to Ward v. Canada", 5 *International Journal of Refugee Law* (1993), p.183-204.

BAPTISTA, Eduardo Correia. Ius cogens *em direito internacional.* Lisboa: Lex, 1997.

BARROS, Suzana de Toledo. *O princípio da proporcionalidade e o controle de constitucionalidade das Leis Restritivas de Direitos Fundamentais.* 2. ed. Brasília: Brasília Jurídica, 2000.

BASTOS, C.; MARTINS, Y. G. da S. *Comentários à Constituição do Brasil*. São Paulo: Saraiva, 1988-1989.

BENJAMIN, Antonio Herman de Vasconcellos e. "A natureza no direito brasileiro: coisa, sujeito ou nada disso". *Revista do Programa de Pós-Graduação em Direito da UFC*, Fortaleza, v. 31, n. 1, jan./jun. 2011, p. 79-96.

BERCIS, P. *Pour de nouveaux droits de l'homme*. Paris: Lattès, 1985.

BERNHARDT, Rudolf. "Interpretation in International Law". In: BERNHARDT, Rudolf (org.). *Encyclopedia of Public International Law* – v. 7. Amsterdam; New York: North Holland Publishing Co.,1984, p. 323-324.

BIELEFELDT, Heiner. *Filosofia dos direitos humanos*. Trad. Dankwart Bernsmüller. São Leopoldo: Ed. Unisinos, 2000.

BIGLINO CAMPOS, Paloma. "Derechos fundamentales y competencias de la Unión: el argumento de Hamilton", 14 *Revista de Derecho Comunitario Europeo* (2003), p. 45-67.

BOAVENTURA SANTOS, "Por uma concepção multicultural de direitos humanos", 23 *Contexto Internacional* (2001), p. 7-34.

BOBBIO, Norberto. *A era dos direitos*. Trad. Carlos Nelson Coutinho. São Paulo: Campus, 1992.

BOGDANDY, Armin von. "*Ius Constitutionale Commune* na América Latina. Uma reflexão sobre um constitucionalismo transformador". *Revista de direito administrativo*, Rio de Janeiro, v. 269, maio/ago. 2015, p. 13-66.

BOLIVAR, Ligia".Derechos económicos, sociales y culturales: derribar mitos, enfrentar retos, tender puentes – una visión desde la (in)experiencia de América Latina", *Estudios Básicos de Derechos Humanos* – V. São José: IIDH, 1996, p. 87-136.

BONAVIDES, Paulo. *Curso de direito constitucional*. 7. ed. São Paulo: Malheiros, 1997.

BOWETT, D. "Reprisals involving recourse to armed force", 66 *American Journal of International Law* (1972), p. 33 e s.

BROWNLIE, Ian. *International Law and the Use of Force by States*. Oxford: Clarendon Press, 1963.

BUERGENTHAL, Thomas, "Self-executing and non-self executing treaties in national and international law", 235 *Recueil des Cours de l'Académie de Droit International de La Haye* (1992), p. 303-400.

BUERGENTHAL, Thomas; SHELTON, Dinah. *Protecting human rights in America – cases and materials*. Strasbourg: N. P. Engel Publisher, 1995.

BYERS, M., "Conceptualising the Relationship between *Jus Cogens* and *Erga Omnes* Rules", 66 *Nordic Journal of International Law* (1997) p. 211-239.

CANÇADO TRINDADE, Antônio Augusto. "A incorporação das normas internacionais de proteção dos direitos humanos no Direito Brasileiro". In: CANÇADO TRINDADE, Antônio Augusto (org.). *A incorporação das normas internacionais de proteção dos direitos humanos no direito brasileiro.* Brasília/São José: IIDH, 1996, p. 205-236.

_____. "Apresentação". In: LINDGREN ALVES, J. A. *Os direitos humanos como tema global.* São Paulo: Perspectiva, 1994.

_____. "Co-existence and co-ordination of mechanisms of international protection of human rights", 202 *Recueil des Cours de l'Académie de Droit International de La Haye* (1987), p. 13-435.

_____. "Los derechos no susceptibles de suspensión en la jurisprudencia de la Corte Internacional de Justiça". In: CRUZ, Rodolfo C. (ed.). *Estudios de Derechos Humanos*, t. 5. San José: Ed. Inst. Interamericano de Derechos Humanos, 1996, p. 19-39.

_____. A interação entre direito internacional e o direito interno na proteção dos direitos humanos. *Arquivos do Ministério da Justiça,* 182, 1993.

_____. *A proteção internacional dos direitos humanos. Fundamentos e instrumentos básicos.* São Paulo: Saraiva, 1991.

_____. *A proteção internacional dos direitos humanos e o Brasil.* Brasília: Ed. Fundação Universidade de Brasília, 1998.

_____. *Direitos humanos e meio ambiente:* paralelo dos sistemas de proteção internacional. Porto Alegre: Sergio A. Fabris Ed., 1993.

_____. *O direito internacional em um mundo em transformação.* Rio de Janeiro: Renovar, 2002.

_____. *Tratado de Direito Internacional dos Direitos Humanos.* Porto Alegre: Sérgio Antônio Fabris Editor, 1997. v. I.

_____. *Tratado de Direito Internacional dos Direitos Humanos.* Porto Alegre: Sérgio Antônio Fabris Editor, 1999. v. II.

_____. *Tratado de Direito Internacional dos Direitos Humanos.* Porto Alegre: Sérgio Antônio Fabris Editor, 2003. v. III.

CANOTILHO, José Joaquim Gomes. *Direito constitucional.* Coimbra: Almedina, 1995.

CANOTILHO, José Joaquim Gomes; MOREIRA, Vital. *Fundamentos da Constituição.* Coimbra: Coimbra Editora, 1991.

CANOTILHO, José Joaquim Gomes. *"Brancosos" e Interconstitucionalidade. Itinerários dos Discursos sobre a Historicidade Constitucional*. Coimbra: Almedina, 2008.

CARRILLO SALCEDO, J. A. *El derecho internacional en un mundo en câmbio*. Madrid: Tecnos, 1985.

_____. *Soberania de los Estados y Derechos Humanos en Derecho Internacional Contemporáneo*. Madrid: Tecnos, 1995.

CARVALHO RAMOS, André de. "Análise crítica dos casos brasileiros Damião Ximenes Lopes e Gilson Nogueira de Carvalho na Corte Interamericana de Direitos Humanos". In: BRAND, Leonardo Nemer Caldeira (org.). *II Anuário Brasileiro de Direito Internacional*, 2007, v. 1, p. 10-31.

_____. "Crimes da Ditadura Militar: a ADPF n. 153 e a Corte Interamericana de Direitos Humanos". In: GOMES, Luiz Flávio; MAZZUOLI, Valério de Oliveira (orgs.). *Crimes da ditadura militar*: sua análise à luz da jurisprudência interamericana. São Paulo: Revista dos Tribunais, 2011.

_____. "Mandados de Criminalização no Direito Internacional dos Direitos Humanos: novos paradigmas da proteção das vítimas de violações de Direitos Humanos". *Revista Brasileira de Ciências Criminais*, v. 62, 2006, p. 9-55.

_____. "O Caso Pinochet: passado, presente e futuro da persecução criminal internacional". *Revista do Instituto Brasileiro de Ciências Criminais*, n. 25, janeiro-março, 1999, p. 106-118.

_____. "O Diálogo das Cortes: O Supremo Tribunal Federal e a Corte Interamericana de Direitos Humanos". In: AMARAL JUNIOR, Alberto do; JUBILUT, Liliana Lyra (orgs.). *O STF e o Direito Internacional dos Direitos Humanos*. São Paulo: Quartier Latin, 2009, v. 1, p. 805-850.

_____. "O Estatuto do Tribunal Penal Internacional e a Constituição brasileira". In: CHOUKR, Fauzi Hassan; AMBOS, Kai (orgs.). *Tribunal Penal Internacional*. São Paulo: Revista dos Tribunais, 2000, p. 245-289.

_____. "O impacto da Convenção Americana de Direitos Humanos na relação do Direito Internacional com o Direito Interno", *Boletim Científico da Escola Superior do Ministério Público da União*, ano I, n. 4, jul./set. 2002, p. 51-71.

_____. *Direitos humanos em Juízo. Comentários aos casos contenciosos e consultivos da Corte Interamericana de Direitos Humanos*. São Paulo: Max Limonad, 2001.

_____. *Direitos humanos na integração econômica*. Rio de Janeiro: Renovar, 2008.

_____. *Processo internacional de direitos humanos.* Análise dos sistemas de apuração de violações dos direitos humanos e a implementação das decisões no Brasil. 7. ed. São Paulo: Saraiva, 2022.

_____. *Responsabilidade internacional por violação de direitos humanos.* Rio de Janeiro: Renovar, 2004.

_____. *Pluralidade das ordens jurídicas – a relação do direito brasileiro com o direito internacional.* Curitiba: Juruá, 2012.

_____. *Curso de direito internacional privado.* 3. ed. São Paulo: Saraiva, 2023.

_____. *Rule of law* e a judicialização do Direito Internacional: da mutação convencional às guerras judiciais. In: BEDIN, Gilmar Antonio. (Org.). *Estado de Direito, Jurisdição Universal e Terrorismo.* 1. ed. Ijui: Unijui, 2009, v. 1, p. 85-122.

CARVALHO RAMOS, André de; ALMEIDA, Guilherme Assis de; RODRIGUES, Gilberto (orgs.). *60 anos de ACNUR:* perspectivas de futuro. São Paulo: CL-A Editora, 2011.

CASELLA, Paulo Borba. *Fundamentos do direito internacional pós-moderno.* São Paulo: Quartier Latin, 2008.

_____. *Direito internacional no tempo antigo.* São Paulo: Atlas, 2012.

_____. *Direito Internacional no tempo moderno:* de Suarez a Grócio. São Paulo: Atlas, 2014.

CASSESE, Antonio. "The General Assembly: historical perspective 1945-1989". In: ALSTON, Philip (org.). *The United Nations and Human Rights. A critical appraisal.* Oxford: Clarendon Press, 1996, p. 25-54.

_____. *Los derechos humanos en el mundo contemporáneo.* Trad. Atilio Melacrino e Bianca Madariaga. Barcelona: Ariel, 1993.

CASTANEDA, Jorge. "Valeur juridique des résolutions des Nations Unies", 129 *Recueil des Cours de l'Academie de La Haye* (1970), p. 203-332.

_____. "Valeur juridique des résolutions des Nations Unies", 129 *Recueil des Cours de l'Academie de La Haye* (1970), p. 205-332.

CAZETTA, Ubiratan. *Direitos humanos e federalismo:* o incidente de deslocamento de competência. São Paulo: Atlas, 2009.

CERNA, Christina "The Inter-American Court of Human Rights". In: JANIS, Mark W. (ed.). *International courts for the twenty-first century*, Netherlands: Kluwer Academic Publishers, 1992, p. 117-158.

CHARLESWORTH, H. e CHINKIN, C. "The Gender of *Jus Cogens*", 15 *Human Rights Quarterly* (1993), p. 63-76.

CHARPENTIER, J. "La diplomatie bilatérale de la France". In: THIERRY, H., DECAUX, E. (eds.). *Droit International et droits de l'homme. La pratique juridique française dans le domaine de la protection international des droits de l'homme.* Paris: Pedone, 1990, p. 63-79.

CHOUKR, Fauzi Hassan. *A Convenção Americana dos Direitos Humanos e o Direito Interno Brasileiro.* Bauru: Edipro, 2001.

CLAPHAM, Andrew. *Human Rights in the private sphere.* Oxford: Clarendon Press, 1993.

COBBAH, Josiah A. M., "African Values and the Human Rights Debate: an African Perspective", 9 *Human Rights Quarterly* 309 (1987), p. 309-331.

COEHEN-JONATHAN, G. Article 10. In: PETTITI, L.-E.; DECAUX, E.; IMBERT, P. *La Convention européenne des droits de l'homme. Commentaire article par article.* Paris: Economica, 1995.

COMPARATO, Fábio Konder. "Fundamentos dos direitos humanos". *Revista Consulex,* v. 48, dez. 2000, p. 52-61.

_____. *A afirmação histórica dos direitos humanos.* São Paulo: Saraiva, 2000.

COURTIS, Christian; ABRAMOVICH, Victor. *Los derechos sociales como derechos exigibles.* Madrid: Trotta, 2002.

CRENSHAW, Kimberle. "Demarginalizing the intersection of race and sex: a black feminist critique of antidiscrimination doctrine, feminist theory and antiracist politics" in *University of Chicago Legal Forum* 1989, p. 139-167.

DALLARI, Dalmo de Abreu. *Direitos humanos e cidadania.* São Paulo: Moderna, 1998.

D'AMATO, Anthony. "Human rights as part of customary international law: a plea for change of paradigm", 25 *Georgia Journal of International and Comparative Law* (1995/1996), p. 47-98.

DELMAS-MARTY, Mireille. *Le pluralisme ordonné.* Paris: Seuil, 2004.

DIEZ-PICAZO, Luis Maria. *Sistema de derechos fundamentales.* Madrid: Thomson-Civitas, 2003.

DIMOPOULOS, Penny. "Membership of a particular group: an appropriate basis for eligilibity for refugee status?", 7 *Deakin Law Review* (2002), p. 367-385.

DINSTEIN, Y. "The *Erga Omnes* Applicability of Human Rights", 30 *Archiv des Völkerrechts* (1992), p. 16-37.

DOLINGER, Jacob. *Direito internacional privado:* parte geral. 6. ed. Rio de Janeiro: Renovar, 2001.

DONNELLY, Jack. "Cultural relativism and Human Rights", 6 *Human Rights Quarterly* (1985), p. 400-419.

_____. *Universal Human Rights in theory and practice*. Ithaca e London: Cornell University Press, 1989.

DONOHO, Douglas Lee. "Relativism versus universalism in human rights: the search for meaningful standards", 27 *Stanford Journal of International Law* (1990-1991), p. 345-391.

DUNDES RENTELN, Alison. *International human rights:* universalism versus relativism. Newbury Park: Sage Publications, 1990.

DUNSHEE DE ABRANCHES, C. A. *Proteção internacional dos Direitos Humanos*. Rio de Janeiro: Livraria Freitas Bastos, 1964.

DWORKIN, Ronald. *Taking Rights Seriously*. London: Duckworth Press, 1978.

_____. *Uma questão de princípio*. São Paulo: Martins Fontes, 2000.

FARIA, José Eduardo. "Os direitos humanos e o dilema latino-americano às vésperas do século XXI", in *Novos Estudos – Cebrap*, n. 38, 1994, p. 61-78.

FARIAS, Edilsom Pereira de. *Colisão de direitos*. Porto Alegre: Sérgio A. Fabris Editor, 2000.

FEINGOLD, C. "The Little Red Schoolbook and the European Convention on Human Rights", *Human Rights Review*, v. III, 1978, p. 21-42.

FELLER, Erika; TURK, Volker; NICHOLSON, Frances (eds.). *Refugee Protection in International Law*. Cambridge: Cambridge University Press, 2003.

FERNANDEZ, Eusebio. *Teoria de la justicia y derechos humanos*. Madrid: Debate, 1984.

FERREIRA FILHO, Manoel Gonçalves. *Os direitos humanos fundamentais*, 2. ed. São Paulo: Saraiva, 1998.

FINKIELKRAUT, Alain. *Die niederlage des denkens*. Reinbeck: Rowohlt, 1989.

FINNIS, John. *Natural Law and Natural Rights*. Oxford: Clarendon Press, 1989.

FLAUSS, Jean François. "L'abus de droit dans le cadre de la Convention Européenne des Droits de l'Homme", 46 *Revue Universelle des Droits de l'Homme* (2001), p. 461-468.

FRANCISCO, Rachel Herdy de Barros. "Considerações sobre o diálogo intercultural dos direitos humanos", in *Direito, Estado e Sociedade*. v. 22/23, jan./dez. de 2003, p. 212-231.

FRIEDRICH, Tatyana Scheila. *As normas imperativas de Direito Internacional Público* – jus cogens. Belo Horizonte: Ed. Forum, 2004.

FROWEIN, J. *"Jus Cogens"*. In: BERNHARDT, R. (ed.). *Enclyclopedia of Public International Law*. v. 7, Amsterdam; New York: North Holland Publishing Co, 1984, p. 327-330.

FULLERTON, Maryellen. "A comparative look at Refugee Status based on persecution due to membership in a particular social group", 26 *Cornell International Law Review* (1993), p. 505-564.

FUR, Louis-Erasme Le. "Le développement historique du Droit International: de l'anarchie internationale à une communauté internationale organisée", *Recueil des Cours de l'Académie de Droit International de La Haye*, v. 41 (1932-III), p. 501-601.

GARCIA, Márcio Pereira Pinto. *A terminação de tratado e o Poder Legislativo à vista do direito internacional, do direito comparado e do direito constitucional internacional brasileiro*. Rio de Janeiro: Renovar, 2011.

_____. "A Corte Internacional de Justiça". In: ORDEM DOS ADVOGADOS DO BRASIL (ed.). *Advogado:* desafios e perspectivas no contexto das relações internacionais. Brasília: Conselho Federal da OAB, 1997, p. 89-105.

GARCIA ROCA, Javier. "La problematica disolución del Partido de la Prosperidad ante el TEDH: Estado constitucional y control de las actuaciones de partidos fundamentalistas", 65 *Revista Española de Derecho Constitucional* (2002), p. 295 e s.

GERGEN, Jennifer A. "Human Rights and the Foreign Sovereign Immunites Act", 36 *Virginia Journal of International Law* (1996), p. 765-796.

GIANNATTASIO, Arthur Roberto Capella. "A Opinio Iuris Sive Necessitatis: do elemento subjetivo consuetudinário à intersubjetividade jurídica". In: CARVALHO RAMOS, André; CASELLA, Paulo Borba (orgs.). *Direito Internacional* – homenagem a Adherbal Meria Mattos. São Paulo: Quartier Latin, 2009, p. 575-615.

GIORGIANNI, Michele. *La obligación*. Barcelona: Bosch, 1958.

GOMES, Luiz Flávio. *O direito de apelar em liberdade*. São Paulo: Revista dos Tribunais, 1994.

GOMES ROBLEDO, Alonso. "Le *jus cogens* international: sa genèse, sa nature, ses fonctions", 172 *Recueil des Cours de l'Academie de l'Haye* (1981), p. 9-217.

GONZÁLEZ, Markus. *El principio de proporcionalidad en la jurisprudencia del Tribunal Constitucional*. Elcano: Aranzadio-Thompson, 2003.

GOODWIN-GILL, Guy S. "Cases and comments. Judicial reasoning and 'social group' after *Islam* and *Shah*", 11 *International Journal of Refugee Law* (1999), p. 537-543.

GORENSTEIN, Fabiana. "O sistema interamericano de proteção dos direitos humanos". In: LIMA JR., Jayme Benvenuto (org.). *Manual de Direitos Humanos Internacionais*. São Paulo: Loyola, 2002, p. 77-98.

GROS ESPIEL, Hector. "Self-determination and *jus cogens*". In: CASSESE, A. (ed.), *UN Law and Fundamental Rights – two topics in International Law*. Alphen aan den Rijn: Sijthoff, 1979, p. 167-173.

GROTIUS, Hugo. *Die Iure Praedae Commentarius – 1608 –* versão traduzida para o inglês. *The classics of International Law n. 22.* v. I, Oxford/London: The Carnegie Endowment for International Peace, 1955.

GUERRA FILHO, Willis Santiago. "Direitos fundamentais, processo e princípio da proporcionalidade". In: GUERRA FILHO, Willis Santiago (org.). *Dos Direitos Humanos aos Direitos Fundamentais.* Porto Alegre: Livraria do Advogado, 1997, p. 11-31.

HAARSCHER, Guy. *Philosophie des droits de l'homme.* 4. ed. Bruxelles: Editions de l'Université de Bruxelles, 1993.

HÄBERLE, Peter. *La libertà fondamentali nello Stato costituzionale.* Trad. Alessandro Fusillo e Romolo W. Rossi, Roma, La Nuova Italia Scientifica, 1996.

HABERMAS, Jürgen. *Facticidad y Validez. Sobre el Derecho y el Estado Democrático de Derecho en términos de teoría del discurso.* Madrid: Trotta, 1998.

HART, Herbert L. A. *O conceito de direito.* 2. ed. Trad. A. Ribeiro Mendes. Lisboa: Fundação C. Gulbenkian, 1994.

HATHAWAY, James. *The Law of Refugee Status.* Vancouver: Butterworths, 1991.

HATTENHAUER, Hans. *Conceptos fundamentales del derecho civil.* Barcelona: Ariel, 1987.

HENKIN, Louis et al. *International Law – cases and materials.* Saint Paul: West Publishing Co., 1993.

HESSE, Konrad. "Grundrechte", in *Staatslexikon, Heraugegeben von Goeresgesellschaft,* Bd 2.7, Auflage, 1986.

HOOGH, André J. J. de. *Obligations* Erga Omnes *and International Crimes.* The Hague/London/Boston: Kluwer Law International, 1996.

_____. "The Relationship between *Jus Cogens,* Obligations *Erga Omnes* and International Crimes: Peremptory Norms in Perspective", 42 *Austrian Journal of Public and International Law* (1991), p. 183-214.

HUNTINGTON, Samuel. "The clash of civilizations?", *Foreign Affairs,* Summer 1993.

JANIS, Mark; KAY, Richard e BRADLEY, Anthony. *European Human Rights Law.* Oxford: Clarendon Press, 1996.

JIMÉNEZ DE ARÉCHAGA, Eduardo. "La Convención Interamericana de Derechos Humanos como Derecho Interno", 7 *Revista del Instituto Interamericano de Direitos Humanos* (1988), p. 25-41.

KAUSIKAN, Bilahari. "Asia's different standard", 92 *Foreign Policy* (1993), p. 24-41.

KLUTH, Winfried. "Prohibición de exceso y principio de proporcionalidad en Derecho alemán", 5 *Cuadernos de Derecho Publico* (1998), p. 219-238.

KOSKENNIEMI, Martti. *From apology to utopia. The structure of international legal argument.* Helsinki: Finnish Lawyers' Publishing Company, 1989.

KRAUS, Herbert. "Système et fonctions des traités internationaux", *Recueil des Cours de la Académie de Droit International*, t. 50, v. IV, 1934, p. 317-400.

KUMM, Mattias. "Global Constitutionalism: History, Theory and Contemporary Challenges". *Rev. Direito e Práx.*, Rio de Janeiro, v. 13, n. 4, 2022, p. 2732-2773.

KYMLICKA, Will. Multicultural Citizenship. *A Liberal Theory of Minority Rights.* Oxford: Oxford Clarendon Press, 1995.

LAFER, Celso. *A reconstrução dos direitos humanos*: um diálogo com o pensamento de Hannah Arendt. São Paulo: Companhia das Letras, 1991.

_____. *Ensaios liberais.* São Paulo: Siciliano, 1991.

LARENZ, Karl. *Derecho Civil. Parte General.* Madrid: Editorial Revista de Derecho Privado, 1978, traduzido do original alemão *Allgemeiner Teil des deutschen Bürgerlichen Rechts.* 3. ed. Munique: C. H. Beck'sche, 1975.

LATTANZI, Flavia. *Garanzie dei diritti dell'uomo nel diritto internazionale generale.* Milano: Giuffrè, 1983.

LAWSON, R. A.; SCHERMERS, H. G. *Leading Cases of the European Court of Human Rights.* Nijmegen: Ars Aequi Libri, 1997.

LEÃO, Renato Zerbini Ribeiro. *Os direitos econômicos, sociais e culturais na América Latina e o Protocolo de San Salvador.* Porto Alegre: Sérgio Antônio Fabris Editor, 2001.

LECKIE, S. "The Inter-State Complaint Procedure in International Human Rights Law: Hopeful Prospects or Wishful Thinking?", 10 *Human Rights Quarterly* (1988), p. 249-301.

LE ROY, Etienne. "Les fondements anthropologiques et philosofiques des droits de l'homme", *Recueil des Cours – Vingt-huitième Session d'Enseignement.* Estrasburgo: Institut International des Droit de l'homme, 1997, p. 15-30.

LEVY, Darline; APPLEWHITE, H.; JOHNSON, M. (eds.). *Women in Revolutionary Paris, 1789-1795.* Urbana: University of Illinois Press, 1980.

LEWANDOWSKI, Enrique Ricardo. *Proteção internacional dos direitos humanos na ordem interna e internacional*. Rio de Janeiro: Forense, 1984.

LILLICH, Richard B. "Damages for Gross Violations of International Human Rights Awarded by US Courts", 15 *Human Rights Quarterly* (1993), p. 209-299.

LIMA JR., Jayme Benvenuto (org.). *Manual de Direitos Humanos Internacionais*. São Paulo: Loyola, 2002.

_____. *Os direitos humanos econômicos, sociais e culturais*. Rio de Janeiro: Renovar, 2001.

LINDGREN ALVES, José Augusto. "O sistema internacional de proteção dos direitos humanos", 182 *Arquivos do Ministério da Justiça* (1993), p. 85-114.

_____. *Os direitos humanos como tema global*. São Paulo: Perspectiva, 1994.

_____. *Relações internacionais e temas sociais*: a década das conferências. Brasília: IBRI, 2001.

LUCAS, Javier de. "Algunos equívocos sobre el concepto y fundamentación de los derechos humanos". In: BALLESTEROS, Jesús. *Derechos humanos*. Madrid: Tecnos, 1992, p. 13-22.

LUMIA, Giuseppe. *Princípios de Teoria e Ideologia del Derecho*. Madrid: Ed. Debate, 1993.

MACDONALD, R. St. J.; MATSCHER, F.; PETZOLD, H. *The European System for the Protection of Human Rights*. Dordrecht, Boston, London: Martinus Nijhoff Publishers, 1993.

MACHADO HORTA, Raul. "Constituição e Direitos Individuais", 79 *Revista de Informação Legislativa* (1983), p. 147-148.

MADIOT, Yves. *Droits de l'homme et libertés publiques*. Paris: Masson, 1976.

MAGALHÃES, José Carlos de. *O Supremo Tribunal Federal e o Direito Internacional*. Porto Alegre: Livraria do Advogado, 2000.

_____. "Prefácio". In: CARVALHO RAMOS, André de. *Direitos humanos em juízo. Comentários aos casos contenciosos e consultivos da Corte Interamericana de Direitos Humanos*. São Paulo: Ed. Max Limonad. 2001, p. 17-20.

MARITAIN, Jacques. *Les Droits de L'Homme et la Loi Naturel*. Paris: Paul Hartmann Éditeur, 1947.

MAYER, Otto. *Derecho administrativo alemán*. 4 Vols. Buenos Aires: Ed. Depalma, 1982.

MELLO, Celso A. "O § 2º do art. 5º da Constituição Federal". In: TORRES, Ricardo Lobo. *Teoria dos direitos fundamentais*. 2. ed. Rio de Janeiro: Renovar, 2001, p. 1-33.

MERCADANTE, Aramita de A. "Processualística internacional e a Constituição de 1988". In: CASELLA, P. B. (coord.). *Contratos internacionais e o Direito Econômico no Mercosul.* São Paulo: LTr, 1996.

MERON, Theodor. *Human Rights and Humanitarian Norms as Customary Law.* Oxford: Clarendon Press, 1989.

_____."On a hierarchy of international human rights", 80 *American Journal of International Law* (1986), p. 1-23.

MERRILLS, J. G. *The development of international law by the European Court of Human Rights.* 2. ed. Manchester: Manchester University Press, 1995.

MIRANDA, Jorge. *Manual de direito constitucional.* v. IV, 2. ed. Coimbra: Coimbra Editora, 1993.

MORAES, Alexandre de. *Direito constitucional.* São Paulo: Atlas, 1997.

_____. *Direitos humanos fundamentais.* São Paulo: Saraiva, 1997.

MOREIRA, Vital; CANOTILHO, J. J. Gomes. *Constituição da República Portuguesa anotada.* Coimbra: Almedina, 1978.

MUSHKAT, Roda. "Culture and international law: universalism v. relativism", 6 *Singapore Journal of International and Comparative Law* (2002), p. 1028-1042.

MUTUA, Makau wa. "Ideology of Human Rights", 36 *Virginia Journal of International Law* (1996), p. 589-657.

NEIER, Aryeh. "Asia's Unacceptable Standard", 92 *Foreign Policy* (1993), p. 42-51.

NEUMAN, Gerald L. "Human Rights and Constitutional Rights: Harmony and Dissonance", 55 *Stanford Law Review* (2003), p. 1863-1900.

NEVES, Marcelo. *Transconstitucionalismo.* São Paulo: Martins Fontes, 2009.

NIKKEN, Pedro. "El concepto de derechos humanos". In: CRUZ, Rodolfo C. (ed.). *Estudios de Derechos Humanos – Tomo I.* San José: Ed. Inst. Interamericano de Derechos Humanos, 1994, p. 15-37.

_____. *En defensa de la persona humana.* Caracas: Editorial Juridica Venezuelana, 1988.

NINO, Carlos Santiago. *Ética y derechos humanos:* un ensayo de fundamentación. Barcelona: Ariel, 1989.

OESTREICH, Gerhard e SOMMERMANN, Karl-Peter. *Pasado y presente de los derechos humanos.* Trad. Emilio Mikunda. Madrid: Tecnos, 1990.

OPPENHEIM, F. *Ética y filosofia política*. Cidade do México: Fondo de Cultura Económica, 1976.

PALMISANO, G. "Les causes d'aggravation de la responsabilité des états et la distinction entre 'crimes' et 'délits' internationaux", 98 *Revue Générale de Droit International Public* (1994), p. 629-673.

PANIKKAR, Raimundo. "Is the notion of human rights a western concept?", in 120 *Diogenes* (1982), p. 75-102.

PASTOR RIDRUEJO, José Antonio. "La Convencion Europea de los Derechos del Hombre y el "jus cogens" internacional", in *Estudios de Derecho Internacional. Homenaje al Profesor Miaja de la Muela*. Madrid: Tecnos, 1979, p. 581-590.

_____. "Les procédures publiques spéciales de la Commission des Droits de l'Homme des Nations Unies", 228 *Recueil des Cours de l'Académie de Droit International de La Haye* (1991), p. 183-271.

PECES-BARBA MARTíNEZ, Gregorio et al. *Curso de Derechos Fundamentales. Teoría General*. Madrid: Universidad Carlos III e Boletín Oficial del Estado, 1999.

_____ et al. *Derecho positivo de los derechos humanos*. Madrid: Debate, 1987.

_____ et al. *Curso de derechos fundamentales. Teoria general*. Madrid: Universidad Carlos III e Boletín Oficial del Estado, 1999.

PERELMAN, Chaïm. "É possível fundamentar os direitos do homem", in *Ética e o Direito*. Trad. Maria Ermentina G. Pereira. São Paulo: Martins Fontes, 1996, p. 392-400.

PERNICE, Ingolf. "*Multilevel* constitutionalism and the Treaty of Amsterdam: European constitution-making revisited", 36 *Common Market Law Review*, 1999, p.703-750.

PERNICE, Ingolf. "The Treaty of Lisbon: Multilevel Constitutionalism in Action". in *The Columbia Journal of European Law*, vol. 15, n. 3, Summer, 2009, p. 350-407.

PERES LUÑO, Antônio. *Derechos humanos, Estado de derecho y Constitución*. 5. ed. Madrid: Tecnos, 1995.

PETERKE, Sven. "Terrorism and Applicability of Humanitarian International Law: the Mujahir Case", 6 *Boletim Científico da Escola Superior do Ministério Público da União* (2003), p. 99-110.

PINHEIRO, Paulo Sérgio. "O controle da violência do Estado e a incorporação das normas internacionais de direitos humanos: o caso brasileiro". In: CANÇADO TRINDADE, Antônio Augusto (org.). *A incorporação das normas internacionais de proteção dos direitos humanos no Direito Brasileiro.* Brasília/São José: IIDH, 1996, p. 297-321.

PIOVESAN, Flávia. *Direitos humanos e o direito constitucional internacional.* 7. ed. São Paulo: Saraiva, 2006.

_____. *Temas de direitos humanos.* São Paulo: Max Limonad, 1998.

_____. *"Ius constitutionale commune* latino-americano em Direitos Humanos e o Sistema Interamericano: perspectivas e desafios". *Revista Direito e Práxis,* Rio de Janeiro, v. 8, n. 2, 2017, p. 1356-1388.

POLLIS, Adamantia; SCHWAB, Peter. "Human Rights: a western construct with limited applicability", in *Human Rights:* cultural and ideological perspectives. New York: Praeger, 1979, p. 1-18.

_____. "Cultural Relativism Revisited: Through a State Prism", 18 *Human Rights Quarterly* (1996), p. 316 e s.

PREIS, Ann-Belinda S. "Human Rights as Cultural Practice: An Anthropological Critique", 18 *Human Rights Quarterly* (1996), p. 286 e s.

PRIETO SANCHIS, L. *Estudios sobre derechos fundamentales.* Madrid: Debate, 1990.

PULIDO, Carlos Bernal. *El principio de proporcionalidad y los derechos fundamentales.* Madrid: Centro de Estudios Políticos y Constitucionales, 2003.

RAGAZZI, M. *The Concept of International Obligations Erga Omnes.* Oxford: Clarendon Press, 1997.

RÁO, Vicente. *O direito e a vida dos direitos.* São Paulo: Max Limonad, 1958.

RAWLS, John. *O direito dos povos.* Trad. Luís Carlos Borges. São Paulo: Martins Fontes, 2001.

REARDON, C. "Ré-examen des droits de l'homme, une conférence internationale relance le débat", in *Choix – la revue du développement humain du PNUD,* janeiro de 1994.

REBOS, Maarten. "Theory and practice of treaty interpretation", 27 *Netherlands International Law Review* (1980), p. 3-38.

REMIRO-BROTONS, Antonio. *Derecho International Publico. Principios Fundamentales.* Madrid: Tecnos, 1982.

REY MARTÍNEZ, Fernando. "Como nacen los derechos fundamentales", *Annali del Seminário Giuridico, v. I (1999-2000),* Milano: Giuffrè, 2001, p. 371-379.

REZEK, José Francisco. *Direito Internacional Público – Curso Elementar.* 8. ed. São Paulo: Saraiva, 2000.

RIPERT, Georges. "Les règles du droit civil applicables aux rapports internationaux: (contribution à l'étude des principes généraux du droit visés au statut de la Cour permanente de justice internationale)", *Recueil des Cours de la Académie de Droit International*, t. 44, v. II, 1933, p. 565-664.

ROBERTSON, A. H.; MERRILLS, J. G. *Human Rights in Europe*. Manchester, Manchester United Press, 1993.

ROCHA, Fernando L. Ximenes. "A incorporação dos tratados e convenções internacionais de direitos humanos no direito brasileiro". *Revista de Informação Legislativa*, 130, 1996, p. 77-81.

RODAS, João Grandino. "*Jus Cogens* em Direito Internacional". *Revista da Faculdade de Direito da Universidade de São Paulo*, São Paulo: Universidade de São Paulo, vol. LXIX, fasc. II, 1974, p. 124-135.

RODRIGUES, Geisa de Assis. *Ação Civil Pública e Termo de Ajustamento de Conduta:* teoria e prática. Rio de Janeiro: Forense, 2002.

ROMANO, Cesare. "The proliferation of international judicial bodies: the pieces of the puzzel", 31 *New York University Journal of International Law and Politics* (1999), p. 710-751.

ROSS, Alf. *On law and justice*. London: Stevens & Sons, 1976.

ROTHENBURG, Walter Claudius. "Direitos Fundamentais e suas características", *Caderno de Direito Constitucional e Ciência Política*, n. 29, out./ dez. 1999, p. 55-65.

_____. *Princípios constitucionais*. Porto Alegre: Sérgio Antônio Fabris Editor, 1999.

_____. *Direitos fundamentais*. Rio de Janeiro: Forense; e São Paulo: Método, 2014.

_____. *Direito Constitucional*. São Paulo: Verbatim, 2010.

ROUSSEAU, Jean Jacques. *Do contrato social* (original de 1762). Trad. Mário Pugliesi e Norberto de Paula Lima. São Paulo: Hemus, 1996.

ROVIRA, José Antonio. *El abuso de los derechos fundamentales*. Barcelona: Peninsula, 1983.

SAGÜES, Nestor Pedro. "El 'control de convencionalidad' en el sistema interamericano, y sus anticipos en el ámbito de los derechos económicos-sociales. Concordancias y diferencias com el sistema europeo", in BOGDANDY, Armin Von; FIX-FIERRO, Héctor; ANTONIAZZI, Mariela Morales; MAC-GREGOR, Eduardo Ferrer (orgs.). *Construcción y Papel de los Derechos Sociales Fundamentales. Hacia un ius constitucionale commune en América Latina*. Universidad Nacional Autônoma de México: Instituto de Investigaciones Jurídicas, 2011.

SAMPAIO, José Adércio Leite. *Direito à intimidade e à vida privada*. Belo Horizonte: Del Rey, 1998.

SARLET, Ingo Wolfgang. *A eficácia dos direitos fundamentais*. 10. ed. Porto Alegre: Livraria do Advogado, 2010.

_____. *Dignidade da pessoa humana e direitos fundamentais*. Porto Alegre: Livraria do Advogado, 2001.

SARMENTO, Daniel. "A dimensão objetiva dos direitos fundamentais: fragmentos de uma teoria". In: SAMPAIO, José Adércio Leite. *Jurisdição constitucional e direitos fundamentais*. Belo Horizonte: Del Rey, 2003, p. 251-314.

_____. *A ponderação de interesses na Constituição Federal*. Rio de Janeiro: Lumen Juris, 2000.

_____. *Direitos fundamentais e relações privadas*. Rio de Janeiro: Lumen Juris, 2004.

_____. *Direito Constitucional. Teoria, história e métodos de trabalho*. Belo Horizonte: Fórum, 2012.

SAULLE, M. "*Jus Cogens* and human rights", in *Études en l'honneur de Roberto Ago*, v. II. Milano: Giuffrè, 1987, p. 385-396.

SCARANCE FERNANDES, Antonio. *Processo penal constitucional*. São Paulo: Revista dos Tribunais, 1999.

SCELLE, Georges. "Régles Générales du Droit de la Paix", *Recueil des Cours de la Académie de Droit International*. t. 45, v. IV, 1993, p. 327-703.

SCHEREUER, C. H., "The interpretation of treaties by International Courts", 45 *British Yearbook of International Law* (1971), p. 255-301.

SCHWARZENBERGER, Georg. "The problem of international public policy", *Current Legal Problems* (1965), p. 191-214.

SCIOTTI, Claudia. *La concurrence des traités relatifs aux droits de l'homme devant le juge national*. Bruxelles: Brylant, 1997.

SHAW, Malcolm. *International Law*. 3. ed. Cambridge: Grotius Publications – Cambridge University Press, 1995.

SILVA, Fernanda Duarte Lopes Lucas da. "Fundamentando os direitos humanos: um breve inventário". In: TORRES, Roberto Lobo (org.). *A legitimação dos direitos humanos*. Rio de Janeiro: Renovar, 2002, p. 99-138.

SILVA, José Afonso da. *Curso de direito constitucional positivo*. 13. ed. São Paulo: Malheiros, 1997.

SIMMA, Bruno. "International Human Rights and General International Law: a comparative analysis", in *Collected Courses of the Academy of European*

Law, v. IV, Book 2, Netherlands: Kluwer Law International, 1995, p. 163-236.

SOARES, Guido Fernando Silva. *Curso de Direito Internacional Público – v. I.* São Paulo: Atlas, 2002.

SÓFOCLES, *Antígona.* Trad. Maria Helena da Rocha Pereira. 3. ed. Coimbra: INIC, 1992.

STEINER, Henry J.; ALSTON, Philip. *International Human Rights in context.* Oxford: Clarendon Press, 1996.

STEINMETZ, Wilson Antônio. *Colisão de direitos fundamentais e princípio da proporcionalidade.* Porto Alegre: Livraria do Advogado, 2001.

STERNBERG, Mark. R. von. *The grounds of refugee protection in the context of International Human Rights and Humanitarian Law.* The Hague, London, New York: Martinus Nijhoff Publishers, 2002.

STOLL, Mary Lyn. Environmental Colonialism. *The SAGE Encyclopedia of Business Ethics and Society,* 2018.

SUDARKASA, Niara. *The Strength of Our Mothers: African & African American Women & Families Essays and Speeches.* Africa World Press, 1997.

SUDRE, Fréderic. "L'interdiction de l'avortement: le conflit entre le juge constitutionnel irlandais et la Cour européenne des droits de l'homme", *Revue Française de Droit Constitutionnel,* 13, 1993.

_____. *Droit International et européen des droits de l'homme.* 2. ed. Paris: Presses Universitaires de France, 1995.

TAMMES, A. J. P. "Decisions of international organs as a source of international law", 94 *Recueil des Cours de l'Académie de Droit International de La Haye* (1968), p. 261-364.

TANZI, Attila. "Is damage a distinct condition for the existence of an internationally wrongful act?". In: SIMMA, Bruno; SPINEDI, Marina (eds.). *United Nations Codifications of State Responsibility.* New York/London/Rome: Oceana Publications Inc., 1987.

TAVARES, André Ramos. *Curso de direito constitucional.* São Paulo: Saraiva, 2003.

TAVARES, André Ramos. "Modelos de uso da jurisprudência constitucional estrangeira pela justiça constitucional". *Revista Brasileira de Estudos Constitucionais,* Belo Horizonte, ano 3, n.12, p. 17-55, 2009.

THAROOR, Shashi. "The universality of human rights and their relevance to developing countries", 59 *Nordic Journal of International Law* (1990), p. 139-152.

_____. "The universality of human rights and their relevance to developing countries", mimeo da Friedrich Naumann Stiftung, 1988.

TORRES, Roberto Lobo (org.). *A legitimação dos direitos humanos*. Rio de Janeiro: Renovar, 2002.

_____. "A legitimação dos direitos humanos e os princípios da ponderação e da razoabilidade". In: TORRES, Roberto Lobo (org.). *A legitimação dos direitos humanos*. Rio de Janeiro: Renovar, 2002, p. 397-449.

_____. *Teoria dos direitos fundamentais*. 2. ed. Rio de Janeiro: Renovar, 2001.

TRIBE, Laurence H. *American Constitutional Law*. 3. ed. New York: The Foundation Press, 2000, 2 v.

TRUYOL Y SERRA, Antônio. *Los derechos humanos*. Madrid: Tecnos, 1994.

TURK, Volker; NICHOLSON, Frances. "Refugee protection in international law: an overall perspective". In: FELLER, Erika; TURK, Volker; NICHOLSON, Frances (eds.). *Refugee Protection in International Law*. Cambridge: Cambridge University Press, 2003, p. 3-45.

URIBE VARGAS, Diego. "La troisième génération des droits de l'homme", 184 *Recueil des Cours de l'Academie de La Haye* (1984), p. 355-376.

VASAK, Karel (ed.). *The international dimension of human rights*. Paris: Unesco, 1982. v. I e II.

_____. "For the Third Generation of Human Rights: The Rights of Solidarity", Inaugural lecture, Tenth Study Session, International Institute of Human Rights, July, 1979.

_____. "Le droit international des droits de l'homme", 140 *Recueil des Cours de l'Académie de La Haye* (1974), p. 333-415.

VELLOSO, Carlos Mário. "Os tratados na jurisprudência do Supremo Tribunal Federal". *Revista de Informação Legislativa*, ano 41, n. 162, abril a junho de 2004, p. 35-46.

VERDROSS, Alfred. "Forbidden treaties in International Law", 31 *American Journal of International Law* (1937), p. 571-577.

_____. "*Jus dispositivium* and *Jus Cogens* in International Law", 60 *American Journal of International Law* (1966), p. 55-63.

VERHOEVEN, Joe. "*Jus cogens* and reservations or 'counter-reservations' to the jurisdiction of the International Court of Justice", *International Law: theory and practice. Essays in honour of Eric Suy*. Dordrecht: Martinys Nijhoff Publishers, 1998, p. 195-208.

VIDAL, M. "Cases and comments. 'Membership of a particular social group' and the effect of *Islam* and *Shah*", 11 *International Journal of Refugee Law* (1999), p. 528-536.

VIDAL GIL, Ernesto J. "Los derechos humanos como derechos subjetivos". In: BALLESTEROS, Jesús. *Derechos humanos*. Madrid: Tecnos, 1992, p. 23-41.

VIEIRA DE ANDRADE, José Carlos. *Os direitos fundamentais na Constituição portuguesa de 1976*. Coimbra: Livr. Almedina, 1983.

VILHENA, Oscar Vieira. "A gramática dos direitos humanos", *Boletim Científico da Escola Superior do Ministério Público da União*, ano I, n. 4, jul./ set. 2002, p. 13-33.

_____. *Direitos humanos*: normativa internacional. São Paulo: Max Limonad, 2001.

VILLALÓN, Pedro Cruz. "Formación y evolución de los derechos fundamentales", 25 *Revista Española de Derecho Constitucional* (1989).

VILLEY, Michel. *Leçons d'histoire de la Philosophie du Droit*. Paris: Dalloz, 1962.

VILLIGER, Mark. *Commentary on the 1969 Vienna Convention on the Law of Treaties*. Leiden: Brill, 2009.

VIRALLY, Michel, "Droits de l'homme et théorie générale du droit international", in *René Cassin Amicorum Liber*, v. IV, Paris, 1972.

VISSCHER, Charles de. "Positivisme et *jus cogens*", 75 *Revue générale de Droit international public* (1971), p. 5-11.

VITORIA, Francisco de. "De la potestad civil", in *Relecciones teológicas*. Edición crítica del texto latino. Madrid: Biblioteca de Autores Cristianos – BAC, 1960.

WALKER, Neil. "The Idea of Constitutional Pluralism", 65 *The Modern Law Review*, 2002, p. 317 *et seq*.

WEILER, J.; CASSESE, A.; SPINEDI, M. (eds.). *International Crimes of States – A Critical Analysis of the ILC's draft article 19 on State Responsibility*, Berlin: Walter de Gruyter, 1989.

WEIS, Carlos. *Os direitos humanos contemporâneos*. São Paulo: Malheiros, 1999.

WEIS, Paul. *The Refugees Convention, 1951:* the travaux préparatoires analysed, with a commentary. Cambridge: Cambridge University Press, 1995.

ZAGREBELSKY, Gustavo. *El Derecho Dúctil*. Trad. Marina Gascón. 3. ed. Madrid: Trotta, 1999.